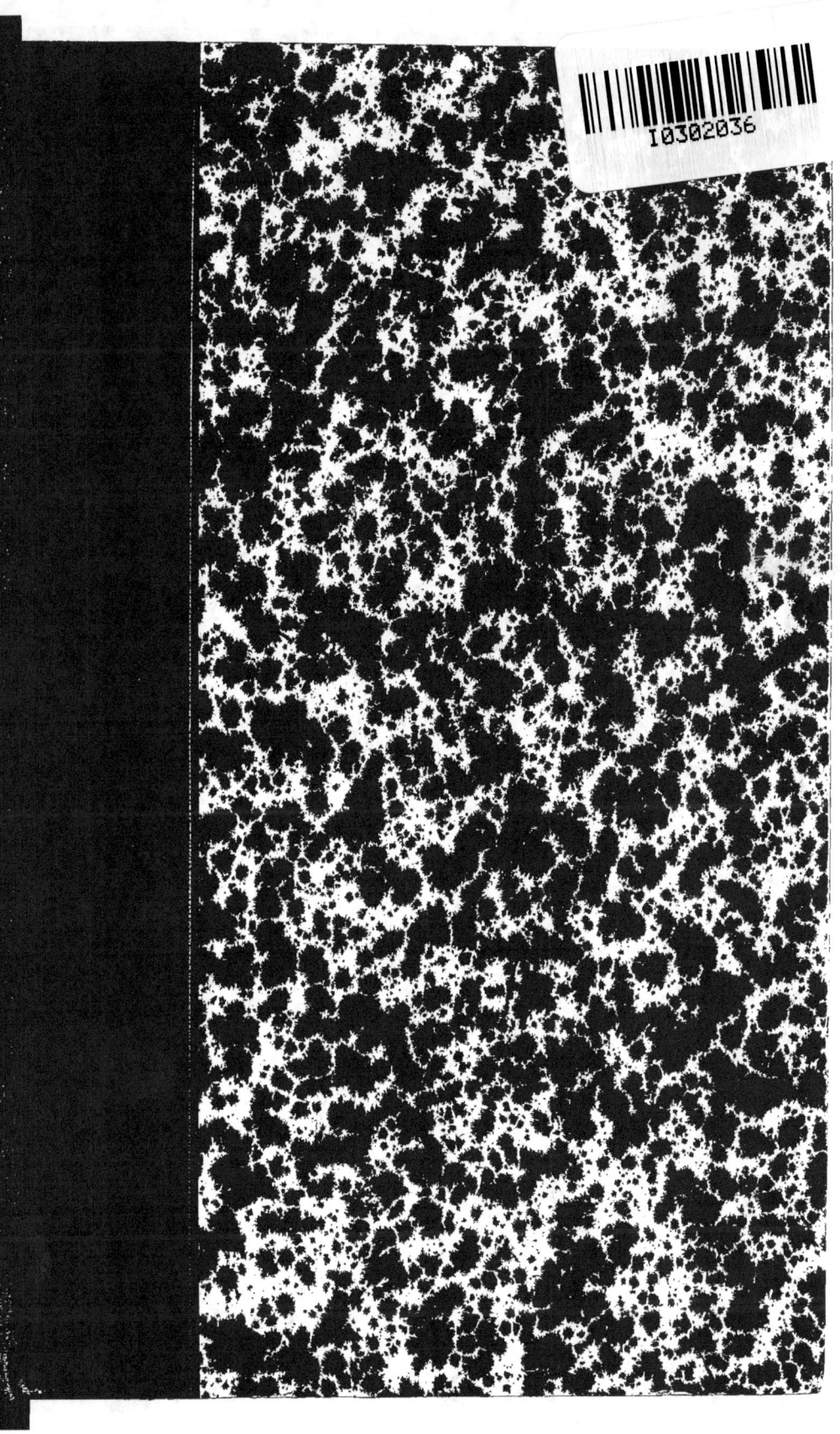

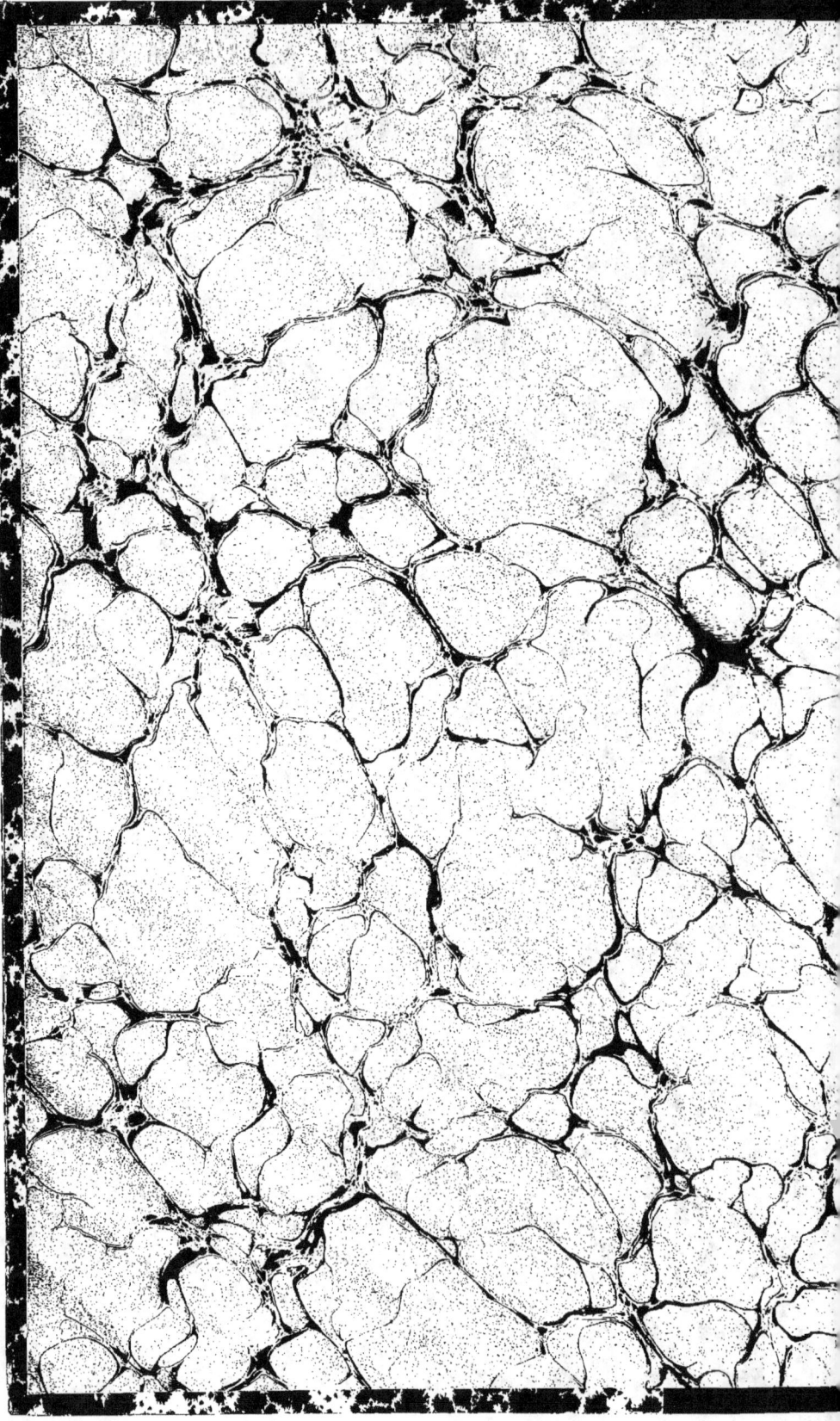

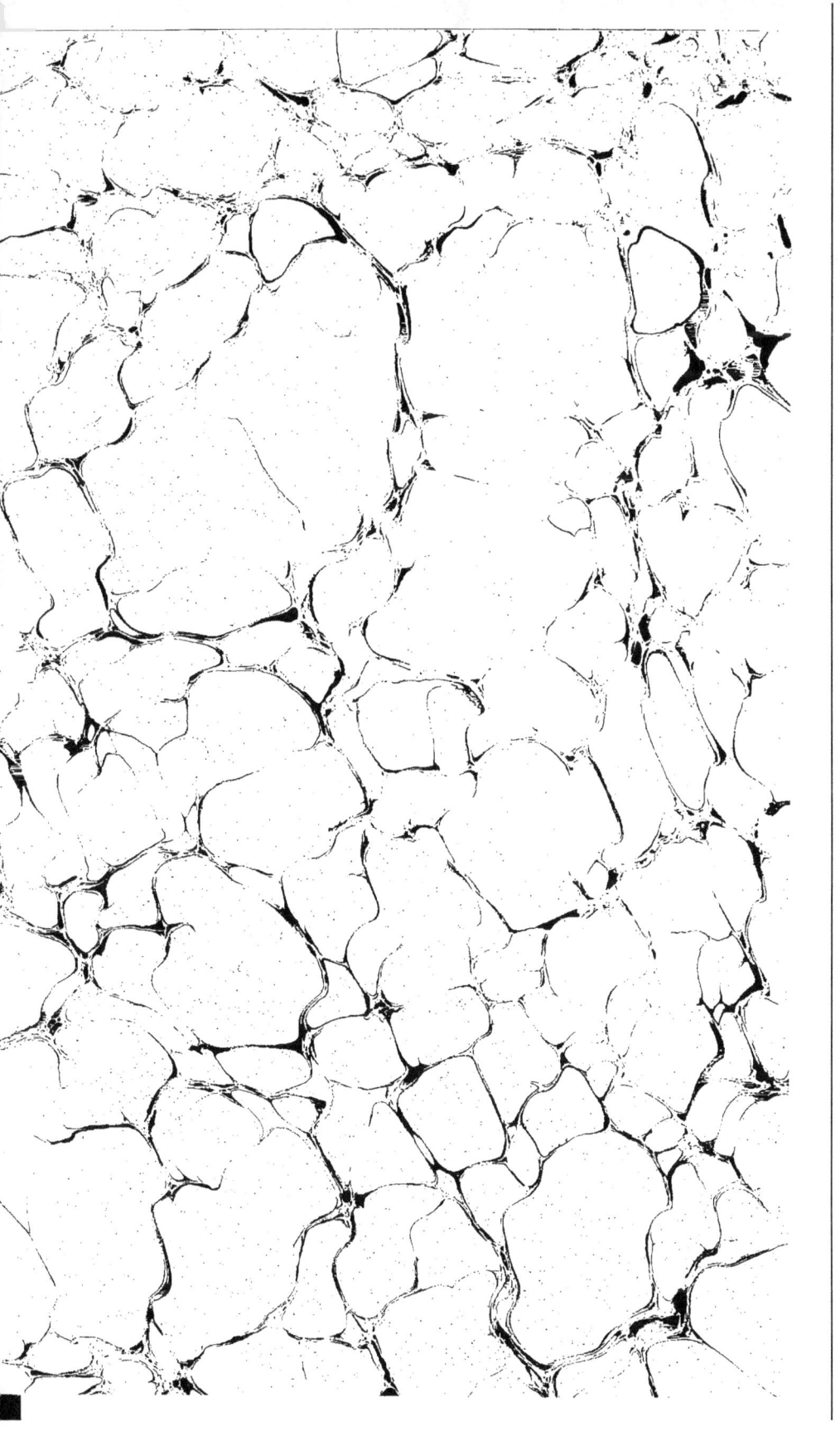

MÉMOIRES
DE
SAINT-HILAIRE

PUBLIÉS
POUR LA SOCIÉTÉ DE L'HISTOIRE DE FRANCE

PAR

Léon LECESTRE

TOME PREMIER

1661-1678

A PARIS
LIBRAIRIE RENOUARD
H. LAURENS, SUCCESSEUR
LIBRAIRE DE LA SOCIÉTÉ DE L'HISTOIRE DE FRANCE
RUE DE TOURNON, N° 6

MDCCCCIII

MÉMOIRES
DE
SAINT-HILAIRE

IMPRIMERIE DAUPELEY-GOUVERNEUR

A NOGENT-LE-ROTROU.

MÉMOIRES

DE

SAINT-HILAIRE

PUBLIÉS

POUR LA SOCIÉTÉ DE L'HISTOIRE DE FRANCE

PAR

Léon LECESTRE

TOME PREMIER

1661-1678

A PARIS
LIBRAIRIE RENOUARD
H. LAURENS, SUCCESSEUR
LIBRAIRE DE LA SOCIÉTÉ DE L'HISTOIRE DE FRANCE
RUE DE TOURNON, N° 6

MDCCCCIII

EXTRAIT DU RÈGLEMENT.

Art. 14. — Le Conseil désigne les ouvrages à publier, et choisit les personnes les plus capables d'en préparer et d'en suivre la publication.

Il nomme, pour chaque ouvrage à publier, un Commissaire responsable, chargé d'en surveiller l'exécution.

Le nom de l'éditeur sera placé en tête de chaque volume.

Aucun volume ne pourra paraître sous le nom de la Société sans l'autorisation du Conseil, et s'il n'est accompagné d'une déclaration du Commissaire responsable, portant que le travail lui a paru mériter d'être publié.

Le Commissaire responsable soussigné déclare que le tome Ier *des* Mémoires de Saint-Hilaire, *préparé par* M. Léon Lecestre, *lui a paru digne d'être publié par la* Société de l'Histoire de France.

Fait à Paris, le 5 *novembre* 1903.

Signé : A. DE BOISLISLE.

Certifié :

Le Secrétaire adjoint de la Société de l'Histoire de France,

NOËL VALOIS.

NOTICE PRÉLIMINAIRE

Les Mémoires qui font l'objet de la présente publication ne sont pas inédits : en 1766, un éditeur inconnu les fit paraître en quatre petits volumes in-12, sous la rubrique d'Amsterdam, chez Arstée et Merkus, et sous le titre de *Mémoires de M. de S. H***, contenant ce qui s'est passé de plus considérable en France depuis le décès du cardinal Mazarin jusqu'à la mort de Louis XIV.* Le véritable auteur en fut vite identifié, et on les connaît depuis longtemps sous le nom de *Mémoires de Saint-Hilaire.* Mais cet éditeur crut devoir faire dans le texte de l'auteur des suppressions assez nombreuses, surtout dans la première moitié de l'ouvrage, et modifier continuellement le style, qu'il trouvait sans doute quelque peu suranné. En somme, il traita la prose de Saint-Hilaire comme, quelques années plus tôt, la Beaumelle avait traité les Lettres de Mme de Maintenon, retranchant, corrigeant, changeant les tournures et les phrases et les remplaçant par d'autres qui lui semblaient plus littéraires ou mieux appropriées. Mais, plus honnête que la Beaumelle, ses modifications n'ont jamais atteint le fond du récit, sauf par des suppressions ; il n'a jamais ajouté de son cru des détails ou des appréciations. Cette façon de traiter les textes était d'ailleurs habituelle à cette époque ; on pourrait en citer de nombreux exemples.

On ne connaissait jusqu'à présent les Mémoires de Saint-Hilaire que par cette édition infidèle. En 1870, M. Tamizey de Larroque signala à la Société de l'histoire de France l'existence à la bibliothèque du Louvre d'un manuscrit de ces Mémoires, qui présentait avec le texte imprimé des différences assez notables pour qu'une nouvelle édition lui en parût nécessaire[1]. Cette proposition fut accueillie favorablement ; mais, la bibliothèque du Louvre ayant péri tout entière dans l'incendie criminel de 1871[2], M. Tamizey de Larroque, pensant que le manuscrit disparu était unique, se crut forcé de renoncer à sa publication. La découverte de deux autres copies des Mémoires ont permis de reprendre le projet abandonné depuis plus de trente ans.

Les deux copies dont nous parlons sont les seuls manuscrits que l'on connaisse actuellement de l'œuvre de Saint-Hilaire. Aucun d'eux n'est le manuscrit original de l'auteur ; mais celui que nous avons particulièrement utilisé présente des indices certains de son passage sous les yeux et dans les mains de Saint-Hilaire. Cette première copie forme quatre volumes in-folio d'une belle écriture de la première moitié du xviiie siècle; elle appartient à la bibliothèque de M. le marquis de Nicolay, qui, avec sa libéralité habituelle, a bien voulu me le communiquer. C'est ce manuscrit qui forme la base de la présente édition. Il porte, de la main de Saint-Hilaire, quelques corrections et additions qui lui donnent un caractère très net d'authenticité. Les relations amicales qui existaient entre l'auteur et la famille de Nicolay[3] expliquent la présence de cet exemplaire dans cette

1. *Annuaire-Bulletin*, 1870, p. 68-69.
2. Ce manuscrit, en quatre volumes in-folio, est indiqué dans le Catalogue des manuscrits de la bibliothèque du Louvre que M. Rathery a publié dans le *Cabinet historique*, t. XVII, 1871, 2e partie, p. 116-117, n° 2265.
3. Voyez dans notre tome V, p. 298, une lettre de Saint-Hilaire à M. Nicolay, premier président de la Chambre des comptes, au sujet de la bataille d'Audenarde.

bibliothèque. — L'autre manuscrit est conservé dans le fonds de la collection Méjanes à la bibliothèque d'Aix-en-Provence; il provient de la bibliothèque du marquis d'Aubais et se compose de deux volumes in-folio de 500 et 741 pages; le tome I contient les deux premières parties des Mémoires (1661-1697), le second la troisième partie (1698-1715). Le texte en est conforme à celui du manuscrit Nicolay; mais il est la copie d'un autre exemplaire, — celui du Louvre peut-être, — aussi en quatre volumes, dont le copiste a indiqué les pages en marge; ces pages ne correspondent pas à celles du manuscrit Nicolay.

La présente édition reproduit le texte commun de ces deux manuscrits dans toute son étendue et avec le style un peu lourd et parfois embrouillé de l'auteur. On pourra se rendre compte des coupures nombreuses pratiquées par l'éditeur de 1766 : car nous avons placé entre crochets les passages souvent fort longs qui avaient été supprimés. Disons maintenant quelques mots de l'auteur et de la valeur historique de son œuvre.

*
* *

Armand de Mormès de Saint-Hilaire naquit vers 1652[1]. Il était fils de Pierre de Mormès, sieur de Saint-Hilaire, et de Judith Frichet[2].

On a peu de renseignements sur les débuts de la carrière de son père; on sait seulement qu'en 1648 il exerçait les fonctions de lieutenant d'artillerie à Pignerol et qu'il obtint à cette époque une pension de trois mille livres sur l'Épargne[3].

---

1. Cette date résulte de l'âge qu'on lui attribuait lorsqu'il mourut (*Gazette* de 1740, p. 594).

2. Bibl. nat., dossier bleu 12511 au Cabinet des titres.

3. Enregistrée en août à la Chambre des comptes. Archives nationales, registre P 2684, fol. 69 v°.

NOTICE PRÉLIMINAIRE.

Le 20 mai 1659, il fut nommé lieutenant du grand maître de l'artillerie en Guyenne, Limousin et Périgord; ses provisions ne furent enregistrées que le 6 septembre 1661 à la Chambre des comptes[1]. Anobli dès le mois d'octobre 1651, il fut confirmé dans sa noblesse par des lettres patentes de janvier 1666[2], qui donnent l'énumération des batailles et des sièges auxquels il avait pris part jusqu'alors. On le trouve, la même année 1665, commandant l'artillerie à l'Arsenal de Paris[3], ce qui ne l'empêche pas de conserver sa charge en Guyenne, puisque, le 12 août 1675, il donne quittance d'une somme de mille livres représentant ses appointements de six mois en cette dernière qualité[4]. Cette année 1675, comme les deux précédentes, il commanda l'artillerie de l'armée de Turenne en Alsace et au delà du Rhin; il eut le bras emporté par le boulet qui tua le grand capitaine: Mme de Sévigné a raconté cet épisode avec sa verve habituelle[5]. Il guérit de sa blessure et reçut en récompense une gratification de trois mille livres sur le Trésor royal (quittance du 7 mars 1676[6]). Il mourut le 21 janvier 1680[7].

De Judith Frichet, qui ne mourut qu'après 1703, comme on le verra plus loin[8], Pierre de Mormès laissait quatre enfants : l'aîné, Armand, notre auteur, sur lequel nous reviendrons plus longuement; un autre fils, qui n'est pas mentionné dans les généalogies et dont nous ignorons le pré-

---

1. Registre P 2688, fol. 180.
2. Ci-après, tome VI, appendice III.
3. Dépôt de la Guerre, vol. 202, n°s 26, 150 et 199.
4. Bibl. nat., ms. Franç. 28540, pièces originales.
5. *Lettres*, édit. des Grands Écrivains, t. IV, p. 33-34, et ci-après, tome I, p. 208-210.
6. Bibl. nat., ms. Franç. 28540, pièces originales.
7. Voyez dans notre tome VI, p. 178, la lettre de condoléance que Louvois écrivit au fils à cette occasion.
8. Elle est mêlée à la contestation entre son fils et le duc Mazarin pour son logement à l'Arsenal (1703) : tome VI, p. 171-175.

nom, mais qui servait en 1675 dans l'armée de Turenne comme aide de camp du comte de Roye et qui fut tué en 1678, au siège du château de Lichtenberg en Alsace, exerçant les fonctions de commissaire d'artillerie[1], et deux filles qui épousèrent, l'aînée, Judith, Daniel de la Verpière, seigneur de Thiembrune, l'autre, Madeleine, en 1681, Charles-Léonor de Clermont, marquis de Gallerande; cette dernière devint veuve en avril 1715 et mourut en 1740; l'une et l'autre eurent des enfants[2].

Armand de Mormès, dont nous nous occupons particuliè-

1. Ci-après, tome I, p. 207, 208, 210 et 291-292. — Un Daniel Mormès de Saint-Hilaire acheta en mai 1652 une lieutenance au régiment d'Auvergne (vol. Guerre 141, n° 76); c'était sans doute un frère de Pierre, un oncle de notre auteur, mais nous ne connaissons rien qui établisse le degré de parenté. — Il y eut au xviie siècle d'autres militaires qui portèrent le nom de Saint-Hilaire, mais qui ne paraissent pas être de la même famille que l'auteur des présents Mémoires : 1° un Saint-Hilaire qui était sergent de bataille en mai 1654 (vol. Guerre 142, n° 153); 2° un ingénieur, dont nous avons quelques lettres datées de Perpignan en 1675-1676 (vol. Guerre 466, n° 289; vol. 469, n°s 116, 136, 139 et 148; vol. 515, n° 10); 3° un capitaine au régiment de dragons de Villegagnon, appartenant à une famille du comté Nantais, qui acquit pour dix mille livres en 1710 deux places d'écuyer cavalcadour du duc de Berry (Arch. nat., G⁷ 1574), passa aux gardes du corps dans la compagnie de Villeroy avec le grade d'exempt, fut grièvement blessé à Malplaquet, devint enseigne en 1710 et mourut de maladie en mai 1711 (*Mémoires de Sourches*, t. XII, p. 77 et 124, et t. XIII, p. 2, 107, 109 et 111); 4° un capitaine aux gardes françaises, fils d'un homme d'affaires de Paris, qui perdit un bras au siège du Quesnoy en 1712 (*Sourches*, t. X, p. 87, et t. XIII, p. 499, 503 et 506); c'est lui probablement qui, cette même année, projeta d'enlever le prince Eugène (*Gazette d'Amsterdam*, Extraordinaire xcvii). — Nous connaissons encore un conseiller au parlement de Provence, appelé Le Fèvre de Saint-Hilaire, et l'abbé Foy de Saint-Hilaire, chanoine de Beauvais; mais tous ces personnages ne sont point de la même famille que notre auteur.

2. Bibl. nat., dossiers bleus, n° 12511.

rement, était né, avons-nous dit, vers 1652. A peine âgé de treize ou quatorze ans, il obtint, le 1ᵉʳ septembre 1665, la survivance de la charge de lieutenant général de l'artillerie qu'avait son père[1], et il dut commencer à servir dès l'année suivante 1666[2]. Cependant il ne semble pas qu'il ait pris part aux campagnes de 1667 en Flandre et de 1668 en Franche-Comté, quoique son père y ait été employé; la raison en fut probablement son jeune âge. Mais, quand s'ouvrit la guerre de Hollande en 1672, il marcha aux côtés de son père et assista à tous les sièges de cette campagne, notamment à celui d'Orsoy, où son père fut blessé. En 1673, on le trouve au siège de Maëstricht et à la retraite des troupes françaises. L'année suivante, il va rejoindre son père à l'armée d'Alsace, que commande Turenne, et il assiste aux combats de Sinzheim et de Mulhausen. En 1675, il passe le Rhin avec le grand homme de guerre, prend part à la bataille de Turckheim, est présent à la mort du maréchal à Saasbach et accompagne la retraite de l'armée; sous les ordres du comte de Lorge, il dirige l'artillerie au combat d'Altenheim. Les années suivantes, il est encore affecté à l'armée d'Allemagne.

La paix de Nimègue met fin à la guerre; aussitôt après la signature du traité, il est chargé d'évacuer sur les places françaises de la Meuse l'artillerie et les munitions qui restaient à Maëstricht, et il entretient à ce sujet une correspondance très active avec Louvois[3]. Il profite de cet intervalle

---

1. Pinard, *Chronologie historique militaire*, t. IV, p. 564; cet ouvrage va nous servir de guide pour retracer la carrière militaire de notre auteur.

2. Dans une lettre du 8 juillet 1690, il dit qu'il sert depuis vingt-trois ans (notre tome III, p. 309); dans une autre du 20 septembre 1709 (notre tome V, p. 330), il dit : depuis quarante-trois ans; cela reporterait à 1667 ou 1666.

3. Notre tome I, appendice VII, p. 359-362.

de paix pour se marier; il épouse en août 1681, dans des conditions assez singulières que laisse soupçonner le contrat, Madeleine de Jaucourt[1], alors âgée de vingt-cinq ans; lui en a vingt-neuf ou trente. Peu après, Louvois l'envoie à Pignerol, où Catinat se trouve déjà incognito : il a pour mission de préparer l'équipage d'artillerie pour les troupes qu'on réunit secrètement autour de la citadelle dans l'intention de surprendre Casal. L'occupation de cette ville heureusement effectuée, Saint-Hilaire s'y rend et travaille pendant une partie de l'année 1682 à remettre en état l'artillerie de la place, à y accumuler des munitions, des armes, des outils, à y fabriquer de la poudre et des boulets[2]. En 1683, il revient en France. L'année suivante, il est employé au siège de Luxembourg, qu'attaque le maréchal de Créquy et qui capitule le 4 juin. La trêve qui suivit le rendit à la vie de garnison.

C'est un peu plus tard que se produisit la révocation de l'édit de Nantes. Saint-Hilaire, comme son père et toute sa famille, appartenait à la religion protestante[3]. Soit conviction, soit intérêt, soit nécessité, il se décida en janvier 1686 à se convertir au catholicisme[4], et il semble qu'il le fit de bonne foi; mais cela explique la réprobation avec laquelle il mentionna dans ses Mémoires les conversions forcées des protestants[5]. Sa mère ne voulut pas abandonner sa religion; elle continua à la pratiquer secrètement. Au commencement de 1700, elle fut sans doute dénoncée à l'autorité

---

1. On trouvera le contrat de mariage, du 22 août, à l'Appendice de notre tome VI, p. 181.
2. Voyez sa correspondance à l'Appendice du tome III, p. 299 et suivantes.
3. *Mémoires de Sourches*, tomes IX, p. 84, et X, p. 258.
4. O. Douen, *la Révocation de l'édit de Nantes à Paris*, t. III, p. 274-275.
5. Notre tome II, p. 38-40.

royale, car une lettre de cachet du 14 avril l'exila dans sa terre de Garges, près Gonesse[1], où elle dut mourir peu après.

La guerre s'étant rallumée en 1688, Saint-Hilaire fut envoyé à l'armée du Rhin et assista aux sièges de Philipsbourg, de Mannheim et de Frankenthal; c'est encore à cette armée qu'il servit pendant la campagne de 1689. En 1690, il passa en Flandre, où il commanda en second l'équipage d'artillerie à l'armée du maréchal de Luxembourg; il assista le 1er juillet à la victoire de Fleurus. Son supérieur M. du Metz ayant été tué dans le combat, Saint-Hilaire écrivit dès le lendemain à Louvois pour lui demander les emplois du défunt et un brevet de maréchal de camp[2]. Le ministre ne tint aucun compte de cette demande; il semble même qu'il ne crut pas devoir y répondre.

En 1691, Saint-Hilaire sert, dès le début du printemps, au siège de Mons; puis il commande l'artillerie de l'armée de la Moselle, dont la campagne ne fut marquée par aucun événement important. En 1692, il assiste aux sièges de Namur et de Charleroy et à la bataille de Steinkerque; pendant les deux campagnes suivantes, il continue à servir à l'armée de Flandre. Le 30 mars 1693, Barbezieux lui fait donner le grade de brigadier d'infanterie, et, le 6 février 1694, la croix de Saint-Louis. Le 20 avril 1695, il est commissionné pour commander l'artillerie à l'armée de la Meuse, et il conserve ces fonctions pendant la campagne de 1696.

La paix de Ryswyk lui donna des loisirs; il les employa, comme on le verra plus loin, à écrire les deux premières parties de ses Mémoires. Ce travail devait être achevé au commencement de 1702, lorsque la guerre de la Succession

---

1. Arch. nat., O¹ 44, fol. 173; *Gazette d'Amsterdam*, n° xxxv.
2. Ci-après, tome III, p. 306.

d'Espagne le rappela à un service actif. Cette année 1702 débuta pour lui par un événement heureux : le 29 janvier, il recevait le brevet de maréchal de camp, objet de ses désirs depuis 1690. Mais, la guerre s'étant, cette année-là, localisée en Italie, Saint-Hilaire n'eut pas occasion d'utiliser son nouveau grade. L'année suivante, dans la crainte d'une descente des Anglais en Guyenne, on lui délivra le 6 mai une commission pour commander toute l'artillerie dans cette province, dont il possédait d'ailleurs la lieutenance générale. Il n'eut pas à s'y rendre : car nous le voyons, pendant tout l'été, occupé à expérimenter des canons spéciaux et des boulets conjugués inventés par un religieux italien, le P. Figari[1]. En même temps, il a fort à faire pour la défense de ses intérêts particuliers. C'est d'abord une contestation avec le duc Mazarin, surintendant des poudres et salpêtres, à propos du logement occupé par Saint-Hilaire et par sa mère à l'Arsenal de Paris (1703). Le duc prétendait avoir la disposition de ce logement en vertu de sa charge et voulait en expulser l'occupant ; celui-ci soutenait qu'il tenait son logement d'une concession royale et que le surintendant n'avait pas le pouvoir de l'en priver. La décision fut renvoyée au bailliage de l'Arsenal ; nous ne savons ce qu'il en advint[2].

Une autre affaire survenue à la même époque avait pour Saint-Hilaire une bien plus grande importance. Par un édit d'août 1703, le Roi, qui avait besoin d'argent, avait supprimé toutes les charges de l'artillerie et les avait rétablies sur de nouvelles bases, en les érigeant en titre d'offices, c'est-à-dire en les rendant vénales. La charge de lieutenant général de l'artillerie en Flandre, qu'abandonnait le titulaire, M. de Vigny, convenait admirablement à Saint-

1. Ci-après, tome III, p. 315 et suivantes.
2. Ci-après, tome VI, p. 171-175.

Hilaire, et le Roi était disposé à la lui accorder ; mais elle était taxée à soixante mille livres, et ce prix lui semblait fort onéreux. Il sollicita une réduction, des délais de paiement et la conservation de certaines fonctions dont les appointements l'auraient aidé à s'acquitter. Ces demandes forment l'objet de la lettre et du mémoire qu'il adressa le 24 septembre au ministre Chamillart, qui cumulait les fonctions de secrétaire d'État de la guerre et de contrôleur général des finances[1]. Enfin, dans le courant de 1704, il obtint une réduction de vingt mille livres et s'estima favorisé[2]. Le Roi n'avait pas d'ailleurs attendu jusque-là pour lui donner, par commission, les pouvoirs de commander l'artillerie au département de Flandre, Artois et Picardie; le brevet en avait été expédié dès le 6 janvier 1704, et il était parti aussitôt pour remplir ces nouvelles fonctions, ainsi que l'établit sa correspondance[3]. L'année se passa sans grands événements. Au commencement d'octobre, Saint-Hilaire demanda au ministre le gouvernement de Bouchain ou le cordon de commandeur de l'ordre de Saint-Louis que laissait vacant la mort de M. de la Rablière[4]. Il n'obtint ni l'un ni l'autre; mais, en compensation peut-être, il fut élevé le 26 du même mois au grade de lieutenant général d'armée. Saint-Hilaire ne jugea pas sans doute que la récompense fût suffisante ; car, le 13 janvier suivant, 1705, il sollicitait à nouveau la croix de commandeur que rendait disponible la mort du gouverneur des Invalides[5] ; ce fut encore en vain. C'est seulement le 16 mars de cette même année qu'il reçut les provisions de lieutenant général de l'artillerie au département

1. Tome VI, p. 178-181.
2. Ci-après, tome III, p. 322-323.
3. Ci-après, tome III, p. 319.
4. *Ibidem*, p. 324.
5. Tome IV, p. 359.

de Flandre; probablement ne faisait-il que de finir de payer la finance requise.

Pendant la campagne de 1705, il eut encore le commandement de l'artillerie à l'armée de Flandre; mais il ne se passa rien de remarquable. Cette commission lui fut renouvelée chaque année jusqu'en 1709, et il prit part à ces désastreuses campagnes qui virent nos défaites de Ramillies, d'Audenarde et de Malplaquet; il servit successivement sous Villeroy, sous Vendôme et sous Villars. La campagne de 1709 fut la dernière qu'il fit; sa santé était devenue chancelante, et le service actif lui était difficile; il se consacra à la gestion de l'important arsenal de Douay et à l'organisation des équipages d'artillerie nécessaires aux armées qui opéraient sur la frontière du Nord. Le 6 février 1707, le Roi lui avait enfin accordé le cordon rouge de commandeur de Saint-Louis; mais cela n'avait pas rassasié cet insatiable quémandeur : dès le 3 avril suivant, il sollicitait le gouvernement de la citadelle de Lille, ou, à son défaut, la grand-croix de Saint-Louis, vacants l'un et l'autre par la mort de Vauban[1]. Puis, le 20 septembre 1709, c'est le gouvernement de Gravelines qu'il demande, et sa femme se joint à lui pour implorer cette grâce par deux lettres assez bien tournées qu'elle adresse au ministre de la Guerre[2]. Ne l'ayant pas obtenu, il se rabat en 1710 sur celui de Sarrelouis, et le duc du Maine appuie sa requête, mais sans plus de succès que précédemment[3].

La paix d'Utrecht lui donna des loisirs, et il s'était mis à écrire la troisième et dernière partie de ses Mémoires, lorsque la mort de Louis XIV lui procura une situation assez en vue.

1. Notre tome V, p. 288.
2. *Ibidem*, p. 330-332.
3. *Ibidem*, p. 332.

Il était alors, au dire du duc de Saint-Simon[1], « le premier et le plus accrédité du corps de l'artillerie, et qui le menoit; fort homme d'honneur et peu content en secret du joug du duc du Maine », grand maître de l'artillerie. C'est ce qui le fit choisir par le Régent pour être un des membres du conseil de la Guerre, où il ne joua d'ailleurs qu'un rôle très effacé, la période de paix où l'on se trouvait n'étant pas propice à le mettre en lumière. C'est cependant grâce à cette situation qu'il obtint en mai 1716 une faveur appréciable : par édit du mois de janvier précédent, le Régent avait supprimé les charges de lieutenants généraux de l'artillerie érigées en titre d'offices en 1703; il les avait remises à sa nomination ; Saint-Hilaire obtint sans peine que les mêmes fonctions lui fussent conservées par commission.

Le conseil de la Guerre ayant été supprimé en 1718, Saint-Hilaire le quitta comme ses collègues; mais il resta chargé de la direction de l'artillerie[2]. Il avait eu la douleur de perdre sa femme, le 14 mai 1717; elle mourut trop tôt pour voir son mari recevoir enfin (1ᵉʳ janvier 1720) la grand'-croix de Saint-Louis, suprême distinction des officiers généraux, et être pourvu, quelques années plus tard (15 avril 1726) du lucratif gouvernement de Belle-Isle-en-Mer, qui lui fut donné en échange de sa démission de lieutenant général de l'artillerie au département de Flandre. Il conserva ce gouvernement jusqu'à sa mort, arrivée le 24 novembre 1740. La *Gazette de France* mentionna son décès[3] et lui attribua l'âge de quatre-vingt-huit ans.

Au point de vue militaire, Saint-Hilaire fut-il un officier d'artillerie remarquable? On ne saurait le dire. L'artillerie ne jouait alors qu'un rôle très secondaire, et il était presque

1. *Mémoires*, éd. Boislisle, t. XXVII, p. 114.
2. *Journal de Dangeau*, t. XVII, p. 394.
3. Page 594.

impossible de mettre en lumière dans ces fonctions des qualités supérieures. Il jouissait certainement de l'estime de ses collègues et des généraux sous lesquels il servit; leurs lettres conservées au Dépôt de la Guerre font volontiers l'éloge de son zèle et de sa ponctualité[1]. Le Roi avait de la considération pour lui; en 1694, il écrit au maréchal de Luxembourg[2] de lui procurer le commandement d'un corps séparé, afin de ne pas donner à « un vieil officier qui a bien servi » la mortification d'avoir à obéir à un cadet. Le public l'appréciait aussi : le *Mercure galant* fit son éloge[3] lorsqu'il reçut le cordon rouge; le duc de Saint-Simon, nous venons de le voir, l'estimait, et, s'il le qualifie d' « homme fort lourd », il ajoute qu'il « entendoit bien l'artillerie[4] ». Nous pouvons donc penser qu'il fut ce qu'on appelle un bon officier, suffisamment intelligent, travailleur, appliqué, esclave du service et de ce qu'il croyait le meilleur pour le bien de l'État. Il eut aussi les défauts de son temps : il est quelque peu plaignard et quémandeur, et cela est excusable pour une époque où la faveur jouait un rôle si important dans l'attribution des grades et des places. Les principales qualités de Saint-Hilaire sont celles qui caractérisent le parfait administrateur : les indications fournies par sa correspondance sont à cet égard très probantes, et il suffira de se reporter aux appendices de nos divers volumes pour s'en rendre compte. Il s'occupe avec une activité et une régularité méritoires des multiples fonctions qui incombent au lieutenant général chargé du plus important département de l'artillerie et au directeur de l'arsenal de Douay, le premier de

1. Voyez notamment celle de Boufflers du 11 septembre 1709, publiée dans les *Mémoires de Sourches*, t. XI, p. 63.
2. *Œuvres de Louis XIV*, t. IV, p. 461-462.
3. Février 1707, p. 295-297.
4. *Mémoires*, édit. de 1874, tome XII, p. 236.

France après celui de Paris[1]. Soit dans les intervalles des guerres, soit pendant les quartiers d'hiver qui séparent les campagnes, il s'applique à la fabrication des canons et des armes, et surtout à accumuler les approvisionnements nécessaires aux armées, poudre, boulets, bombes, grenades, balles, mousquets, mèches, sacs, gabions, armes et outils de toutes sortes; il fait réparer les affûts des canons, les caissons, les équipages de ponts; il visite les places fortes et voit ce qui est nécessaire à leur défense; il s'inquiète des charrois, fait marché avec les entrepreneurs, surveille les réquisitions de chevaux et de voitures; il ne néglige pas non plus le personnel, s'occupe des officiers et de leur instruction technique, du recrutement des artilleurs, canonniers, bombardiers, mineurs, etc.; ce sont là des occupations complexes et étendues, dont il s'acquitte avec un zèle et une conscience très louables.

Quelques exemples seront peut-être opportuns : le 31 août 1705, il écrit à Chamillart[2] qu'il serait très utile de parfaire l'instruction des officiers d'artillerie, et il lui suggère l'idée de les envoyer pendant l'hiver dans les arsenaux et les fonderies; le ministre approuve, mais en faisant remarquer que la décision appartient au duc du Maine, grand maître de l'artillerie. Le 2 novembre 1706[3], il constate que les affûts des canons qui arment les remparts des places fortes pourrissent très vite; il propose de les faire démonter pendant l'hiver et de mettre les affûts à l'abri. A un certain moment,

1. Il semble s'être peu occupé de ses fonctions de lieutenant de l'artillerie en « Haute et Basse-Guyenne, Limousin, Périgord, pays d'Aunis, îles de Ré et d'Oleron », dont il eut la gestion en fait depuis 1680 jusqu'à 1703; du moins il ne paraît pas être resté beaucoup de traces de son activité à cet égard.
2. Tome IV, p. 384.
3. Tome IV, p. 398.

NOTICE PRÉLIMINAIRE.

il apprend[1] que le Roi fait changer ou renouveler un bon nombre de conduites d'eau dans le parc de Versailles; comme il sait que l'artillerie manque de plomb, vite il demande qu'on lui attribue le plomb provenant des tuyaux de cette canalisation supprimée. En juillet 1709, il renouvelle une proposition qu'il avait déjà faite trois ans auparavant et qui lui avait été suggérée par la rareté toujours croissante des espèces monétaires[2] : c'était d'employer le bronze des vieux canons crevés dormant inutiles dans les arsenaux pour faire de la monnaie de billon. Les gens des monnaies empêchèrent qu'il fût donné suite à cette idée, sous le prétexte, peut-être réel, que les frais d'installation et de frappe compenseraient et même dépasseraient le bénéfice. Quelques années plus tôt, en 1705, des essais d'échantillons de cuivre proposés par la Compagnie de la Chine lui avaient causé quelques désagréments. L'affaire semble avoir eu des côtés un peu louches, et les termes vagues dont le duc du Maine se sert à propos de Saint-Hilaire dans la longue lettre qu'il adressa à ce sujet à Chamillart[3] laissent planer quelques doutes sur sa stricte probité dans cette circonstance. C'est d'ailleurs la seule occasion où nous ayons rencontré des insinuations de ce genre; ce ne fut sans doute que le résultat de quelque imprudence de sa part.

Venons maintenant au travail qui a fait connaître son nom à la postérité.

*
* *

L'œuvre historique qu'on a coutume d'appeler *Mémoires de Saint-Hilaire* (on verra plus loin pourquoi ce nom ne

1. Tome IV, p. 400.
2. Tomes IV, p. 398-399, et V, p. 318-321 et 325-328.
3. Tome IV, p. 362-372.

nous semble pas tout à fait exact) a été divisée par son auteur en trois parties : la première va de 1661 à la paix de Nimègue en 1678 ; la seconde s'arrête au traité de Ryswyk (1697) ; la troisième enfin est consacrée à la guerre de la Succession d'Espagne et va jusqu'en 1715.

Dans l'Avertissement qu'il a placé au début de son travail, Saint-Hilaire nous apprend que ce fut pendant les loisirs que lui procura la paix de Ryswyk qu'il rédigea les deux premières parties, et rien dans sa narration ne vient contredire cette affirmation, qui est au contraire confirmée de plusieurs façons. Quant à la troisième partie, qui est la plus développée des trois, puisqu'elle forme à elle seule presque les deux tiers de l'ensemble, la rédaction en a été commencée après la paix d'Utrecht, puisque dès le début (p. 23 du tome III) il mentionne ce traité, et avant la mort de Fénelon (7 janvier 1715), puisque dans la page 11 du même tome il parle de ce prélat comme vivant encore. Le travail ne dut pas être achevé avant 1721 ou 1722 ; on en trouve l'indice en ce que, dans le récit de l'année 1709 (tome V, p. 214), l'auteur mentionne le rétablissement des relations diplomatiques entre la France et la république de Venise, qui se produisit dans le courant de 1720. Les dates de rédaction de l'ouvrage sont donc, pour la première et la seconde parties, comprises entre 1698 et 1701 ; pour la troisième entre 1713 et 1722. Saint-Hilaire a écrit à une époque très rapprochée des événements, et c'est là une garantie d'exactitude et de véracité, au moins pour ce qu'il a tiré de son cru, pour ce qui est le résultat de ses souvenirs personnels ou de notes prises au cours de ses campagnes.

Le but que Saint-Hilaire s'était proposé en se mettant à écrire a été spécifié par lui dans l'Avertissement : « Mon but, dit-il, est de me récapituler les guerres de mon temps, jusques aux moindres circonstances que j'en ai pu connoître, afin que je puisse profiter des bonnes instructions qu'un homme de guerre tel que je suis y peut puiser. » Et quelques lignes auparavant : « J'ai cru ne pouvoir mieux employer mon loisir qu'à rédiger par écrit les principaux évènements de mon temps, desquels j'avois conservé des mémoires. » Et enfin, un peu plus loin : « Je me suis attaché à des descriptions de terrains et à des détails d'actions où je me suis trouvé, ou dont j'ai eu une parfaite connoissance. » De ces trois citations il résulte que Saint-Hilaire s'est proposé d'écrire l'histoire des guerres de son temps, en insistant particulièrement sur les faits auxquels il avait pris part en personne, dont il avait eu exacte connaissance et dont il avait conservé des mémoires, c'est-à-dire des relations.

C'est surtout dans les deux premières parties que Saint-Hilaire a appliqué ces principes, lesquels il a rappelés une autre fois encore dans son récit : « afin que, dit-il à la page 278 de notre tome II, suivant les règles que je me suis prescrites, je n'omette rien de ce qui est venu à ma connoissance d'un peu considérable ». En effet, dans cette portion de son travail, il se met de temps en temps en scène ; il insiste sur des évènements auxquels il a pris une part active, par exemple la campagne de 1675, qui vit la mort de Turenne et la belle retraite du comte de Lorge au delà du Rhin, et il passe légèrement sur ceux qu'il n'a appris que par les récits de ses contemporains ou même par les correspondances de la *Gazette*.

La troisième partie présente des caractères assez différents. Il est extrêmement rare que l'auteur y apparaisse en personne, et il pousse l'abnégation de sa personnalité jusqu'à ne pas même faire mention des fonctions qu'il a remplies ou des armées dans lesquelles il a servi. Son récit s'uniformise dans une narration réglée et compassée, qui n'est guère plus développée pour les armées où l'auteur se trouvait que pour celles qui opéraient dans une région très éloignée, en Italie ou en Espagne par exemple. L'historien s'est substitué, — malheureusement, — au mémorialiste et au conteur, et nous devons le regretter, parce que nous n'avons plus qu'un froid récit d'événements presque toujours bien connus par ailleurs, au lieu d'une narration vivante et primesautière, dont l'intérêt et la valeur historique auraient été très supérieurs. Cette différence dans la rédaction doit avoir pour cause que, pour la période qui se termine à la paix de Ryswyk, Saint-Hilaire avait dû prendre des notes et recueillir des « mémoires », ce qu'il n'a pas fait sans doute, ou n'a pas eu les moyens et le loisir de faire, pour la guerre de la Succession d'Espagne; il a dû alors se contenter des relations publiées et même peut-être tout simplement de la *Gazette*. Il est très étonnant cependant qu'il n'y ait inséré presque aucun souvenir personnel, et fort peu de ces traits qui caractérisent le témoin oculaire. Sauf dans quelques circonstances fort rares, et particulièrement lorsqu'il veut justifier sa conduite, il est impossible de savoir, en lisant cette troisième partie, si le narrateur accompagnait l'armée de Flandre ou celle d'Italie, s'il servait sur le Rhin ou en Catalogne, ou s'il était simplement à Paris. Cette manière de faire paraît l'effet d'une volonté déterminée : Saint-Hilaire a voulu écrire l'Histoire des guerres de son temps et non point des Mémoires de sa vie; c'est pour cela que nous avons dit plus haut que le titre de Mémoires de Saint-Hilaire ne nous paraissait pas exact; celui d'Histoire des guerres de Louis XIV, ou tout autre exprimant la même idée, leur conviendrait mieux.

Le récit, dans cette troisième partie, présente cependant

des inégalités qu'il est bon de signaler et qui, pour un historien de profession, mériteraient quelque reproche. Le développement de certains faits est exagéré; d'autres d'égale importance sont condensés en quelques lignes. Cela est frappant surtout pour les sièges de places fortes : nous en trouvons, par exemple ceux de Verrue et de Verceil en 1704-1705 et de Lille en 1708, qui sont exposés dans tous leurs détails et presque jour par jour, tandis que celui de Barcelone en 1706, pour n'en citer qu'un, est mentionné en quelques phrases. La cause doit en être dans l'inégale récolte des matériaux du travail; quand l'auteur avait en main un journal ou une relation détaillée, il l'utilisait; s'il n'en avait pas, il s'en passait.

Ceci nous amène à examiner sur quels documents Saint-Hilaire a échafaudé son récit, à quelles sources il a puisé. Il y a lieu de faire encore une distinction entre les deux premières parties d'une part et la troisième de l'autre. Nous avons déjà dit que les parties I et II ont un caractère plus personnel que la dernière; l'auteur s'y met plus volontiers en scène; ses souvenirs et les « mémoires » qu'il avait gardés sont donc à la base du récit des événements auxquels il a pris part. Pour ceux qu'il n'a pas connus par lui-même, il a utilisé parfois des relations particulières qui lui avaient été communiquées; nous en avons relevé, chemin faisant, des traces manifestes, et l'exemple le plus frappant en est probablement la description de la position du prince de Bade, près d'Heilbronn, sur la rive droite du Neckar, au commencement d'août 1693 (tome II, p. 304-305). Mais, pour ne pas errer dans la succession chronologique des faits, il a dû avoir un guide permanent, et nous croyons qu'il l'a trouvé dans les correspondances et les Extraordinaires de la *Gazette de France*. C'est là qu'il a rencontré les dates, les faits, les renseignements géographiques, et souvent aussi les circonstances. A diverses reprises, dans nos notes, nous avons signalé des analogies remarquables, et c'est pour cela que nous nous sommes servis abondamment de la *Gazette* pour le commentaire courant de nos Mémoires.

L'utilisation de ce guide relativement sûr n'a pas été moins fréquente pour la troisième partie, dans laquelle, comme nous l'avons dit, Saint-Hilaire fait encore plus œuvre d'historien que de mémorialiste. Il n'y a plus alors trace *évidente* de « mémoires » ou de relations particulières. En dehors de quelques rares détails issus des propres souvenirs de l'auteur, le récit se traîne dans la sécheresse d'une narration sans relief et quasi impersonnelle. Cependant, pour cette dernière partie, nous croyons qu'il est intervenu un facteur qui ne semble pas avoir paru dans les premières et qu'il est intéressant de signaler.

En rédigeant le commentaire des Mémoires pour toute cette période de la guerre de la Succession d'Espagne, j'avais eu fréquemment recours à l'*Histoire militaire du règne de Louis XIV*, ouvrage bien connu et estimé, qui a pour auteur le marquis de Quincy et qui parut en 1726 en sept volumes in-4°. Or, je n'ai pas tardé à reconnaître entre cette œuvre et celle de Saint-Hilaire des analogies vraiment singulières. Tous deux divisent leur récit par années, et dans chaque année en campagnes des diverses armées; jusque-là, rien que d'assez naturel, car cette division est logique. Mais presque toujours (il y a quelques exceptions), les campagnes se succèdent dans le même ordre dans les deux ouvrages; c'est une nouvelle ressemblance. Puis, comme Quincy, Saint-Hilaire termine le récit des campagnes de terre par celui des expéditions maritimes; comme Quincy, il parle, à la fin de chaque année, de certains événements remarquables, autres que militaires, et ce sont presque toujours les mêmes dans les deux ouvrages. Enfin, pour les noms propres étrangers, Saint-Hilaire les estropie souvent outrageusement; Quincy n'est pas beaucoup plus correct, et la forme adoptée par l'un et par l'autre est souvent identique; lorsqu'il y a divergence, elle n'est pas en général assez grande pour qu'on ne puisse l'attribuer à une mauvaise lecture de copiste. Il semble donc évident que les deux ouvrages ont des points de contact nombreux, des ressemblances frappantes; mais il ne faudrait pas conclure à une identité absolue. Quincy est plus complet toujours, plus détaillé souvent, plus égal aussi dans la proportion de ses divers récits; Saint-Hilaire est plus sommaire, plus abrégé, et il a des inégalités que nous avons signalées. Comme l'œuvre de Quincy ne fut publiée qu'en 1726, on ne peut penser que Saint-Hilaire l'ait utilisée après son apparition, puisque, à cette époque, son travail était certainement achevé; mais il a dû y avoir entre les deux auteurs, écrivant l'un et l'autre presque en même temps sur les mêmes sujets, des relations très intimes. Tous deux d'ailleurs appartenaient au corps de l'artillerie, Quincy bien plus jeune que Saint-Hilaire, puisqu'il ne parvint au grade de lieutenant général qu'en 1716. Entre eux il ne pouvait y avoir de compétition de commandement, et la rivalité littéraire ne devait pas exister non plus, Saint-Hilaire n'écrivant pas pour le public, mais pour lui-même et pour ses enfants; il ne pouvait donc porter ombrage à son jeune collègue. Il est probable que ce dernier, — très bien documenté, cela est évident, — a communiqué à son ancien ses matériaux, et peut-être sa rédaction en manuscrit; de son côté, Saint-Hilaire lui a fourni des renseignements sur les événements auxquels il avait pris part. C'est très probablement à cet échange de bons procédés qu'il faut attribuer les nombreuses analogies que l'on rencontre chez Saint-Hilaire avec l'œuvre de Quincy. Je m'empresse d'ajouter que de ces relations intimes je n'ai point de preuves matérielles ; mais les constatations que j'ai faites me les font regarder comme très vraisemblables.

De tout ce que dessus, si l'on veut bien l'admettre, il résulte, et j'ai le regret de le constater, que la valeur historique des Mémoires de Saint-Hilaire, — au moins pour la troisième partie, — n'est pas aussi grande qu'on l'a cru jusqu'à présent. Puisque, en général, il fait plutôt œuvre d'historien et n'écrit pas des Mémoires vécus, puisque son récit, dans cette troisième partie, semble avoir pour base ordinaire la *Gazette* et l'*Histoire militaire,* son originalité disparaît en grande partie, et son œuvre n'est plus qu'un résumé exact et suffisamment complet des guerres de Louis XIV. C'est là une constatation pénible à faire pour un éditeur ; il ne serait pas loyal de l'omettre ou de la dissimuler.

La présente édition aura eu du moins pour résultat, d'abord de fournir des Mémoires un texte correct et conforme à la rédaction originale, ensuite de donner la possibilité de reconnaître leur valeur très secondaire. Sans l'étude approfondie que nécessite la publication et l'annotation d'une œuvre historique restée manuscrite, il est presque impossible de l'apprécier avec justesse, surtout quand elle a trait à une époque où les œuvres du même genre sont nombreuses. Tous les historiens qui avaient utilisé les *Mémoires de Saint-Hilaire* en avaient fait grand cas ; il suffit de citer Chéruel dans *Saint-Simon considéré comme historien de Louis XIV* et M. A. de Boislisle dans le commentaire des *Mémoires de Saint-Simon;* moi-même j'ai longtemps cru à l'originalité du récit. Il a fallu les rapprochements minutieux auxquels m'ont conviés les nécessités de l'annotation pour attirer mon attention sur des ressemblances curieuses, dont, à la longue, il m'a été difficile d'attribuer la répétition au pur hasard.

En terminant, j'ai à adresser l'expression de ma gratitude, d'abord à M. le marquis de Nicolay, possesseur du principal manuscrit des Mémoires, ensuite aux deux commissaires responsables qui ont bien voulu m'aider de leurs conseils et de leurs remarques et mettre successivement leur approbation sur chacun des volumes de cette édition. Ni l'un ni l'autre n'en aura vu l'achèvement : M. A. de Boislisle, qui m'avait incité à l'entreprendre et qui n'en a connu que les deux premiers tomes; M. Noël Valois, si récemment et si rapidement enlevé à l'érudition, tous deux pour moi des maîtres et des amis, à la mémoire desquels il m'est doux de rendre hommage. A Noël Valois, j'avais fait part de mes soupçons, devenus peu à peu une quasi-certitude; combien je regrette qu'il ne soit plus là pour appuyer mon opinion de son autorité. Il m'est agréable de penser que, s'il n'a pu lire les pages qui précèdent, il en connaissait du moins la substance et ne la désapprouvait pas.

Juillet 1916.

MÉMOIRES
DE
SAINT-HILAIRE

AVERTISSEMENT[1].

La paix de Ryswyk étant survenue et m'ayant laissé un grand loisir, j'ai cru ne pouvoir mieux l'employer qu'à rédiger par écrit les principaux événements de mon temps, desquels j'avois conservé des mémoires. Ce n'est pas que j'aie la prétention d'écrire l'histoire, ni de rien donner au public. Je suis convaincu de mon ignorance, et je sais, par une connoissance assez distincte de moi-même, que je n'ai pas les talents nécessaires pour une aussi grande entreprise. Tout au plus, je me pourrois piquer d'une grande fidélité et d'avoir observé soigneusement toutes les choses; [mais j'avouerai en même temps que je ne suis point savant des intrigues du cabinet, où se forgent, pour ainsi dire,

---

1. Les passages et paragraphes mis entre crochets ne figuraient pas dans l'édition de 1766; ils ont été rétablis ici d'après les manuscrits. Je dois dire en outre que le texte a été profondément modifié, sinon comme fond, du moins comme forme, et ramené aux leçons primitives de l'auteur, qui avaient été corrigées par l'éditeur de 1766.

les ressorts secrets qui font mouvoir les princes, ces arbitres du genre humain, dont ils se jouent pour satisfaire à leurs passions ou à leurs intérêts, et y sont très souvent plus incités encore par ceux que leurs ministres y ont indirectement].

Mon but est donc de me récapituler les guerres de mon temps, jusques aux moindres circonstances que j'en ai pu connoître, afin que, les ayant devant les yeux et dans l'esprit, je puisse profiter des bonnes instructions qu'un homme de guerre tel que je suis y peut puiser, et éviter les pas dangereux qu'on fait souvent autant et plus par faute d'attention et de réflexion que par malheur, [afin que, dans la suite, si quelque chose de considérable rouloit sur moi, je ne tombe pas dans de pareils inconvénients] et puisse encore servir de guide fidèle, pour l'introduction à la guerre et à l'histoire de mon temps, à ceux de ma famille qui me suivent, auxquels cet écrit pourra tomber un jour entre les mains.

Dans ces deux vues, je me suis attaché à des descriptions de terrains et à des détails d'actions où je me suis trouvé, ou dont j'ai une parfaite connoissance, qui, autrement, seroient fort ennuyeuses et inutiles pour le lecteur. C'est un écueil que la plupart des historiens évitent soigneusement, quoiqu'il fût à désirer, pour l'instruction des gens de guerre qui peuvent lire, qu'ils s'étendissent un peu davantage sur ces matières; ou ils les coupent court, peut-être aussi parce que, n'ayant pas été du métier, ce détail leur est inconnu.

[Je me suis aussi imaginé qu'il n'étoit pas inutile d'entrelacer dans cet ouvrage quelques portraits des principaux ministres qui, de mon temps, ont gouverné l'État sous le Roi. Leur influence a été trop grande pour ne pas les détailler, afin de donner d'abord une idée de leur ministère. Je m'en serois pourtant dispensé, si j'avois la moindre pensée que cet écrit pût devenir public; car, outre la bienséance et le respect qui leur est dû, je sais que les hommes ne pardonnent jamais à ceux qui les ont fait voir dans tout leur jour, et que le ressentiment s'en conserve de postérité en postérité.]

[Je dépeins aussi les deux plus grands capitaines du siècle[1], l'un avec quelques défauts, que mille grandes qualités anéantissoient, l'autre infiniment au-dessus des autres hommes. Je m'en suis tenu à cet échantillon, n'en ayant point trouvé jusques ici qui en ait approché, et remettant à faire connoître les autres capitaines par leurs actions.]

[Je divise cet ouvrage en deux parties : la première commence à la mort du cardinal Mazarin, qui est proprement l'époque du commencement du règne du Roi, et finit à la paix de Nimègue inclusivement; la seconde, à celle de Ryswyk. Si Dieu me donne plus de vie et du loisir, je me propose d'en écrire une troisième[2].]

Il s'est passé de grandes choses pendant le long et mémorable règne sous lequel j'ai vécu. On verra que, sous un roi belliqueux et avide de gloire, la nation s'est confirmée dans la réputation de tenir, dans tout le monde, le premier rang pour la valeur, et qu'elle a

1. Condé et Turenne.
2. L'auteur a en effet écrit plus tard cette troisième partie, qui s'arrête à la paix d'Utrecht et qui sera comprise dans la présente publication.

presque toujours eu les armes à la main contre quasi toutes les puissances de l'Europe, liguées ensemble et sans cesse alarmées de tomber sous le joug. On verra des armées prodigieuses envahir des pays ennemis et, le Roi à leur tête, conquérir des États et des provinces en aussi peu de temps qu'il en auroit fallu à un voyageur pour les parcourir; des généraux fameux, et peu aidés parce qu'ils vouloient conserver la liberté de l'action, entreprendre et réussir de grandes choses; d'autres, favorisés, manquer des coups importants parce qu'ils faisoient leur principale étude de se régler sur les ordres souverains du cabinet, [qui, sans avoir égard aux occasions qui naissent et fuient d'un moment à l'autre, vouloit être le motif incontestable de toutes les opérations]. Enfin on verra d'excellents capitaines en repos, parce qu'ils résistoient à ce joug; d'autres substitués en leur place, quoique de beaucoup inférieurs en capacité, mais entièrement soumis; et, malgré cela, un bonheur d'armes presque perpétuel, des paix glorieuses, d'autres qui ne l'ont point été, des conquêtes en pleine paix, [des souverains traités, on peut dire, avec indignité[1], un prince, né sujet[2], les venger]; des révolutions d'États et de religion[3]; un roi toujours magnifique, imité faussement par ses sujets, quoique sans cesse surchargés de contributions publiques; le Conseil gouverné par des ministres envieux les uns des autres, d'ailleurs capables; après eux en paroître d'autres ignorants, inappliqués ou sans

1. Les ducs de Lorraine et de Savoie.
2. Le prince Eugène de Savoie.
3. La révolution de 1688 en Angleterre et la révocation de l'édit de Nantes en France.

ménagement pour le peuple[1]; et, au milieu de tout cela, l'autorité, la gloire du Roi et la terreur de ses armes et de sa puissance se maintenir jusques à présent.

[La grandeur et l'étendue de la matière me donne de la confusion. Traitons-la pour nous, puisque je l'ai entrepris, mais d'un style uni, naturel, qui exprime bien la vérité, pendant que des personnages éloquents et mieux instruits du politique la tourneront dans tous les termes de l'art pour le public et la postérité.]

---

1. L'auteur fait allusion, d'une part, à Colbert, Louvois et Pomponne; d'autre part, à leurs successeurs.

PREMIÈRE PARTIE

de ces Mémoires contenant ce qui s'est passé de plus considérable en France sous le règne de Louis XIV, surnommé le Grand, depuis la mort du cardinal Mazarin, premier ministre, jusqu'à la paix de Nimègue inclusivement [1].

Quoique le Roi fût majeur depuis quelques années [2], et qu'il commençât à se mêler de ses affaires, le cardinal Mazarin, premier ministre, ne laissa pas de gouverner le royaume tant qu'il vécut; mais, incontinent après sa mort, Sa Majesté prit le timon des affaires, et le conduisit avec tant de prudence et de sagesse, que tout le monde en augura un grand règne et commença d'admirer en lui les talents naturels qui l'emportoient avec tant d'avantage sur la mauvaise éducation qu'on lui avoit donnée [3].

Les deux premières affaires de grande importance que le Roi entreprit furent de corriger le désordre de ses finances et de rétablir la discipline militaire, qui en est une dépendance. Sur le premier point, le cardinal, [qui aimoit tant l'argent et n'avoit pu amasser

---

1. Ce titre et la division des Mémoires en trois parties n'avaient pas été conservés par l'éditeur de 1766.
2. Il avait été déclaré majeur le 7 septembre 1651.
3. Voyez les *Mémoires de Saint-Simon*, éd. 1873, t. XII, p. 22; ceux *de Mme de Motteville*, t. I, p. 264; la *Relation de Spanheim*, éd. Bourgeois, p. 70-78; Lacour-Gayet, *l'Éducation de Louis XIV*, p. 202 et suiv.

de si grosses sommes sans laisser piller les autres, étant près de mourir, envisagea les choses tout autrement] et parla au Roi de cette réforme comme d'une affaire absolument nécessaire au bien de l'État, et qu'il auroit exécutée lui-même, s'il avoit vécu plus longtemps. Il lui en indiqua les moyens, dont M. Colbert, alors son secrétaire, avoit dressé le projet, [et le fit venir en tiers. Sa Majesté l'entretint longtemps sur cette matière et lui fit des objections qu'il résolut sur-le-champ avec beaucoup de justesse d'esprit et de bon sens. Et, comme elle aime naturellement les gens de ce caractère], elle fut si contente de celui-ci qu'elle le choisit entre tous les autres, dès que le cardinal fut expiré, pour être son homme de confiance. Elle le faisoit venir secrètement dans son cabinet, par un escalier dérobé, et prenoit, tête à tête avec lui, les mesures de tout ce qui a été exécuté dans la suite pour la réformation des finances, dont elle lui confia l'administration. Elle le fit aussi secrétaire d'État et ministre, ensuite surintendant des bâtiments, du commerce et de la marine[1].

Avant de passer outre, rapportons quelques traits de son caractère. M. Colbert, homme sans science et

---

1. Colbert, intendant des finances depuis le 8 mars 1661, veille de la mort du cardinal, avait eu antérieurement trois brevets de conseiller d'État, en 1648, 1652 et 1656, et s'était démis le 8 février de la charge de secrétaire des commandements de la jeune reine. Louis XIV lui fit acheter en janvier 1664 la surintendance des bâtiments, en août 1665 la charge de grand trésorier des ordres, et lui donna, le 12 décembre 1665, le contrôle général des finances, et, le 16 février 1669, la charge de secrétaire d'État de M. de Guénegaud. On ne sait pas au juste la date de sa nomination de ministre d'État.

sans érudition, avoit cela de commun avec le Roi, que, quoiqu'on ne lui eût jamais rien fait apprendre, il en savoit mille fois plus, tant son naturel étoit heureux, que bien d'autres qui avoient eu une éducation plus soignée. Sa mine étoit austère[1]; il ne rioit jamais en public, et rarement dans le particulier, quoiqu'il eût la conversation agréable quand il ne se trouvoit pas gêné. Son esprit paroissoit toujours hérissé d'affaires, et, toutefois, il s'exprimoit agréablement [pour être sans étude, tournant toutes les affaires comme il lui plaisoit et ayant toutes les qualités nécessaires à imposer sans réplique]. Il étoit infatigable au travail et s'y donnoit tout entier, sans être dissipé par les plaisirs des sens. Il étoit droit et homme de parole; ainsi jamais son crédit n'a manqué. Il aimoit les sciences et les arts; il les cultivoit, quoiqu'il ne semblât pas que son esprit pût embrasser tant d'objets. Il avoit encore cela de commun avec le Roi, qu'il se plaisoit aussi bien que lui à tout ce qui pouvoit contribuer à la gloire et à la grandeur de son règne et à lui donner de l'éclat. Certainement il a bien réussi; car jamais Louis XIV n'a manqué d'argent pendant son ministère, malgré ses prodigieuses dépenses pour soutenir les guerres qui lui sont survenues, pour fournir à ses plaisirs, à ses bâtiments et à ses meubles superbes, [qui sont autant de monuments de sa magnificence et du bon

---

1. Il faut comparer ce portrait à ceux qu'ont donnés Gourville (*Mémoires*, t. II, p. 164-165), Spanheim (*Relation*, éd. Bourgeois, p. 317), Saint-Simon (*Parallèle*, p. 218), les *Relazioni* vénitiennes (t. III, p. 84, 153-154), etc., et à celui de 1664 qui a été anciennement publié dans les *Archives curieuses*, 2ᵉ série, t. VIII, p. 410-412.

goût de son ministre]. Il rendit, sur la mer, la puissance françoise presque égale à celle de l'Angleterre et de la Hollande réunies. Il fit refleurir les sciences et les arts dans le royaume, où il attira ceux qui étoient en réputation d'y exceller et les y entretint honorablement. Il fit chercher avec beaucoup de soin et de dépense, dans toutes les parties du monde, cet amas de raretés et de livres curieux, dont il a enrichi la bibliothèque et le cabinet du Roi[1]. A l'imitation des Anglois et des Hollandois, il forma des compagnies des Indes[2]; il fonda des colonies dans le Nouveau Monde, pour en tirer en droiture les marchandises que ces deux nations fournissoient au reste de l'Europe et dont le débit avoit rempli leurs pays de richesses. [Et, pour faire en sorte qu'on se pût entièrement passer d'eux dans le royaume, il y établit des manufactures de toutes les choses nécessaires à l'usage et au luxe. Cependant l'événement a fait voir que cet établissement n'a pas été profitable : les étrangers s'en sont aigris, et ont aussi voulu se passer de nos denrées ; le commerce est devenu fort altéré, les droits du Roi en ont souffert, les fabriques se sont trouvées mauvaises, et on n'en a eu que le luxe de reste.]

1. Au début de son administration, Colbert, en effet, consacra tout son zèle à l'augmentation de la bibliothèque du Roi; mais peu à peu, sous l'influence de Baluze, il fit passer sa propre bibliothèque avant celle du souverain (L. Delisle, *le Cabinet des manuscrits*, t. I, p. 264-265).

2. La Compagnie des Indes orientales avait été fondée par une déclaration de Louis XIII du 2 juillet 1615 ; mais, ses mauvaises affaires l'ayant obligée à céder son privilège au Roi, Colbert créa en 1664 une nouvelle compagnie, sous le nom de

Cette digression finie, je dirai que le Roi, ayant tiré de Colbert les lumières qu'il crut convenir au rétablissement de ses finances, résolut de faire arrêter M. Foucquet, qui en étoit surintendant et qu'on accusoit de beaucoup de malversations. Il est certain que cet homme, dont l'ambition étoit démesurée et la conduite peu réglée, avoit fait de furieuses dissipations pour ses plaisirs et pour s'acquérir des amis. Il donnoit à pleines mains à tous ceux qu'il jugeoit capables de lui être utiles, et il n'y avoit personne à la cour qui ne fût son pensionnaire. Cela le rendoit redoutable, et, de plus, il avoit fait fortifier la ville de Belle-Isle, terre de son domaine, pour lui servir de retraite en cas de besoin. Il y tenoit un gouverneur[1] et une garnison qui dépendoient de lui; ainsi, on pouvoit craindre que, s'il éventoit la résolution prise contre lui, il ne se retirât dans cette ville et n'appelât les Anglois à son secours, ou bien que le gouverneur ne fît la même chose, si M. Foucquet étoit arrêté avant que le Roi eût pu remettre cette place en sa main.

Pour éviter cet inconvénient, le Roi faisoit encore meilleure mine à M. Foucquet, qui se flattoit de parvenir ministre[2]. Il fut même à sa belle maison de Vaux, où ce surintendant lui donna une fête somptueuse et magnifique[3]. Ce fut là que le Roi déclara qu'il vouloit visiter la Bretagne et y faire travailler à un nouveau

Compagnie des Indes. Voyez Bonnassieux, *les Grandes compagnies de commerce*, p. 253-340.

1. Ce gouverneur était M. de la Haye des Noyers (J. Lair, *Nicolas Foucquet*, t. II, p. 67).
2. Premier ministre, car il était ministre d'État depuis 1653.
3. Le 17 août 1661.

port de mer, dont on lui avoit effectivement envoyé le projet.

Quelques troupes filèrent en cette province, sous prétexte d'aller commencer les travaux, et Sa Majesté partit pour s'y rendre, accompagnée des principaux de sa cour et de son Conseil. Arrivé à Nantes, M. Foucquet fut arrêté en sortant du Conseil et conduit, sous bonne garde, au château d'Angers, d'où, peu de temps après, il fut transféré à Vincennes, puis à la Bastille[1]. Le Roi s'assura de Belle-Isle, changea le gouverneur et la garnison, et revint à Paris.

Alors il y eut un grand dérangement parmi tous les gens d'affaires. On en mit à la Bastille et dans d'autres prisons; on établit une Chambre de justice à l'Arsenal, devant laquelle ils furent recherchés de leurs malversations[2]. Il ne leur en coûta que de l'argent; mais on les taxoit si haut, qu'on demandoit aux uns jusqu'à dix millions, aux autres moins, à proportion du maniement qu'ils avoient eu. MM. de Guénegaud[3] et de la Bazinière[4], l'un secrétaire d'État et

1. Les détails de l'arrestation et du procès de Foucquet ont été trop souvent rapportés pour qu'il y ait lieu d'y insister; outre les Mémoires du temps, on peut consulter les *Mémoires sur Foucquet*, par Chéruel, et *Nicolas Foucquet*, par M. J. Lair.

2. La Chambre de justice, créée en novembre 1661 et présidée par le chancelier Séguier, découvrit pour 380 millions de détournements; plus de cinq cents financiers furent condamnés à restitution.

3. Henri de Guénegaud, seigneur du Plessis, avait succédé au comte de Brienne, en 1643, comme secrétaire d'État. C'est seulement en 1669 qu'il consentit à se défaire de sa charge en faveur de Colbert.

4. Macé Bertrand, sieur de la Bazinière, a son historiette dans *Tallemant des Réaux*, t. VII, p. 426 et suiv.

l'autre trésorier de l'Épargne, furent aussi enveloppés dans cette ruine et mis à la Bastille. On pressa si bien toutes ces éponges, et l'on en tira de si grosses sommes, qu'elles suffirent non seulement pour acquitter les dettes du Roi, mais qu'il en eut un gros argent de reste.

Ce fut M. Colbert qui ordonna de toutes ces choses; car il avoit été installé à la place de M. Foucquet dès qu'il fut arrêté; il eut aussi la charge de secrétaire d'État de M. de Guénegaud[1], et il réussit si bien dans l'administration des finances, qu'en fort peu de temps les revenus du Roi montèrent au double par le bon ordre qu'il y mit.

Cependant la Chambre de justice travailloit au procès de M. Foucquet, et M. Colbert, qui vouloit le perdre, afin d'être plus assuré dans sa place, fournissoit toujours de nouveaux mémoires contre lui. Il n'en eut pourtant pas toute la satisfaction qu'il en espéroit; car, soit que M. Foucquet fût puissamment secouru par ce grand nombre d'amis qu'il s'étoit acquis, soit que ses juges ne le trouvassent pas si coupable, ils le condamnèrent seulement au bannissement et à la confiscation de ses biens. On l'envoya en prison dans la citadelle de Pignerol, où il fut gardé très étroitement, et y mourut environ quinze ans après[2].

1. Ci-dessus, p. 12, note 3. Afin d'obliger M. de Guénegaud à céder sa charge à Colbert, on lui intenta un procès en restitution de sommes qu'il avait indûment, disait-on, reçues de Foucquet pendant la surintendance de celui-ci. Pour éviter la ruine, Guénegaud finit par céder et accepta les six cent mille livres que lui offrait Colbert (*Journal d'Olivier d'Ormesson*, t. II, p. 563; *Mémoires de Gourville*, t. II, p. 54).

2. Le 23 mars 1680, au moment où il venait de recevoir

Dans le même temps que le Roi travailloit à rétablir ses finances, il n'oublioit pas ce qui concernoit les affaires militaires, dont M. Le Tellier étoit chargé comme secrétaire d'État de la guerre. M. de Louvois, son fils, auquel il préparoit cette grande place, travailloit sous lui, et c'étoit avec ces deux hommes que le Roi s'enfermoit tous les jours pour dresser son projet. Disons quelque chose du caractère de l'un et de l'autre.

M. Le Tellier, qui est mort chancelier de France, avoit un bon esprit[1], beaucoup de jugement et une grande expérience dans les affaires, ayant passé par tous les degrés; d'ailleurs, il alloit à ses fins avec beaucoup d'adresse. Il excelloit en patelinage[2] par-dessus tous les autres; [il étoit doucereux comme le miel, et, dans le fond, aussi malfaisant, dangereux et rancunier qu'un Italien. Jamais il ne se haussoit ni se baissoit]; toujours le même visage et le même air, aussi affable dans un temps que dans un autre. Ce n'est pas qu'il ne fût prompt et colère; mais il savoit prendre son temps. Du reste, il paroissoit fort réglé dans ses mœurs et sa dépense. Sa conduite lui a si bien réussi, qu'il a fait une grosse maison et a acquis

l'autorisation de se rendre, pour sa santé, aux eaux de Bourbon (*Lettres de Bussy-Rabutin*, t. V, p. 92; *Mémoires de Gourville*, t. II, p. 72).

1. Comparez les *Mémoires de Gourville*, t. II, p. 158-162; une Addition de Saint-Simon au *Journal de Dangeau*, t. I, p. 242; la *Relation de Spanheim*, p. 326; les *Relazioni* vénitiennes, t. III, p. 92, 152, 180-182, et les *Archives curieuses*, 2ᵉ série, t. VIII, p. 413.

2. « Artifice d'un patelin qui flatte quelqu'un et qui le tourne en tant de manières qu'il vient à bout d'en tirer profit » (*Dictionnaire de Trévoux*). Origine : Patelin, nom du héros de la célèbre farce du xvᵉ siècle.

des richesses immenses, [que bien des gens ont attribuées à sa seule économie, qui tenoit beaucoup de l'avarice].

Le caractère de M. de Louvois différoit en bien des points de celui de son père[1]. L'humeur qui dominoit toujours en lui étoit fière, brusque et hautaine, et sa férocité naturelle étoit toujours peinte sur son visage et effrayoit tous ceux qui avoient affaire à lui. [Il étoit sans ménagement pour qui que ce pût être, et traitoit toute la terre haut à la main, et même les princes; d'ailleurs avide, jaloux, rancunier,] et capable de tout sacrifier pour soutenir son autorité et ses intérêts. Il avoit peu d'étude et de connoissance des sciences et des arts et, dans le commencement de sa vie, fut assez dissipé par les plaisirs ordinaires à la jeunesse vicieuse. Son esprit paroissoit lourd et pesant. On dit à cet égard que M. Le Tellier, qui connoissoit parfaitement l'esprit du Roi, eut l'adresse de l'engager à corriger la conduite de son fils et à le former à sa manière, afin que Sa Majesté s'y attachât davantage et qu'elle le regardât comme sa créature. Ses peines ne furent pas inutiles; car, après les premières façons, l'esprit du jeune ministre s'ouvrit et parut excellent, et il devint si assidu, actif et laborieux, qu'il n'y eut jamais rien de tel. Le Roi en fut si content, [qu'il eut tout crédit près de lui et que rien ne s'y faisoit que par son moyen;]

---

1. Les principaux traits du portrait qui va suivre se retrouvent dans Saint-Simon, *Parallèle des trois rois Bourbons*, p. 219, et Addition à Dangeau, t. III, p. 371; dans *Spanheim*, p. 318; dans Gourville (*Mémoires*, t. II, p. 172-173); dans une lettre de Mme de Maintenon, recueil La Beaumelle, t. VI, p. 269-270, etc.

à quoi j'ajouterai que le Roi s'est piqué du depuis, sur cet échantillon, de former ses autres ministres[1].

Louvois entendit si bien le détail de la guerre et tout ce qui la concerne, [qu'il auroit sans doute été un excellent capitaine, s'il avoit voulu commander les armées et eût été familier avec les coups de mousquet; mais le métier qu'il faisoit étoit plus sûr et meilleur]. De son temps, la discipline militaire fut exacte, et les troupes maintenues en bon état. Deux moyens principaux y concoururent : le soin qu'il en prenoit, et sa sévérité. Jamais ministre n'a mieux pourvu à la subsistance et à l'action des armées. Lorsque ceux qui les commandoient étoient placés de sa main, ou quand le Roi les conduisoit en personne, tout s'y trouvoit en abondance, et, par sa sage prévoyance, les expéditions les plus difficiles réussissoient, en quelque saison que ce pût être. On remarqua qu'il ne fut pas si bon ministre dans les autres affaires de l'État, qui lui passèrent presque toutes dans les mains. Jamais il ne sut captiver son humeur, et le temps qu'il consommoit à approfondir les détails, qu'il aimoit un peu trop, ne lui laissoit pas celui de pénétrer les grandes affaires. Il faisoit du bien par fougue, et préféroit le plus souvent des gens de peu à ceux qui avoient de la naissance et du mérite, parce que ceux-là s'attachoient à lui servilement et étoient plus aisés à manier que les autres, qu'il redoutoit et craignoit de faire des ingrats dangereux.

Sa Majesté, ayant travaillé assidûment avec ces deux personnes, ne voulut pas s'en rapporter entièrement

---

1. Saint-Simon répète la même chose à diverses reprises.

à eux seuls; il prit aussi les avis des principaux officiers militaires, et surtout de M. de Turenne, qui contrecarra souvent ces deux Messieurs, [pour lesquels il avoit beaucoup de mépris[1]. Ils eurent le chagrin de voir leurs projets réformés par ce général, qui en savoit plus qu'eux]. De là naquit cette rancune qu'ils ont du depuis témoignée contre lui. [Il est vrai que M. de Turenne ne s'en est jamais fort soucié et a continué de mépriser leurs personnes; mais ils lui ont revalu en toutes les occasions qu'ils ont voulu, et principalement dans les guerres suivantes, pendant lesquelles, pour satisfaire à leur ressentiment particulier, ils ont eu peu de souci du bien de l'État, en ne donnant que de petites armées à commander à M. de Turenne, lesquelles ils laissoient encore, le plus qu'ils pouvoient, manquer de toutes choses.]

Mais laissons à part ces réflexions, pour nous renfermer dans mon sujet. Je dirai que le Roi, ayant ainsi pris les avis, fit pour ses troupes plusieurs beaux règlements qui commencèrent à introduire cette belle discipline qui les a rendues les plus belles et les meilleures de l'Europe. Il renouvela aussi les anciennes ordonnances contre la fureur des duels et les mit si bien en vigueur, qu'on les peut dire éteints à présent. A l'égard de la justice, il fit dresser ce nouveau code que nous avons sous le nom de code Louis, et publia quantité d'ordonnances pour le bien public et le rétablissement d'une bonne police dans tout le royaume.

1. L'inimitié de Turenne et de Louvois a été signalée par tous les contemporains; voyez notamment les *Mémoires de Saint-Simon*, éd. Boislisle, t. XII, p. 294, et XV, p. 225.

[Les parlements furent humiliés et réduits aux affaires ordinaires], et, comme le cardinal Mazarin avoit marqué dans ses mémoires que le Roi ni ses ministres ne seroient jamais bien absolus, à moins qu'on n'abaissât les grands et la noblesse, et que cela étoit du goût présent, on trouva le moyen de les attacher entièrement à la cour en semant adroitement quelques pensions et quelques honneurs parmi eux, qui servirent de leurre à tout le reste. Chacun s'empressa de venir à la cour et de s'attacher au service du prince ; mais, pour un qui y fit fortune, mille se sont ruinés de fait et réellement, dans l'espérance d'en faire autant[1]. Ainsi on peut dire que tout le profit en est resté au Roi, et que cette politique a été admirable pour rendre sa puissance tout à fait arbitraire et tenir tout le monde dans la dépendance des ministres, qui ont été les canaux par où ont coulé toutes les grâces. Mais, avant que tout cela pût être exécuté, il arriva bien des événements, [et, dès le commencement, on crut que la guerre alloit recommencer entre les deux couronnes[2]. Ce fut au sujet d'un événement qui survint à Londres, et qu'on peut dire avoir été un dessein prémédité par les Espagnols. Pour le mieux expliquer, il faut reprendre les affaires d'un peu plus haut].

Toute l'Europe étoit en paix, à l'exception du Portugal, à qui l'Espagne faisoit la guerre, prétendant que cette couronne s'étoit soustraite à sa domination légitime[3]. La France, dont l'intérêt étoit de tenir la

1. Saint-Simon exprime la même idée : *Mémoires*, éd. 1873, t. IX, p. 221.
2. La France et l'Espagne.
3. Le Portugal, soumis à l'Espagne depuis 1580, avait

monarchie espagnole occupée et d'empêcher qu'elle ne s'agrandît, commençoit d'assister sous main le Portugal. Les Espagnols se plaignirent que la France contrevenoit au traité des Pyrénées, dans lequel il étoit stipulé en termes exprès qu'elle ne le feroit directement ni indirectement. Ce fut un commencement de mésintelligence entre les deux couronnes. D'ailleurs, la politique qui faisoit agir la France requéroit que les Espagnols lui rendissent la pareille, en la traversant dans le commencement d'un règne dont on auguroit de grandes choses. Ainsi leur jalousie se réveilla, et ils cherchèrent tous les moyens de nous susciter des ennemis. Dans cette pensée, ils crurent que le roi d'Angleterre, depuis peu remonté sur le trône par un retour de fortune[1], conservoit encore du ressentiment de ce que la France, ou plutôt le cardinal Mazarin, avoit paru ne se pas trop soucier de ses intérêts à la paix des Pyrénées, et qu'une occasion, qui se présenta alors, le détermineroit à entrer en guerre contre la France, ou bien qu'il y seroit contraint par la nation angloise, qui y étoit intéressée [et dont la haine contre les François sera, je crois, éternelle].

Cette occasion fut au sujet des nouvelles manufactures que M. Colbert venoit d'établir en France, où auparavant les Anglois et les Hollandois faisoient le principal débit de leurs draperies et autres marchandises. Les Espagnols voulurent profiter de cette conjoncture;

recouvré son indépendance dès 1640; mais l'Espagne ne la reconnut qu'en 1668, à la suite des victoires d'Amexial et de Montes-Claros.

1. Charles II, que Monk avait replacé sur le trône d'Angleterre en mai 1660.

ils sollicitèrent les deux puissances de se déclarer contre la France. Le parlement d'Angleterre y prêta l'oreille; mais les États-Généraux des Provinces-Unies furent plus réservés et ne répondirent ni oui ni non, voulant voir auparavant à quoi aboutiroient les grands desseins de M. Colbert et s'ils leur pouvoient apporter autant de préjudice que les Espagnols tâchoient à leur persuader. Le roi d'Angleterre, qui aimoit personnellement Louis XIV[1], et étoit bien aise de goûter un peu de repos après tant de traverses, ne voulut pas entendre parler de rupture, et s'opposa même aux désirs de sa nation. Ainsi les Espagnols, ayant manqué leur coup, eurent recours à une autre manœuvre, par laquelle ils prétendoient brouiller tout de nouveau et intéresser ces puissances dans leur querelle particulière.

Pour exécuter leur dessein, ils envoyèrent ordre au baron de Watteville[2], leur ambassadeur à Londres, d'y précéder celui de France de quelque manière que ce pût être, désirant même que cela se fît avec éclat. Ils se fondoient, pour cette préséance, sur ce que l'empereur Charles-Quint, qui étoit en même temps roi d'Espagne, en avoit joui. Cela étoit bien vrai; mais c'étoit en qualité d'empereur, et non de roi d'Espagne. Philippe II, son fils, qui lui succéda en cette monarchie, prétendit tirer avantage de ce qui s'étoit passé en ce

1. Et surtout qui était pensionné par la France.
2. Charles, baron de Watteville, d'une famille suisse établie en Franche-Comté, avait été nommé ambassadeur à Londres en récompense de ses services dans les conférences préliminaires du traité des Pyrénées; il mourut en 1670, ambassadeur à Lisbonne.

temps-là et en faire une règle pour l'avenir. Il y eut à ce sujet de grandes contestations entre les deux couronnes, [qui n'avoient pas été réglées, parce que nos rois n'avoient eu que le droit de leur côté, et ceux d'Espagne la force ; mais, par les raisons susdites, et quoique les affaires eussent changé de face, ils voulurent se mettre en possession, de vive force, d'un droit qui ne leur appartenoit pas].

Ce fut à l'entrée que l'ambassadeur de Suède faisoit à Londres[1] ; et, comme c'est la coutume que les ministres, pour se faire honneur les uns aux autres, envoient leurs carrosses à ces sortes de cérémonies, le baron de Watteville gagna plus de deux mille Anglois, pour intéresser cette nation à ce qui devoit arriver. Ils se joignirent à tous ses gens, qui étoient bien armés, et à ce qu'il y avoit d'autres Espagnols à Londres, et, quand le carrosse du comte d'Estrades[2], ambassadeur de France, arriva, les Espagnols et les Anglois arrêtèrent le carrosse et coupèrent les guides des chevaux, afin qu'il ne pût passer outre et que le leur pût prendre le devant. Tout ce que les gens du comte d'Estrades (qui n'avoient point été avertis de ce qui se pratiquoit, à cause que la menée avoit été fort secrète) purent faire en cette rencontre fut de se jeter sur les chevaux du carrosse de l'ambassadeur d'Espagne pour couper aussi les guides et l'empêcher de passer outre ; mais il y avoit pourvu en les faisant faire d'un fer délicat couvert de cuir. Il y eut là des coups

---

1. Le 10 octobre 1661.
2. Godefroy, comte d'Estrades (1607-1686), était arrivé à Londres au commencement de 1661 ; il devint maréchal de France après la mort de Turenne (1675).

de donnés de part et d'autre; mais, comme la partie n'étoit pas égale, les gens de l'ambassadeur de France furent fort maltraités, et il en demeura quelques-uns sur la place, au lieu que les autres se tirèrent d'affaire sans avoir personne de tué ni de blessé[1].

Le comte d'Estrades dépêcha aussitôt un courrier à la cour de France pour l'informer de cet attentat et de cette violence; il demanda en même temps audience au roi d'Angleterre pour lui porter ses plaintes sur le parti que les Anglois avoient pris en faveur du baron de Watteville. Ce prince accorda l'audience à l'instant, et promit de lui rendre toute la justice qu'il pouvoit désirer. Il n'y manqua pas effectivement; mais ce ne fut rien en comparaison de la hauteur avec laquelle Sa Majesté se proposa d'en avoir réparation. Ses premières démarches furent d'envoyer un courrier à l'archevêque d'Embrun[2], son ambassadeur à Madrid, avec ordre de savoir promptement si Sa Majesté Catholique vouloit avouer ou désavouer le baron de Watteville sur ce qui s'étoit passé à Londres. Il demanda incontinent audience; mais le roi d'Espagne, qui venoit aussi de recevoir un courrier du baron de Watteville, se doutant bien que l'archevêque vouloit lui parler sur ce sujet, résolut de temporiser pour aviser à sa réponse et cependant être informé de la manière dont

---

1. Sur cet incident, on peut voir les *Mémoires de Mme de Motteville*, t. IV, p. 296-301, ceux *de Saint-Simon*, éd. Boislisle, t. III, p. 240-242, et ceux *de Louis XIV*, t. II, p. 532-540, etc., etc. Une des inscriptions de la statue de la place des Victoires rappela la préséance reconquise sur l'Espagne.

2. Georges d'Aubusson de la Feuillade, nommé archevêque d'Embrun le 12 septembre 1649, était ambassadeur à Madrid depuis 1661; il mourut en fonctions le 4 septembre 1668.

cette affaire seroit prise dans les autres cours de l'Europe et du succès qu'y auroient ses ministres. Pour s'excuser donc de donner si promptement audience, il feignit d'être malade; mais, comme cette contrainte ne pouvoit pas durer autant de temps qu'il en falloit à ses ministres pour lui rendre un compte précis du succès de leur négociation, il assembla son Conseil, où il fut résolu que, quand on ne pourroit plus remettre l'audience que l'ambassadeur de France sollicitoit toujours fortement, Sa Majesté Catholique s'expliqueroit en termes généraux, sans qu'on en pût tirer aucune conséquence qui lui fût désavantageuse, et que, par exemple, il répondroit qu'elle n'aimoit pas les violences, et qu'ainsi elle désapprouvoit celles du baron de Watteville, et le révoqueroit incessamment. Ce fut là la manière dont il répondit à Monsieur d'Embrun dans l'audience qu'il ne put lui refuser quelques jours après; mais celui-ci ne s'en contenta pas, et, la trouvant captieuse, s'en plaignit, et menaça de se retirer.

La Reine mère[1] s'entremit dans cette affaire et se chargea de tirer du roi son frère une explication plus précise. Elle lui manda par un courrier exprès que le Roi son fils exigeoit une satisfaction toute autre que celle qui avoit été offerte, ou bien qu'il falloit se résoudre à recommencer la guerre; qu'elle lui demandoit là-dessus une réponse prompte et positive.

Le conseil d'Espagne se rassembla à l'arrivée de ce courrier, et se trouva fort embarrassé; car, d'un côté, il étoit pressé vivement et comprenoit sans peine que l'effet suivroit de près la menace; de l'autre, les

---

1. Anne d'Autriche.

ministres d'Espagne trouvoient plus de difficultés, dans les cours où ils négocioient, qu'ils ne s'étoient imaginé. Cependant, comme ils se flattoient toujours de les surmonter, il fut encore décidé que le roi d'Espagne s'expliqueroit d'une manière équivoque et répondroit à la reine sa sœur qu'il alloit envoyer en France le marquis de la Fuente[1], en qualité d'ambassadeur extraordinaire, et lui donneroit ordre de terminer cette affaire au gré de Sa Majesté Très Chrétienne. Le Roi trouva cette réponse aussi captieuse que la précédente, et se détermina à rappeler son ambassadeur de Madrid et à recommencer la guerre, à laquelle il étoit d'autant plus porté, qu'il n'ignoroit aucune des trames que les Espagnols faisoient contre lui ; mais, comme il savoit en même temps leur peu de succès, il ne put refuser aux instantes prières que lui firent la Reine sa mère et la jeune Reine, qui venoit de lui donner Mgr le Dauphin[2], d'attendre l'arrivée du marquis de la Fuente, dont le départ fut différé par une maladie de commande. Enfin, le roi d'Espagne ayant eu avis que celui d'Angleterre prenoit le dessus dans son parlement et ne vouloit entendre à aucune rupture avec la France, que les autres puissances étoient disposées à lui laisser vider sa querelle tout seul, il eut recours à l'entremise du Pape pour conclure son accommode-

1. Gaspard Tello de Guzman, marquis de la Fuente en 1633, devint par la suite conseiller d'État et mourut en 1673. Gourville parle de lui dans ses *Mémoires* (t. II, p. 5, 19, 20, 26 et 27), et surtout de sa femme, qui était à la solde de la France. Sa correspondance pendant son ambassade est aux Archives nationales dans le carton K 1386 (fonds de Simancas).

2. Il était né le 1er novembre 1661.

ment, et que les conditions en fussent moins dures. Le nonce[1] en parla au Roi, qui ordonna à M. de Lionne, secrétaire d'État[2], et fort habile homme, de conférer avec lui sur cette affaire. La négociation ne parvint pas si tôt à maturité; car le Roi, naturellement fier et jaloux de sa gloire, vouloit que le roi d'Espagne renonçât par écrit à la préséance et désavouât le baron de Watteville comme ayant entrepris de son chef tout ce qui avoit été fait à Londres; et, au contraire, Sa Majesté Catholique prétendoit seulement promettre que ses ambassadeurs ne se trouveroient plus à aucune cérémonie où ceux du Roi assisteroient, et croyoit que cela dût suffire, sans faire aucune déclaration qui lui pût porter préjudice.

Cependant, pour prévenir les actes d'hostilité, le marquis de la Fuente partit de Madrid; mais il marcha si lentement, que chacun voyoit bien ce qui le tenoit, et, quand il fut arrivé à Orléans, il contrefit encore le malade. Cette affaire traîna plus de cinq mois; et le Roi, qui s'ennuyoit fort, ordonna à M. de Lionne de déclarer nettement de sa part au nonce qu'il falloit ou la terminer au plus tôt, ou entrer en guerre. Ce compliment guérit plus vite le marquis de la Fuente qu'aucun médecin n'auroit pu le faire, et le fit partir d'Orléans pour se rendre à Paris. Le nonce et M. de Lionne convinrent que l'ambassadeur d'Es-

1. Celio Piccolomini, archevêque de Césarée; il était en France depuis 1659.
2. Hugues de Lionne ne fut secrétaire d'État que le 20 avril 1663; mais il dirigeait déjà les affaires étrangères sous le titulaire, M. de Brienne, et entrait au conseil d'en haut depuis le 23 juin 1659.

pagne seroit admis à jour nommé à une audience publique du Roi, et qu'il s'y passeroit tout ce qui suit[1].

Tous les princes du sang, les officiers de la couronne et les quatre secrétaires d'État[2] eurent ordre de s'y trouver; les ministres étrangers furent aussi priés de s'y rendre. Les princes du sang se placèrent à la droite du trône où étoit le Roi, les ministres étrangers à la gauche; les quatre secrétaires d'État avoient chacun devant eux un bureau pour dresser un procès-verbal de la déclaration de l'ambassadeur, qui avoit été concertée auparavant mot à mot. Elle fut conçue en ces termes : « Que le Roi son maître avoit eu bien du déplaisir en apprenant l'attentat commis à Londres par le baron de Watteville, son ambassadeur; qu'il ne souhoitoit rien tant que d'entretenir la bonne intelligence entre les deux couronnes; que, comme cette action y étoit formellement opposée, il avoit non seulement révoqué son ambassadeur, mais lui avoit même donné ordre de retourner à Madrid pour y rendre compte de sa conduite; que, cependant, il avoit commandé à tous ses autres ambassadeurs, dans quelques cours qu'ils pussent être, de ne point se trouver dans les cérémonies où l'ambassadeur de France assisteroit, de peur qu'il n'arrivât encore pareille chose pour le pas[3]. »

1. C'est le 24 mars 1662 qu'eut lieu cette audience solennelle de réparation.
2. C'étaient alors M. de Brienne fils pour les affaires étrangères et la marine, M. de Guénegaud pour la maison du Roi, M. Le Tellier pour la guerre, M. de la Vrillière pour le clergé et les protestants.
3. Ce procès-verbal fut imprimé, en français et en latin, en une plaquette in-fol. : Bibl. nat., Lb[37] 3473.

Toutes ces paroles signifioient beaucoup, à les prendre dans le sens où elles étoient entendues. On crut, en France, la préséance cédée par Sa Majesté Catholique, qui, cependant, ne la céda pas en termes formels et crut son honneur à couvert par ceux du dernier article de cette déclaration.

Le Pape, qui s'étoit entremis dans cette affaire, eut à son tour besoin qu'on lui rendît la pareille pour l'insulte faite à Rome au duc de Créquy[1], ambassadeur de France. Ce ministre y fut plus maltraité que ne l'avoit été le comte d'Estrades à Londres; car on n'y fit insulte qu'à ses gens, et là on s'attaqua à la propre personne de l'ambassadeur et à celle de la duchesse sa femme[2]. Voici le détail de cet événement.

Alexandre VII, Siennois de naissance et de la famille de Chigi[3], étoit assis sur la chaire de saint Pierre. Son caractère avoit assez de rapport à celui de Sixte-Quint, au moins du côté de la gloire. Il s'étoit élevé au pontificat à peu près par les mêmes voies, [c'est-à-dire que celui-là s'appuyoit tout courbé sur un bâton, pour faire croire au conclave qu'il n'avoit plus que deux jours à vivre, et le jeta dès qu'il fut élu pape, et

1. Charles III, marquis puis duc de Créquy en 1652, mort en 1687, avait été premier gentilhomme de la chambre en 1643 et devint gouverneur de Paris en 1675. Nommé ambassadeur extraordinaire à Rome le 2 novembre 1661, il y avait fait son entrée le 11 juin de l'année suivante.

2. Armande de Lusignan de Saint-Gelais de Lansac avait épousé le duc de Créquy en juin 1653; elle mourut en 1709. « Si connue pour sa beauté, pour sa vertu, dit Saint-Simon; c'était une femme d'une grande douceur; et qui conserva toujours beaucoup de considération. »

3. Fabio Chigi (1599-1667), élu pape le 7 avril 1655.

que celui-ci, qui avoit toujours fait l'homme de bien, faisoit tenir sa bière sous son lit pour y apprendre, disoit-il, qu'il seroit bientôt dedans, et se défit de ce triste spectacle dès qu'il eut la tiare sur la tête,] et étala à sa place toute la pompe et la magnificence d'un grand roi. Son frère, Augustin Chigi[1], étoit gouverneur de Rome, un de ses neveux cardinal[2], et le cardinal Imperiale premier ministre[3].

C'étoit une ancienne coutume à Rome que les ambassadeurs des têtes couronnées rendissent la première visite aux parents du Pape et à son premier ministre. Le duc de Créquy, dont la fierté et la gloire naturelle, toujours peinte sur son visage, étoit encore augmentée par la qualité d'ambassadeur d'un grand roi, loin de suivre cet usage, avoit dit hautement qu'il étoit abusif et ne convenoit point à un homme comme lui. Cela déplut fort au Pape et à ses parents, auxquels il permit de s'en ressentir; [mais il est à présumer qu'il n'entendoit pas que ce fût d'une manière si vive. Voici comme la chose se passa.]

Le duc de Créquy, logé au palais Farnèse[4], soutenoit avec éclat le caractère dont il étoit revêtu et n'en omettoit aucune des prérogatives. Comme les fran-

1. Il ne s'appelait pas Augustin, mais Mario; il était le frère aîné du pape, étant né en 1594 et mourut en novembre 1667.
2. Flavio Chigi, cardinal-évêque de Porto en 1657, archiprêtre de Saint-Jean-de-Latran, ne mourut que le 13 septembre 1693.
3. Laurent Imperiale (1611-1673), cardinal depuis 1652; il perdit sa charge de premier ministre à la suite de l'affaire des Corses.
4. Le palais Farnèse venait d'être acheté par la France (avril 1662) pour servir de résidence à ses ambassadeurs.

chises[1] en étoient une, il avoit surtout recommandé à ses gens d'empêcher que les sbires ne missent le pied dans son quartier. Un jour qu'il étoit sorti ainsi que Madame l'Ambassadrice, un débiteur[2], véritable ou supposé, s'en fut du côté du palais Farnèse, criant de toute sa force au secours. Les gens du duc, extrêmement alertes sur pareille aventure, ne l'eurent pas plus tôt entendu, qu'ils firent une sortie sur les sbires et poursuivirent vivement leur proie. Ceux-ci furent soutenus par quelques Corses de la garde du Pape, qui se trouvèrent là si à propos, qu'on eut lieu de croire que la rencontre étoit préméditée. Cela ne les empêcha pas d'être poussés et d'être obligés de se retirer du côté du corps de garde des Corses, qui revinrent avec eux pour se jeter à leur tour sur ceux qui les avoient maltraités, et se trouvèrent en bien plus grand nombre que les gens de l'ambassadeur, qui furent contraints de se retirer vers les écuries d'où ils étoient sortis. Le duc de Créquy, qui rentroit alors dans son palais, n'eut que le temps de s'y enfermer. Les Corses l'investirent par devant et par derrière. Il voulut se montrer sur un balcon, d'où il menaça ces séditieux de les faire pendre ; mais, au lieu de marquer aucun respect pour sa personne et pour son caractère, ils firent

1. Le quartier environnant le palais de chaque ambassadeur était soustrait à la juridiction pontificale et devenait un lieu d'asile pour tous les malfaiteurs.

2. Cette affaire a été racontée, en dernier lieu, dans le plus grand détail, par M. Ch. Gérin, *Louis XIV et le Saint-Siège*, t. I, p. 283-347, et par le comte Ch. de Moüy, *L'ambassade du duc de Créquy à Rome;* voyez aussi la longue note bibliographique qui lui a été consacrée dans le t. V des *Mémoires de Saint-Simon*, éd. Boislisle, p. 12, note 3.

une décharge sur lui, et ce fut par un miracle qu'ils ne le tuèrent point. Cet incident interrompit les réprimandes et le fit rentrer dans son appartement. Le moment d'après, la duchesse sa femme arriva, qui l'avoit encore évité plus belle; car, comme elle revenoit de la ville, on tira sur elle, dans son carrosse, plusieurs coups de mousqueton, dont un de ses pages et un de ses valets de pied furent tués sur la place. Tous les François qui se trouvèrent alors dans les rues eurent un grand orage à essuyer : le corps des sbires, qui est considérable à Rome, courut sur eux et en tua quelques-uns, et ce fut un désordre affreux dans toute la ville.

Les parents du Pape, ayant ainsi assouvi leur vengeance, firent lever le siège de devant le palais du duc, faisant semblant de n'y avoir aucune part. L'ambassadeur en demanda justice au Pape et au gouverneur de Rome, qui ne balancèrent pas à la lui promettre; mais, au lieu de la donner, ils firent évader ceux qui y avoient le plus de part. Le duc de Créquy, en étant informé, ne sortit plus de chez lui que bien accompagné, avec tous ses gens armés et une bonne garde à pied et à cheval autour de son carrosse. Cela ne plut pas au gouverneur et aux parents du Pape, qui s'imaginèrent que le duc les vouloit braver : en sorte que, pour lui rendre bravade pour bravade, ils envoyèrent toute la garde du Pape autour de son palais, et lui firent dire qu'ils ne le faisoient que pour sa sûreté, parce qu'il s'étoit rendu si odieux au peuple de Rome, que, s'il sortoit, ils ne lui répondoient pas de sa vie. Il fut donc assiégé une seconde fois, et sut bien que croire de tout cela. Le Roi, averti de ce qui se passoit à Rome par des courriers que le duc lui envoyoit, lui ordonna d'en sortir incessamment et de se retirer dans les États du Grand-Duc[1]; il fit dire aussi au nonce de partir pour l'Italie et de quitter Paris en deux fois vingt-quatre heures. Il lui donna un garde, qui le conduisit jusqu'au Pont-de-Beauvoisin[2] et lui fit essuyer de petites mortifications le long du chemin.

Cette retraite indiqua assez au Pape ce qui devoit arriver dans la suite. En effet, le Roi se saisit aussitôt d'Avignon et envoya des troupes du côté de l'Italie, sous le commandement du marquis de Bellefont[3], qui eut ordre de prêter la main aux ducs de Modène et de Parme. Ces princes se plaignoient que, au préjudice du traité des Pyrénées, le Pape leur retenoit certaines places qui leur devoient être restituées[4]. Ces premières troupes devoient être suivies d'une armée plus considérable, sous les ordres du maréchal du Plessis[5].

Le Pape, de son côté, chercha à se précautionner

1. L'ambassadeur sortit de Rome le 1er septembre.
2. A la limite du Dauphiné et de la Savoie.
3. Bernardin Gigault, marquis de Bellefont, devint maréchal de France en 1668, après avoir été ambassadeur en Espagne. Il mourut en décembre 1694.
4. Par les articles 99 et 100 du traité des Pyrénées, les rois de France et d'Espagne promettaient leurs bons offices pour engager le Pape à terminer les différends qu'il avait avec le duc de Modène au sujet de Comacchio, et avec celui de Parme au sujet de Castro et de Ronciglione.
5. César de Choiseul, comte du Plessis-Praslin (1598-1675), était maréchal de France depuis 1645 et avait été ministre d'État de 1653 à 1661; il fut créé duc et pair en 1665.

contre l'orage qui le menaçoit, par une ligue qu'il voulut faire avec les princes d'Italie. Le roi d'Espagne promettoit de s'y joindre et d'y engager l'Angleterre et la Hollande ; mais toutes ces mesures se trouvèrent courtes : le roi d'Angleterre et les Provinces-Unies ne voulurent point y entrer, les princes d'Italie refusèrent nettement le Pape, et le roi d'Espagne, se voyant seul, fut obligé de faire comme les autres.

Alexandre VII proposa un accommodement par l'entremise des Vénitiens. Le Roi eut d'abord peine à s'y résoudre ; mais, à la fin, il consentit qu'on s'assemblât à Pise, où l'on convint[1] que le cardinal Chigi viendroit incessamment en France en qualité de légat *a latere*, et y protesteroit à Sa Majesté que ni lui ni aucun de sa maison n'avoient eu part à l'attentat commis contre le duc de Créquy et la duchesse sa femme ; que Don Augustin Chigi feroit à Rome la même protestation par écrit, et cependant sortiroit de la ville, jusqu'à ce que le légat eût eu audience du Roi et qu'il eût obtenu son pardon ; que le cardinal Imperiale viendroit aussi en personne se justifier et se mettre entre les mains du Roi, pour être puni, s'il étoit jugé coupable ; enfin que, par un écrit solennel du Pape, toute la nation corse seroit déclarée à jamais incapable de servir dans l'État de l'Église[2], et que, pour conserver la mémoire de la réparation faite à Sa Majesté, on éleveroit à Rome une pyramide vis-à-vis de leur

---

1. Le traité fut signé le 12 février 1664 (*Corps diplomatique de Du Mont*, t. VI, 3e partie, p. 1).
2. Sur ce décret contre les Corses, qui ne fut peut-être pas publié, voyez l'ouvrage de M. Gérin, t. I, p. 467 et 492.

corps de garde, sur laquelle ce décret seroit gravé[1].
Tous ces articles furent ponctuellement exécutés.
Quand le légat et le cardinal Imperiale arrivèrent, le
Roi les reçut en prince qui n'a de ressentiment qu'autant que sa gloire l'y oblige[2]. Les troupes revinrent;
Avignon fut rendu au Pape, et toute cette affaire s'assoupit [au contentement et à la gloire du Roi. Je dis
s'assoupit; car la cour de Rome ne perdit pas la
mémoire de la flétrissure qu'elle reçut, et s'en est ressentie dans l'occasion].

[Si le succès de l'affaire du baron de Watteville
avoit donné d'abord une impression juste de l'attachement du Roi pour ce qui étoit de sa gloire, celle de
Rome accrut encore sa réputation; mais l'achat qu'il
fit de Dunkerque, que le roi d'Angleterre lui vendit[3],
et l'importance de cette acquisition donna encore à
connoître qu'il étoit également fier et politique, joint
à cela que le bon ordre qu'il mettoit en ses affaires
commençoit à le faire redouter de tous ses voisins.
Ainsi chacun d'eux évitoit de l'irriter, ne pouvant lier
de partie pour s'opposer à sa grandeur naissante],
parce que l'Allemagne étoit en guerre avec le Turc, et
que l'Espagne se trouvoit si affoiblie, qu'elle ne pouvoit
même soutenir la guerre qu'elle avoit contre le Portugal. Ainsi le Roi avoit les mains libres et travailloit
à s'élever au faîte de cette grandeur où on l'a vu

1. Gérin, p. 492-494.
2. C'est le 29 juillet 1664, à Fontainebleau, qu'eut lieu l'audience solennelle.
3. Dunkerque, cédé pour cinq millions de livres, avec Mardyck et les autres postes que les Anglais avaient en France, fut remis au roi le 27 novembre 1662.

depuis, tenant cependant les troupes en haleine par les secours qu'il prêtoit aux puissances qui avoient recours à lui.

L'Empereur fut de ce nombre. Sa Majesté lui envoya huit mille hommes, commandés par MM. de Coligny[1] et de la Feuillade[2]; grand nombre de jeunes seigneurs avides de gloire marchèrent sur leurs pas. Ces troupes se joignirent à l'armée impériale et combattirent avec tant de valeur au passage du Raab, près Saint-Gothard[3], en Hongrie, qu'on peut dire qu'elles sauvèrent cette armée, et qu'elles eurent presque seules tout l'honneur d'une victoire qui obligea aussitôt les Turcs à conclure la paix avec l'Empereur, lequel renvoya au Roi ses troupes chargées de gloire.

Il secourut aussi les Hollandois de cinq à six mille hommes dans la guerre qu'ils avoient avec le fameux Bernard de Galen, évêque de Münster[4], [lequel avoit

---

1. Jean de Coligny-Saligny (1617-1686) avait eu une compagnie de dragons en 1639, devint mestre de camp-lieutenant du régiment d'Enghien en 1649, servit le prince de Condé pendant la Fronde, et rentra en grâce en même temps que lui. Au retour de l'expédition de Hongrie, il se retira dans ses terres jusqu'à sa mort, et y rédigea des Mémoires qui ont été publiés par la Société de l'Histoire de France en 1841.

2. François d'Aubusson, duc de la Feuillade, était maréchal de camp depuis 1663; il devint colonel des gardes françaises en 1672, maréchal de France en 1675, et mourut en septembre 1691. C'est le créateur de la place des Victoires.

3. Ville de la Basse-Hongrie, dans la province de Vasvar. C'est le 1er avril 1664 que fut livrée cette bataille.

4. Christophe-Bernard de Galen, d'abord colonel au service de l'électeur de Cologne, puis chanoine et prévôt de Münster, enfin évêque de cette ville en 1650. Ses guerres contre les Hollandais, l'électeur de Brandebourg, le roi de Suède et ses

quitté son bréviaire pour prendre l'épée et commandoit lui-même son armée, chose qui ne s'accordoit guère avec son caractère d'évêque]. Peu après l'arrivée de celles de France en Hollande, ce prélat fut obligé de souscrire à la paix et de restituer aux Hollandois ce qu'il leur avoit pris. Le Roi aida encore les Provinces-Unies de plusieurs vaisseaux contre les Anglois. [Je crois qu'on peut dire sur cela que ce fut un trait de politique des deux rois, afin que les Anglois eussent de l'occupation et fussent un peu matés.] Les deux armées se livrèrent plusieurs combats, où les François se signalèrent[1], et les Anglois eurent presque toujours du désavantage. A la fin, la paix se fit, et les vaisseaux du Roi revinrent dans les ports de l'Océan. Ils n'y restèrent qu'autant de temps qu'il en fallut pour les radouber; car bientôt après ils passèrent dans la Méditerranée, M. Colbert les ayant destinés à l'exécution du projet qu'il avoit formé d'un établissement sur les côtes d'Afrique pour le bien du commerce.

M. de Beaufort[2] eut le commandement de l'armée

propres sujets de Münster ont été fréquemment étudiées, en dernier lieu par le comte P. de Ségur. Il mourut en septembre 1678. Le secours envoyé par Louis XIV aux Hollandais était de six mille hommes, commandés par M. de Pradel.

1. *Histoire militaire* par Quincy, t. I, p. 273. Il y eut notamment, le 20 août, un combat gagné par les Français près de l'île Saint-Christophe.

2. François de Vendôme, né en 1616, petit-fils d'Henri IV, s'était signalé, sous Louis XIII et pendant la minorité de Louis XIV, par ses menées contre le gouvernement. Rentré en grâce après la Fronde, il avait reçu en 1659 la survivance de la charge d'amiral de France qu'avait eue son père. Nous le verrons tué à Candie en 1669.

navale, et M. de Gadagne[1], lieutenant général, celui des troupes qu'on y embarqua. Cette armée arriva devant Gigeri[2] le 19 juillet 1664, et l'on débarqua les troupes près de cette ville, malgré l'opposition des Maures, qui furent poussés dans le pays. La ville fut emportée, et l'on y mit garnison[3].

[Nonobstant ce beau début, il arriva là ce qui a coutume d'arriver aux François dans les expéditions lointaines, pour lesquelles il ne semble pas qu'ils soient nés, c'est-à-dire que celle-ci ne réussit pas]. On manqua de vivres, les maladies se mirent dans l'armée, et il y mourut bien du monde. Il fallut abandonner Gigeri et battre en retraite[4]. Un vieux vaisseau, nommé *la Lune*, s'ouvrit, se perdit, et avec lui une partie considérable du régiment de Picardie, qui y étoit embarquée[5]. Ce mauvais succès réjouit fort les ennemis de M. Colbert, particulièrement MM. Le Tellier, qui étoient jaloux de sa faveur, et l'ont été tant qu'il a vécu.

1. Charles-Félix de Galéan, comte de Gadagne, servit d'abord au régiment des Galères, puis à celui de la Marine; maréchal de camp en 1651, il était lieutenant général depuis 1655.
2. Ou Djijelli, dans la régence d'Alger, près Bougie.
3. La ville fut prise le 22 juillet 1664. Le registre B⁴ 2 des archives de la Marine contient des lettres et mémoires relatifs à cette expédition, et notamment plusieurs lettres du duc de Beaufort.
4. Les dernières troupes françaises quittèrent la ville le 30 octobre.
5. Ce vaisseau, en mauvais état, avait pu néanmoins regagner Toulon. On le renvoya aux îles d'Hyères avec une partie du régiment de Picardie, et il sombra en route; voyez, dans le registre des archives de la Marine, une lettre de M. de Beaufort à Colbert, datée du 11 novembre.

Il s'éleva aussi dans ce même temps une petite guerre contre le vieux duc Charles de Lorraine[1]. Ce prince, qui avoit brouillé toute sa vie tant qu'il avoit pu, après avoir été mis en liberté par les Espagnols en conséquence du traité des Pyrénées[2], et remis en possession de ses États, vint à Paris, où il roula choses nouvelles dans son esprit. La Lorraine et le duché de Bar ne lui appartenoient qu'en ce qu'il avoit épousé la duchesse Nicole[3], qui en étoit héritière; il n'en avoit point eu d'enfants, et s'en étoit dégoûté pour épouser la duchesse de Cantecroix[4], dont il eut deux enfants : M. de Vaudémont d'aujourd'hui[5] et Mme de Lillebonne[6]. Depuis ce mariage, la duchesse Nicole s'étoit retirée à Paris, où elle mourut assez nécessiteuse. Elle avoit eu une sœur mariée au prince François[7], frère puîné du duc Charles, et de ce mariage naquit un fils, qui s'appela Charles[8],

1. Charles IV de Lorraine-Vaudémont (1604-1675).
2. Arrêté en 1654 à Bruxelles par ordre du roi d'Espagne, et interné à Tolède, il ne fut relâché qu'en 1659.
3. Nicole de Lorraine (1608-1657), fille aînée du duc Henri le Bon, épousa en 1621 son cousin germain Charles de Vaudémont (ci-dessus, note 1) et hérita du duché en 1624.
4. Béatrix de Cusance (1615-1663), veuve du prince de Cantecroix, mariée par supercherie avec le duc Charles IV, quoique le mariage de celui-ci avec Nicole n'eût point été rompu. MM. Gachard, des Robert et L. Pingaud lui ont consacré des études spéciales.
5. Charles-Henri de Lorraine (1649-1723).
6. Anne de Lorraine (1639-1720), qui épousa en octobre 1660 François-Marie de Lorraine, prince de Lillebonne.
7. Claude-Françoise de Lorraine (1612-1648), mariée en février 1634 à François de Lorraine-Vaudémont (1609-1670).
8. Charles V (1643-1690), qui porta le titre de duc de Lor-

comme son oncle, et qui s'acquit beaucoup de gloire et de réputation au service de l'Empereur, dont il commanda les armées. C'étoit à ce prince que la Lorraine appartenoit légitimement, et non à son oncle, qui, tout au plus, n'en pouvoit prétendre que l'usufruit. Cependant le vieux duc, qui en étoit en possession, voyant bien qu'il ne pourroit assurer cet État au prince de Vaudémont, son fils, au préjudice de son neveu, voulut le changer de nature et en traiter avec le Roi, qui y prêta volontiers l'oreille, ces duchés étant fort à sa bienséance. Le traité en fut signé[1]. Le prince Charles, qui étoit alors avec son oncle à Paris, fit ses protestations et se retira en Italie, puis en Allemagne, où il resta jusqu'à sa mort. Le duc Charles, dont l'esprit étoit inconstant, ne tarda pas à se repentir de ce qu'il avoit fait, et chercha à éluder au moins le traité, s'il ne le pouvoit pas rompre entièrement. Le Roi, ayant, de son côté, fait examiner avec soin cette affaire, reconnut que le duc n'avoit pu validement disposer de ses États, la propriété ne lui en étant point acquise; que la loi salique, qu'il avoit alléguée pour fondement de ce traité, n'avoit jamais été en usage en Lorraine[2]. Ainsi ce monarque, renonçant au traité, en fit un autre[3] avec le duc, par lequel

---

raine, mais qui n'entra jamais en possession de ses États, retenus par la France jusqu'à la paix de Ryswyk.

1. Traité de Montmartre (6 février 1662). C'était pour pouvoir épouser la fille de l'apothicaire Pajot que le duc cédait ainsi ses États à Louis XIV.

2. « Les duchés de Lorraine et de Bar, très constamment féminins, » dit Saint-Simon (*Mémoires*, éd. Boislisle, t. XV, p. 27).

3. Traité du 31 août 1663 (Dom Calmet, *Histoire de Lorraine*, t. III, col. 613-614).

celui-ci s'engagea, entre autres choses, pour gage et sûreté de sa foi, de remettre à Sa Majesté la ville de Marsal[1]; mais, dès qu'il fut de retour en Lorraine et qu'il fut question de l'exécution, le duc tâcha de l'éluder, tantôt d'une manière et tantôt d'une autre, jusques à ce que le Roi, s'ennuyant de toutes ces remises, fit investir Marsal par un corps d'armée et s'y rendit en personne. Alors, le duc, sentant bien qu'il ne pouvoit sauver cette place et qu'il couroit risque d'être chassé de ses États, eut recours à la clémence de Sa Majesté et lui remit Marsal. La guerre ayant fini par là, le Roi s'en revint, n'ayant été que trois semaines en son voyage[2].

Ce fut à peu près dans ce même temps qu'il fit commencer le magnifique bâtiment du Louvre[3], ou des Tuileries, qu'il laissa imparfait; car, ayant changé de goût, il se fixa à Versailles, où il a dépensé tant de millions à réparer par l'art les défauts de la nature, et à faire d'un terrain disgracié le plus superbe lieu du monde[4]. Chacun se rendit attentif à toutes les merveilles de ce nouveau règne, la cour devint fort grosse, et l'on ne songea qu'à s'y divertir. L'âge du Roi, son

---

1. Auj. Alsace-Lorraine, cercle de Château-Salins, au milieu des marais de la Seille.

2. Onze jours, du 25 août au 5 septembre 1663.

3. C'est la colonnade, qui ne fut terminée que plus tard; d'autres travaux avaient été rendus nécessaires par l'incendie qui avait détruit la galerie des Rois en février 1661 (A. Babeau, le Louvre, p. 156-157 et 164-165).

4. « Versailles, le plus triste et le plus ingrat de tous les lieux, sans vue, sans bois, sans eau, sans terre, parce que tout y est sable mouvant ou marécage » (Mémoires de Saint-Simon, éd. 1873, t. XII, p. 80).

inaltérable santé, sa bonne mine, son opulence, le bon ordre de ses affaires, tout l'y convioit également.

L'amour, qui aime la joie, vint aussi prendre part aux divertissements. Le Roi ne s'en défendit pas mieux qu'un autre, et devint amoureux de Mlle de la Vallière, fille d'honneur de Madame, sa belle-sœur[1]. Sa beauté étoit médiocre; mais elle avoit, d'ailleurs, tant de délicatesse, d'esprit et d'agrément, qu'elle plaisoit autant qu'une plus belle. Le Roi, qui étoit l'homme de son royaume le mieux fait et le plus aimable, sut bientôt s'en faire aimer. Dans son commencement, cet amour fut tenu caché; mais, comme un feu violent ne peut manquer d'éclater, la jeune Reine s'en aperçut et en témoigna du déplaisir. Cela causa quelques brouilleries; mais force lui fut de prendre patience.

Cette amourette ayant ainsi éclaté, le Roi garda moins de mesures : il fit sa maîtresse duchesse[2] et lui consacra tous les moments qu'il n'employoit pas aux affaires. Ce n'étoit que fêtes, que divertissements magnifiques; mais, comme la possession éteint l'amour, [et que la passion s'épuise plus facilement quand les sens ont à désirer plus de beauté], le Roi se détacha de sa maîtresse [après en avoir eu deux enfants], et en prit une plus belle. Mlle de la Vallière, qui aimoit le Roi pour lui-même et indépendamment de sa couronne, en fut si touchée, qu'elle se jeta dans le couvent des Carmélites, s'y fit religieuse, [et y vit encore d'une

---

1. C'est dans l'été de 1661 qu'avait commencé la liaison avec La Vallière.

2. En mai 1667; les lettres-patentes d'érection sont dans l'*Histoire généalogique*, t. V, p. 26-27.

manière tout à fait exemplaire, après avoir fait une longue et sincère pénitence du passé [1]].

Cependant MM. Le Tellier et de Louvois étoient fort fâchés de ce que M. Colbert prenoit le dessus sur eux, et de ce qu'il n'étoit plus question que de choses qui regardoient son ministère; ils souhaitoient une occasion de régner à leur tour, et de profiter des inclinations naturelles du Roi pour la gloire qui s'acquiert par les armes, quand la mort du roi d'Espagne [2] arriva à point nommé. Quoiqu'il ne parût pas d'abord que cet événement pût causer de grands troubles, parce que ce prince laissoit un fils de son second mariage [3], héritier de tous ses États, et que le Roi, en épousant l'infante d'Espagne, avoit fait une renonciation absolue, quand même les enfants mâles viendroient à manquer, néanmoins MM. Le Tellier et de Louvois portèrent le Roi à faire plusieurs demandes au conseil d'Espagne touchant cette succession. Comme ces demandes firent recommencer la guerre et furent la base de celles qui sont survenues depuis, il est nécessaire que j'explique ceci davantage.

Le roi d'Espagne, Philippe IV, avoit eu deux femmes : la première, Élisabeth de France [4], dont il eut notre Reine et le prince Don Balthazar [5]; de son

1. Mlle de la Vallière entra au Carmel de Chaillot le 20 février 1674, et mourut en 1710. — Le présent passage a donc été écrit avant cette dernière date.

2. Philippe IV, mort le 17 septembre 1665.

3. Charles II, né en 1661, et qui mourut le 1er novembre 1700.

4. Fille d'Henri IV, née en 1602, mariée en octobre 1615 à l'infant, qui devint Philippe IV, morte en octobre 1644.

5. Balthazar-Charles-Dominique-Victor-Luc, né en 1630,

second mariage avec Marie-Anne d'Autriche[1] naquit le prince Don Charles, qui lui succéda, car Don Balthazar étoit mort peu de temps après que notre Roi eut épousé l'infante[2]. Ainsi, le père commun n'étant plus, la Reine ne prétendit pas seulement la restitution de la dot de la feue reine sa mère, bagues et joyaux, tant de son chef que de celui du défunt prince Don Balthazar, mais encore que quelques provinces des Pays-Bas lui étoient dévolues, parce que, suivant la coutume du pays, les filles du premier lit héritent quoiqu'il y ait des mâles du second[3]. On citoit pour exemple que, quand Philippe II fit donation des Pays-Bas à sa fille Isabelle[4] en la mariant à l'Archiduc; les États du Brabant, lorsqu'ils la reconnurent pour leur souveraine, déclarèrent expressément que c'étoit en vertu de son droit successif, et non à cause de la donation.

L'archevêque d'Embrun, qui étoit toujours ambassadeur à Madrid, eut ordre du Roi de notifier à la reine régente d'Espagne et à son Conseil les prétentions de la Reine son épouse, et de demander qu'elle en fût mise en possession. On lui objecta la renonciation générale

mourut en 1646, étant fiancé à Marie-Anne d'Autriche, que son père épousa ensuite.

1. Fille de Ferdinand III, empereur d'Allemagne, née en 1634, elle épousa Philippe IV en 1649 et mourut le 16 mai 1696.
2. Treize ans auparavant, et non peu après.
3. Ce droit de dévolution était un usage du Brabant. Il paraît que ce fut un secrétaire de Turenne qui eut l'idée d'appliquer cette coutume à la succession de Philippe IV (*Œuvres de Louis XIV*, t. I, p. 132, et t. III, p. 27).
4. Isabelle-Claire-Eugénie (1566-1633), mariée en 1599 à l'archiduc Albert d'Autriche et gouvernante des Pays-Bas jusqu'à sa mort.

et sans réserve que le Roi et la Reine avoient faite par leur contrat de mariage. On répondit que cette renonciation devoit être considérée comme nulle parce qu'elle étoit anticipée, et que le prince Don Balthazar vivoit encore dans le temps qu'elle avoit été faite[1]. Les jurisconsultes firent là-dessus plusieurs beaux écrits, qui, de part et d'autre, devinrent publics; j'y renvoie le lecteur, s'il veut en savoir davantage[2]. Il me suffit de dire que le résultat fut alors de se faire droit par les armes.

1667. — Le Roi entra donc dans les Pays-Bas avec deux armées au commencement du mois de mai de l'an 1667. La plus petite, commandée par le maréchal d'Aumont[3], y entra par le côté de la mer, et le Roi, à la tête de l'autre, ayant sous lui M. de Turenne, marcha droit à Charleroy, nouvelle place que les Espagnols bâtissoient sur la rivière de Sambre. Comme elle n'étoit pas encore en état de défense, ils l'abandonnèrent à l'approche des François, après avoir fait sauter par les mines ce qu'il y avoit de fortifications commencées. Le Roi, y étant arrivé, fit travailler pendant trois semaines toute son armée à relever cette place[4], dont il donna le gouvernement à M. du Montal[5], homme de grande réputation, et, dès qu'il crut

1. On vient de voir que c'est une erreur.
2. Voyez, entre autres recueils, le volume 60 du recueil Thoisy à la Bibliothèque nationale.
3. Antoine d'Aumont (1601-1669), maréchal de France en 1651, gouverneur de Paris en 1662, duc et pair en 1665.
4. *Hist. militaire*, par le marquis de Quincy, t. I, p. 277-278.
5. Charles de Montsaulnin, comte du Montal, n'était que lieutenant-colonel du régiment de Condé lorsqu'il eut le gou-

que la garnison y pouvoit être en sûreté, il en partit pour poursuivre ses desseins. Il prit sa route à travers le Brabant et le Hainaut pour se rendre devant Tournay. Pendant cette marche, la ville d'Ath se rendit à mon père[1], qui la fit sommer en passant[2]. Le Roi, ayant trouvé ce poste important, l'a bien fait fortifier depuis.

Tournay se rendit dès qu'on eût ouvert la tranchée[3], et n'attendit pas le canon. Le marquis de Trésignies[4], qui en étoit gouverneur, se retira dans le château, qu'il voulut défendre; mais, comme cette place ne valoit pas grand'chose, et qu'il n'avoit que cinq ou six cents hommes, il se laissa seulement battre par le canon pendant huit ou dix heures, et capitula.

Le Roi donna le gouvernement de Tournay à M. de Renouard, capitaine aux gardes[5]. C'étoit un très brave

vernement de Charleroy. Il devint maréchal de camp en 1672, lieutenant général en 1676, et mourut en 1698.

1. Pierre de Mormès de Saint-Hilaire, après avoir été lieutenant général de l'artillerie à Pignerol et en Guyenne (1660), passa en cette même qualité en Flandre en 1675; il commanda en chef l'artillerie de l'armée d'Allemagne, devint maréchal de camp le 26 novembre 1677, après la prise de Fribourg, et mourut le 21 janvier 1680, des suites de la blessure qu'il reçut près de Turenne à Sasbach.

2. Ni la *Gazette* ni l'*Histoire militaire* ne donnent cette particularité.

3. Tournay se rendit le 23 juin, et le château le 25 (*Gazette*, p. 628-630; *Histoire militaire*, p. 278-280).

4. Jean, marquis de Trésignies (ou plutôt Trazegnies), avait été gouverneur de Saint-Omer en 1648; après la reddition de Tournay, il fut traduit devant un conseil de guerre, qui le renvoya absous. Son portrait, par un contemporain, a été publié dans les *Comptes rendus de la Commission royale d'histoire de Belgique*, 3e série, t. X, p. 344.

5. Michel Renouard, enseigne aux gardes en 1645, avait eu

et très galant homme, [qui y vécut fort honorablement ; mais, nonobstant ses bonnes qualités], il n'y demeura que six ou sept ans; car, s'étant brouillé avec Monsieur le Prince, qui commandoit en Flandres, le Roi le révoqua et lui offrit le gouvernement de l'île de Ré, qu'il s'excusa d'accepter, disant que, puisque le Roi ne l'avoit pas jugé capable de demeurer dans son premier poste, il étoit inutile qu'il acceptât celui-ci. Le Roi différa longtemps d'en disposer, M. de Renouard étant toujours sollicité de l'accepter; on lui offrit même de lui payer les appointements échus, qu'il ne voulut point recevoir, alléguant qu'il n'étoit pas juste de recevoir de l'argent du Roi quand on n'avoit pas l'honneur de le servir. Il pendit donc l'épée au croc et n'en porta point du depuis, quoiqu'il vécut encore plusieurs années, sans mettre une seule fois le pied à la cour[1]. Je rapporte ce fait parce qu'il a de la noblesse, et que, en même cas, peu de gens aujourd'hui seroient capables d'en faire autant.

De Tournay, le Roi vint assiéger Douay. Cette place, qui étoit un peu meilleure, souffrit le canon pendant deux ou trois jours, et se rendit de même que les autres[2].

Pendant ce temps-là, le maréchal d'Aumont, avec

une compagnie en 1654, qu'il quitta en 1668, lorsque le roi lui eut donné le gouvernement de Tournay; en 1674, on lui offrit celui de l'île de Ré, qu'il refusa, et il mourut en septembre 1696.

1. Dans sa table manuscrite du *Journal de Dangeau*, Saint-Simon a inscrit cette phrase : « Mort de Renouard, si connu par sa disgrâce et par la façon dont il la soutint jusqu'à sa mort. »

2. Le 6 juillet (*Gazette*, p. 657-659 et 710-711).

son armée de quinze mille hommes, se rendit maître, sans coup férir, des villes de Bergues et de Furnes, et alla brûler les faubourgs et les moulins de Lille[1]. Il fit ensuite le siège de Courtray : la ville se rendit d'abord ; mais la citadelle se fit battre cinq ou six jours[2]. Comme les fortifications n'étoient point revêtues, le canon les fit ébouler, et, les dehors étant pris, ceux du dedans eurent peur d'être emportés d'assaut et rendirent la place, qui coûta peu de monde.

Après la réduction de Douay, le Roi en partit pour aller joindre la Reine, qui s'étoit avancée jusques à Saint-Quentin[3], d'où il la conduisit visiter ses nouvelles conquêtes. Comme elle menoit à sa suite Mme de Montespan, et que le Roi en étoit amoureux, on crut qu'elle avoit la meilleure part à ce voyage, qui consomma quinze jours, pendant lesquels l'armée fut à rien faire[4] et auroit pu bien employer le temps ; car toute la Flandre étoit si épouvantée, et les Espagnols si foibles, qu'il n'y avoit qu'à se présenter devant une ville pour la prendre.

La Reine, ayant achevé sa visite, partit pour Arras avec les dames de sa suite[5], et le Roi alla

---

1. *Histoire militaire*, t. I, p. 278 ; *Gazette*, p. 711.
2. Investie le 13 juillet, la ville capitula le 15 et la citadelle le 18 (*Gazette*, p. 735 et 758-759).
3. Louis XIV quitta Douay le 8 juillet pour aller à Compiègne, où était la cour ; il en repartit le 19 avec la reine pour Amiens, Arras et Douay, où LL. MM. entrèrent le 23 ; mais la reine ne vint point à Saint-Quentin (*Gazette*, p. 712-714, 736-738, 761-762, etc.).
4. Le roi et la reine allèrent le 26 à Tournay, puis revinrent à Douay (*Ibid.*, p. 791-795).
5. Le 30 juillet.

assiéger Audenarde, qui ne résista que vingt-quatre heures[1]. Il fit une feinte sur Dendermonde[2], dont on trouva tous les environs inondés, et l'on jeta un pont sur l'Escaut, qui servit à faire des courses dans le pays de Waës[3], pour en tirer quelques contributions. Sa Majesté n'y resta que trois ou quatre jours, et marcha pour assiéger Lille, ramenant avec lui toute son armée, renforcée par la plupart des troupes du maréchal d'Aumont, qui s'en retourna du côté de Dunkerque pour couvrir le pays avec un petit camp volant.

La ville de Lille est une des plus grosses et des plus considérables des Pays-Bas, tant par sa beauté que par sa grandeur et sa richesse. Ses fortifications pouvoient, en ce temps-là, passer pour assez bonnes et assez bien entretenues. Le comte de Brouay, de la maison de Spinola[4], en étoit gouverneur. Il avoit dans sa place une garnison de sept à huit cents chevaux et de deux mille hommes de pied, avec beaucoup de canons et de munitions, et une multitude de bourgeois bien armés, fort affectionnés à la monarchie espagnole. Ils servirent fort bien pendant ce siège et firent un très grand feu de leur rempart.

L'armée campa devant cette ville dans toutes les

1. *Histoire militaire*, p. 281.
2. *Gazette*, p. 818.
3. Portion de la Flandre belge, qui s'étend au nord de Gand jusqu'à l'Escaut.
4. Philippe-Hippolyte Spinola, comte de Brouay, général de bataille en 1641, était gouverneur de Lille depuis 1655; sa défense de Lille lui valut la Toison d'or. Il mourut le 17 janvier 1670.

règles de la guerre, c'est-à-dire qu'on y fit de bonnes lignes de circonvallation et de contrevallation pour s'assurer contre le dedans et le dehors; car on avoit eu avis que le marquis de Castel-Rodrigue[1], gouverneur des Pays-Bas, avoit assemblé une petite armée, commandée par M. de Marcin[2], afin de s'opposer aux entreprises du Roi. J'observerai, en passant, que ce capitaine avoit acquis beaucoup de réputation au service de Sa Majesté, et touchoit au bâton de maréchal de France, quand il fut entraîné au service des Espagnols par Monsieur le Prince, dans le temps de sa défection.

Le Roi fit attaquer Lille du côté de la porte de Fives[3], et la tranchée s'ouvrit, en deux attaques, le soir du 20 août. Le lendemain, à la pointe du jour, on commença à battre la place avec vingt-quatre pièces de gros canon. Le 22, on avança beaucoup les tranchées, et on établit une batterie de canons avancée et une de mortiers, dont on jeta des bombes dans la ville. Le 23, on tira beaucoup de part et d'autre, et on poussa la tranchée fort avant. Le 24, les travaux se

---

1. François, marquis de Castel-Rodrigo, créé grand d'Espagne en 1650, reçut le gouvernement des Pays-Bas en octobre 1664 et le conserva jusqu'en 1669; il mourut en décembre 1675.

2. Jean-Gaspard-Ferdinand, comte de Marcin, était passé au service de la France en 1648, mais il retourna à celui d'Espagne en 1653, ainsi que va le dire notre auteur. En 1672, il revint à la France par l'entremise de Gourville (*Mémoires*, t. II, p. 60-63); mais il mourut l'année d'après. C'est le père du maréchal de France.

3. A l'ouest de la ville. C'est le duc d'Enghien qui, le 9 août, établit l'investissement (*Gazette*, p. 819).

trouvèrent si près, qu'on fit deux logements sur la contrescarpe et qu'on y établit un batterie de quatre pièces. Le 25, on perfectionna les travaux, et l'on fit une ligne parallèle pour joindre les deux attaques; le feu fut fort grand de part et d'autre. Le 26, les ennemis firent, par la porte Saint-Pierre, en plein jour, une sortie de cavalerie, qui n'eut aucun succès. La nuit suivante, on se rendit maître des dehors après un combat assez disputé, et, le lendemain, le comte de Brouay rendit la ville[1]. Il y eut à ce siège trente ou quarante officiers tués ou blessés, et cinq à six cents soldats. Le Roi s'y exposa beaucoup et coucha toutes les nuits au bivouac.

La ville capituloit, quand Sa Majesté eut avis que M. de Marcin, avec sa petite armée, s'approchoit pour tâcher de jeter du monde dans la place, qu'il comptoit devoir tenir davantage. Elle détacha aussitôt MM. de Créquy[2] et de Bellefont, lieutenants généraux, avec chacun un corps de troupes, afin de lui couper la retraite : ce qu'ils firent heureusement; car ils le joignirent si brusquement, qu'il n'eut pas le temps de se mettre en sûreté. On lui tua cinq ou six cents hommes; le reste se dispersa[3]. M. de Marcin eut bien de la peine à se sauver, et MM. de Créquy et de Bellefont revinrent trouver le Roi et lui amenèrent quan-

1. La reddition est du 27 août. La *Gazette* donne beaucoup de détails sur ce siège (p. 841-843, 865-867, 998-1001); voyez aussi l'*Histoire militaire*, p. 281-284, les *Œuvres de Louis XIV*, t. II, p. 439 et suiv., et t. III, p. 52-65, les *Mémoires de Pomponne*, t. I, p. 444-447, etc.

2. François, marquis de Créquy, qui devint maréchal de France en 1668.

3. *Histoire militaire*, p. 284; *Gazette*, p. 1039.

tité de prisonniers, parmi lesquels étoit M. le Rhingrave[1].

Cette affaire étant expédiée, le Roi donna le gouvernement de Lille à M. de Bellefont, et alla reprendre la Reine à Arras pour la ramener en France; ainsi, M. de Turenne commanda l'armée en chef. Il eut avis que les Espagnols avoient mis garnison dans Alost, dont nos troupes s'étoient emparées dans la marche de Dendermonde, et qu'elles avoient eu ordre d'abandonner dans la contremarche suivante. M. de Turenne jugea à propos de reprendre ce poste, qu'il trouvoit important, et y marcha lui-même. Il le fit attaquer d'abord, et le trouva plus difficile à emporter qu'il n'avoit cru, ceux qui l'occupoient l'ayant rétabli avec beaucoup de diligence. Ils se défendirent bien, quoiqu'il ne valût rien. L'attaque fut encore plus vigoureuse, et dura trois jours. On y eut plus de monde de tué ou de blessé qu'on n'en avoit eu à tous les autres sièges ensemble[2]. Cette action finit la campagne. Les pluies qui survinrent et la saison déjà avancée obligèrent de mettre les troupes en quartier d'hiver.

J'ai dit que le Roi avoit donné le gouvernement de Lille au marquis de Bellefont. Quoique Sa Majesté y eût ajouté le commandement des villes nouvellement conquises[3], cela ne satisfit pas ce seigneur, dont les

1. Charles-Florent, rhingrave ou comte du Rhin, de la branche de Neuvillers, mort le 4 septembre 1673.
2. *Gazette*, p. 1090-1091 et 1140; *Histoire militaire*, p. 285. Après la prise d'Alost, Turenne en fit démolir les fortifications.
3. M. de Bellefont eut le gouvernement de Lille et des places de la châtellenie; M. de Duras commandait à Tournay, M. d'Humières à Charleroy et entre Sambre et Meuse (*Gazette*, p. 1063).

vues ont toujours été trop vastes. Il s'imagina que ses ennemis le vouloient exiler de la cour sous un prétexte honorable et lui faire perdre par l'absence les bonnes grâces du Roi, duquel il étoit une espèce de favori. Il lui remit donc ce gouvernement, et l'événement a fait voir qu'il commit en cela la plus grande faute qu'il put faire de sa vie. Il n'a pu avoir d'autre gouvernement, et sa fortune a été assez bornée, vu le grand train qu'il avoit pris. A la vérité, il a été fait maréchal de France; mais il a toujours langui jusqu'à sa mort[1], au lieu que le marquis d'Humières, qui fut pourvu du gouvernement à son refus, a été non seulement maréchal de France, mais encore duc et pair et grand maître de l'artillerie[2]; il parut que le Roi s'attacha principalement à le combler de ses faveurs, parce qu'il lui avoit confié le gouvernement de ses conquêtes, qu'il chérissoit comme une seconde maîtresse. [Voilà comme les hommes qui s'entêtent et se font des idées se trompent et demeurent ainsi. Il vaut bien mieux laisser agir la Providence. Si elle ne remplit pas assez nos désirs, faisons-nous justice : nous aurons de quoi nous consoler ; à tout le moins n'aurons-nous pas le déplaisir d'avoir manqué notre fortune par notre faute et de nous en faire de continuels reproches. Mais, pour couper court à la réflexion, je

---

1. Son caractère entêté est reconnu par tous les contemporains (*Relation de Spanheim*, éd. Bourgeois, p. 518; *Mémoires de Villars*, t. I, p. 37; *Correspondance de Bussy-Rabutin*, t. V, p. 205-207).

2. Louis de Crevant, marquis d'Humières, était lieutenant général depuis 1657; il devint maréchal de France en 1668, grand maître de l'artillerie en 1685 et duc et pair en août 1690.

dirai que] les troupes qui furent mises en quartier d'hiver dans les places conquises firent des courses jusque dans le fond de la Hollande, qu'elles firent toute contribuer.

Les succès de cette campagne donnèrent envie au Roi de continuer la guerre. Il s'y préparoit par de nouvelles levées, tant de François que de Suisses, pour augmenter ses troupes; mais la reine régente d'Espagne fit si bien négocier dans les cours étrangères, qu'elles résolurent d'arrêter ce torrent. Les Hollandois, qui s'y intéressoient plus que les autres à cause du voisinage où ils sont des Pays-Bas espagnols, y apportèrent une attention plus sérieuse, et ils envoyèrent en France M. Van Beuning[1], leur pensionnaire, offrir leur médiation, [afin de terminer les différends qui étoient entre les deux couronnes, lequel menaça hautement que ses maîtres] prendroient parti pour les Espagnols, si l'on n'avoit égard à leur entremise.

La France, qui ne connoissoit pas encore toutes ses forces, parut craindre les effets de cette menace [et la puissance des Hollandois jointe à leurs intrigues dans les cours étrangères]. Malgré ses prospérités et l'envie que le Roi avoit de continuer la guerre, dont les commencements lui étoient si avantageux, on accepta cette médiation, et l'on choisit de concert la ville d'Aix-la-Chapelle pour traiter de la paix. M. Van Beuning fut le plénipotentiaire des États des Provinces-Unies et se conduisit dans sa négociation avec tant de hau-

---

1. Conrad Van Beuningen était bourgmestre d'Amsterdam et grand pensionnaire depuis 1665.

teur et d'indiscrétion[1], pour ne pas dire pis, qu'il attira sur son pays l'orage qui y tomba quelques années après et pensa le perdre, comme on le verra par la suite.

1668. — Pendant que tout se disposoit pour parvenir à cette paix, le Roi, qui vouloit faire preuve de sa puissance et obtenir des conditions plus avantageuses, forma une entreprise sur la Franche-Comté, et en vint à bout, quoiqu'il fallût surmonter bien des obstacles, à cause que ce fut en plein hiver et que le pays est fort difficile; et d'ailleurs il y avoit lieu de craindre que les Suisses ne se mêlassent de cette affaire, ou qu'il ne vînt du Milanois des troupes espagnoles se jeter dans les places du Comté dès qu'il y auroit la moindre apparence qu'elles dussent être attaquées[2].

Il étoit donc indispensable de tenir ce dessein secret, et, pour y parvenir, M. Mouslier[3], ambassadeur de France en Suisse, eut ordre de traiter avec les Comtois de la neutralité de leur province, comme

1. Tous les contemporains sont d'accord sur l' « insolence » de M. Van Beuningen (*Mémoires du jeune Brienne*, t. II, p. 326-327; *de Monglat*, p. 361-364; *de Sourches*, t. I, p. 52, etc.).
2. M. de Piépape a publié en 1881 une *Histoire de la réunion de la Franche-Comté;* le second volume est presque exclusivement consacré aux deux conquêtes de 1668 et de 1674.
3. François Mouslier, sieur de Signy, d'abord secrétaire de M. de la Barde en 1648, contrôleur général de la grande chancellerie en 1660, compromis dans le procès de Foucquet, mais néanmoins chargé d'affaires de France en Suisse de 1665 à 1671. Notre auteur l'appelle : *M. Moulière.*

cela s'étoit pratiqué dans la guerre précédente[1]. Il en étoit du plus au moins avec eux, traînant toujours l'affaire en longueur, lorsque Monsieur le Prince, gouverneur de Bourgogne, y arriva, sous prétexte de tenir les États de ce duché, mais en effet pour faire dresser les préparatifs nécessaires à l'entreprise, dont il devoit être chargé sous le Roi, et s'informer précisément de l'état des places du Comté et de tout ce qui s'y passoit, afin d'en instruire la cour et de prendre des mesures plus justes.

Monsieur le Prince, étant à Dijon, fit savoir au parlement de Dôle, qui étoit alors en possession de faire des traités pour la province, qu'il avoit ordre du Roi de reprendre la négociation commencée avec M. Mouslier, et que, si on vouloit lui envoyer des députés, le traité se concluroit, pour peu qu'ils se missent à la raison. Comme on se persuade facilement ce qu'on désire, cette démarche de Monsieur le Prince, que les Comtois crurent sincère, fut cause qu'ils ne songèrent plus à prendre aucunes mesures pour leur défense, et toute leur attention se borna à conclure le traité de neutralité, dont ils ne voyoient pas qu'il y eût lieu de douter après les ouvertures qui leur en avoient été faites, d'autant plus qu'on ne faisoit que continuer ce qui s'étoit pratiqué pendant la guerre précédente[2] ; mais ils ne considéroient pas que la disposition des affaires n'étoit plus la même, parce que, pendant cette guerre, les Suédois, portant leurs armes dans le centre

---

1. La guerre de Trente ans.
2. Rousset, *Histoire de Louvois*, t. I, p. 129-130 ; Dépôt des affaires étrangères, vol. *France* 94.

de l'Empire, lui donnoient tant d'occupation, que les François n'eurent point d'irruption à craindre du côté de la Bourgogne, qui étoit la frontière la plus foible. Mais, à présent, l'Allemagne n'ayant plus d'ennemi qui la traversât et jouissant d'un grand repos, il étoit nécessaire de se faire une bonne barrière contre elle. Il y a apparence que les Comtois ne firent point cette réflexion; car ils ne pensèrent, en envoyant leur député à Monsieur le Prince, qu'à le charger de bien marchander avec lui, afin qu'il leur en coûtât moins. Ce député offrit jusques à trois cent mille livres par an, pourvu que le traité de neutralité fût accordé pour trois années. Monsieur le Prince leur répondit qu'il doutoit que le Roi acceptât ce temps-là, à moins qu'ils ne fissent monter la somme jusques à cinq cent mille livres, et, sur ce qu'ils lui représentèrent qu'il ne leur étoit pas permis de passer l'offre qu'ils avoient faite, Monsieur le Prince leur répliqua qu'ils s'en retournassent chercher des pouvoirs plus amples; que, cependant, il rendroit compte au Roi de ce qui s'étoit passé, et les serviroit en ce qui seroit de son pouvoir.

Pendant qu'on employoit ainsi le temps aux yeux du public, on travailloit en grande diligence à tous les préparatifs nécessaires à l'entreprise. Mon père avoit été en Bourgogne[1] sous prétexte de faire mettre en état l'artillerie et les magasins des places négligés depuis longtemps[2]. On envoya des commis des vivres acheter des blés, et ils publioient que c'étoit pour la

1. Il était alors lieutenant général de l'artillerie au département de Guyenne.
2. L'arsenal d'Auxonne renfermait des approvisionnements presque suffisants (*Histoire de Louvois*, p. 131).

subsistance des armées que le Roi vouloit tenir, l'année suivante, en Catalogne et du côté de l'Italie. A cet effet, on fit marcher des troupes dans le Lyonnois, le Dauphiné et la Bourgogne; [les nouvelles troupes qui se faisoient en Provence, en Languedoc, Lyonnois et Dauphiné, avoient leurs routes par la Bourgogne, et on y faisoit cadrer le temps de leur arrivée avec celui auquel l'expédition méditée devoit avoir lieu], et Monsieur le Prince avoit ordre de les arrêter. Cependant il informa la cour de l'état précis de la Franche-Comté. Les troupes réglées qui y étoient consistoient seulement en cinquante cavaliers montés et deux mille hommes de pied, partagés dans les villes de Dôle, Gray, Besançon, Salins et plusieurs châteaux de cette province, à quoi il falloit ajouter environ deux mille bourgeois portant les armes dans Dôle, sept à huit cents dans Gray, autant dans Salins, et environ trois mille dans Besançon. Il y avoit, de plus, sept à huit mille hommes de milice répandus dans les bourgs et villages du plat pays, qu'il espéroit si bien de surprendre, lorsqu'il y arriveroit avec l'armée, qu'ils n'auroient pas le temps de s'assembler, et encore moins de se jeter dans les places, dont il feroit occuper toutes les avenues; et c'est ce qui ne manqua pas d'arriver.

Quant aux fortifications, il fit savoir que Besançon, capitale de la province, étoit seulement enceinte de murailles terrassées et flanquées de distance en distance de tours crénelées, le tout environné d'un assez bon fossé. Salins étoit à peu près de même, à la réserve qu'il étoit défendu par trois châteaux, en assez mauvais état aussi bien que les autres de la province. Gray étoit une place bien revêtue, et dont l'attaque la plus facile étoit défendue par deux bons bastions; mais il n'y avoit aucuns dehors. A l'égard de la ville de Dôle, elle étoit assez connue et s'étoit rendue fameuse par le mauvais succès que le prince de Condé, père de celui-ci[1], y avoit eu, qui fut obligé d'en lever le siège[2]. Les habitants venoient d'y faire revêtir trois demi-lunes à leurs dépens; mais la maçonnerie étoit si mauvaise, qu'elle avoit lâché en plusieurs endroits. Enfin on sut que toutes ces places étoient pourvues des choses nécessaires à leur défense.

Avant que l'on commençât cette entreprise, il arriva deux choses qui pensèrent la déconcerter. On fut averti que les Suisses convoquoient une diète générale, et on craignit qu'ils n'eussent pénétré le dessein de la France et ne prissent la résolution de s'y opposer, la chose les touchant de si près. M. Mouslier eut ordre de rompre la diète, à quelque prix que ce fût, et il y réussit[3]. Plusieurs des membres ne se doutoient de rien; les autres s'en rapportèrent à ce que faisoient leurs compatriotes. D'un autre côté, les courtisans, qui ne peuvent se taire, surtout quand ils ne sont point dans la confidence, et les espions, qui remarquent tout, n'avoient pu voir les mouvements qui se fai-

1. Henri II, prince de Condé (1588-1646).
2. L'histoire de ce siège de 1636 avait été publiée par Boivin en 1638.
3. La diète des cantons se tenait, en 1667-68, à Bremgarten, près Soleure. Les volumes du Dépôt des affaires étrangères *Suisse* 43 et 44 renferment toute la correspondance de Mouslier à ce sujet avec Hugues de Lionne. Voyez aussi Éd. Rott, *Inventaire sommaire des documents relatifs à l'histoire de la Suisse*, t. III, p. 115-160.

soient sans les deviner en partie. Le Roi, pour leur donner le change, eut beau envoyer ses maréchaux des logis sur la route de Metz et écrire à Monsieur le Prince de s'y rendre pour y concerter avec lui, à ce qu'il disoit, l'attaque d'une place sur cette frontière ; la cour et la ville persistoient à dire que le Roi alloit prendre la Franche-Comté. Dans la crainte que ce bruit n'y parvînt, on fit voler une fois le courrier qui a coutume d'y porter les lettres ; on envoya[1] les paquets de Bourgogne à Lyon et ceux de cette ville à Dijon, [comme si c'eût été par une méprise de celui qui fait le melon[2]].

Pendant tout ceci, les députés de la Franche-Comté, impatients d'apprendre la réponse de la cour sur le traité qu'ils négocioient, se mirent en chemin pour en savoir des nouvelles. Monsieur le Prince, qui ne vouloit pas qu'ils vinssent plus avant, de peur que les préparatifs qui se faisoient ne les frappassent, envoya au-devant d'eux, leur dire qu'il ne l'avoit pas encore reçue, et les prier de s'en retourner jusqu'à ce qu'il leur mandât de venir ; qu'autrement leur empressement deviendroit suspect et le mettroit hors d'état de les servir. Ils s'en retournèrent donc, et, quelques jours après, tout étant disposé pour entrer dans la

---

1. Il faut ajouter : une autre fois.
2. Au sens de paquet : arrêt du Conseil d'État du 18 juin 1681, cité dans le Supplément du *Dictionnaire* de Littré. — Sur ce vol des courriers, M. Rousset a publié une curieuse lettre de Louvois du 27 janvier : *Histoire de Louvois*, t. I, p. 132-133. Voyez aussi *le Secret de la poste sous Louis XIV*, par M. A. de Boislisle (*Annuaire-Bulletin de la Société de l'Histoire de France*, 1890, p. 230).

Franche-Comté, le Roi se mit en chemin pour s'y rendre.

Monsieur le Prince fit savoir au parlement de Dôle que Sa Majesté, informée que leurs députés n'étoient munis ni des pouvoirs du marquis de Castel-Rodrigue, leur gouverneur général, ni de ceux de la reine régente d'Espagne, [et, de plus, qu'ils ne vouloient s'obliger à fournir la ratification dudit marquis que dans trois mois, quoiqu'il ne fallût que quinze jours à un homme de pied pour en rapporter la réponse], s'étoit persuadé avec beaucoup de raison que les Comtois vouloient l'amuser par des négociations, afin de gagner du temps pour l'arrivée des troupes de l'Empereur et de celles du Milanois, [et, sous prétexte d'un refus de ratification, rendre le traité nul]; que, Sa Majesté n'ayant d'autre but que de procurer la paix à leur province, elle se trouveroit obligée d'y tenir une armée au commencement de la campagne suivante pour la défendre, ou de la laisser en proie à celle de l'Empereur, et que, voulant profiter du temps qui lui restoit, elle l'avoit chargé d'entrer en Franche-Comté avec une armée, qu'elle suivroit de près en personne dans le même dessein.

Cette réponse et l'armée entrèrent en même temps. Monsieur le Prince fit occuper d'abord tous les postes et les passages, afin de tenir les milices du pays dispersées et d'empêcher qu'aucun secours ne parvînt dans les places. Il fit investir en même temps Besançon et Salins, qui se rendirent aussitôt[1]. Le Roi en reçut la

1. Les 7 et 8 février (*Gazette*, p. 174-175; *Histoire militaire*, p. 288-289).

nouvelle en arrivant à Dijon, et se détermina à entreprendre la conquête de la province entière, quoique son dessein ne fût d'abord que d'emporter ces deux places, qu'il comptoit devoir se défendre quelque temps. Il joignit Monsieur le Prince devant Dôle; on ouvrit la tranchée, et elle se poussa avec tant de diligence et de facilité, qu'on se trouva, le lendemain, à portée d'attaquer les demi-lunes. Elles furent emportées après un petit combat, et la place se rendit, le matin du jour suivant, sans avoir essuyé un seul coup de canon[1].

Le marquis de Villeroy[2], qui étoit alors colonel du régiment de Lyonnois, fit au Roi, pendant ce siège, une galanterie militaire dont Sa Majesté s'est bien souvenue depuis; car je la lui ai entendu raconter plusieurs fois. Le marquis, étant, le premier jour du siège, à la promenade avec le Roi, lui fit remarquer un drapeau que les ennemis avoient placé sur une demi-lune, et demanda s'il agréeroit qu'il lui en fît présent avant minuit. Le Roi répondit qu'il le vouloit bien. Sur les dix heures du soir, M. de Villeroy fit avancer un sergent de son régiment, avec un petit détachement, au pied de la demi-lune, qui n'étoit défendue par aucun chemin couvert. Le sergent tira à lui le drapeau avec le crochet de sa hallebarde et le porta à son colonel, qui l'envoya au Roi.

Dôle étant pris, on marcha à Gray, qui se rendit dès que le Roi parut devant ses portes[3]; tous les châ-

1. Le 14 février (*Gazette*, p. 221-223).
2. François de Neufville (1643-1730), qui devint maréchal de France en 1693 et fut gouverneur de Louis XV.
3. Le 18 février (*Gazette*, p. 223-224).

teaux de la province se rendirent sans tirer, et cette conquête fut achevée en quatorze jours, avec une armée de trois mille chevaux et de douze mille hommes d'infanterie. Elle ne coûta que deux ou trois cents hommes, parmi lesquels il y eut quelques officiers. Le Roi donna le gouvernement de Besançon et de la province à M. le duc de Duras[1], qui n'imita pas M. de Bellefont[2] et s'en est bien trouvé. Puis il s'en revint en France, après avoir donné des ordres pour la conservation de cette conquête, dont la nouvelle hâta le traité que l'Espagne, l'Angleterre et la Hollande firent ensemble, et qu'on appela la Triple Alliance, par le moyen de laquelle la paix se fit pendant la campagne suivante[3]. Par ce traité, le Roi garda ses conquêtes du côté de la Flandre; mais il s'obligea de rendre toutes les places de la Franche-Comté, après qu'on en auroit démoli les fortifications.

Dès que la paix fut signée, le Roi fit une réforme considérable dans ses troupes, qui furent congédiées étant en corps d'armée dans le pays ennemi. Quoiqu'on ne leur donnât ni route ni subsistance pour leur retour, elles se comportèrent avec tant de docilité, qu'il n'arriva aucun accident. Leur sagesse fut aussi extraordinaire que l'épargne qu'il plut au ministre de faire en cette occasion; mais, en même temps, il ouvrit la bourse pour les fortifications des anciennes frontières et des dernières conquêtes. On bâtit des citadelles nouvelles à Lille et à Tournay; mais, quoique l'art de l'architecture militaire et de la fortification

1. Par provisions du 20 février.
2. Ci-dessus, p. 50-51.
3. Traité d'Aix-la-Chapelle, 2 mai 1668.

moderne fût mis en œuvre avec grand soin, on n'a pas laissé, dans la suite, d'y trouver des défauts essentiels.

Les Turcs pressoient vivement alors la ville de Candie, qu'ils tenoient assiégée depuis longtemps[1]. Les Vénitiens profitèrent du repos de l'Europe pour demander du secours aux princes chrétiens. Le Roi leur envoya le duc de la Feuillade, avec six cents officiers réformés, plusieurs volontaires de la principale noblesse du royaume, et environ deux mille hommes d'infanterie, qui débarquèrent à Candie le 3 novembre 1668[2].

Ils trouvèrent que cette place n'étoit plus qu'un chaos de pierres et de terres bouleversées par les fourneaux et les batteries continuelles des Turcs. On y combattoit à la main presque partout, et les Vénitiens n'avoient plus d'autres défenses que des retranchements ou des retirades pratiqués dans les ouvrages que les Turcs avoient ruinés. Le duc de la Feuillade partagea ses troupes en six brigades, dont la première monta la garde le premier jour du débarquement, la

[1]. La *Gazette* de 1668 et de 1669 contient, dans de nombreux Extraordinaires, la relation du siège jusqu'à la chute de la ville.

[2]. Le secours commandé par le duc de la Feuillade n'eut aucun caractère officiel et n'était composé que de volontaires ou de troupes levées par eux. C'est ce qui explique que les archives de la Guerre et de la Marine ne semblent conserver aucune suite de documents sur cette expédition. Un aide-major, nommé Des Roches, fit paraître en 1670 un *Journal véritable de ce qui s'est passé en Candie sous M. le duc de la Feuillade*. Une autre relation avait paru à Lyon l'année précédente.

seconde le lendemain, et les autres successivement; il leur fit faire de petites sorties, dans lesquelles on reprit quelques ouvrages. Lorsqu'il eut ainsi tâté les Turcs et accoutumé ses troupes à leur manière de combattre, il résolut d'aller à eux avec toutes ses forces, pour tenter de sauver la place. Il convint avec les Vénitiens qu'ils feroient poster un de leurs bataillons dans la plaine, sous le fort de Saint-Dimitri, qu'ils occupoient encore, afin de piquer de jalousie la queue de la tranchée des Turcs et la batterie qu'ils avoient sur la hauteur, et les empêcher par ce moyen de secourir la tête de leur tranchée, qu'on avoit résolu d'attaquer. Il convint de plus qu'ils feroient deux attaques sur les flancs de cette tranchée; qu'ils fourniroient un nombre suffisant de travailleurs, avec des outils propres à combler les travaux qu'on se promettoit d'emporter; qu'ils emploieroient en même temps des hommes choisis pour attaquer les boyaux qui communiquoient à la brèche, et qu'ils prendroient également soin de les combler.

Ce projet étoit réduit au moins de ce qu'on se promettoit d'exécuter, et les apparences étoient favorables, parce qu'il étoit bien conçu, et les troupes paroissoient bien disposées. Les Vénitiens, néanmoins, ne laissèrent pas de se méfier du succès, comme on doit le penser pour en user charitablement à leur égard, au lieu de leur imputer des sentiments de jalousie contre une nation qui venoit se sacrifier pour leurs intérêts : ils n'exécutèrent qu'une des choses qu'ils avoient promises. Le 16 décembre fut choisi pour cette sortie[1]. Au point du jour, les troupes fran-

1. *Gazette*, p. 211 et 235.

çoises, divisées pour deux attaques, la première le long de la mer, et la seconde à l'autre revers, donnèrent, l'épée à la main, sur les tranchées des Turcs, qui se soutinrent d'abord avec assez de vigueur; mais ils ne purent résister longtemps à la pointe françoise, et plièrent. Les deux têtes des tranchées furent balayées; on força leur place d'armes. On emporta aussi quelques redoutes, dont on fut maître pendant assez de temps pour pouvoir les raser, si on avoit eu des outils et des travailleurs, comme les Vénitiens s'étoient engagés d'en fournir; mais ils ne s'en souvinrent point, non plus que de faire les deux attaques sur les flancs. Le major Tingu[1] descendit seulement par la brèche avec cent mousquetaires, pour faciliter la retraite, que les Vénitiens firent sonner deux fois avant que les François pussent se résoudre à abandonner les travaux qu'ils venoient de gagner. Les Turcs accourant en foule de leur camp, les François furent contraints de se retirer; ce qu'ils firent au petit pas, et avec tant d'ordre et d'assurance, que, bien loin de les attaquer, les Turcs n'osèrent rentrer dans leur tranchée que lorsqu'ils n'y virent plus de François. Il y eut, parmi ces derniers, vingt officiers ou volontaires de tués, quatre-vingts de blessés, et environ deux cents soldats tant tués que blessés.

1669. — Malgré le sujet de mécontentement que le duc de la Feuillade venoit d'avoir de la part des Vénitiens, et quoiqu'il désespérât de pouvoir sauver la place, il resta avec ses troupes dans Candie encore environ deux mois; mais, n'ayant plus alors de pro-

---

1. La *Gazette* l'appelle le major Tringues.

visions ni de vivres que pour son retour en France, il se rembarqua et s'en revint[1].

Le départ des François n'empêcha pas les Vénitiens de défendre leur place avec toute la bravoure et la vigueur possible. [Ils soutinrent, deux jours après, un furieux assaut, et, étant rafraîchis de temps en temps par quelques nouveaux secours], un second renfort que le Roi leur envoya eut le temps d'y arriver[2]. Il étoit composé de quatorze gros vaisseaux de guerre et de quatre brûlots, de quelques galères, et de quatre-vingts autres bâtiments[3] chargés de cent officiers réformés, de plusieurs volontaires, de six

1. C'est seulement à la fin de décembre 1668 que le duc de la Feuillade se rembarqua (*Gazette* de 1669, p. 260).

2. Le volume 238 du Dépôt de la guerre contient la copie de la correspondance échangée entre Louvois, le duc de Navailles et l'intendant de la Croix pendant cette seconde expédition. Les nouvelles s'en trouvent dans la correspondance de Venise de la *Gazette* et dans les Extraordinaires. Enfin, le volume B⁴ 3 des archives de la Marine renferme quelques rapports, états et correspondances, dont on trouvera des extraits ci-après, à l'Appendice. Quant aux relations, on peut citer : un journal du siège, par Mackay (ms. Fr. 7890); les *Mémoires du marquis de Ville*, par Savinien d'Alquié (1670); l'*Istoria della guerra di Candia*, par André Valiero (Venise, 1679); les études de MM. Ch. Gérin (*Revue des Questions historiques*, 1879), André Le Glay (*Revue d'histoire diplomatique*, 1897) et E. Guillon (*la Vie contemporaine*, 1897); enfin, le chapitre III des *Mémoires de Du Cause de Nazelle* publiés par M. Ernest Daudet en 1899. Des quêtes avaient été prescrites par les évêques dans les divers diocèses de France pour subvenir aux frais de l'expédition (Arch. nat., reg. O¹ 13, fol. 97 v°).

3. Le registre Guerre 238 (n° 72 *quater*) donne la liste des bâtiments qui servirent au transport des troupes et du matériel : il y avait vingt-deux vaisseaux ou frégates, douze galères et trois galiotes.

mille hommes d'infanterie, de deux cents mousquetaires et de huit cents cavaliers[1]. Le duc de Beaufort, amiral de France, commandoit l'armée navale; le duc de Navailles[2], lieutenant général, les troupes de terre. Il avoit pour maréchaux de camp MM. Colbert de Maulévrier[3] et Le Bret[4]; MM. de Dampierre[5] et de Rambures[6] étoient brigadiers d'infanterie; le comte de Choiseul[7], depuis maréchal de France, commandoit la cavalerie, et M. de Catelan[8] étoit à la tête de

1. Il y avait 629 officiers, 6,440 soldats, mousquetaires et cavaliers, 54 volontaires, 151 valets, en tout 6,645 hommes (Registre Guerre 238, n° 72 *bis*).
2. Philippe de Montaut de Bénac (1619-1684), qui devint maréchal de France en 1675, était lieutenant général depuis le 20 septembre 1650. Sa commission pour commander le secours de Candie, du 1er avril 1669, est dans le volume Guerre 238, fol. 9, avec la copie des instructions qui lui furent remises (fol. 13-21). L'édition de 1766 de nos Mémoires l'appelait par erreur le duc de Noailles.
3. Édouard-François Colbert, comte de Maulévrier, maréchal de camp depuis le 24 février de la présente année, devint lieutenant général en 1676 et mourut en 1693.
4. Alexandre Le Bret, maréchal de camp du 20 octobre 1665, devint lieutenant général en 1674 et mourut en 1679.
5. Henri du Val, marquis de Dampierre, colonel du régiment de Dauphiné en 1652, avait été nommé brigadier en mars 1668; il sera tué dans une sortie (ci-après, p. 73).
6. Charles, marquis de Rambures, avait eu un régiment d'infanterie en 1656 et était brigadier depuis 1668; il mourut en mai 1671. Les états du volume Guerre 238 (fol. 72 *ter*) ne parlent pas de lui.
7. Claude, comte de Choiseul-Francières (1632-1711), s'était distingué à la journée de Saint-Gothard; il devint maréchal de France en 1693.
8. Louis Catelan avait eu en 1661 le grade de major des gardes françaises, et celui de maréchal de bataille en 1660; il

cinq cents hommes détachés du régiment des gardes du Roi[1].

Dès que cette armée mouilla devant Candie, le duc de Navailles envoya à terre M. Le Bret et quelques officiers pour reconnoître l'état de la place. [Ils rapportèrent que les Turcs étoient logés sur le bastion Saint-André, et qu'ils y avoient une batterie pour battre la première retirade, qui ne valoit rien, parce que les ingénieurs vénitiens en avoient commencé une seconde, et qu'ils n'avoient pas laissé assez de terrain entre les deux pour bien soutenir ce retranchement, sous lequel on entendoit les Turcs travailler à des mines. Il étoit même à craindre que ce travail ne fût fort avancé et que, l'ouvrage étant une fois ouvert, les Turcs n'emportassent facilement la place]. Sur le rapport de ce péril, qui parut imminent, l'on commença à faire le débarquement avec toute la diligence possible[2].

Les généraux françois eurent plusieurs conférences avec M. Morosini[3], généralissime des Vénitiens, sur ce

devint major de brigade en 1667 et brigadier d'infanterie en 1668; il fut tué dans la sortie du 24 juin 1669 : ci-après, p. 73. Ses très beaux états de service sont dans la *Chronologie militaire* de Pinard, t. VIII, p. 9-10.

1. M. de la Croix était intendant de l'armée, M. Jacquier munitionnaire général. La commission de M. de la Croix (6 avril) est dans le volume Guerre 238 (fol. 33 v°), avec les instructions qu'il reçut (fol. 36 v°).

2. C'est le 19 juin que l'armée française arriva devant la ville (*Gazette*, p. 856). M. de la Croix écrivit le 22 à Louvois une longue lettre (vol. Guerre 238, fol. 77) pour annoncer le débarquement et décrire l'état de la place.

3. François Morosini, né en 1618, commença dès l'âge de vingt ans à se signaler contre les Turcs, devint général des galères en 1650, gouverneur de Candie en 1656, généralissime

qui seroit de plus expédient pour le salut de la place. La jalousie de ce général lui fit ouvrir un avis bien dangereux : c'étoit de faire le débarquement aux environs de la Canée, dont les Turcs étoient déjà maîtres. Il prétendoit que, si, par cette division, les ennemis ne levoient pas absolument le siège de Candie[1], elle les obligeroit au moins à partager leur armée et à affoiblir considérablement leurs attaques, [sur lesquelles il se promettoit de faire de grands progrès au moyen des troupes de sa garnison, qui étoit nombreuse, et d'un corps d'Allemands qui lui devoient arriver incessamment].

Les généraux françois n'eurent garde de déférer à cet avis. Le corps de troupes qu'ils conduisoient étoit trop inférieur à celui que les Turcs pouvoient facilement détacher de leur armée principale pour lui tomber sur les bras, et ils n'ignoroient point l'impossibilité où ils auroient été de se rembarquer, s'ils y étoient contraints, n'ayant pas de place pour couvrir leur embarquement. Le seul avantage qu'ils retirèrent de cette ouverture périlleuse fut de connoître qu'ils ne devoient pas faire grand fonds sur l'assistance de ce général vénitien, qui les regardoit du moins comme des gens qui venoient partager sa gloire. Ils se confirmèrent donc dans le dessein, qu'ils avoient déjà pris,

---

de la République en 1658, puis procurateur de Saint-Marc (1671); généralissime pour la troisième fois en 1684, il fut élu doge en avril 1688, quoique absent de Venise; revenu en 1689, il repartit en 1693 pour commander l'armée vénitienne en Grèce, mais mourut le 6 janvier 1694.

1. Candie (auj. Mégalo-Kastron), ancienne capitale de l'île, est à plus de cent kilomètres à l'est de la Canée.

de faire une sortie générale avec toutes leurs forces, dès que le débarquement seroit achevé. Ils se promettoient de ce succès, sans aucun partage, l'honneur de sauver la place. C'est ainsi que des intérêts particuliers rompent les concerts les plus nécessaires.

M. Morosini fit ce qu'il put pour les dissuader d'une entreprise si subite. Il leur représenta qu'il n'étoit pas à propos de précipiter une sortie générale avant qu'ils eussent eu le temps de connoître distinctement les travaux des ennemis, leurs dispositions, le terrain pour aller à eux et leur manière de se battre, à laquelle il falloit accoutumer les soldats françois par de petits combats, [avec quelque mélange de ceux qui en avoient l'habitude, avant que de les exposer seuls à un plus grand combat, duquel on tireroit sans doute plus d'avantage, s'ils vouloient avoir la patience d'attendre que deux mille hommes de secours, qu'il attendoit de jour à autre, fussent arrivés]. Un conseil si sage fut rejeté ; il parut suspect, dans la disposition où se trouvoient les esprits, et l'impatience françoise en fut redoublée.

Le débarquement étant achevé, la sortie fut résolue pour le 24 juin au point du jour[1]. Pendant la nuit précédente, les troupes filèrent sans bruit hors de la ville, se mirent en bataille, et se couchèrent sur le ventre, en attendant le jour et le signal pour donner ; mais, faute d'avoir eu le temps de reconnoître le ter-

1. *Gazette*, p. 856-857 et 878-879 ; on trouvera à l'Appendice une lettre de M. de la Croix, du 2 juillet, avec la relation de la sortie qu'il envoya à Louvois (vol. Guerre 238, n°s 80-81), et des fragments de deux autres relations anonymes (vol. Marine B[4] 3).

rain, deux troupes de François se rencontrèrent, et, trompées par les ténèbres, se chargèrent, se prenant pour des ennemis[1]. Heureusement ce désordre fut bientôt apaisé.

L'attaque devoit être du côté de la Sabionnette[2]. Le duc de Beaufort, qui avoit fait débarquer quinze cents soldats de ses vaisseaux, et M. de Maulévrier attaquèrent les tranchées de la gauche, le duc de Navailles et M. Le Bret celles de la droite, et les prirent en queue si bien, qu'ils parvinrent à la colline sur laquelle les Turcs avoient plusieurs batteries et des travaux qui les soutenoient. Le régiment de Montpeyroux et les officiers d'artillerie furent postés dans le fort Saint-Dimitri, afin de favoriser la retraite, et le comte de Choiseul, avec sa cavalerie, s'avança dans un terrain à la hauteur des quartiers des ennemis, pour empêcher leur communication et les secours qui auroient pu venir du côté de Saint-André ou de Candie-Neuve[3].

Le sergent général Kielmansegg[4], avec des troupes vénitiennes, devoit sortir du côté de la mer et attaquer les batteries qui voyoient la porte et le flanc de la Sabionnette. Les galères avoient ordre de battre le poste du Lazaret, et les navires celui du Giofire; mais

1. La relation de M. de la Croix ne donne pas ce détail; mais il est confirmé par d'autres témoins.
2. Ou Sablonnière.
3. Voyez la relation indiquée ci-dessus. Candie-Neuve était une forteresse bâtie par les Turcs à deux milles de la ville.
4. Ce personnage appartenait à une famille saxonne, sur laquelle il a paru à Vienne et à Leipzig, en 1872, une publication intitulée : *Familien Chronick der herren von Kielmansegg*.

un vent contraire qui survint les empêcha d'approcher assez près de terre pour le faire avec effet, et le sergent Kielmansegg, qui ne fit point la sortie dont on étoit convenu, s'excusa sur ce que, prêt à commencer l'action, il avoit vu les François se retirer. On donna partout dès que le jour permit de distinguer les objets; et tout ce qui voulut résister, du côté des Turcs, fut passé au fil de l'épée. On emporta les tranchées, deux redoutes placées sur la colline, et une batterie de sept pièces de canon postée sur son sommet. Elle fut occupée par le détachement du régiment des gardes. La terreur et l'épouvante étoient parmi les ennemis; on les voyoit fuir en désordre de toutes parts, et leurs travaux étoient pris, lorsqu'un malheur imprévu renversa des succès si favorables. Le feu prit par accident dans la batterie dont on s'étoit rendu maître. Il y avoit une espèce de magasin de poudre, de bombes et de grenades; trente ou quarante François sautèrent en l'air. Tous les soldats crurent que c'étoit par l'effet d'une mine. Une terreur panique s'empara de leurs esprits, et, dans un moment, devint universelle. Ils s'imaginèrent que toute cette campagne étoit minée, et qu'il leur alloit en arriver autant qu'à leurs compagnons. La voix et les actions des officiers généraux et particuliers ne les put retenir; ils se renversoient les uns sur les autres et s'enfuyoient dans un désordre extrême du côté de la place.

Les Turcs, profitant de ce désordre, se rassemblèrent et vinrent fondre sur les fuyards avec leur impétuosité ordinaire. Le duc de Navailles et les officiers généraux leur opposèrent vainement quelques troupes qu'ils avoient ralliées; cet effort ne les put garantir d'une retraite précipitée[1].

On perdit le duc de Beaufort, dont on a toujours ignoré la destinée, quelque perquisition qu'on en ait faite[2]. Les marquis de Fabert[3] et d'Oradour[4] furent tués, et quarante officiers ou volontaires, trente mousquetaires du Roi, et mille à douze cents soldats. Le nombre des blessés excéda de beaucoup. Les plus considérables furent MM. de Maulévrier, Le Bret et de Choiseul. Tel fut le succès de cette journée, dont le commencement et la fin furent si différents. On connut alors, mais il n'étoit plus temps, que M. Morosini avoit raison de s'opposer à la précipitation de cette sortie.

1. Tous ces détails sont conformes aux diverses relations.
2. On sait quel mystère entoura cette disparition du duc de Beaufort. Dans la relation qui sera donnée à l'Appendice, M. de la Croix en parle à peine; de même, M. de Louvois, en lui répondant le 20 août (vol. Guerre 238, fol. 62), n'en dit rien, et les lettres qui suivirent, de l'intendant et du duc de Navailles, ne parlent pas davantage de recherches faites pour retrouver son corps ou pour savoir s'il était prisonnier; il y a là, certainement, une omission surprenante. On trouvera à l'Appendice des fragments de deux relations émanant d'officiers des troupes de la marine qui donnent plus de détails sur ce point particulier. La *Gazette* décrivit, dans un Extraordinaire (n° 127), la pompe funèbre qui fut célébrée à Venise en son honneur; mais un service, qui devait avoir lieu à Notre-Dame de Paris, fut contremandé par suite de la mort de Madame Henriette (ci-après, p. 77).
3. Louis, marquis de Fabert, fils du maréchal, était colonel du régiment de Lorraine et gouverneur de Sedan, quoique âgé seulement de dix-huit ans.
4. Georges de Bermondet, baron d'Oradour; il était allé à Candie comme volontaire.

Les François demeurèrent dans l'île de Candie jusques au 20 du mois suivant[1], et y furent employés à garder et à défendre les postes ; ils firent aussi trois ou quatre petites sorties avec beaucoup de valeur. M. de Dampierre y fut tué, et M. de Catelan blessé[2], ainsi que quelques officiers et plusieurs soldats[3].

Enfin, le temps prescrit au duc de Navailles pour son séjour à Candie étant expiré, il s'embarqua avec le reste de ses troupes pour repasser en France[4]. Comme on y décide fort sur les événements, il fut, à son retour, exilé à Niort en Poitou, dont il avoit le gouvernement[5], et y demeura quelque temps avant que d'être rappelé. Après le départ des François, les Turcs redoublèrent leurs efforts au siège de Candie et livrèrent un furieux assaut, qui ne leur réussit pas plus que le précédent ; mais, cette place étant réduite en un état déplorable, elle fut obligée de capituler le 5 septembre suivant[6]. Le 27, les Vénitiens la remirent aux

---

1. Jusqu'au 20 août.
2. C'est une erreur ; le brigadier Catelan avait été tué dans la sortie du 24 juin.
3. Deux lettres de M. de Navailles et de l'intendant (3 et 5 août, vol. Guerre 238, nos 90 et 92) racontent les événements de cette période et insistent sur l'état précaire et presque désespéré de la ville. M. de Dampierre fut blessé le 15 août et mourut deux jours après (*Gazette*, p. 920).
4. Le rembarquement eut lieu le 20 août. Le même jour, le général et l'intendant écrivirent au ministre pour lui annoncer leur départ et se plaindre avec vivacité de la déloyauté des Vénitiens (vol. Guerre 238, nos 94-95).
5. Il y avait succédé, en février 1651, à son beau-père M. de Neuillan.
6. Vol. Guerre 238, n° 122, 5 octobre, lettre de M. de Navailles annonçant la mort de l'intendant de la Croix, à peine

Turcs, sous des conditions honorables, qui furent exécutées ponctuellement, et un traité de paix mit fin à cette guerre, qui duroit depuis vingt-sept ans.

[Pendant cette guerre, les Vénitiens demeurèrent toujours les maîtres de la mer et introduisirent dans cette place tous les secours dont elle eut besoin. Elle fut assiégée dans les formes à plusieurs reprises; la dernière dura près de trois ans. On peut bien juger que la dépense fut immense; mais il est difficile de comprendre comment cet État y a pu fournir. Par un calcul qui a été fait, on compte que les Vénitiens ont consommé quarante mille hommes à la seule défense de cette place. Ils firent quatre-vingt-seize sorties, soutinrent cinquante-six assauts, eurent quarante-cinq rencontres sous terre, firent jouer onze cent septante-trois fourneaux ou mines. Ils dépensèrent soixante-cinq millions de poudre, quarante-huit mille bombes, depuis cinquante jusques à cinq cents livres pesant, deux cent quatre-vingt-cinq mille grenades de fer et de verre, deux cent septante-huit mille boulets de tous calibres, trente millions de plomb, treize millions de mèche, et une infinité d'outils, d'artifices et d'autres munitions. Pour ce qui est des Turcs, on ne peut estimer la dépense qu'ils ont faite pour ce siège, qui leur a coûté, à ce qu'on a su d'eux, cent dix-neuf mille hommes. J'ai rapporté ce détail afin qu'on pût juger plus facilement combien ce siège est mémorable.]

Dans cette même année, le roi Casimir abdiqua volontairement la couronne de Pologne. [Étant de-

débarqué à Toulon; n° 123, rapport sommaire de la campagne; n° 128, 9 octobre, annonce de la capitulation de Candie.

meuré veuf de Louise-Marie de Gonzague, qui ne lui laissa point d'enfants, ce prince voulut goûter du repos pendant tout le reste de sa vie, qui avoit été agitée par de furieuses guerres et par de grands troubles, où tout son courage et la prudence dont il avoit le renom lui furent fort nécessaires. On rapporte qu'il se trouva en personne à dix-sept batailles, qu'il gagna presque toutes. Cependant il trouva que cet amas de victoires et de gloire ne l'avoit pu rendre heureux, et voulut, pour tâcher d'y parvenir, goûter de la vie privée.] Il choisit sa retraite en France ; le Roi l'y reçut honorablement et lui fournit, jusques à sa mort, les moyens de soutenir sa dignité de souverain[1].

Un chiaoux[2], nommé Mustapha Ragu, vint à la cour, de la part du Grand Seigneur, pour traiter d'une négociation secrète[3], dont il n'eut pas grande satisfaction, à en juger par la réception qui lui fut faite ; car, malgré ce qu'il prétendoit, il fut reçu à la Turque, c'est-à-dire de la même manière que les ministres des princes chrétiens le sont à la Porte[4]. Il y a bien de

1. Jean-Casimir V, d'abord jésuite et cardinal, avait été élu roi en 1648 et avait épousé la reine, veuve de son frère Ladislas VII. Elle étant morte en 1667, il abdiqua la couronne le 16 septembre 1668 et se retira en France, où Louis XIV lui donna la riche abbaye de Saint-Germain-des-Prés (bulles de mars 1669) ; il y mourut en 1672.
2. « Officier de la Porte du Grand Seigneur, qui fait l'office d'huissier ; c'est comme un exempt des gardes en France » (*Dictionnaire de Trévoux*).
3. *Gazette* de 1669, p. 1056 et 1167-1168, et de 1670, p. 528.
4. La forme de cette réception a été décrite par le baron de Gontaut-Biron dans le récit de son ambassade en Turquie (*Archives historiques de la Gascogne*, fasc. XVI, p. 68-69).

l'apparence que cette réception choqua le Grand Seigneur, puisque, depuis cette époque, il n'a plus envoyé de ministres en France.

Cette même année 1669, le Roi supprima la Chambre de justice[1] qui duroit depuis cinq ou six ans, et qui fit rendre gorge à bien des gens qui s'étoient enrichis démesurément aux dépens du public, [lequel, suivant l'ordinaire, ne profita pas de cette restitution].

1670. — L'année suivante, le Roi, étant passé en Flandres avec un corps d'armée, donna de vives alarmes aux Espagnols et à leurs voisins; mais toutes ces troupes ne furent occupées qu'à la fortification des nouvelles conquêtes. Les dames accompagnèrent le Roi dans le voyage[2], et Madame, sa belle-sœur[3], quitta la cour à Tournay pour aller voir le roi d'Angleterre, son frère, qui se rendit exprès à Douvres[4]. Ce voyage ne fut pas une simple visite; le Roi avoit chargé cette princesse, dont l'esprit étoit capable de tout ce qu'elle vouloit entreprendre, d'engager Charles II, non seulement à ne point renouveler la Triple Alliance quand le terme seroit expiré, mais encore de l'engager à faire conjointement avec lui la guerre aux Hollandois, qui avoient interrompu le cours de ses conquêtes. Ils ne cessoient de s'en vanter d'une manière tout à fait orgueilleuse et hautaine, pour ne pas dire pis, et faisoient courir des

---

1. Par une déclaration de décembre 1668.
2. *Gazette*, p. 431-432, 453-455, 524-527 et 552-555, et Extraordinaire n° 67.
3. Henriette-Anne d'Angleterre, fille de Charles Ier, née en 1644, avait épousé, en 1661, Philippe, duc d'Orléans.
4. Elle s'embarqua à Dunkerque le 24 mai (*Gazette*, p. 552).

libelles et frapper des médailles injurieuses à sa gloire et à sa personne[1]. Ils ne ménageoient guère davantage le roi d'Angleterre, qu'ils croyoient livré aux intérêts de la France, et, comme son parlement étoit dans des sentiments différents, ils présumoient que ce prince n'oseroit, sans son aveu, rien entreprendre qui leur fût contraire.

Madame réussit auprès de son frère comme elle avoit coutume de faire partout ailleurs. Le projet fut arrêté dans le peu de jours qu'elle passa avec lui[2]. Mais cette aimable princesse, qui, par ses charmes et son esprit, s'attiroit tous les cœurs, mourut à son retour d'Angleterre. Tout le monde crut que quelque galanterie, dont elle fut soupçonnée par Monsieur, contribua à avancer la fin de ses jours[3], et ce fut un grand dommage.

Le Roi, toujours attentif à tout ce qui intéressoit sa gloire, envoya une petite armée de mer, commandée par M. le marquis de Martel[4], contre les corsaires

---

1. Quoique Voltaire (*Siècle*, chap. x) et Chapelain (*Lettres*, t. II, p. 691) nient que la médaille de Josué arrêtant le soleil ait jamais existé, on trouve dans Klotz, *Historia nummorum contumeliosorum* (1765), la description de cette médaille et de plusieurs autres analogues.

2. Elle repartit de Douvres le 12 juin (*Gazette*, p. 602).

3. Sur cette mort, voyez l'Appendice du t. VIII des *Mémoires de Saint-Simon*, éd. Boislisle, p. 636-666. La *Gazette* consacra un Extraordinaire au récit des obsèques.

4. Capitaine de vaisseau en 1637, chef d'escadre en 1643, le marquis de Martel était lieutenant général des armées navales depuis 1656 et se distingua sur mer pendant la guerre de Hollande. Mis à la Bastille en 1673, pour refus d'obéir au vice-amiral d'Estrées, il en sortit en février 1674 et mourut en avril 1681.

d'Alger, qui interrompoient fort le commerce de la Méditerranée[1]. Leur usage étant de se mettre à couvert par un traité, quand ils se trouvoient les plus foibles, ils en firent un avec M. de Martel, en exécution duquel ils rendirent tous les esclaves françois et promirent de ne plus troubler les négociants de la nation.

Le Roi eut aussi cette année une armée en Lorraine, sous le maréchal de Créquy. Le duc Charles, dont j'ai parlé, ne pouvant se tenir en repos sans causer de nouvelles brouilleries, avoit déclaré une espèce de guerre à l'électeur palatin, dans laquelle il avoit eu l'avantage; mais le Roi vint à la traverse, et l'obligea à conclure la paix, sans pouvoir le déterminer à désarmer, quelques sommations qui lui en fussent faites de la part de Sa Majesté, qui, à la fin, s'en impatienta et fit entrer des troupes en Lorraine[2]. Peu s'en fallut que le duc ne fût surpris à Nancy par M. de Fourilles[3], que le maréchal de Créquy y envoya. On auroit même pu s'assurer de sa personne, si on avoit voulu s'en charger. Il se retira en Allemagne, où la plupart de ses troupes le vinrent joindre, avec lesquelles il prit parti contre la France dans la guerre suivante, en se joignant à l'armée de l'Empereur. En partant de ses États, il avoit jeté des troupes dans Remiremont,

1. *Gazette* de 1670, n° 70.
2. *Histoire militaire*, t. I, p. 305-306. Le duc Charles entretenait des intelligences secrètes avec l'empereur; c'est ce qui détermina Louis XIV à mettre la main sur ses places.
3. Jean-Jacques de Chaumejan, marquis de Fourilles, avait une compagnie aux gardes françaises depuis 1668; il deviendra lieutenant général en 1674.

Chatté[1], Épinal et quelques autres de ses places. Le maréchal de Créquy marcha pour les assiéger et s'en rendit facilement le maître[2] ; car elles ne tinrent que fort peu et se rendirent presque sans coup férir.

1671. — Au commencement de l'année suivante, le Roi occupa encore ses troupes à perfectionner les fortifications des places nouvellement conquises; mais, dans la résolution où il étoit de porter la guerre en Hollande, sa principale attention fut de mettre la dernière main au traité que feu Madame avoit entamé avec le roi d'Angleterre, qui ne s'y portoit plus avec tant de chaleur. Charles craignoit l'embarras que ce traité pouvoit lui causer du côté de la nation angloise et du parlement, dont il n'attendoit aucune assistance dans la guerre projetée; mais ses irrésolutions furent fixées par M. de Barrillon, ambassadeur de France à Londres[3], et par Mlle de Keroualle, aujourd'hui duchesse de Portsmouth, dont il étoit fort amoureux[4].

---

1. C'est le nom ancien de Châtel-sur-Moselle, dép. des Vosges, arr. d'Épinal.
2. M. de Créquy s'empara d'abord de Pont-à-Mousson, puis d'Épinal le 24 septembre, enfin de Châtel.
3. Paul Barrillon d'Amoncourt, d'abord conseiller au Parlement et intendant de Paris en 1665, ne fut ambassadeur en Angleterre qu'en 1677; lors du voyage de Madame, l'ambassadeur était Charles Colbert de Croissy.
4. Louise-Renée de Kéroualle, fille d'honneur de Madame, avait accompagné la princesse à Douvres et fit, dès lors, la conquête de Charles II; mais elle ne devint sa maîtresse en titre qu'en 1671, fut créée duchesse de Portsmouth en 1673 et se retira en France en 1681. M. Forneron et, plus récemment, M. J. Lemoine ont étudié le rôle qu'elle joua dans la politique anglaise.

A l'aide d'un si puissant second et d'une somme considérable qu'on donna tant au roi qu'à sa maîtresse, le traité fut mis au point qu'il ne tenoit plus qu'à l'exécution. La France se chargea de tous les frais, en cas que la nation angloise n'y voulût point entendre. Pour l'y engager, on voulut renouveler contre les Hollandois l'ancienne querelle du pavillon, dont elle a paru toujours fort jalouse[1], et, dans ce dessein, le roi d'Angleterre envoya plusieurs vaisseaux de guerre à la rencontre de la flotte hollandoise, qui revenoit de Smyrne. Il y eut une espèce de combat entre les Anglois et les Hollandois; mais les premiers n'en tirèrent pas grand avantage, et la nation ne voulut point s'y intéresser.

Le roi d'Angleterre étant ainsi engagé, l'archevêque de Cologne[2] et l'évêque de Münster[3] se mirent de la partie, l'un, à la sollicitation de l'évêque de Strasbourg, son premier ministre et pensionnaire de la France[4]; l'autre, incité seulement par son ancienne animosité contre les Hollandois.

La convention des deux rois et le plan de cette guerre portoient qu'ils joindroient leurs armées navales, à la faveur desquelles le roi d'Angleterre feroit faire une descente sur les côtes de Hollande et y prendroit

1. Les Anglais voulaient obliger les Hollandais à saluer les premiers le pavillon britannique lorsque leurs vaisseaux se rencontraient à la mer.

2. Maximilien-Henri de Bavière, coadjuteur de Cologne en 1643, puis archevêque le 26 novembre 1650, mort en 1688.

3. Ci-dessus, p. 34.

4. François-Égon de Fürstenberg (1626-1682), grand doyen et prévôt du chapitre de Cologne, puis évêque de Strasbourg en 1663.

poste, pendant que l'armée de France, composée de cent mille hommes, feroit une puissante diversion, en attaquant les Provinces-Unies dans le centre de leur pays. Les places maritimes qui seroient conquises devoient demeurer à l'Angleterre, et celles de terre à la France.

Un autre article de ce traité portoit que le roi d'Angleterre s'obligeoit à joindre à l'armée de France six mille Anglois, et il les envoya, en effet, sous le commandement du duc de Monmouth[1], un de ses fils naturels. Pour les archevêque et évêque de Cologne et de Münster, ils devoient attaquer les Hollandois par le côté de la Frise, et, comme l'électeur de Cologne ne pouvoit mettre sur pied assez de troupes pour faire de grands progrès, le Roi s'obligea de le soutenir par un corps détaché, consentant, conjointement avec le roi d'Angleterre, que les places et pays conquis par ces deux prélats leur appartiendroient en propre. Toutes ces négociations furent tenues très secrètes, et la Hollande, qui ne pouvoit manquer d'être subjuguée si ce projet avoit lieu dans toute son étendue, se trouva fort étonnée quand elle le vit sur le point d'être exécuté.

1672. — Cette république étoit divisée en deux partis, celui d'Orange et celui des de Witt[2], bons répu-

---

1. Jacques, fils naturel de Charles II et de Lucy Walters, né en 1649, titré duc de Monmouth, fut capitaine des gardes du roi son père; mais, s'étant révolté contre Jacques II, il fut fait prisonnier et décapité le 25 juillet 1685.

2. Jean de Witt, né en 1625, pensionnaire de Dordrecht en 1650, puis grand pensionnaire (1652), gouverna la République

blicains, fort accrédités parmi les peuples, et qui avoient pris le temps du bas âge du prince d'Orange[1] pour gouverner suivant leurs maximes et rendre leur parti le plus fort. Ils avoient expulsé des charges et des emplois les créatures de la maison d'Orange; mais, comme ces deux hommes étoient plus attachés à ce qui regardoit le commerce et la richesse de l'État, ces objets leur étant plus sensibles, ils avoient, pendant la paix dont jouissoit la Hollande depuis plusieurs années, négligé les alliances étrangères, et plus encore ce qui concernoit les affaires militaires. [Ainsi, se maintenant d'eux-mêmes, ils n'avoient aucune ligue avec les princes leurs voisins, et se contentoient de leurs richesses et du repos dont ils jouissoient. Il en étoit résulté deux grands inconvénients] : l'un, que l'abondance et la liberté les avoient rendus fiers et orgueilleux, l'autre, que la discipline militaire s'étoit anéantie sous leur gouvernement. De là, et de l'épargne qu'ils voulurent faire, il advint qu'ils avoient, en ce temps-là, peu de troupes sur pied; encore étoient-elles fort mauvaises, et leurs places étoient fort négligées et mal pourvues des choses nécessaires à leur défense. A la vérité, ils eurent toujours grand soin de leur marine, tant pour l'utilité qu'elle apportoit à leur

---

pendant vingt ans et mourut assassiné, en 1672, avec son frère aîné Corneille, né en 1623, qu'il avait associé au pouvoir. M. Antonin Lefèvre-Pontalis a étudié la vie et la politique des deux frères (1884).

1. Guillaume X de Nassau, prince d'Orange (1650-1702), était premier noble de Zélande depuis 1670; nommé capitaine général et amiral au commencement de la guerre, il fut élu stathouder après la mort des frères de Witt, et devint roi d'Angleterre en 1688, après avoir détrôné son beau-père Jacques II.

commerce qu'à cause des guerres qu'ils avoient eues de temps en temps avec les Anglois pour l'honneur du pavillon et l'intérêt de leur négoce.

La situation de ces provinces étant telle que je viens de dire, la France et l'Angleterre leur déclarèrent la guerre au mois d'avril 1672; mais, auparavant, le Roi communiqua son dessein à l'Empereur et l'assura que sa résolution étoit d'observer ponctuellement le traité de Münster et celui d'Aix-la-Chapelle, espérant que Sa Majesté Impériale seroit dans de pareils sentiments. Le Roi donna les mêmes assurances à la reine régente d'Espagne, et lui fit demander en même temps passage pour ses troupes sur les terres qu'elle possédoit dans les Pays-Bas. Le comte de Saint-Géran[1] fut député vers l'électeur de Brandebourg[2] pour l'assurer que le Roi ne vouloit rien innover sur ce qui regardoit l'Empire et les princes qui le composent. Il étoit encore chargé d'insinuer à cet électeur que, s'il ne se mêloit point des affaires des Hollandois, on pourroit bien lui remettre les villes de Wesel, Emmerich[3] et le fort de Schink[4], qu'ils lui détenoient depuis longtemps, et dont on se promettoit de devenir bientôt maître.

Les deux rois alliés prirent aussi des mesures auprès

1. Bernard de la Guiche (1642-1696), lieutenant général en 1670, reçut le collier des ordres en 1689.
2. Il avait déjà eu des missions temporaires en Angleterre et à Florence.
3. Ville du pays de Clèves sur le Rhin, en aval de Wesel, et moins bien fortifiée que cette dernière, dont la position au confluent de la Lippe et du Rhin était importante.
4. Comme il le dira plus loin, le fort de Schink était situé à l'endroit où le Rhin se sépare du Wahal.

du roi de Suède, afin de contenir les autres puissances du nord, et l'invitèrent même d'entrer dans cette guerre; mais il ne jugea pas à propos d'y consentir.

Les Hollandois, voyant l'orage prêt à tomber sur eux, tâchèrent de se précautionner. Leur première démarche fut de donner au jeune prince d'Orange le commandement de toutes leurs troupes. Ils lui rendirent une partie des dignités dont ses prédécesseurs avoient joui, afin que le nom de ce prince leur servît comme de caution auprès de ceux avec qui ils pourroient traiter. Ce nouveau général commença sa fonction par munir le mieux qu'il put les villes frontières de troupes et de tout ce qui étoit nécessaire, et il s'efforça d'assembler un corps d'armée pour se porter au plus pressé.

Cependant le Roi partit de Saint-Germain vers la fin du mois d'avril, pour se rendre sur la Meuse, avec une armée de cent mille hommes, suivie d'un attirail prodigieux d'artillerie, de munitions de guerre et de quatre-vingts charrettes chargées d'argent[1]. Monsieur le Prince et M. de Turenne furent les deux chefs principaux qu'il choisit pour agir sous ses ordres pendant la campagne. Avant de passer outre, je vais dire un mot du caractère de ces deux grands hommes.

Le prince de Condé a passé, à juste titre, pour le Mars de son siècle. Peu de capitaines ont possédé, comme lui, le génie de la guerre et ont été plus intrépides et d'un esprit plus présent dans l'action. Il est pourtant vrai de dire que son impétuosité naturelle et

---

[1]. *Histoire militaire*, par Quincy, t. I, p. 312-313. Le point de concentration était Charleroy.

son ardeur l'ont plusieurs fois engagé trop avant ; mais, quelque malheur qu'il ait eu dans différentes batailles, il n'en est jamais sorti sans l'admiration des deux partis. Son inquiétude et sa légèreté naturelle l'ont jeté souvent dans de fâcheuses situations ; mais son esprit et sa valeur l'en ont tiré glorieusement. La France est peut-être redevable à la jalousie et à la circonspection des Espagnols de ce qu'il ne s'est pas vengé plus pleinement des outrages qu'il prétendoit avoir reçus d'elle, et, si son courage et son ambition eussent été secondés, elle en auroit sans doute éprouvé des effets plus funestes. Son esprit brillant, vif, et pénétrant au-dessus de tout ce qu'on peut croire, le rendoit capable de tout ce que son trop d'activité lui a pu permettre. Son ambition et son penchant pour les biens de ce monde lui ont fait faire beaucoup de pas irréguliers, et l'affection qu'il leur portoit a fait une tache considérable à sa vie. Il étoit prompt et violent, ce qui étoit cause qu'on l'aimoit moins qu'il n'étoit admiré. Il s'est laissé emporter à bien des excès souvent opposés, et on peut dire de lui que ses belles et admirables qualités n'ont pu couvrir bien des imperfections.

Le vicomte de Turenne, [fils et frère des feus ducs de Bouillon, princes souverains de Sedan, étoit un seigneur qui] avoit joint à une grandeur d'âme au-dessus de ce qu'on peut penser une expérience dans la guerre qui l'a rendu un des plus fameux capitaines du monde. Son jugement étoit excellent, et son esprit d'une très grande étendue. [Si l'on n'y remarquoit pas cette vivacité qui donne de l'éclat et du brillant, il avoit, en récompense, le solide à pleine mesure.] Toutes ses vues étoient admirablement justes et suivies, et on ne le voyoit point faire de fausses démarches. Toujours ferme dans ses desseins et dans ses projets, il poussoit son ennemi à bout, et prévoyoit tout ce qu'il auroit à faire dans une campagne, et il ne s'y est jamais trompé que quand il a eu affaire à de mauvais capitaines. Toujours l'œil sur son ennemi, il ne le méprisoit que lorsqu'il se voyoit l'épée à la main contre lui[1]. Il étoit d'une valeur ferme, solide et naturelle, se possédant également dans le repos et dans les plus grands périls ; uni, simple, sage, juste, officieux, prenant soin de son armée en général et en père, unissant ensemble l'amour et l'autorité, au-dessus des richesses et de l'intérêt, et ne cherchant que la gloire qui se peut acquérir sans faire tort à la probité.

[Avec tant d'excellentes qualités, un tel homme n'étoit-il pas tout à fait au-dessus des autres?] Pourquoi, alors, ne lui donner que de petites armées à conduire, avec lesquelles, cependant, il ne laissoit pas de faire trembler toute l'Allemagne? Pourquoi lui refusoit-on les secours qu'il demandoit? C'est qu'un ministre jaloux, orgueilleux et puissant vouloit que tout fléchît devant lui, sous prétexte de faire respecter l'autorité de son maître, et qu'il redoutoit la gloire et la probité de ce grand homme[2].

Le Roi, en venant camper sur la Meuse avec son armée vis-à-vis la petite ville de Vizé[3], détacha le comte de Soissons, lieutenant général[4], avec huit ou

---

1. Il ne le craignait plus dès que le combat était engagé.
2. *Mémoires de Saint-Simon*, éd. Boislisle, t. IV, p. 80.
3. En hollandais Wezet, entre Liège et Maëstricht.
4. Eugène-Maurice de Savoie-Carignan (1635-1673) était fils

dix mille hommes, pour prendre Maaseijk[1], petite ville située sur cette rivière, à cinq lieues au-dessous de Maëstricht. On fortifia ce poste, et on y laissa une bonne garnison. Sans perdre de temps, le Roi fit jeter des ponts sur la Meuse et marcha à la tête de son armée droit au Rhin, sur lequel on trouva un beau pont de bateaux vis-à-vis de la petite ville de Kayserswert. Le Roi fit passer ce fleuve à Monsieur le Prince avec trente mille hommes, pour aller assiéger Wesel. Il emporta d'abord le fort de l'Étoile, situé près de cette ville, à l'endroit où la rivière de Lippe se décharge dans le Rhin. On ouvrit ensuite la tranchée devant la ville, qui capitula le lendemain, quoique la place fût assez bonne et qu'il y eût une garnison d'environ trois mille hommes[2]. Cette garnison fut faite prisonnière de guerre, à l'exception du gouverneur et de sept ou huit officiers principaux, qui eurent la liberté de se retirer.

Le Roi assiégea Orsoy[3], qui ne fit pas grande résistance. Cette petite ville étoit défendue par des bastions, un chemin couvert et douze ou quinze cents hommes. On ouvrit la tranchée le 1er de juin, et, le lendemain, sur le midi, le gouverneur rendit la place ;

---

de la dernière Bourbon de la branche de Soissons ; il avait épousé Olympe Mancini, et reçut, en faveur de ce mariage, le gouvernement de Champagne et la charge de colonel général des Suisses et Grisons.

1. Ville du Limbourg, sur la Meuse, entre Maëstricht et Ruremonde. Quincy (p. 314) dit que ce fut Chamilly qui s'en empara.
2. Wesel, investie le 1er juin, se rendit le 4.
3. Sur le Rhin, à trente kilomètres nord de Düsseldorf.

la garnison resta prisonnière de guerre[1]. Le marquis de Valin[2] fut tué à ce siège, et mon père blessé d'un coup de mousquet dans les reins. Il y eut en même temps deux cents hommes tués ou blessés[3]. Le Roi avoit envoyé M. de Turenne pour prendre Büderich[4], qui n'osa se défendre[5]. On n'y trouva que deux cents hommes, qu'on fit prisonniers de guerre. Ces villes étant ainsi rendues, le Roi passa le Rhin à Wesel, avec toute son armée, sur le pont de bateaux qu'on y avoit fait descendre de Kayserswert, rejoignit le prince de Condé et alla former le siège de la ville de Reez[6], [laissant toutefois en deçà du Rhin un petit corps d'armée pour assiéger la partie de cette ville qui y est située]. Elle ne fit pas plus de résistance que les autres[7]. De là, Sa Majesté marcha à Emmerich, que la garnison abandonna[8], et, continuant sa route, Elle s'avança à la hauteur du fort de Schink[9], à l'endroit où le Rhin se partage en deux bras, dont l'un retient le même nom, et l'autre prend celui de Wahal. On vint dire au Roi qu'on voyoit de l'autre côté du Rhin, près du village de Tolhuys[10], un gros de troupes enne-

---

1. Attaqué le 24 mai, Orsoy se rendit le 2 juin.
2. Ce marquis de Valin serait-il Armand de Vallins, maréchal de camp depuis le 30 septembre 1651, et dont la *Chronologie militaire* de Pinard (t. VI, p. 318) ne mentionne pas la date de mort? Voyez aussi la *Gazette*, Extraord. du 13 juin.
3. *Histoire militaire*, p. 316; *Lettres de Pellisson*, t. I, p. 98.
4. A quelques kilomètres sud-ouest de Wesel.
5. Investie le 1er juin, la ville se rendit le lendemain.
6. Petite ville sur le Rhin, entre Wesel et Emmerich.
7. Elle se rendit le 7 juin, sans coup férir.
8. Le 7 juin aussi (*Gazette*, p. 586).
9. Ci-dessus, p. 83. — 10. Tolhuys est sur le Wahal.

mies de six à sept mille hommes conduits par le comte de Montbas[1], François de nation et commissaire général de cavalerie des États-Généraux, que le prince d'Orange avoit envoyé pour couvrir le fort de Schink et l'île de Betawe[2]. Le Roi résolut aussitôt de le faire attaquer malgré l'obstacle du fleuve, et donna ordre de lancer à l'eau les bateaux de cuivre qui suivoient l'armée. Le comte de Guiche[3], lieutenant général de jour, arriva près de lui dans ce moment. Ce seigneur, brave et entreprenant, qui mouroit d'envie de se signaler, surtout aux yeux de son maître, rapporta qu'il venoit de reconnoître un passage pour traverser le Rhin, dont les rives étoient aisées, et qu'il n'y avoit qu'une vingtaine de pas à nager. Il demanda en même temps la permission d'aller attaquer les ennemis avec les troupes qu'il plairoit au Roi de commander[4]. Le Roi y consentit, fit avancer plusieurs escadrons, et le comte de Guiche se mit à leur tête et se jeta à l'eau. [Il étendit ses escadrons sur le plus de front qu'il lui fut possible] et les fit serrer, sans aucun intervalle, les

1. Jean Barthon, comte de Montbas, avait épousé une sœur de Pierre de Groot (Grotius) et était passé au service des Provinces-Unies; nous verrons plus loin sa disgrâce.
2. La Betawe, partie de la province de Gueldre, est située entre l'Yssel, le Lech et le Wahal.
3. Armand de Gramont, comte de Guiche, était colonel du régiment des gardes-françaises depuis 1658; il mourut l'année suivante (29 novembre 1673). Il avait été exilé en 1665 pour une intrigue contre Mlle de la Vallière.
4. C'est le 12 juin qu'eut lieu ce célèbre passage; parmi les nombreux récits qui en furent publiés, celui de l'*Histoire militaire* (p. 319-322), très différent de celui de la *Gazette* (p. 611-612), est un des plus précis.

uns contre les autres, afin de fendre l'eau avec plus de facilité et de résister à sa rapidité[1].

De l'autre côté, M. de Montbas étendit ses troupes sur le bord du Rhin et fit entrer dans le fleuve quelques-uns de ses escadrons, pour aller au-devant des ennemis ; mais ils n'y tinrent pas ferme. L'intrépidité et l'audace des François, dont les premiers rangs étoient formés des seigneurs et des volontaires de la suite du Roi, leur fit peur : ils firent seulement leur décharge, et s'enfuirent en confusion vers le rivage, et mirent en désordre le reste de leurs troupes, étonnées d'une action si hardie et si téméraire. Dès que les premières troupes françoises eurent gagné l'autre bord, les ennemis perdirent le terrain. Ceux qui tinrent le plus ferme furent chargés et rompus ; mais, dès que Monsieur le Prince eut passé à la tête d'un second corps de troupes, les Hollandois prirent tous la fuite ; il n'en resta qu'un bataillon qui avoit été posté dans des vergers, près d'une chaussée fermée d'une barrière qui pouvoit favoriser sa retraite. Il demandoit quartier, lorsque les ducs d'Enghien[2] et de Longueville[3], emportés d'une ardeur inconsidérée, parvinrent à cet endroit et s'ébranlèrent pour charger ce bataillon, qui fit sa décharge avant que de se débander et de prendre la

1. Les premiers cavaliers passèrent isolément, et ce fut seulement lorsque l'on eut vu une cinquantaine d'hommes entraînés par le courant qu'on essaya le passage en escadrons serrés.
2. Henri-Jules de Bourbon (1643-1709), qui devint prince de Condé en 1686.
3. Charles-Paris d'Orléans-Longueville, né en 1649, était sur le point d'être élu roi de Pologne.

fuite. M. de Longueville fut tué, et Monsieur le Prince, qui avoit vu de loin la démarche de son fils et de son neveu, accourant pour les retenir, fut blessé à la main du reste de cette décharge. On fit alors main basse sur ce qu'on put joindre; le reste se jeta dans les marais, et regagna Nimègue, éloigné seulement de cinq lieues. La perte de ce jeune prince fut très considérable et fort regrettée : aussi possédoit-il plusieurs belles qualités, et très prévenantes; il étoit bien fait, brave, généreux, libéral, affable, doux et bienfaisant.

Entre les personnes de marque, les comtes de Nogent[1] et de Brouilly[2] furent tués; M. de Guitry[3] se noya en traversant le Rhin; les ducs de Vivonne[4], de Lesdiguières[5], de Coislin[6], le prince de Marcillac[7], le marquis de Revel[8], et quelques autres furent blessés. Quelques officiers particuliers eurent le même sort,

1. Armand Bautru (1631-1672), comte de Nogent, avait le grade de maréchal de camp.
2. Antoine V de Brouilly était gouverneur de Pignerol; il ne fut que blessé et mourut seulement en 1676.
3. Guy de Chaumont, grand maître de la garde-robe depuis 1669.
4. Louis-Victor de Rochechouart (1636-1688) avait eu en 1669 la charge de général des galères; il fut fait maréchal de France en 1675.
5. François de Blanchefort, fils du maréchal de Créquy.
6. Armand du Cambout (1635-1702) était mestre de camp général de la cavalerie légère, et duc et pair depuis 1663.
7. François VII de la Rochefoucauld (1634-1714); c'est le grand veneur, favori de Louis XIV et fils de l'auteur des *Maximes*.
8. Charles-Amédée de Broglie était alors colonel du régiment des cuirassiers; il devint lieutenant général en 1688 et mourut en 1707.

et on compta environ quatre cents cavaliers hors de combat. Les ennemis perdirent, de leur côté, assez de monde. Ainsi s'exécuta ce fameux passage du Rhin, que quelques historiens ont voulu comparer à l'ancien passage du Granique. Il y a cependant cette différence qu'Alexandre le franchit accompagné seulement d'une petite armée, et qu'il en avoit en tête une fort supérieure.

Monsieur le Prince retourna en France pour s'y faire traiter de sa blessure, et le Roi donna l'armée qu'il commandoit à M. de Turenne, qui alla assiéger Arnheim[1] tandis que le Roi marcha droit à la rivière d'Yssel, pour en forcer le passage en cas que le prince d'Orange voulût le défendre [avec quinze ou seize mille hommes qu'il tenoit retranchés au delà; mais ce prince n'avoit garde de l'entreprendre; il étoit trop inférieur et son poste trop mauvais, la rivière, qui lui faisoit face, étant guéable partout. Il pouvoit encore être coupé par M. de Turenne, qui avoit construit un pont de bateaux contre Arnheim, dont il se rendit maître aussitôt. Ainsi, le prince d'Orange abandonna à la hâte ses retranchements, et se retira derrière Utrecht. Le Roi assiégea Doesbourg, où le prince avoit posté quatre mille hommes. Cette ville ne tint que trois jours de tranchée[2]. MM. de Martinet[3] et de

---

1. Arnheim fut pris le 14 juin (*Gazette*, p. 612).

2. Elle se rendit le 21 juin (*Gazette*, p. 645; *Histoire militaire*, p. 321).

3. Jean de Martinet, lieutenant-colonel du régiment du Roi en 1663, était maréchal de camp depuis le mois d'avril 1672. Il avait été, depuis 1662, un des collaborateurs les plus intelli-

Sirot[1], maréchaux de camp, y furent tués d'un coup de canon; d'ailleurs, on perdit peu de monde à ce siège, et, par sa capitulation, la garnison resta prisonnière de guerre.

Monsieur, frère du Roi, qui fit en même temps le siège de Zutphen, s'en rendit maître le deuxième jour de tranchée[2]. La garnison fut pareillement prisonnière de guerre; car c'étoit la grande mode du temps.

Les évêques de Cologne et de Münster avoient soumis avec la même rapidité les villes de Grol, Enscheede, Oldenzaal, Dentckom, Ootmarsum, Almelo, Berkelo, Lockem, Kampen, Zwoll et Deventer[3]. M. de Turenne, après la prise d'Arnheim, envoya M. de Foucault, lieutenant général[4], attaquer le fort de Knotzenbourg, vis-à-vis de Nimègue[5]. Cet officier s'en rendit maître en deux fois vingt-quatre heures, et, pendant cette expédition, M. de Turenne s'emparoit du fort de Schink, qui céda sans résistance, quoiqu'il passât pour imprenable[6]. Toutes ces conquêtes, faites

gents de Louvois pour la réforme de l'infanterie et l'organisation des régiments (*Histoire de Louvois*, t. I, p. 206-210).

1. Claude d'Eltouf de Pradines, baron de Sirot, maréchal de camp depuis 1643.

2. *Gazette*, p. 645 et 702-703.

3. Toutes ces villes sont situées dans les provinces d'Over-Yssel et de Gueldre.

4. Antoine de Foucault, mestre de camp de cavalerie en 1649, maréchal de camp en 1652, lieutenant général en 1656; il sera tué à Turckheim en 1675.

5. Sur la rive droite du Wahal. Cette place se rendit le 16 juin (*Gazette*, p. 613 et 642).

6. Attaqué le 18 juin, ce fort se rendit le 19 (*Gazette*, p. 643).

en si peu de temps et avec si peu de peine, donnèrent une alarme bien chaude aux États-Généraux des Provinces-Unies. Dans cette extrémité, ils ne songèrent plus qu'à sauver par un traité quelques débris de leurs provinces; ils envoyèrent au Roi des députés[1], qui lui firent leurs propositions dans son camp de Doesbourg. Sa Majesté nomma des commissaires pour les examiner. Les Hollandois demandoient au Roi, dans les termes les plus soumis, qu'il plût à Sa Majesté de laisser le corps des États des Provinces-Unies dans la même forme qu'ils avoient été jusques alors, offrant de donner en échange au Roi, pour les conquêtes qu'il venoit de faire sur eux, les pays, villes et places que l'Espagne leur avoit cédés dans la Flandre et le Brabant. En contre-échange, on leur fit les propositions suivantes[2] :

I. Qu'il y auroit dans toutes les Provinces-Unies, non seulement une liberté entière, mais aussi un exercice public de la religion catholique, apostolique et romaine, en sorte que, en tous les lieux où il se trouveroit plus d'un temple, on en donneroit un aux catholiques, et qu'il seroit permis de bâtir des églises dans les endroits où il n'y en auroit point; que, jusqu'à ce qu'elles fussent construites, ils pourroient célébrer publiquement le service divin dans les maisons qu'ils auroient achetées ou louées à cet effet; qu'on pour-

1. C'étaient MM. de Groot et d'Odijck.
2. Les conditions qui vont être énumérées sont reproduites, mais avec certaines différences, dans l'*Histoire militaire*, p. 329-331; on les trouvera aussi dans le tome I des *Actes et mémoires de la paix de Nimègue*, par Adrien Mætjens (Amsterdam, 1679).

voiroit à une honnête subsistance des prêtres et curés, prise, par l'ordre des États-Généraux, sur les biens que l'Église avoit autrefois possédés.

II. Que, indépendamment de ce que les députés venoient d'offrir, on céderoit au roi la ville de Nimègue, ses appartenances et dépendances, le fort de Schink, celui de Knotzenbourg et toute la partie de la province de Gueldre que possédoient les États-Généraux, avec l'île et la ville de Bommel, celle de Voorn et son fort Saint-André, Löwenstein et le fort de Crèvecœur[1], la ville de Grave[2], ses appartenances et dépendances, la propriété de la ville et comté de Mœurs[3], dont ils feroient récompense au prince d'Orange, ainsi que des autres pays et villes cédés qui pourroient lui appartenir.

III. Le Roi demandoit encore que les États-Généraux lui cédassent le droit qu'ils avoient eu, ou pourroient avoir ou prétendre, sur les villes et places que ses armes avoient conquises sur lesdits États dans l'Empire; qu'ils fissent aussi une même cession, en faveur de ce prince, de la Frise orientale[4]; savoir, la

---

1. Bommel, les forts de Voorn et de Saint-André, celui de Crèvecœur et la place de Löwenstein sont situés aux quatre coins d'une grande île de la province de Gueldre, qui est formée par les deux bras du Wahal, et qui aurait ainsi appartenu à la France.

2. Sur la Meuse, au sud de Nimègue.

3. Ville et seigneurie du duché de Clèves, à deux lieues de Rheinberg, qui appartenait au prince d'Orange.

4. La Frise orientale était située au delà de l'Ems et en dehors des Provinces-Unies proprement dites.

ville d'Emden[1], le fort de la Croc et celui d'Iller[2], d'où ils retireroient leurs garnisons.

IV. Qu'il seroit permis à tous les sujets du Roi d'aller et de venir, de tous les pays et places qui lui seroient cédés, dans tous ceux des États-Généraux, tant par mer que par terre, fleuves et rivières, sans payer aucun droit ni impôt, et sans être assujettis à aucune visite de leurs marchandises, bagages, munitions de guerre ou de vivres.

V. Que les États restitueroient à l'ordre de Malte les commanderies qui auroient autrefois appartenu à la Religion dans l'étendue des sept provinces.

VI. Qu'il seroit payé vingt millions de livres pour indemniser la France des frais de la guerre.

VII. Que, en reconnoissance de la paix que le Roi vouloit bien leur accorder lorsqu'il pouvoit étendre ses conquêtes plus avant, ils lui feroient présenter tous les ans par un ambassadeur, à jour préfix, une médaille d'or pesant un marc, par laquelle ils attesteroient tenir de lui la conservation de la liberté que les rois ses prédécesseurs avoient contribué à leur acquérir.

Il y avoit encore un autre article qui concernoit la suppression d'une ordonnance émanée des États-Généraux, portant défense de transporter dans leurs provinces des vins et eaux-de-vie de France. On demandoit aussi l'abolition des nouvelles charges sur

1. Capitale de l'Ost-Frise, sur la rive droite de l'Ems.
2. On n'a pu identifier ces deux localités.

les marchandises, et qu'enfin, dans l'espace de trois mois, on convînt d'un nouveau traité de commerce, et qu'on fît un règlement concernant les compagnies des Indes orientales et occidentales de France et de Hollande. Il étoit encore ajouté que, quoique Sa Majesté déclarât être contente de ces conditions, elles n'auroient pas lieu, si elles n'étoient acceptées dans dix jours, et que le roi d'Angleterre et les princes de l'Empire, ses alliés, ne fussent contents des conditions qui leur seroient faites par lesdits États.

[Et, pour donner une alternative, le Roi déclaroit encore qu'il vouloit bien se contenter des conquêtes qu'il possédoit, et de celles qu'il feroit à l'avenir jusques à ce que lesdits États eussent accepté les conditions présentes, avec ce qu'ils possédoient de la province et duché de Gueldre, le pays d'Utrecht, le comté de Zutphen, ensemble toutes les places, villes et forteresses situées dans lesdites provinces, avec leur souveraineté perpétuelle ; que, pour communiquer avec et soutenir les pays cédés, les États remettroient encore à Sa Majesté, en toute souveraineté, les villes de Maëstricht et de Vijk[1], comme aussi ce qu'ils possédoient dans le pays d'Outre-Meuse[2], Faulquemont[3], Bois-le-Duc, avec sa mairie, circonstances et dépendances, et le fort de Crèvecœur.]

Le Roi étant garant et conservateur des traités de Westphalie, et ayant particulièrement à cœur de bien

---

1. Faubourg de Maëstricht, séparé de cette ville par la Meuse.
2. Sur la rive droite de la Meuse.
3. Ou Valkenburg, dans le Limbourg hollandais, à deux lieues à l'est de Maëstricht.

vivre avec les princes d'Allemagne, il vouloit bien, après la conclusion de la paix, renoncer en faveur de ces princes au droit que ses armes lui donnoient sur les places qu'il avoit conquises sur lesdits États dans l'Empire, se réservant seulement la liberté d'en ruiner les fortifications.

On ne voulut point du tout entendre le député du prince d'Orange, ni pour le général, ni pour le particulier, et on lui dit franchement qu'on ne regardoit son maître que comme une personne privée, sujette des États-Généraux. Le prince d'Orange ne l'a jamais pardonné à la France, et a toujours été son ennemi irréconciliable [1].

[Les propositions qui furent faites en même temps de la part du roi d'Angleterre, qui donnoit pareillement dix jours pour les accepter, contenoient aussi plusieurs demandes, dont la première étoit que les États-Généraux cédassent aux Anglois l'honneur du pavillon sans aucune contradiction, c'est-à-dire que leurs flottes entières baissassent le pavillon et abattissent le mât de hune pour un seul vaisseau portant le pavillon du roi, dans toute la mer britannique jusques à la côte de Hollande. Il vouloit aussi que tous ses sujets qui s'étoient retirés en Hollande, déclarés coupables du crime de lèse-majesté ou d'avoir conspiré contre le

---

1. Saint-Simon prétend (*Mémoires*, éd. Boislisle, t. IV, p. 242-245) que les procédés méprisants de Louis XIV à l'égard du prince d'Orange avaient pour origine le refus fait par le prince d'épouser la fille de Mlle de la Vallière ; mais il faut remarquer que cette princesse, en 1672, n'avait encore que six ans. Louis XIV avait, dès le début de la guerre, confisqué la principauté d'Orange, et il en profita pour faire démolir le château (Arch. nat., reg. O¹ 18, fol. 55).

repos et la tranquillité du royaume, ensemble les faiseurs de libelles, fussent bannis à perpétuité de l'étendue des Sept Provinces. Par la troisième, il demandoit dix mille livres sterling à perpétuité, par chacun an, pour avoir la permission de pêcher des harengs sur les côtes des trois royaumes d'Angleterre, d'Écosse et d'Irlande. La quatrième concernoit le prince d'Orange et ses descendants, afin qu'ils possédassent la souveraineté des Provinces-Unies, excepté ce qui en échoiroit à Sa Majesté Très Chrétienne et à ses alliés, ou tout au moins qu'il jouiroit à perpétuité des dignités de gouverneur et d'amiral général, en la manière la plus avantageuse que les princes ses prédécesseurs les avoient possédées. La cinquième étoit pour un traité de commerce qui se devoit faire dans trois mois, aux conditions aussi avantageuses pour les Anglois que pour les nations les plus favorisées. La sixième, que les États payeroient à Sa Majesté Britannique, pour les frais de la guerre, un million de livres sterling, dont quatre cent mille livres seroient payées dans le mois d'octobre, et ensuite cent mille livres par an jusques à parfait payement. Enfin, que les États remettroient aux Anglois, en manière de caution de l'exécution des choses ci-dessus, l'île de Walcheren, la ville et le château de l'Écluse et ses dépendances, l'île de Cadzand, celle de Gooreede et l'île de Voorn.]

[Telles furent les conditions de paix que les deux rois proposèrent aux Hollandois.] Il est certain que, si Louis XIV avoit voulu se relâcher sur une partie de ses demandes, il auroit fait une paix avantageuse à sa gloire et à son royaume; [mais la destinée ne le voulut pas ainsi, ou, pour mieux dire, son ministre, qui regardoit la continuation de la guerre comme une chose absolument nécessaire à ses intérêts[1]]. Ainsi, les députés des États-Généraux, n'ayant pu rien gagner, s'en retournèrent en rendre compte à leurs maîtres, qui se déterminèrent à périr, ou à se sauver par les armes. L'Allemagne se réveilla, s'imaginant que le Roi vouloit conquérir l'Europe entière, et l'Espagne, alarmée, se mit bientôt de la partie.

Pendant que tout ceci se traitoit, le Roi fit avancer dans le pays ennemi le marquis de Rochefort, lieutenant général[2], qui, avec une partie des gardes du corps et plusieurs régiments de dragons, s'empara d'Amersfort, Haarderwijck, Naarden[3], et de quelques postes moins considérables; mais il manqua le plus important, parce qu'il s'amusa à le tâtonner : c'est de Muyden[4] dont je parle, où sont placées les écluses qui fournissent l'eau à la ville d'Amsterdam. Le prince Maurice de Nassau[5] ne perdit point de temps, et fit entrer des troupes dans Muyden[6] pendant que le marquis de Rochefort traitoit avec les bourgmestres des conditions auxquelles il vouloit recevoir leur ville,

1. M. Rousset, dans son *Histoire de Louvois*, t. I, p. 378-379, a réfuté cette opinion, admise par presque tous les contemporains.

2. Henri-Louis d'Aloigny était lieutenant général depuis le 15 avril; il devint maréchal de France en 1675.

3. Amersfort, dans la province d'Utrecht; Haarderwijck, port de la Gueldre; Naarden, sur le Zuiderzée, dans la Hollande méridionale.

4. Sur le Zuiderzée, à quelques lieues d'Amsterdam.

5. Ce cousin du prince d'Orange, de la branche de Siegen, était gouverneur de Wesel et général de la cavalerie hollandaise.

6. *Histoire militaire*, p. 328.

qui fut sauvée par ce moyen. Il fut contraint de se retirer, après avoir manqué ce coup, dont la réduction d'Amsterdam se seroit ensuivie, et la perte de la république de Hollande. On disoit même, dans ce temps-là, que les bourgeois d'Amsterdam délibérèrent d'envoyer offrir au Roi les clefs de leur ville, afin de la garantir du pillage, car ils le craignirent, et ne changèrent de sentiment que parce que l'un d'eux leur remontra qu'il falloit du moins attendre que le Roi les leur demandât, ce qui n'arriva pas, car ils mirent ordre à leurs affaires dès que cette première terreur fut passée : ils lâchèrent leurs écluses, inondèrent les environs d'Amsterdam, et sauvèrent leur ville par ce moyen. Il y eut dans cette capitale un soulèvement du peuple contre les de Witt, chefs de la faction opposée au prince d'Orange. L'émeute alla si loin, que les de Witt furent mis en pièces par la populace[1]. Ainsi, le prince d'Orange ayant pris le dessus, tout le pouvoir de l'État fut réuni en sa personne, et, s'il avoit voulu se prévaloir de cette conjoncture, il se seroit, sans difficulté, fait proclamer souverain, au lieu qu'il se contenta d'être déclaré, du consentement unanime des États et du peuple, amiral général et stathouder, ce qui vaut autant à dire que gouverneur des Provinces-Unies. A peine eut-il été revêtu de ces charges, qu'il borna tous ses soins à couvrir la province de Hollande. Il fit travailler à des retranchements à Bodegrave, Niewerbrugge, Muyden, l'écluse de Gouver-

1. Le 20 août; les correspondances de la Haye insérées dans la *Gazette* (p. 870-871 et 891-892) donnent de nombreux détails sur ces événements, qui ont été racontés dans le livre de feu M. Lefèvre-Pontalis.

nel et Schoonhoven[1]. Il distribua son armée dans tous ces postes, et elle s'y fortifia de jour en jour, tant par de nouvelles levées qui s'y incorporèrent, que par un grand nombre de paysans qui avoient pris les armes[2].

Ce prince, ayant ainsi disposé de la défense du reste du pays, s'appliqua tout entier aux affaires de l'État et au rétablissement de la discipline militaire. Il fit arrêter le comte de Montbas, accusé de n'avoir pas été fidèle à son devoir au passage du Rhin[3], et le soumit au conseil de guerre, qui le condamna à une prison perpétuelle, après l'avoir déclaré déchu de toutes ses charges et incapable d'exercer jamais aucun emploi dans la république[4]. Il fit couper aussi la tête à deux gouverneurs qui avoient rendu leurs places sans les défendre, et contint les autres par cet exemple de sévérité.

Dans le temps qu'il s'employoit à toutes ces choses, il lui survint un bonheur auquel il ne s'attendoit pas, et qui sauva sa république. Le Roi avoit en son pouvoir environ vingt-cinq mille hommes faits prisonniers de guerre dans les places de la Hollande. Quoiqu'il n'y eût point encore de cartel arrêté avec les États-Généraux et qu'on pût non seulement se dispenser de rendre ces prisonniers, mais qu'on auroit dû

1. Bodegrave et Niewerbrugge sont sur le Rhin, entre Woerden et Leyde; Schoonhoven est sur le Lech.
2. Avant la mort des frères de Witt, Guillaume d'Orange avait déjà pris les meilleures mesures pour arrêter l'invasion du pays (*Gazette*, p. 643-645).
3. Ci-dessus, p. 89-90.
4. Avant cette condamnation, le comte avait réussi à quitter la Hollande et à se réfugier en France. Il publia à Utrecht, l'année suivante, un mémoire justificatif de sa conduite.

les envoyer en France travailler aux ouvrages publics, M. de Louvois, je ne sais par quel motif si ce n'est qu'il souhaita la continuation de la guerre, mit ces prisonniers à rançon et les renvoya moyennant trois écus par homme, ce qui donna au prince d'Orange une nouvelle armée, dont il se servit bien depuis[1].

Cependant le Roi s'avança vers Utrecht, abandonné par le prince d'Orange; mais il ne put aller plus loin à cause des inondations [et des défilés sur les digues, coupées par des canaux et défendues par de bons retranchements que les ennemis avoient faits. Cela l'obligea à remettre cette entreprise pendant les glaces de l'hiver suivant]. Ainsi Sa Majesté s'en vint joindre M. de Turenne, et laissa M. de Luxembourg, lieutenant général, à Utrecht, avec un corps d'armée, pour garder la tête de ses conquêtes.

M. de Turenne avoit pris la ville de Nimègue, qui se défendit mieux que toutes les autres ensemble et coûta plus de monde; car elle tint sept jours de tranchée, et il fallut y attacher le mineur[2]. De là, il s'empara de Grave, de Bommel et du fort Crèvecœur, qu'il emporta en deux fois vingt-quatre heures. Ensuite il vint joindre le Roi près de Bois-le-Duc, où l'on fit une fausse attaque, et alla camper à Boxtel[3], d'où le Roi partit pour retourner en France. Sa Majesté confia à M. de Bellefont le commandement des places

---

1. *Histoire de Louvois*, t. I, p. 381. Les cavaliers furent mis à rançon pour dix écus, les fantassins pour cinq; mais pas un seul officier ne fut relâché.

2. Investie le 3 juillet, Nimègue capitula le 10 (*Gazette*, p. 667, 668 et 704; *Histoire militaire*, p. 327).

3. Dans le Brabant, au sud de Bois-le-Duc.

conquises, depuis Wesel, le long du Rhin et de l'Yssel, jusques à Arnheim et Zutphen, et à M. le comte de Lorge, lieutenant général[1], celui de Nimègue, Grave, et les pays qui en dépendoient.

L'évêque de Münster termina sa campagne par la levée du siège de Groningue[2], place très bien défendue par M. de Rabenhaupt[3], qui y commandoit.

La campagne sur mer ne fut pas si heureuse aux deux rois confédérés que celle de terre. La France fournit quarante vaisseaux de guerre, qui joignirent la flotte angloise, le 7 juin, à la rade de Solebay, aux côtes d'Angleterre. M. de Ruyter, qui commandoit la flotte hollandoise, s'étoit mis de bonne heure en mer, dans le dessein d'empêcher cette jonction et les Anglois de sortir de la Tamise. Au lieu de cela, il les trouva jointes : cela ne l'empêcha pas de les combattre. L'armée des deux rois étoit divisée en trois escadres, dont l'une, commandée par le comte d'Estrées[4], arboroit le pavillon blanc et avoit l'avant-garde ; l'autre,

---

1. Guy-Aldonce de Durfort (1630-1702) devint maréchal de France en 1676.

2. *Gazette*, p. 742, 763, 787.

3. Charles de Rabenhaupt (1602-1675), d'une famille de Bohême, avait pris part, dans les troupes impériales, à la dernière période de la guerre de Trente ans, et y gagna le grade de général-mestre de camp. Passé au service des Hollandais pendant leurs guerres contre l'évêque de Münster, il avait depuis 1671 le commandement de la ville et de la province de Groningue.

4. Jean, comte d'Estrées (1624-1707), lieutenant général en 1655, était passé au service de mer, où il obtint en 1669 la charge de vice-amiral du Ponant ; il eut en 1681 le bâton de maréchal de France.

sous le duc d'York[1], général d'Angleterre, portoit le pavillon rouge, et la troisième, sous le comte de Sandwich[2], portoit le pavillon bleu. L'armée des États étoit dans le même ordre. Les François en vinrent aux prises avec M. Bankert[3], amiral de Zélande; le duc d'York eut en tête le fameux M. de Ruyter, et le comte de Sandwich, M. Van Gent[4], amiral de Hollande. Ce combat commença sur les huit heures du matin, et ne finit qu'à la nuit. Il fut rude, opiniâtre, de grand bruit, et point décisif, ainsi qu'il arrive ordinairement sur mer entre deux armées de même force. Chaque parti se vanta de l'avantage, quoique la perte fût presque égale[5].

Les deux armées demeurèrent encore deux jours en vue l'une de l'autre, soit qu'elles n'eussent point

1. Jacques Stuart, frère de Charles II, auquel il succéda sous le nom de Jacques II.
2. Édouard Montagu, premier comte de Sandwich (1625-1672), d'abord colonel d'infanterie (1643), puis membre du conseil d'État (1653), se rallia au parti de Cromwell et commanda la flotte anglaise sous l'amiral Blake en 1655-1656. Après la mort du Protecteur, il contribua à la restauration de Charles II, qui le nomma vice-amiral et lui donna l'ordre de la Jarretière; son vaisseau sauta dans le combat qui va être raconté, et il périt dans l'explosion.
3. Adrien Van Trappen, dit Bankert, était fils d'un amiral hollandais mort en 1647; il se distingua en 1666 dans la guerre contre l'Angleterre, fit une descente dans l'île de Noirmoutier en 1674, et mourut en 1684.
4. Guillaume-Joseph Van Gent eut d'abord un régiment dans les troupes de terre, puis entra dans la marine et devint lieutenant-amiral sous Tromp, en 1666; il fut tué dans le combat du 7 juin.
5. *Gazette*, p. 583 et 609-611; *Histoire militaire*, p. 317-319; archives de la Marine, reg. B^4 5.

d'envie d'en venir une seconde fois aux mains, ou bien qu'elles en fussent empêchées par les vents contraires. La flotte hollandoise se retira à Schouwen[1], sur les côtes de Zélande, où elle se radouba; celle des confédérés en fit de même du côté de Solebay, s'étendant jusques au Foreland[2], et tirant vers la Tamise. Après que ses vaisseaux furent radoubés, et qu'elle eut été augmentée de quelques autres navires, elle remit en mer, à dessein de profiter des troubles qui agitoient les Provinces-Unies et de tenter une descente sur les côtes de Hollande; mais elle fut battue d'une furieuse tempête, qui la contraignit de se retirer sans avoir rien exécuté de ce qui avoit été projeté.

Pour ce qui est de celle de terre, elle recommença quand les autres ont coutume de finir; car Sa Majesté eut avis que l'Empereur et l'électeur de Brandebourg armoient en faveur des Hollandois[3]. M. de Turenne, avec une armée de vingt-cinq mille hommes, eut ordre de veiller à leurs démarches, et d'aller passer le Rhin à Wesel, pour entrer dans le comté de la Marck[4], appartenant à l'électeur de Brandebourg. Quand il y fut arrivé, il écrivit la lettre suivante aux princes des états de l'Empire[5] :

1. Une des grandes îles de la Zélande, capitale Zierichzel.
2. Le cap de North-Foreland, à l'extrémité sud de la baie de la Tamise.
3. Voyez les correspondances de la *Gazette*, p. 844, 868, 911, 960, 1032, etc.
4. *Gazette*, p. 1032. — Ce comté, borné au nord par la Lippe, a pour capitale Dortmund.
5. Cette lettre, du 2 septembre, a été publiée par le général de Grimoard, dans sa *Collection des lettres et mémoires du maréchal de Turenne*, t. II, p. 51-52, plus complète et plus textuellement exacte.

« Le Roi, m'ayant laissé avec son armée pour la conservation des places conquises sur les Hollandois, avec lesquels il est en guerre, et pour faire ce qui est du bien de son service, m'a commandé de vous faire entendre, et à tous ceux qui ont intérêt au bien public, que Sa Majesté a déclaré souvent, comme elle fait encore à présent, qu'elle ne veut toucher à rien de ce qui appartient à l'Empire, et que, s'il y a quelques-unes de ses troupes qui passent par ses terres, on le doit regarder comme une suite inévitable de la guerre. Et, comme Sa Majesté a appris que quelques-uns assemblent des armées et les font approcher de ses places afin de la troubler dans la possession d'icelles et donner jalousie à ses alliés, elle a été obligée d'avancer son armée le long du Rhin; mais elle offre de l'en retirer, pourvu qu'ils en fassent autant de la leur. C'est pourquoi le Roi m'a donné ordre de vous en avertir, afin que tout l'Empire sache que, si les affaires vont plus avant, il a le pouvoir de châtier les princes qui s'engagent dans une guerre qui n'est nullement entreprise contre l'Empire, et de conserver ses alliés dans leur repos et leur tranquillité. »

Cette lettre ne produisit aucun effet : le parti étoit pris, et l'armée de l'Empire, sous M. de Montecuculli[1], s'avança dans la Franconie, d'où elle menaça l'Alsace, où il n'y avoit d'autres troupes que les garnisons ordinaires. Comme M. de Turenne ne vouloit point laisser cette province sans secours, il quitta le comté de la Marck, et, passant par le duché de Berg,

1. Raymond, comte de Montecuccoli (1608-1681), le célèbre général de la guerre de Trente ans, le vainqueur des Turcs à la journée de Saint-Gothard.

contre Cologne et Bonn, il vint se camper à Andernach[1], où il fit construire un pont de bateaux sur le Rhin pour passer ce fleuve et entrer dans l'Alsace par la Lorraine allemande, en cas que l'électeur de Mayence donnât passage sur son pont aux Impériaux. Pour les contenir encore davantage, il s'avança avec toute son armée à Nassau, sur la petite rivière de Lohn, ayant toujours son pont sur le Rhin vis-à-vis d'Andernach, qu'il faisoit garder par de bons retranchements et une bonne garde[2].

[Dans la marche que l'armée fit pour venir à Nassau, l'avant-garde tomba sur un parti ennemi commandé par le comte de Dohna, qui venoit prendre langue de M. de Turenne, et ce parti fut défait et le comte de Dohna tué[3]. Voilà le premier acte d'hostilité de cette guerre entre les François et les Impériaux.]

M. de Turenne demeura campé environ quinze jours à Nassau, et, pendant ce temps-là, les Impériaux commencèrent un pont sur le Rhin, près de Mayence : ce qui fit que M. de Turenne quitta le camp de Nassau et s'en revint à Andernach.

Sur les nouvelles que reçut la cour de ce qui se passoit du côté de l'Allemagne, Monsieur le Prince, qui étoit entièrement guéri de sa blessure, fut chargé de veiller à l'Alsace et à la Moselle, et de ramasser sur cette frontière les troupes qu'il pourroit mettre

---

1. Sur le Rhin, en aval de Coblenz, aux confins du duché de Juliers.
2. *Gazette*, p. 1056 et 1176.
3. Christophe-Frédéric de Dohna, qui appartenait à la branche prussienne de cette famille, ne fut pas tué, mais grièvement blessé, et dut quitter le service.

ensemble. Cela ne passa pas quatre mille hommes, avec lesquels il se campa à Sierck[1], pour contenir les électeurs de Mayence et de Trèves, et les empêcher de donner leurs ponts aux Impériaux. Comme il craignoit que les habitants de Strasbourg ne leur livrassent celui qu'ils avoient sur le Rhin contre leur ville, il envoya à Brisach le baron de Ricous[2], [auquel il avoit confiance, avec ordre de faire brûler par des artifices ce qu'il pourroit de ce pont. Cet ordre fut exécuté, et une partie du pont brûlée[3]].

M. de Turenne, campé pour la seconde fois à Andernach, apprit que les Impériaux commençoient à passer le Rhin près de Mayence, ce qui l'obligea de passer incontinent ce fleuve et de s'en venir camper à Wittlicht, dans le pays de Trèves[4], afin d'être à portée de donner la main à Monsieur le Prince en cas de besoin; mais, comme il ne doutoit pas que les manœuvres des ennemis ne fussent des feintes, et qu'il ne pouvoit se persuader que les Impériaux subsidiaires de la Hollande s'en éloignassent en l'état auquel étoient les affaires, il tenoit toujours son pont d'Andernach en état, quoiqu'il fût assez éloigné de lui, afin de s'y pouvoir poster en cas de besoin.

Il avoit laissé à la garde des retranchements qui couvroient son pont M. de Raveillon[5], brigadier d'in-

1. Sur la Moselle, en aval de Thionville.
2. Louis-Gaspard de Ricous, premier maître d'hôtel du grand Condé et son premier aide de camp, ne mourut qu'en 1709.
3. Voyez la relation de la *Gazette*, p. 1207.
4. Au nord de cette ville, sur un petit affluent de la Moselle.
5. François de Raveillon, d'abord capitaine d'infanterie, était brigadier depuis 1672; il fut nommé maréchal de camp en 1677, ayant eu, en 1676, le commandement de Verdun et de

fanterie, avec douze cents hommes de pied, deux cents chevaux et huit pièces de canon. Quatre mille hommes des Impériaux vinrent faire une tentative sur ce pont, laquelle ne leur réussit pas[1].

Pendant tout ceci, le prince d'Orange étoit parti de la province de Hollande, avec une armée de vingt-cinq mille hommes, et s'étoit avancé vers Maëstricht, dans l'intention de tomber de son côté sur le pont d'Andernach, de se joindre aux Impériaux, et de contraindre M. de Turenne de demeurer dans le pays de Trèves[2]. Dès qu'il eut avis de la marche du prince d'Orange, M. de Turenne donna ordre au duc de Duras, qui avoit un camp volant sur la Meuse, de s'avancer vers Andernach pour se joindre à lui en cas de besoin, et, en attendant, observer la marche du prince d'Orange, qui n'avança pas plus avant, ayant appris que les Impériaux avoient manqué leur entreprise sur le pont d'Andernach.

Ce prince voulut se dédommager sur Charleroy, qu'il se flatta d'emporter parce que la garnison étoit fort foible, et que M. du Montal s'étoit jeté dans Tongres, qu'il jugeoit devoir être plutôt attaqué; mais, dès qu'il eut appris qu'on en vouloit à Charleroy, il sortit de Tongres avec cent chevaux, et, se faisant jour, l'épée à la main, au travers du camp ennemi, il se jeta dans sa place.

Charlemont; disgracié en 1685, à la suite d'une révolte de la compagnie de cadets en garnison dans cette dernière place, il mourut fort âgé, en 1697.

1. *Gazette*, p. 1248.
2. Cette marche était une feinte pour cacher le dessein qu'il avait sur Charleroy.

Le prince d'Orange, qui ne pouvoit être longtemps absent de la Hollande à cause des glaces qui commençoient à se former, jugea alors que ce siège seroit de trop longue haleine, et décampa, prenant son chemin par le Brabant[1]. En chemin faisant, il fit attaquer la petite ville de Binche, où il n'y avoit que deux cents hommes, la prit et la brûla. Il étoit aux environs de Bréda, lorsqu'il apprit que M. de Luxembourg, à la faveur des glaces, avoit forcé les postes de Bodegrave et de Swammerdam[2], qu'il s'étoit emparé du fort et des retranchements de Niewerbrugge, et que toute la province de Hollande étoit en extrême danger. [Il est à croire que le prince d'Orange se repentit alors d'avoir voulu copier Annibal.] Quoi qu'il en soit, il partit aussitôt pour se rendre en Hollande, et fit suivre son armée en grande diligence ; mais il n'y avoit plus rien à craindre : le dégel qui étoit survenu y avoit pourvu, en obligeant M. de Luxembourg d'abandonner brusquement les postes qu'il venoit de prendre, et de se retirer à Utrecht, [après avoir perdu le marquis de Castelnau[3], quelques officiers et six ou sept cents hommes].

1. Sur la tentative du prince d'Orange, voyez la *Gazette*, p. 1278, 1280, 1302 et 1303, et l'*Histoire militaire*, p. 344.
2. A quelques kilomètres de Bodegrave, dans la Hollande. C'est du 27 décembre au 6 janvier que Luxembourg fit cette expédition : il voulait atteindre Leyde et la Haye et incendier ces deux villes avant le retour du prince d'Orange ; mais le dégel, qui survint, l'en empêcha. Ses troupes brûlèrent entièrement Bodegrave et Swammerdam et y commirent les pires atrocités ; il faut voir à ce sujet les lettres citées par le marquis de Ségur, *le Maréchal de Luxembourg et le prince d'Orange*, p. 173-187.
3. Michel II de Castelnau-Mauvissière, fils unique du maré-

[Dans ce même temps, M. Le Peletier, intendant à Lille[1], conçut un dessein sur la ville d'Aardenburg, que les Hollandois tenoient dans la Flandre flamande[2]. Son projet fut agréé à la cour, qui le donna à exécuter à M. de Nancré, gouverneur d'Ath[3]. Il s'y achemina avec trois ou quatre mille hommes, et ne le put faire si secrètement, que son dessein ne fût éventé. Étant arrivé aux portes de cette ville, il commença ses attaques, et y trouva beaucoup plus de résistance qu'on ne s'étoit proposé, et il arriva encore que les Hollandois firent entrer dans cette ville un grand secours à la vue de M. de Nancré, qui fut obligé de se retirer après avoir perdu bien du monde[4].]

1673. — Revenons à M. de Turenne. Ce général étoit toujours dans le pays de Trèves avec son armée, et il avoit ordre d'en donner la moitié à Monsieur le

chal, colonel de cavalerie et gouverneur de Brest, fut blessé à l'attaque d'Ameyden et vint mourir à Utrecht le 2 décembre, âgé seulement de vingt-sept ans.

1. Michel Le Peletier de Souzy (1640-1725) était intendant en Flandre depuis 1669, après avoir occupé le même poste en Franche-Comté, à la suite de la première conquête. Il devint en 1691 directeur général des fortifications et fit partie du conseil de régence en 1715. Notre auteur est seul à lui attribuer la paternité de l'expédition qui va être racontée.

2. A une vingtaine de kilomètres au nord-est de Bruges, dans la province actuelle de Zélande.

3. Claude-Antoine Dreux, comte de Nancré, venait d'être fait lieutenant général au début de la campagne.

4. M. de Nancré avait un très long trajet à faire, et il ne put dissimuler sa marche. Notre *Gazette* se garda bien d'enregistrer cet insuccès, que M. Rousset a raconté dans son *Histoire de Louvois*, t. I, p. 372-373 ; les documents qui s'y rapportent sont dans le volume 293 du Dépôt de la guerre.

Prince, en cas que les ennemis se jetassent en Alsace; mais, comme le gros de leur armée étoit encore au delà du Rhin, prêt à passer ce fleuve, il se tenoit fort attentif à leurs mouvements, et se confirmoit de plus en plus qu'ils ne passeroient pas le Rhin, lorsqu'il apprit en effet qu'ils rompoient leur pont, et se dirigeoient sur la Westphalie, [pour entrer dans l'évêché de Münster] et tâcher par là de se joindre en Hollande aux troupes du prince d'Orange.

M. de Turenne décampa donc de Wittlicht, détruisit son pont d'Andernach, traversa le pays de Cologne, repassa le Rhin à Wesel, et entra une seconde fois dans le comté de la Marck[1]. Il y trouva les Impériaux déjà arrivés, et un de leurs détachements attaquoit la petite ville de Werne[2], où l'évêque de Münster avoit jeté trois cents hommes de ses troupes. Ce détachement se retira à l'approche de M. de Turenne, et les Impériaux quittèrent les postes qu'ils avoient déjà établis dans cette partie du pays. Il n'y eut que celui d'Unna[3] qui fut enveloppé par les François. C'étoit un régiment de Brandebourg, qui voulut se défendre dans cette ville, dont l'enceinte étoit d'assez bonnes murailles flanquées de quelques tours. M. de Turenne les fit battre par le canon; mais, comme il n'en avoit que de campagne, qui faisoit peu d'effet, il y suppléa par ses mortiers [et par les bombardiers que l'évêque de Münster lui envoya, et, comme ils étoient fort habiles, ils mirent le feu en fort peu de temps dans la ville]. Ce succès mit les bombes à la mode. [Le régi-

1. *Histoire militaire*, p. 345.
2. Sur la rive droite de la Lippe.
3. A une vingtaine de kilomètres à l'est de Dortmund.

ment se rendit prisonnier de guerre après avoir soutenu deux jours d'attaque[1].]

Les ennemis se retirèrent dans l'évêché de Paderborn, où ils se cantonnèrent pour peu de temps; car, les mesures de M. de Montecuculli étant rompues, et son armée ne se trouvant point dans l'abondance dans les quartiers qu'elle avoit pris, il se servit de ce prétexte pour la ramener dans la Bohême. La vérité est qu'il étoit arrivé de grands incidents à Vienne, où ce général prenoit beaucoup d'intérêt.

Le prince de Liechtenstein[2], premier ministre de l'Empereur, étoit accusé d'avoir trahi les conseils de son maître : il fut disgracié, et il entraîna dans sa perte plusieurs conseillers d'État, [qui devinrent suspects par la déférence qu'ils avoient eue pour ses avis]. Comme M. de Montecuculli étoit fort attaché à ce ministre, il craignoit d'être compris dans sa disgrâce, et qu'on ne lui imputât les mauvais succès de la campagne; il fut bien aise de se pouvoir disculper en personne.

M. de Turenne, ne trouvant plus d'obstacle dans le pays, étendit ses quartiers jusques à la rivière du Weser, et prit le sien à Soest[3]. Toute l'armée demeura dans cette situation jusques à la fin de la campagne. Pendant l'hiver, les Hollandois n'oublièrent rien pour mettre quelque ordre à leurs affaires; mais, comme elles étoient fort mauvaises, la plupart d'entre eux désiroient fort que le Roi voulût bien consentir à leur donner la paix à des conditions moins dures que les premières. Sa

1. Unna fut prise le 7 février 1673.
2. Charles-Eusèbe (1611-1684).
3. Dans le comté de la Marck, à l'est d'Unna.

Majesté y étoit plus portée depuis que l'Allemagne se remuoit en leur faveur et que l'Espagne étoit sur le point d'en faire autant : ce qui l'obligeoit à diviser ses forces, [joint à cela que les villes des Provinces-Unies qu'il avoit conquises lui consommoient beaucoup de troupes, qu'il falloit y tenir pour les conserver, ce qui affoiblissoit fort ses armées]. Cependant son ressentiment pour la République duroit toujours, quoiqu'il jugeât bien qu'il ne pourroit ni la détruire, ni conserver aisément ses conquêtes. Il fit donc proposer au prince d'Orange la souveraineté des Provinces-Unies sous la protection de la France, et de lui remettre, sous cette condition, tout ce que ses armes venoient d'occuper sur elles.

Quoique cette offre fût fort tentante pour un jeune prince, celui-ci n'y voulut point entendre, [soit par défiance de la sincérité de la France, soit par d'autres considérations]. Enfin on se prépara de part et d'autre à continuer la guerre, quoique le roi de Suède[1] offrît sa médiation pour accorder les différends des deux puissances. Elle fut pourtant acceptée, et la ville de Cologne fut choisie pour le congrès ; mais la langueur avec laquelle on s'y porta de part et d'autre fit juger que la paix ne s'achèveroit pas sans répandre encore beaucoup de sang.

L'électeur de Brandebourg, qui avoit envie de gagner à cette guerre, traita seul avec le Roi, qui s'engagea de lui remettre les villes de Wesel, de Reez, Emmerich et le fort de Schink. Les Hollandois se plaignirent de l'électeur, [qui ne s'en soucioit guère,

---

1. Charles X, qui était monté sur le trône en 1660.

pourvu qu'il eût son compte. Ainsi Sa Majesté eut pour un peu de temps cette épine hors du pied].

La campagne de 1673 s'ouvrit sur la mer. M. de Ruyter, qui commandoit la flotte hollandoise, se mit de bonne heure en campagne, à dessein de surprendre les Anglois dans la Tamise, [d'en brûler une partie, et d'empêcher l'autre de sortir de cette rivière, au moyen de certains vaisseaux qu'il vouloit faire couler à fond pour fermer le passage. Quoiqu'il arrivât dès le 15 mai avec cet appareil, escorté de quarante vaisseaux de guerre, de plusieurs brûlots et de quelques frégates, ce fut trop tard pour exécuter son projet]. Il trouva l'armée angloise plus forte que la sienne, toute appareillée et prête à mettre à la voile, en sorte qu'il fut obligé de se retirer et d'attendre à Schouwen le reste de sa flotte, qu'on achevoit d'armer en Hollande. Quand le renfort eut joint, elle se trouva composée de soixante gros vaisseaux de ligne, de vingt-quatre brûlots et de cinquante tant frégates que galiotes. M. Tromp[1] conduisoit l'avant-garde, et l'arrière-garde étoit commandée par M. Bankert.

L'armée d'Angleterre, sous les ordres du prince Robert[2], de la maison Palatine, consistoit en soixante vaisseaux ou frégates et quinze brûlots. Celle de

1. Corneille Van Trump, amiral de la Meuse en 1665, fut disgracié en 1675 et prit du service en Danemark ; revenu en Hollande, il remplaça Ruyter comme amiral général en 1677, et mourut en mai 1691.

2. Robert (1619-1682), fils de l'électeur palatin Frédéric V, passa en Angleterre en 1636, mais fut obligé, après la mort de Charles Ier, de se retirer en France, où il devint (1646) colonel général de l'infanterie anglaise ; revenu en Angleterre en 1660, il fut nommé vice-amiral en 1666, amiral en 1673.

France, conduite par le comte d'Estrées, étoit de trente vaisseaux ou frégates et douze brûlots[1]. Elles allèrent aussitôt chercher les ennemis, et leur livrèrent le combat[2]. Il fut très rude et très grand : l'armée des deux rois eut tout l'avantage ; mais la nuit, [qui survint sur la fin, l'empêcha d'en remporter un plus considérable et] favorisa la retraite des Hollandois à Schouwen, où ils rétablirent avec tant de diligence leurs vaisseaux endommagés, qu'ils reparurent en présence de leurs ennemis vers Ouest-Cappel[3]. Le 14 juin, le combat recommença, et dura jusqu'à la nuit, qui sépara les combattants[4]. Les Hollandois reprirent la route de Schouwen, et l'armée des deux rois celle d'Angleterre, pour avoir des vivres et les autres choses dont elle avoit besoin.

Dès qu'elle fut ravitaillée et qu'elle eut été jointe par l'escadre du marquis de Martel, qui arriva pour la renforcer, elle courut encore après les ennemis, et les trouva vers les côtes de Hollande. On combattit une troisième fois, et l'avantage demeura à l'armée des rois, qui resta maîtresse du champ de bataille[5].

1. Il y a des états de situation des deux armées dans le registre des archives de la Marine B^4 6, fol. 64-69 ; on y trouve aussi, fol. 27-35, diverses pièces relatives à la jonction des flottes.

2. Le 7 juin : *Gazette*, p. 592-594 ; *Histoire militaire*, p. 354 ; relations du comte d'Estrées et de divers officiers, liste des tués, etc., reg. B^4 6, fol. 40 et 83-127.

3. Ou Westkapelle, port de l'île de Walcheren.

4. *Gazette*, p. 619-620 ; *Histoire militaire*, p. 355-356 ; relation du vice-amiral d'Estrées, reg. B^4 6, fol. 72-76.

5. Combat du Texel, 21 août. Les nouvelles de Londres et de la Haye, dans la *Gazette*, relatent les évolutions des deux

La flotte hollandoise se retira dans ses ports; l'autre, ayant rôdé pendant quelques jours en vue des côtes de Hollande, regagna l'Angleterre, d'où les vaisseaux françois reprirent la route de Brest. Cela s'appelle en bon françois beaucoup d'honneur et peu de profit.

Le Roi s'étoit mis en campagne avec une puissante armée et avoit envoyé Monsieur le Prince à Utrecht afin de persuader, par la présence de ce grand capitaine, qu'il n'étoit là que pour tenter quelque entreprise importante sur la province de Hollande, et, par ce moyen, y tenir les principales forces de la République pendant qu'il assiègeroit Maëstricht. L'officier qui y commandoit s'appelloit M. de Fariaux[1] et étoit homme de valeur et de réputation. La garnison étoit composée de six mille hommes de pied et de quinze cents chevaux, la place bien fortifiée et abondamment pourvue de toutes choses. Le Roi fit ouvrir la tranchée le 15 de juin[2], et, le 29, elle se trouva assez avancée pour attaquer les dehors, qui furent défendus avec beaucoup de valeur. Une partie du chemin couvert et une demi-lune fut prise et reprise jusqu'à trois fois, et, la nuit suivante, on emporta un ouvrage à cornes, qui ne fut pas si bien défendu. Enfin, la place étant ouverte en plusieurs endroits par le feu continuel de cinquante pièces

---

flottes et les détails des événements (p. 792-793, 817-818, 841-842 et 875-879); les relations du comte d'Estrées, du marquis de Martel et de divers autres officiers sont dans le registre B⁴ 6, fol. 133-219.

1. Jacques de Fariaux (1627-1695), officier au service de l'Espagne, venait d'être fait général de bataille; il eut la Toison d'or en récompense de sa belle défense de Maëstricht, et le gouvernement d'Ath en 1690.

2. La ville était investie depuis le 8.

de gros canon, les mines découvertes, les mineurs pris, et les François attachés à la demi-lune qui couvroit la porte attaquée, le gouverneur, qui n'espéroit aucun secours, fit battre la chamade et rendit sa place à des conditions honorables[1]. M. d'Artagnan, capitaine-lieutenant de la première compagnie des mousquetaires du Roi[2], fut tué à ce siège; il y eut environ trois cents officiers ou mousquetaires et trois mille soldats tués et blessés. [Le Roi donnoit lui-même ses ordres pour les attaques, pourvoyoit à tout, prenoit toutes les fatigues, et, si on n'eût pris la liberté de le contenir autant qu'il fut possible, il se seroit exposé comme le moindre de ses officiers généraux.] Le célèbre M. de Vauban, qui conduisoit les travaux de ce siège, confirma la bonne opinion qu'on avoit de sa capacité : il fit ouvrir des tranchées larges et spacieuses, dresser de grandes places d'armes, former de belles communications et des lignes parallèles, qu'on n'avoit pu encore rendre si utiles et porter à tant de perfection[3]. Il auroit fait connoitre dès cette heure, en ce siège, qu'il étoit le premier homme du monde en

---

1. La garnison sortit le 30. La *Gazette* (p. 550-552, 595-596, 620-624 et 661-663) donna de nombreux détails; de plus, le journal du siège fut publié en trois Extraordinaires. Les correspondances et pièces qui s'y rapportent se trouvent dans les volumes du Dépôt de la guerre n°s 334, 337, 338 et 346.

2. Charles de Batz de Castelmore, comte d'Artagnan, après avoir servi d'abord aux gardes françaises, était devenu sous-lieutenant de la première compagnie des mousquetaires en janvier 1647, lieutenant en juin 1658, et avait remplacé le duc de Nevers comme capitaine le 15 janvier 1667.

3. Il y a un plan des attaques dans l'*Histoire militaire*, p. 350.

son art, si les ennemis lui en eussent fourni plus de matière par une plus longue résistance.

Cette expédition étant achevée, le Roi donna ses ordres pour la conservation de sa nouvelle conquête. Il rappela d'Utrecht Monsieur le Prince et mena son armée en Lorraine. Il détacha le marquis de Rochefort, avec un corps de troupes, pour aller assiéger Trèves, dont l'électeur[1] venoit de se déclarer contre la France, et, continuant sa marche, il passa en Alsace, où il s'empara des villes impériales de Colmar, de Schelestadt, de Wissembourg et de Landau[2]. Il donna ordre qu'on en démolit les fortifications et les murailles, et que l'artillerie et les munitions fussent portées à Brisach.

Comme on faisoit peu de cas de la ville de Trèves, place assez mauvaise, où il n'y avoit que six cents hommes, on avoit donné peu d'artillerie au marquis de Rochefort. Il la posta près du fossé, pour battre en brèche, prétendant brusquer l'affaire; mais il en arriva tout autrement que dans ses conjectures. Les assiégés répondirent par un feu violent de leurs défenses, que le canon n'avoit pu abattre, parce qu'il étoit placé trop près, et lui tuèrent bien du monde. Il fut lui-même blessé en visitant les travaux, qui avoient été faits avec peu de précaution. Le fossé se trouva profond et bien revêtu; il fallut miner pour renverser la contrescarpe et faire la descente du fossé, et envoyer chercher un renfort de munitions et de canon. [On

1. C'était, depuis 1652, Charles-Gaspard de la Leyen, qui mourut en 1676.
2. *Histoire militaire*, p. 357.

préparoit, en attendant, de nouvelles batteries plus éloignées de la ville.] Dès qu'il arriva, il y fut logé. En sept ou huit heures il abattit les défenses, et les assiégés battirent la chamade et se rendirent. Ce siège, qui dura trois semaines, coûta huit cents hommes[1]. Les troupes qui l'avoient fait passèrent en Flandres avec plusieurs de celles que le Roi avoit menées en Alsace.

Le prince d'Orange, se prévalant de l'absence de Monsieur le Prince et de l'éloignement des principales forces du Roi, assiégea Naarden, situé à trois lieues d'Amsterdam, quoiqu'il eût en tête M. de Luxembourg et son corps de troupes. Cette place fut si mal défendue, que ce général n'eut pas le temps d'en tenter le secours. Le gouverneur et plusieurs officiers furent mis au conseil de guerre. On condamna le gouverneur à être dégradé des armes et à tenir une prison perpétuelle. Il fut conduit à Grave[2]. Pendant le siège qu'on en fit quelque temps après, il demanda à être d'une sortie : il y fut tué après avoir fait des merveilles, effaçant ainsi de son sang la tache de sa vie. [Pour ce qui est des officiers de la garnison de Naarden qui avoient été arrêtés avec lui, ils furent cassés.]

Le prince d'Orange concerta une entreprise plus

---

1. La *Gazette* ne dit rien des difficultés du siège, non plus que l'*Histoire militaire* (p. 357). Les lettres de M. de Rochefort sont dans les volumes Guerre 343 et 348.

2. Ce gouverneur s'appelait Dupas et était lieutenant-colonel ; il avait une garnison de trois mille hommes et se rendit le 12 septembre ; il fut dégradé non seulement des armes, mais aussi de la noblesse : voir les volumes 339 et 343 du Dépôt de la guerre.

considérable, qui lui réussit encore. Elle étoit bien plus considérable, puisqu'elle fit abandonner aux François toutes les conquêtes qu'ils avoient faites en Hollande, à la réserve de Maëstricht et de Grave, et qu'elle mit dans son parti le nouvel évêque de Münster[1], l'électeur de Cologne et plusieurs autres puissances, comme on le verra dans la suite.

M. de Turenne, en partant de son quartier de Soest avec une armée d'environ vingt-cinq mille hommes, prit sa marche par les comtés de Solms, de Waldeck et de Nassau, et arriva aux environs de Francfort et de Würtzbourg, où il subsista quelque temps dans l'abondance et dans la tranquillité[2].

La cour avoit eu avis que l'armée impériale, qui s'assembla un peu tard auprès d'Égra, en Bohême, avoit dessein de s'avancer vers le haut Rhin, afin de faire de ce côté-là une puissante diversion et faire déclarer pour son parti l'électeur palatin et celui de Bavière, qui tenoit sur pied une armée de douze à quinze mille hommes. Quoique M. de Turenne eût mandé au Roi qu'il lui étoit impossible de s'opposer en cette partie et de couvrir Bonn en même temps, il veilloit à tous les deux ; mais il reçut un ordre précis de s'attacher uniquement à résister aux Impériaux. A l'égard de Bonn, on y envoya une bonne garnison, commandée par M. de Raveillon.

1. Bernard de Galen (ci-dessus, p. 34) n'était pas mort ; mais il avait, depuis le mois de juillet 1667, un coadjuteur en la personne de Ferdinand II de Fürstenberg, qui lui succéda en 1678.

2. Turenne avait quitté le comté de la Marck et s'était rendu dans la Wettéravie pour y faire subsister ses troupes.

Les choses étant en cet état, l'armée impériale s'approcha de M. de Turenne. Il s'étoit emparé d'Aschaffenbourg et de Friedberg[1], et engagea, par un traité, l'évêque de Würtzbourg[2] à garder la neutralité et à refuser le passage aux Impériaux : ce qu'il n'exécuta pas[3]; car, aussitôt qu'ils parurent, il commença par laisser passer sur le pont de sa ville un gros parti des leurs, qui tombèrent sur Wertheim[4], où M. de Turenne avoit son magasin de vivres peu gardé, et les pillèrent et dissipèrent.

Les deux armées se trouvèrent fort près l'une de l'autre vers Ochsenfurt[5]. Le général françois mit la sienne en bataille, à dessein de combattre. Il engagea une grosse escarmouche à un défilé qui étoit à sa droite entre les deux armées. Les Impériaux tinrent ferme, et, rejoignant leur armée, ils allèrent passer le Mein vers Lohr[6], [sans qu'il fût possible à M. de Turenne de les empêcher, à cause de la situation du pays]. De là, ils s'approchèrent de Mayence et attaquèrent les petits postes que M. de Turenne avoit dispersés le long du Mein. Ils firent ensuite un pont sur le Rhin,

---

1. Aschaffenbourg, en Bavière, sur le Mein; Friedberg, dans la Hesse, au nord de Francfort. C'est le 19 août que Turenne marcha sur la première de ces deux villes (*Gazette*, p. 838, 872 et 896; Grimoard, *Lettres de Turenne*, t. II, p. 317-322).

2. Jean Hartmann de Rosenbach, nommé en mars 1673, et qui mourut le 19 avril 1675.

3. *Gazette*, p. 974.

4. Sur le Mein, dans le pays de Bade, entre Würtzbourg et Aschaffenbourg.

5. Aussi sur le Mein, en amont de Würtzbourg.

6. Lohr, en Bavière, au confluent de la rivière du même nom et du Mein.

comme s'ils eussent voulu le passer, afin de faire prendre à M. de Turenne le chemin de Philipsbourg et de le mettre dans la nécessité de courir à la défense de la Lorraine et de l'Alsace; mais ce n'étoit qu'une feinte : ils rompirent bientôt le pont, rembarquèrent dans des bateaux toute leur infanterie, qui descendit le Rhin et se rendit devant Bonn, à jour nommé, pendant que la cavalerie arrivoit par une autre route.

M. de Turenne entra dans le Palatinat, où son armée fit, pendant son séjour, un grand dégât. Il lui fit ensuite passer le Rhin à Philipsbourg, d'où elle entra en Alsace, et y prit ses quartiers d'hiver[1].

Le prince d'Orange sortit de la province de Hollande avec environ vingt mille hommes, [pendant que les armées françoise et impériale s'observoient l'une l'autre], et alla camper à Rosendael, près d'Anvers. Il y eut un entretien avec le comte de Monterey, gouverneur des Pays-Bas espagnols[2]. Il fit cette marche à deux fins : l'une, de faire croire qu'il vouloit, avec les troupes d'Espagne, qu'on savoit prêtes à entrer dans la confédération, s'opposer à Monsieur le Prince, qui étoit, avec un corps d'armée, dans la châtellenie d'Alost, sujette de cette couronne; l'autre, qui étoit la véritable, de joindre à ses troupes six mille Espagnols que le comte de Monterey lui donna.

1. Sur le séjour de Turenne en Allemagne, voyez les volumes Guerre 350 et 353, et sur ses opérations et son retour en Alsace, les volumes 344 à 346 et le recueil Grimoard, t. II, p. 272 et suiv.

2. Jean-Dominique de Haro, comte de Monterey, était gouverneur des Pays-Bas espagnols depuis 1670; il devint par la suite conseiller d'État, grand veneur, vice-roi de Catalogne, et ne mourut qu'en février 1716.

Après cette jonction, le prince d'Orange revint sur la Meuse et la passa près de Vanloo. M. de Luxembourg l'avoit suivi de loin, avec un corps de sept à huit mille hommes, pour pénétrer ses desseins; lorsqu'il lui vit la tête tournée vers le Rhin, il s'approcha de Nimègue, pour mettre en quelque manière de sûreté les derrières des conquêtes.

Enfin le prince d'Orange arriva devant Bonn, qu'il assiégea[1], et où il joignit les Impériaux, encore commandés par M. de Montecuculli. A cette nouvelle, Monsieur le Prince reçut ordre de traverser les Pays-Bas espagnols, quoiqu'il n'y eût pas encore alors de rupture ouverte avec eux. En conséquence, il alla camper aux environs de Bois-le-Duc; mais son armée étoit trop foible pour attaquer cette place ou secourir Bonn : il envoya seulement le maréchal d'Humières en avant, avec un corps de cavalerie, qui tâcha d'y introduire de petits secours. Il ne put y faire entrer que cent chevaux, sous la conduite de M. de Saint-Silvestre, dans ce temps major d'un régiment de cavalerie[2]. Cet officier, étant près du camp des ennemis, feignit d'être de leurs troupes et de descendre une garde. En cet état, il traversa en plein jour, trompettes sonnant, le quartier du prince d'Orange, et fondit à bride abattue dans la place[3]. Elle étoit trop mau-

1. La ville fut investie le 3 novembre (*Gazette*, p. 1107).

2. Louis du Faur de Satilieu, marquis de Saint-Silvestre, était major du régiment de Paulmy; il devint colonel en 1674 et parvint, en 1693, au grade de lieutenant général; il mourut en 1719.

3. Cent dragons seulement purent y pénétrer; le reste fut taillé en pièces par les assiégeants (*Histoire militaire*, p. 363).

vaise, quoiqu'elle fût très importante, pour soutenir un long siège; cependant M. de Raveillon tint quinze jours, malgré les plus vigoureuses attaques, et ne se seroit pas si tôt rendu, s'il n'avoit pas manqué de mèches. Les Impériaux entrèrent dans Bonn le 14 novembre[1], y mirent garnison et prirent leur quartier d'hiver dans l'électorat de Cologne et dans le pays de Liège. Ils occupèrent Huy et le château de Dinant, et, par ce moyen, ils tenoient tout le pays depuis le Rhin jusqu'à la Meuse. [Le prince d'Orange reprit son même chemin pour retourner en Hollande.]

La porte d'Allemagne étant ouverte aux ennemis par la prise de Bonn, la communication des nouvelles conquêtes se trouvoit coupée. Le Roi se détermina à les abandonner, à la réserve de Maëstricht et de Grave, pendant que tous les passages n'étoient pas encore fermés[2], joint à cela que l'Espagne étoit sur le point de se déclarer contre la France. Il envoya ses ordres pour en sortir l'artillerie et les munitions de guerre, qui furent conduites à Grave; on rançonna les villes, et on en fit sortir les troupes. M. de Luxembourg fut chargé de l'évacuation depuis l'Yssel jusqu'à Utrecht, et le maréchal de Bellefont eut la commission de remettre à l'électeur de Brandebourg celles qu'on lui avoit promises par le traité conclu avec lui, et pour évacuer Crèvecœur, Bommel, Nimègue, Arn-

---

1. La place s'était rendue le 12 (*Gazette*, p. 1115-1117; voyez le volume Guerre 349).

2. La *Gazette* ne dit presque rien (p. 1105, 1140-1141 et 1162) de cette évacuation, qui se fit dans le courant de novembre. La correspondance qui y a trait est dans le volume 336 du Dépôt de la guerre.

heim, et de faire passer la Meuse à toutes les garnisons à Maëstricht. M. de Luxembourg avoit les mêmes ordres pour les garnisons des places qu'il devoit évacuer. [Dès qu'il eut retiré ses troupes, il commença à marcher vers Maëstricht]; mais le maréchal de Bellefont, avec lequel il devoit passer de conserve, ne voulut pas quitter Nimègue sans de nouveaux ordres. Il crut que la cour ignoroit que cette ville pouvoit se soutenir par le moyen de celle de Grave [que l'on conservoit; il laissa passer devant lui M. de Luxembourg. Il le suivit pourtant de près]; car le courrier qu'il avoit envoyé revint en grande diligence avec une dépêche qui lui enjoignoit de se conformer à ses premiers ordres. Ce contretemps pensa coûter cher; car le prince d'Orange étoit reparti de Hollande, avec trente mille hommes, pour venir couper les troupes de M. de Luxembourg et celles du maréchal de Bellefont près de la Meuse, et il avoit donné avis au général Sporck, commandant des Impériaux en l'absence de Montecuculli[1], de rassembler en toute diligence ses quartiers, et de retarder la marche des deux généraux françois pour lui donner le temps d'arriver, et de les charger en tête pendant qu'il les chargeroit en queue. Heureusement, le général Sporck ne put ou ne voulut rassembler ses troupes avec la diligence nécessaire; il suivit seulement, avec cinq ou six mille chevaux, le maréchal de Bellefont, qu'il ne put atteindre.

1. Jean de Sporck (1595-1679) était un très ancien officier qui avait servi avec distinction pendant la guerre de Trente ans; il avait, sous M. de Montecuculli, le grade de général de cavalerie.

Toutes les troupes sorties des conquêtes étant arrivées sous Maëstricht, M. de Bellefont alla prendre le fort de Navagne, qui n'en est qu'à deux lieues[1]. C'étoit un méchant fort de terre gardé par une garnison espagnole de trois à quatre cents hommes. [Il n'eut pas beaucoup de peine à s'en rendre maitre.] Le fort fut rasé aussitôt, et toutes les troupes se retirèrent dans leurs quartiers d'hiver.

1674. — La prise de Bonn et l'abandonnement des conquêtes de Hollande changèrent entièrement la face des affaires. Les Hollandois étoient dans des transports de joie inconcevables. L'Empereur ne se promettoit pas moins que de faire déclarer tout l'Empire contre la France et de la forcer à restituer tout ce qu'elle avoit occupé, tant sur lui que sur les Espagnols, depuis le traité des Pyrénées. Cette couronne se déclara entièrement.

L'archevêque de Cologne, dont l'État étoit occupé par les Impériaux, fut obligé de rappeler quelques régiments qu'il avoit au service de la France, de rendre les conquêtes qu'il avoit faites sur les États-Généraux, à l'exception de Rheinberg, et d'entrer dans la confédération. Le nouvel évêque de Münster suivit son exemple, de même que l'électeur palatin, la maison de Brunswick, celle de Würtemberg, le duc de Lorraine, les électeurs de Saxe et de Brandebourg ; il n'y eut que l'électeur de Bavière qui demeura seul du tiers parti qu'il avoit voulu former par ses intrigues en Allemagne.

1. En amont de Maëstricht, au confluent de la Meuse et d'une petite rivière.

Alors l'Empereur chercha à rompre le congrès qui se tenoit à Cologne, au sujet de la paix, sous la médiation du roi de Suède. Le moyen qu'il imagina fut de faire enlever dans cette ville le prince Guillaume de Fürstenberg[1], plénipotentiaire de l'électeur de Cologne. En sortant de la maison où se tenoit cette assemblée, il fut arrêté par des officiers et des soldats du régiment de Grana et conduit à Bonn; de là, il fut transféré à Vienne. On y commença son procès, et il y resta prisonnier jusqu'à la paix générale[2]. Non content de cette violence contre le droit des gens, l'Empereur fit encore enlever cent mille écus que le Roi avoit à Cologne[3]. L'assemblée fut rompue, et tous les ministres se retirèrent successivement.

[Après ce coup, qui annonçoit la continuation de la guerre, il y en avoit encore un autre à faire] : c'étoit de détacher le roi d'Angleterre de l'alliance de France, et de l'engager à conclure sa paix avec les Hollandois. L'ouvrage étoit déjà entamé : depuis le commencement de la guerre, les émissaires des alliés ne ces-

---

1. Guillaume-Égon, prince de Fürstenberg (1629-1704), était frère du premier ministre de l'électeur de Cologne. Louis XIV lui donna l'évêché de Metz en 1663, celui de Strasbourg en 1682, enfin sa nomination au cardinalat en 1686.

2. C'est le 14 février qu'eut lieu cet enlèvement. Emprisonné d'abord à Vienne, puis à Neustadt et à Pottendorf, il ne recouvra sa liberté qu'en 1679, grâce aux efforts de Louis XIV, du roi d'Angleterre Jacques II et des Jésuites. L'abbé Verjus publia en 1676 un *Traité curieux de l'enlèvement du prince de Fürstenberg*. Voir le vol. 410 du Dépôt de la guerre.

3. Cinquante mille écus seulement, qu'une voiture du trésorier de l'extraordinaire des guerres transportait pour la solde des troupes françaises.

soient de tenir en Angleterre des discours qui tendoient à brouiller le roi et ses sujets. On disoit qu'il avoit entrepris cette guerre sans le consentement de son Parlement et avec les sommes que la France lui fournissoit. [Ils ne cessoient de dire qu'il falloit que la cabale françoise fût grande, puisque] le roi, malgré son caractère doux et tranquille qui le portoit au plaisir, continuoit une guerre à laquelle il n'avoit pu être invité que dans l'idée de faire rendre par les Hollandois au prince d'Orange, son neveu, les honneurs dus à son rang et à sa naissance ; que le parti des Witt s'y étoit opposé pendant un temps, mais que ces raisons avoient cessé, et que, les charges et les dignités dont avoient joui ses prédécesseurs étant devenues héréditaires dans sa famille, il n'y avoit rien qui ne l'invitât à la paix ; que l'affaire du pavillon, celle du commerce étoient si aisées à accommoder, que les premiers pourparlers les finiroient ; que le roi de France avoit insinué depuis longtemps à celui d'Angleterre, pour ses intérêts propres et contre ceux de la nation, qu'il devoit régner en véritable roi et établir dans ses royaumes un pouvoir arbitraire [et despotique, non pas pour l'amour de sa personne (à ce qu'il pouvoit bien penser), par la raison que la bonne politique y étoit absolument contraire, mais bien pour venir plus aisément à bout du dessein qui avoit été formé par les Jésuites d'extirper de l'Angleterre la religion protestante, à quoi ils trouveroient d'autant moins d'opposition que le roi avoit sucé avec le lait le prétendu venin de la catholicité, dans laquelle il s'étoit confirmé pendant le séjour qu'il avoit fait en France et en Flandre jusques à ce qu'il remontât sur le trône; que, depuis, le libertinage dans lequel il vivoit avoit éteint les étincelles de religion qui auroient pu luire en sa personne]. Ils ajoutoient à ces discours que la demoiselle de Keroualle, à présent duchesse de Portsmouth, ne s'étoit rendue en Angleterre que par les ordres du roi de France, qui, connoissant le foible du monarque anglois pour les belles femmes, profitoit de l'ascendant absolu que celle-ci avoit pris sur lui pour venir à bout de tous ses desseins; que l'argent que la France envoyoit abondamment pour fournir aux plaisirs de ce prince et à l'établissement des enfants naturels qu'il avoit eus de plusieurs maîtresses, que cet argent, dis-je, joint aux caresses de cette dame, offusquoit si fort toutes les lumières de sa raison, que cette habile Françoise, [bien payée pour cela,] lui faisoit faire, contre ses intérêts véritables, tout ce qui convenoit à ceux de la France[1]. Ils insinuoient encore que ce roi, usé de débauches, ne pouvoit plus vivre longtemps; que, n'ayant point de fils légitime, la couronne tomboit sur la tête du duc d'York, son frère, zélé partisan des Jésuites; que ce prince ne manqueroit pas d'être soutenu et protégé par la France; que les Anglois verroient bientôt leurs lois et leur religion bouleversées. Ce fut là une

1. Feu M. Forneron a consacré à la duchesse de Portsmouth quatre articles parus dans les tomes XXXVIII et XXXIX de la *Revue historique*, puis réunis en volume. Il y montre que l'influence de Louise de Keroualle fut, en effet, très grande sur Charles II et s'exerça toujours dans un sens favorable à la France, dont elle recevait une pension. M. Jean Lemoine a publié dans la *Revue des Deux Mondes* (mars 1903) une étude sur le rôle diplomatique de la duchesse de Portsmouth d'après des documents nouveaux.

manière de prophétie. Le mariage du duc d'York avec la princesse de Modène[1], qui se traitoit dans ce temps-là, acheva d'échauffer les esprits des Anglois : ils envisagèrent l'alliance de cette princesse italienne, et de race papale[2], comme un dessein concerté entre le Pape et le roi de France de détruire la religion anglicane et de faire revivre la religion catholique à sa place. Il n'en fallut pas davantage au Parlement, alors assemblé, pour le déterminer à rejeter toutes les propositions du roi. Ses raisons et l'éloquence de son chancelier furent inutiles. Avant que d'entrer en aucune discussion, on demandoit que le mariage du duc d'York fût rompu et que la princesse, qui étoit déjà arrivée à Paris, fût renvoyée à Modène. Au contraire, le roi prolongea le Parlement, fit passer la princesse à Londres, où le mariage fut célébré et consommé[3]; mais, pour tempérer le chagrin qu'il donnoit à son peuple et le rassurer contre l'anéantissement de la religion anglicane, [et lui donner des dispositions plus favorables pour la prochaine tenue du Parlement], il crut y pourvoir suffisamment en faisant publier des ordonnances très sévères contre les catholiques, par lesquelles il leur étoit défendu très expressément

1. Marie-Béatrix-Éléonore d'Este (1658-1710), fille du duc de Modène, épousa Jacques Stuart le 30 septembre 1673.

2. Il n'y avait eu aucun pape de la maison d'Este; mais elle était alliée aux Médicis, aux Farnèse, aux La Rovère, qui en avaient fourni plusieurs à l'Église.

3. Les nouvelles de Paris et de Londres de la *Gazette*, depuis le commencement de novembre 1673, donnent de nombreux détails sur le voyage de la princesse et de sa mère, son séjour à Paris et son mariage.

d'approcher des personnes royales et de leur palais, enjoignant à tous juges, officiers et ministres de les poursuivre en cas de contravention et de les punir selon la rigueur des lois[1]. Cet édit passa aussi en Écosse, afin qu'il parût plus sérieux.

Si ce remède adoucit un peu les esprits dans le moment, il n'en parut rien dans l'assemblée du Parlement qui se tint au bout du terme où il avoit été prorogé. Au contraire, la chaleur augmenta, et on y conclut nettement qu'il falloit faire la paix. Le roi aima mieux y consentir que de se voir exposé à aller chercher, pour la seconde fois, un asile en France.

Les propositions de cette paix furent aussitôt présentées par le marquis del Fresno, ambassadeur d'Espagne[2], et le roi de France, bien instruit de ce qui se passoit en Angleterre, y envoya M. de Ruvigny[3] pour traverser la négociation. Il n'y put réussir, et la paix fut signée le 19 février 1674[4]. L'Angleterre eut satisfaction sur l'affaire du pavillon et du commerce, et les Hollandois s'obligèrent à payer huit cent mille écus,

1. L'analyse des clauses de cet édit a été donnée par Lingard dans son *Histoire d'Angleterre*, t. XII, p. 356-357.
2. Pierre Fernandez de Velasco, marquis del Fresno, était ambassadeur en Angleterre depuis 1671 ; il fut conseiller d'État en 1699 et mourut en 1713.
3. Henri Ier de Massué, marquis de Ruvigny (1605-1689), lieutenant général des armées en 1652, était député général des églises protestantes depuis 1653. Ce titre devait le faire mieux recevoir que tout autre en Angleterre, et Louis XIV espérait qu'il parviendrait à rompre les négociations de paix. Voyez le commentaire des *Mémoires de Saint-Simon* (éd. Boislisle), t. IV, p. 20 et suiv.
4. Le texte s'en trouve dans le *Corps diplomatique* de Du Mont, t. VII, 2e partie, p. 253.

dans quatre années, par payements égaux, au roi d'Angleterre, qui en toucha deux cent mille comptant.

[Incontinent, les alliés redoublèrent leurs cabales pour faire déclarer l'Angleterre contre la France. Le Roi, qui n'en ignoroit aucunes, para le coup par l'union qui se continuoit entre lui et le roi d'Angleterre, lequel offrit sa médiation à tous les intéressés, afin d'éluder en cette qualité les puissantes sollicitations qu'il prévoyoit lui être faites, et rétablir le calme de l'Europe, s'il étoit possible.]

L'Angleterre étant ainsi séparée de la France, Louis XIV ne négligea rien pour empêcher la diversion de ses forces et détourner celles de l'Empereur de la Franche-Comté, d'où elles pouvoient pénétrer en Bourgogne. Il proposa à la reine-régente d'Espagne[1] de conclure avec elle un traité de neutralité pour cette province ; mais cette princesse, ne jugeant pas à propos de fermer cette porte à ses alliés, ne voulut point entendre cette proposition. Le Roi prit donc d'autres mesures ; il n'en trouva pas de meilleures que de s'assurer une seconde fois de cette province, et se disposa à y marcher en personne. Il envoya devant lui le duc de Navailles, lieutenant général, nouvellement rentré en grâce[2], avec un petit corps de troupes, pour chasser les Espagnols de Gray et de quelques autres postes qu'ils fortifioient. Le Roi suivit de près[3], et

---

1. Marie-Anne d'Autriche, fille de l'empereur Ferdinand III et veuve de Philippe IV.

2. On a vu ci-dessus (p. 73) qu'il avait été disgracié à la suite de l'expédition de Candie.

3. Saint-Hilaire ne prit pas part à cette seconde conquête : aussi la rappelle-t-il brièvement. M. de Piépape en a raconté

arriva devant Besançon le 28 avril. Il y fit aussitôt ouvrir la tranchée, et cette ville ne tint que cinq ou six jours. Les Espagnols y avoient bâti depuis peu une citadelle, dont ils faisoient grand cas; mais elle étoit commandée et vue à revers d'une hauteur voisine, qu'ils avoient négligé de fortifier parce qu'ils la croyoient inaccessible à cause de son escarpement. On trouva pourtant moyen d'y faire monter trente pièces de gros canon, qui foudroyèrent tellement la citadelle [en vingt-quatre heures de temps, et firent tant d'effet, que, la garnison n'en étant à aucun endroit à couvert, et la maçonnerie, encore toute fraîche, en étant ouverte en plusieurs endroits, les assiégés craignirent d'être emportés d'assaut] et rendirent la place. La présence de M. le prince de Vaudémont, qui s'y étoit jeté, ne leur fut d'aucune ressource[1].

De là, le Roi marcha à Dôle, dont les fortifications n'étoient pas encore rétablies. La garnison se défendit assez bien; mais elle fut contrainte de se rendre le sixième jour de tranchée. M. de Beringhen, premier écuyer et colonel du régiment Dauphin, y fut tué d'un coup de canon[2], qui blessa dangereusement le comte de Saint-Géran, lieutenant général. La ville de Salins

---

les phases successives dans son *Histoire de la réunion de la Franche-Comté*, t. II, p. 385-440.

1. Besançon capitula le 21 mai, Dôle le 3 juin.

2. Henri de Beringhen, fils aîné et survivancier du premier écuyer du roi et colonel du régiment Dauphin depuis août 1671, fut tué le 28 mai. Son crâne, emporté par le boulet, alla frapper à la tête de M. de Saint-Géran et lui fit une si « furieuse » blessure, qu'il dut porter une calotte le reste de sa vie (*Mémoires de Saint-Simon*, éd. Boislisle, t. III, p. 68).

ne tint point : le château Sainte-Anne souffrit quelques coups de canon tirés d'une batterie qu'on avoit élevée sur des monceaux de bois assemblés par les soldats, afin qu'elle pût commander la place. Ainsi toute cette province fut conquise une seconde fois dans l'espace d'un mois, avec une armée de sept à huit mille hommes seulement, et sans que les Suisses y apportassent opposition. Le Roi y mit une garnison, ordonna les travaux nécessaires, renvoya plusieurs troupes en Flandre, et revint à Versailles.

Cependant, M. de Turenne s'étoit rendu de bonne heure en Alsace, où son armée s'assembla. A peine arrivé, il apprit que le duc de Lorraine marchoit de l'autre côté du Rhin, vers Bâle, avec quatre ou cinq mille chevaux[1]. [Quoiqu'il n'y eût pas d'apparence que son dessein fût de passer le Rhin avec un aussi petit corps, afin de troubler le Roi, qui conquéroit la Franche-Comté, ni que les Suisses se joignissent à lui et lui donnassent passage], M. de Turenne prit les premières troupes qui arrivèrent au rendez-vous et les mena aussi devers Bâle, pour observer ce qui se passoit. On demeura dans cette situation de part et d'autre tant que dura l'expédition de la Franche-Comté. Le duc de Lorraine descendit ensuite le long du Rhin et joignit M. de Caprara[2], un des généraux de l'Empereur, qui vint au-devant de lui avec cinq ou six mille chevaux, jusque dans le marquisat de Baden, en

1. Dépôt de la guerre, vol. 412.
2. Æneas-Sylvius, comte de Caprara, né à Bologne en 1631, était alors général de cavalerie impériale ; il prit encore part à la guerre contre la France en 1691-1694, et mourut en 1701, vice-président du conseil de guerre impérial.

attendant que M. de Bournonville[1], nommé commandant de cette armée, fût arrivé avec l'infanterie et l'artillerie qui la devoient composer. M. de Turenne, résolu de les atteindre et de les combattre avant cette jonction, prit cinq mille chevaux, six pièces de canon avec les munitions nécessaires, quinze cents hommes ingambes, et donna ordre à deux régiments de cavalerie et à quatre bataillons de Philipsbourg de se tenir prêts à marcher. Il laissa l'autre partie de son armée aux environs de Strasbourg, afin de contenir les habitants, dont il n'étoit pas assuré, et de tenir ce poste en cas que les ennemis, au lieu de descendre plus bas, reprissent ce chemin.

Cette disposition étant faite, M. de Turenne marcha à grands pas du côté de Philipsbourg, sur les nouvelles réitérées que les ennemis tournoient vers le Palatinat. Il passa le Rhin, prit à Philipsbourg les deux régiments de cavalerie, les quatre bataillons, et six pièces de canon d'augmentation. Il se mit ensuite aux trousses des ennemis. Sa petite armée consistoit en cinq ou six mille chevaux, cinq mille hommes de pied et douze pièces de canon.

Le 16 juin, sur les sept heures du matin, on aperçut les ennemis qui marchoient sur Sinzheim[2], et on chargea un parti de cinquante maîtres qu'ils avoient

---

1. Alexandre-Hippolyte-Balthazar, duc et prince de Bournonville, était en 1674 mestre de camp général des armées impériales et chevalier de la Toison d'or; passé plus tard en Espagne, il y devint vice-roi de Sicile et de Catalogne, et mourut en 1690.

2. Ville du grand-duché de Bade, à vingt kilomètres sud-est d'Heidelberg.

laissé derrière eux. Le fils aîné de M. de Saint-Abre, lieutenant général[1] servant dans cette armée, y fut tué[2].

Les ennemis[3] étoient en bataille derrière Sinzheim, sur les hauteurs escarpées près desquelles cette ville est située, quand M. de Turenne arriva sur les neuf heures du matin. Le terrain qu'il occupa d'abord étoit une assez grande plaine basse qui tomboit en pente douce depuis de grands bois, qu'il laissoit derrière lui, jusques à des prairies, le long desquelles couloit la petite rivière d'Elsenz[4]. Les avenues de Sinzheim étoient embarrassées de jardins bordés de haies hautes et épaisses, et ne laissoient qu'un seul chemin, qui aboutissoit à des ponts de pierre sur l'Elsenz. En cet endroit, cette rivière se sépare en deux bras, dont l'un baigne les murailles de la ville, qui avoient été rétablies depuis peu. Les ennemis y jetèrent le régiment de Stein, qui faisoit toute leur infanterie[5], et postèrent leurs dragons dans les jar-

1. Jean de la Cropte, marquis de Saint-Abre, lieutenant général en 1655, que nous allons voir mourir dans cette même bataille.
2. Les généalogies ne parlent pas de ce fils.
3. Notre auteur assista à cette bataille de Sinzheim, ainsi que va le montrer la précision des détails qu'il donnera. On peut comparer sa relation à celle du marquis de Feuquière (*Mémoires*, t. III, p. 207-212), et voir aussi les correspondances et les relations du Dépôt de la guerre, vol. 413, celles de la *Gazette*, p. 608-610, 634, 638-639, et Extraordinaires 74,.77, 80 et 84, les lettres de Turenne (recueil Grimoard, t. II, p. 509-514), et le récit de Mgr le duc d'Aumale dans l'*Histoire des princes de Condé*, t. VII, p. 577-578. La lettre que Louis XIV écrivit à Turenne à cette occasion est dans ses *Œuvres*, t. III, p. 510.
4. Petit affluent du Necker.
5. Ce détail n'est pas donné par les autres relations ; Mgr le

dins. M. de Turenne fit d'abord avancer son canon, qu'on pointa sur les dragons. Ils se retirèrent de haie en haie jusques au premier pont, où ils voulurent tenir ferme; mais ils furent enfoncés et repoussés jusque vers le second, où ils eurent la même destinée. On en tua beaucoup; le reste se jeta dans la place. On se saisit de quelques maisons qui formoient une espèce de faubourg, et, pendant qu'on consultoit sur la manière dont on attaqueroit la ville, [ce qui n'étoit pas sans difficulté, car les murailles étoient hautes et bonnes, et M. de Turenne n'avoit que du petit canon], les dragons de M. de Turenne, se coulant vers la gauche, le long de la petite rivière, [où il y avoit bien de l'eau et dont les bords étoient difficiles], remarquèrent une porte que les ennemis avoient laissée ouverte [pour communiquer à leur armée] par un sentier difficile le long de l'escarpement. Ils se jetèrent brusquement dans l'eau et se saisirent de cette porte, avant qu'elle pût être fermée, et entrèrent dans la ville. Aussitôt les ennemis en ouvrirent une autre pour s'enfuir vers leur armée. [On en tua beaucoup; le colonel Stein fut du nombre. La ligne des ennemis qui étoient sur la hauteur s'avança pour recueillir les fuyards; le canon, qui la voyoit à merveille, y causa bien du désordre et la fit retirer fort vite. On connut là que les Allemands appréhendoient fort le canon.]

Cette action, entreprise et exécutée avec tant de vigueur, n'étoit encore qu'un prélude de la victoire. Il falloit passer un défilé de plus de quatre cents pas de

duc d'Aumale n'attribue que quinze cents hommes d'infanterie aux Impériaux.

long pour gagner la hauteur occupée par les ennemis ; c'étoit un grand chemin creux, qui partoit du faubourg et alloit en montant jusqu'à [un talus qui dérivoit de la crête de la hauteur et tomboit au dégorgement du chemin creux, au bout duquel il se trouvoit] une colline, dont la droite étoit occupée, [à une portée de fusil de la tête du défilé,] par un clos de vigne assez spacieux ; la gauche aboutissoit à un grand fond, dont les bords supérieurs étoient escarpés et bordés de haies ; le fond formoit une gorge. Il y avoit aussi sur cette gauche une église fermée de murailles.

Ce fut dans cet espace d'environ douze cents pas de largeur que M. de Turenne choisit son terrain pour se mettre en bataille, après l'avoir été reconnoître lui-même. [Quelque péril qu'il y eût à déboucher du défilé devant l'ennemi, l'habileté de M. de Turenne fut capable d'y suppléer.] A cet effet, il fit continuer le grand feu de son artillerie sur les ennemis, qui, s'en trouvant incommodés, s'éloignèrent pour se mettre hors de vue, et laissèrent ainsi le passage plus libre.

M. de Turenne fit avancer des détachements d'infanterie, qu'il posta dans le travers du terrain, où se trouvoient des buissons et des rideaux, et envoya occuper l'église dans le temps où les ennemis vouloient s'en emparer. Il fit aussi border la haie de la gauche par le régiment de Champagne. Les bataillons du Plessis et de Douglas[1] bordèrent le clos de vigne,

1. Le premier régiment datait de 1616 et avait pour colonel César-Auguste de Choiseul, comte du Plessis-Praslin ; le second était un régiment écossais levé en 1633 et commandé par Georges Douglas, marquis de Dumbarton.

où il entra de l'infanterie pour les soutenir. Ce qui en resta fut distribué dans les intervalles des escadrons, afin de les assurer davantage, [et où ils furent très utiles]. Cette distribution faite, qui assuroit à M. de Turenne le terrain qu'il vouloit occuper, il fit avancer à la hâte la cavalerie de sa première ligne, suivie de dix pièces de canon [qu'il fit mettre à sa tête. Dès qu'elle fut en bataille], les ennemis, [qui n'avoient que trop attendu, apercevant ce canon], vinrent faire une furieuse charge avant qu'il eut eu le temps de dételer. Notre cavalerie les reçut l'épée à la main, sans tirer un seul coup, ainsi qu'il lui avoit été ordonné, afin qu'elle eût son feu de réserve. Notre droite enfonça la gauche des ennemis, et, comme elle les débordoit, ils furent pris en flanc et contraints d'aller se rallier sous le feu de leur infanterie. Quelques escadrons de la seconde ligne, qui commençoit à se former, s'avancèrent pour favoriser ce ralliement. La gauche combattoit avec un succès à peu près égal, et le grand feu de notre infanterie arrêta la fougue des Impériaux; car, comme ils étoient presque tous cuirassés, les épées ne firent pas grand effet, et leurs armes, n'étant pas à l'épreuve, ne pouvoient résister aux coups de mousquet, qui les perçoient de part en part. Cependant le petit désordre du commencement de cette charge fut sur le point de devenir plus sérieux : les ennemis, en chargeant, vinrent jusqu'au canon, et même le passèrent. Il y en avoit encore quatre pièces attelées; les valets qui les conduisoient voulurent les retirer, lorsque, parmi le fracas de la charge et le bruit des coups, les attelages, épouvantés aussi bien que les charretiers, les culbutèrent sur la ligne et rompirent quelques escadrons. Le désordre fut bientôt réparé, et cette première charge finit sans que les ennemis eussent aucun avantage. Dès que la poussière et la fumée de la poudre furent dissipées par le vent, on connut qu'on avoit gagné du terrain; on s'étendit davantage, et l'on forma un plus grand front, le terrain le permettant.

Les ennemis ne tardèrent pas de revenir à la charge avec la même impétuosité, et ils furent encore reçus l'épée à la main. On combattit vivement de part et d'autre, notre droite fut mise en désordre; mais le grand feu de l'infanterie arrêta les Impériaux et donna le temps aux troupes de se rallier et de retourner à la charge. Les ennemis firent ce qu'ils purent pour attaquer la gauche par le flanc; ils culbutèrent deux ou trois escadrons, qui ne pouvoient se rallier faute de terrain; ils les auroient enfoncés, sans les bataillons de Douglas et de la Ferté[1], que M. de Turenne avoit envoyés à la gauche fortifier celui de Champagne. Ces bataillons soutinrent l'effort de l'ennemi, en demeurant fermes et faisant un grand feu, de même que les pelotons d'infanterie dispersés le long de la ligne.

Les Allemands furent si maltraités à cette charge, qu'ils songèrent à leur retraite et de la faire avec le moins de confusion qu'il leur seroit possible. Ils avoient derrière eux, assez proche, de grands bois coupés par plusieurs chemins qui conduisoient vers Heilbronn. Pour se ménager le temps de les enfour-

1. Créé en 1651, ce régiment, qui prit plus tard le nom de la Sarre, avait pour colonel Henri-François de Senneterre, duc de la Ferté.

ner, ils envoyèrent à la charge les troupes qui devoient faire leur arrière-garde. Elles se présentèrent seulement devant la ligne des François, sur lesquels elles firent leur décharge ; elles tournèrent ensuite le dos en se débandant, et gagnèrent les bois à toutes jambes. La poussière qui s'étoit élevée, et la fumée de la poudre que le vent poussoit sur nos troupes les empêcha d'abord de bien distinguer cette manœuvre ; mais, dès qu'elle fut un peu dissipée, ils se mirent aux trousses des ennemis. [Le canon et l'infanterie furent les premiers à s'ébranler, puis tout le reste de l'armée. Cette artillerie avoit marché avec beaucoup de vitesse, et se trouva de beaucoup plus avancée que les troupes, lorsque celui qui la commandoit aperçut les ennemis] qui se rallioient et se rangeoient en bataille derrière la petite ville de Waibstadt[1], distante environ d'une lieue et demie de l'endroit où l'on avoit combattu. Il fit aussitôt entrer son canon dans un champ près du grand chemin, et faire sur eux des décharges à toutes volées. Ils [crurent par là que les troupes françoises étoient déjà avec leur canon et qu'elles alloient retomber sur eux. Dans cette pensée, ils] reprirent brusquement leur course sur Heilbronn, et ne s'arrêtèrent plus qu'ils n'eussent passé la rivière du Necker.

[M. de Turenne accourut au bruit du canon et détacha après l'ennemi M. de Renty, brigadier de cavalerie, avec quatre ou cinq cents chevaux, qui retourna le lendemain dire à M. de Turenne que toute leur armée avoit passé cette rivière.] Il décampa ce jour-là

---

1. A huit kilomètres nord de Sinzheim.

de Waibstadt et retourna à Sinzheim sur le champ de bataille. On n'y trouva pas plus de douze cents hommes tués de part et d'autre; cependant, les ennemis en avoient perdu deux mille : c'est qu'un très grand nombre de ceux qui avoient été blessés s'étoient jetés dans les bois voisins, où ils moururent faute de secours. Les seuls officiers de marque qui périrent dans cette occasion sont les colonels Stein[1] et Berrière. Les François comptèrent parmi les morts MM. de Saint-Abre[2], lieutenant général, Beauvizé[3], qui commandoit la cavalerie, deux mestres de camp, Villemont, maréchal des logis de la cavalerie[4], douze capitaines, huit d'infanterie, et plusieurs officiers subalternes. Les officiers blessés furent le comte de la Marck[5], maréchal de camp, le marquis de la Salle[6],

---

1. L'*Histoire militaire* dit qu'il ne fut que blessé; elle ne parle pas du suivant, que la *Gazette* appelle *Berrier* et *Bernier*.

2. Il ne mourut que le lendemain de la bataille et écrivit au Roi une très belle lettre qui a été reproduite dans les *Œuvres de Louis XIV*, t. III, p. 512.

3. M. de Beauvizé avait eu, en 1667, une commission pour lever un régiment de cavalerie.

4. Notre auteur est le seul à parler de ce Villemont; tous les autres récits disent Coulanges. C'est Philippe-Emmanuel, cousin de Mme de Sévigné, colonel de cavalerie depuis 1665 (Grimoard, *Lettres de Turenne*, t. II, p. 511 et 513).

5. Henri-Robert Eschallard de la Boulaye, comte de la Marck, qui avait relevé ce titre porté par son grand-père maternel, était maréchal de camp depuis 1672.

6. Louis de Caillebot, marquis de la Salle, était mestre de camp réformé; il obtint la même année la charge de sous-lieutenant des chevau-légers de la garde, eut celle de maître de la garde-robe en 1679 et ne mourut qu'en 1728. Notre auteur est le seul qui parle de lui et du comte de la Marck comme blessés à Sinzheim; toutes les autres relations donnent d'autres noms.

mestre de camp, quinze capitaines de cavalerie, onze d'infanterie, deux commissaires d'artillerie; il y eut des subalternes à proportion et douze cents cavaliers, dragons ou soldats, tant tués que blessés[1]; la plupart moururent de leurs blessures. Ce combat ne dura que trois heures et fut le premier de cette guerre qui détermina la victoire; car je ne compte pas le passage du Rhin pour un combat régulier. [Les ennemis, en celui-ci, revinrent à la charge avec beaucoup d'audace et eurent trop de confiance en leur valeur. Les François leur furent supérieurs, et la victoire qu'ils remportèrent fut l'ouvrage de leur général, et non de la fortune; c'étoit M. de Turenne, et j'ai tout dit.]

On ne demeura campé qu'un jour et deux nuits à Sinzheim, parce qu'on fut informé que M. de Bournonville, avec un corps d'infanterie, venoit de joindre les ennemis et se préparoit à passer le Rhin près de Mayence. M. de Turenne vint passer le pont de Philipsbourg et arriva à Lacken, près de Neustadt[2], où toutes les troupes de son armée vinrent le trouver avec leur artillerie, de sorte qu'il eut alors dix-neuf à vingt mille hommes et trente pièces de canon[3]. Sachant que les ennemis n'étoient pas plus forts que lui, que le reste même des troupes qu'ils attendoient n'étoit pas encore arrivé, il retourna passer le Rhin à Philipsbourg.

Les Impériaux étoient campés dans le Palatinat de l'autre côté du Necker, environ à une lieue de la

---

1. L'état officiel des pertes, vol. Guerre 413, n° 138, n'indique que six cent quarante-trois hommes tués et blessés.
2. Dans le Palatinat, au nord de Landau.
3. *Gazette*, p. 610-611; *Histoire de Louvois*, t. II, p. 75.

petite ville de Ladenbourg[1], et s'étoient retranchés dans leur camp. L'armée françoise marcha avec tant de diligence, que la tête se trouva le soir à dix lieues du pays d'où elle étoit partie le matin. En passant par Philipsbourg, elle se munit de grands bateaux de bois, faute d'autres, qu'elle fit transporter sur des chariots. Elle prit le chemin d'Heidelberg, et, le laissant à une demi-lieue sur la droite, s'arrêta au village de Wiblingen, situé sur le bord du Necker, à une lieue au-dessus de Ladenbourg, où les ennemis étoient campés[2]. Il s'en détacha deux ou trois troupes de cavalerie, qui parurent sur la hauteur, pour être à portée de nous reconnoître, et se retirèrent dès qu'on leur eut tiré quelques coups de canon.

Ce fut en cet endroit que M. de Turenne voulut passer la rivière. Il y avoit un gué, qui se trouva rompu. On se mit à le raccommoder et à réparer le pont. Pour protéger ce travail, ce général fit passer le gué à quatre escadrons, et quelques détachements d'infanterie traversèrent la rivière dans des bateaux et occupèrent un rideau qui régnoit le long de la rivière. Il fit aussi poster dans les halliers en deçà, sur le bord de la rivière, des dragons et de l'infanterie, et son artillerie derrière, sur une espèce de terrasse en plate-forme, qui dominoit dans toute la plaine depuis la rivière jusques au camp des ennemis.

On travailloit encore au pont, quand on vint dire

1. Sur le Necker, dans le Bas-Palatinat, à cinq kilomètres d'Heidelberg.
2. C'est parce que le gué de Ladenbourg était occupé par M. de Bournonville que Turenne se rapprocha d'Heidelberg pour passer le Necker à Wiblingen.

à M. de Turenne que les ennemis se retiroient, et que leur artillerie et leurs gros bagages étoient partis dès le matin et avoient filé vers Mannheim [par un pays couvert, ce qui avoit empêché les partis qu'il avoit dehors de s'en apercevoir. Cette nouvelle lui fut confirmée un moment après.] Aussitôt il fit passer sa cavalerie dans le gué, son infanterie et son artillerie sur le pont; mais, malgré la plus grande diligence, il ne put atteindre les ennemis. Il envoya en avant le comte de Roye, maréchal de camp[1], avec mille chevaux, afin de retarder leur marche et lui donner le temps de les joindre avec la tête de l'armée qu'il conduisoit et quelques pièces de canon. M. de Roye fit huit grandes lieues sans avoir aucune nouvelle des Impériaux, tant ils se hâtoient d'aller. A la fin, M. du Repaire, mestre de camp[2], qui l'avoit précédé avec deux cents chevaux, [rencontra au delà d'un défilé, dans une petite plaine, une garde de cent chevaux des ennemis, qu'il poussa jusque sur un rideau au bout de cette plaine, d'où il] aperçut dans un fond sept à huit de leurs escadrons à cheval, et le reste de leur arrière-garde qui faisoit repaître. Il fut poussé à son tour, et auroit eu de la peine à se tirer de ce défilé sans le chevalier de Torigny[3], que M. de Roye

1. Frédéric-Charles de la Rochefoucauld, neveu de Turenne, maréchal de camp depuis peu de mois, devint lieutenant général en 1676; il quitta la France après la révocation de l'édit de Nantes et mourut à Londres en 1690.
2. Pierre-Jean Genest du Repaire avait un régiment de cavalerie depuis l'année précédente.
3. Charles-Auguste de Goyon, chevalier de Torigny, puis comte de Gacé, qui devint maréchal de France en 1708, sous le nom de maréchal de Matignon.

avoit envoyé avec cent chevaux pour le soutenir en cas de besoin. [Ils firent ferme au delà de ce défilé]; puis il revint faire son rapport au comte de Roye, qui ne jugea pas à propos de s'engager plus avant, attendu que M. de Turenne ne pouvoit être que fort éloigné. On sut le lendemain que l'apparition de M. du Repaire avoit donné une furieuse alarme aux ennemis : leur cavalerie redoubla de force de jambes, et l'infanterie, qui ne pouvoit pas marcher si vite, eut peur d'en être abandonnée et se jeta dans les bois et dans les montagnes, où elle se débanda. M. de Bournonville, qui alla tout d'une haleine passer le Mein avec sa cavalerie, eut bien de la peine à la rassembler.

M. de Turenne revint camper sur le Necker à une lieue au-dessous de Ladenbourg, tout le long du Bergstrass, où il trouva abondamment de quoi faire subsister son armée. Le séjour de ses troupes occasionna bien du désordre dans ce pays, le plus beau du monde, orné de plusieurs villages et de quantité de gros bourgs qui ressembloient à des villes et représentoient l'abondance dans laquelle vivoient ceux qui l'habitoient. [Rien ne put retenir la fureur impitoyable de ces soldats. Ils mirent le feu presque partout, et le prétexte qu'ils en prirent fut que, dans la marche précédente, plusieurs traîneurs étant demeurés derrière à cause de la longue traite qu'ils avoient à faire, les paysans, qui étoient armés, descendirent des montagnes où ils s'étoient retirés, tombèrent sur eux et en tuèrent beaucoup; leur vengeance ne fut pas encore assouvie par ce trait : ils tronquèrent et mutilèrent les membres de la plupart de ces misérables, et ce cruel spectacle, que leurs compagnons virent à leur retour, alluma toute leur colère[1].]

L'électeur palatin fut si outré de l'incendie de son pays, que son premier mouvement fut de s'en prendre à M. de Turenne et de lui envoyer, par un trompette, un cartel de défi[2]. Il lui reprochoit son changement de religion, l'asile que le feu électeur avoit donné dans ses états au duc de Bouillon son père, et l'ingratitude du fils armé [comme une furie, disoit-il[3]] pour être le destructeur et l'incendiaire de ces mêmes États; il finissoit en lui en demandant satisfaction les armes à la main, seul contre seul, à pied ou à cheval, à son choix. M. de Turenne ne répondit point aux deux premiers articles; à l'égard du troisième, il s'efforça de persuader à l'Électeur que ses propres sujets s'étoient attiré ce désastre pour avoir pris les armes contre ses troupes et fait main basse sur tous ceux qu'ils avoient pu attraper à leur avantage, auxquels ils avoient fait souffrir des tourments cruels et inhumains; qu'il pouvoit l'assurer que la vengeance s'en étoit faite sans son ordre; que, pour ce qui étoit du combat particulier qu'il lui proposoit, il ne lui étoit pas libre de l'accepter, n'étant pas en pouvoir de disposer de sa personne, mais qu'il se présenteroit à la tête de

1. *Histoire militaire*, p. 395-396; Rousset, *Histoire de Louvois*, p. 78-82.
2. C'est le 27 juillet que l'Électeur adressa ce cartel au maréchal; le texte en a été publié par le général de Grimoard dans les *Lettres et mémoires de Turenne*, t. II, p. 537; voir aussi le volume Guerre 411.
3. Cette expression ne se trouve pas dans le texte de Grimoard.

l'armée qu'il commandoit contre celle qu'il voudroit lui opposer.

Pendant que M. de Turenne faisoit subsister son armée dans le Palatinat, plusieurs troupes des cercles de l'Empire et de la plupart des princes joignirent M. de Bournonville aux environs de Francfort : tellement qu'il eut une armée de plus de quarante mille hommes[1], avec laquelle il marcha pour passer le Rhin vers Mayence. M. de Turenne se mit en devoir de faire barre partout aux ennemis, quoiqu'ils fussent de moitié plus forts que lui. Il profita de la mésintelligence qui règne ordinairement entre des troupes qui appartiennent à plusieurs maîtres, [dont les intérêts sont presque toujours différents, quelque unis qu'ils paroissent être dans le plan général]. Il retira à cette fin son armée du Palatinat, repassa le Rhin à Philipsbourg, et alla encore camper près de Neustadt[2]. A son arrivée, il reçut un courrier de la cour, qui faillit déconcerter ses mesures[3]. Ses ordres portoient de quitter l'Alsace et d'entrer en Lorraine : on supposoit à la cour que M. de Turenne ne pourroit garantir l'Alsace contre une armée aussi grosse, et qu'on savoit devoir être encore renforcée de vingt mille hommes que l'électeur de Brandebourg y conduisoit en per-

---

1. L'armée ennemie ne comptait que trente mille hommes ; Turenne en avait vingt-cinq (*Histoire de Louvois*, p. 83-84).

2. Ci-dessus, p. 145.

3. Camille Rousset, dans son *Histoire de Louvois* (t. II, p. 84), a parlé à peine de l'incident que Saint-Hilaire va raconter; on peut voir à ce sujet le recueil de Grimoard, t. II, p. 548-550 (lettre du 8 août), et les *Mémoires de Saint-Simon*, éd. 1873, t. XII, p. 21 et 55-58, où ces détails sont confirmés.

sonne; on craignoit, de plus, que l'armée du prince d'Orange, composée des troupes de l'Empereur, de celles d'Espagne et des Provinces-Unies, n'entrât en France, comme il en avoit répandu le bruit, malgré tous les efforts que Monsieur le Prince pourroit faire pour l'en empêcher, son armée étant inférieure en nombre à celle des alliés. On prétendoit donc, quoique ce fût exposer la frontière de France la plus considérable, que M. de Turenne vînt en Lorraine, pour qu'il fût à portée d'arrêter une irruption qu'on appréhendoit sur les frontières de Champagne.

M. de Turenne, qui savoit parfaitement prévenir les événements, ne put se résoudre à souscrire à cet ordre, qui lui parut suspect, lui venant par le canal de M. de Louvois, dont il avoit à se plaindre depuis quelque temps. Il prit le parti d'écrire au Roi en droiture et de lui remontrer qu'il ne croyoit point qu'il fût du bien du service de Sa Majesté d'obéir en cette occasion; que celui qui lui avoit envoyé l'ordre de sa part n'en avoit pas, sans doute, prévu toutes les conséquences, ou ne lui avoit pas rendu un compte fidèle de l'état des affaires, dont il n'étoit peut-être pas bien informé; que, pour lui qui l'étoit mieux, il se sentoit obligé, comme son fidèle serviteur, de lui représenter que, dans la situation où il avoit appris qu'étoient les armées en Flandre, les ennemis ne pouvoient rien entreprendre impunément devant Monsieur le Prince, qui assurément ne leur laisseroit prendre aucun avantage, et que sa supériorité sur les chefs des ennemis, jointe à la valeur de ses troupes, le rendoit plus fort qu'eux; que, pour ce qui concernoit les affaires d'Allemagne, qu'il lui avoit fait l'honneur de lui confier, il pouvoit l'assurer qu'il ménageroit si bien le terrain et les conjonctures, que les ennemis n'auroient aucun avantage; que, quand même ils pénétreroient en Alsace, vu le peu de troupes qu'il avoit à leur opposer, il se promettoit de les en chasser avant la fin de la campagne, si le Roi consentoit à lui envoyer une partie de ses troupes de Flandres sitôt qu'elle y seroit finie; qu'au surplus, après que Sa Majesté auroit eu la bonté d'examiner ce qu'il avoit l'honneur de lui représenter, il obéiroit sans réplique, mais qu'il lui demandoit en grâce de vouloir bien dorénavant lui faire passer ses ordres par le canal de M. le cardinal de Bouillon, son neveu, pour des raisons qu'il espéroit un jour avoir l'honneur de lui dire, et de trouver bon qu'il se servît du même moyen pour lui rendre compte de ses actions et de tout ce qui se passeroit en Allemagne.

[Ceci ne plut point du tout à M. de Louvois, qui porta si loin l'animosité qu'il avoit contre M. de Turenne, qu'il ne tint pas à lui que le Roi ne le fît arrêter sous prétexte qu'il n'avoit point voulu déférer aux premiers ordres; mais, comme S. M. est naturellement modérée et pénétrante, elle connut bien le motif qui faisoit agir son ministre] et que M. de Turenne ne proposoit rien qui ne tendît au bien de son service : ainsi, elle lui permit de faire tout ce qu'il jugeroit à propos pour le mieux.

M. de Turenne se tint quelques jours aux environs de Neustadt, pour consommer les fourrages et pourvoir à la sûreté de Philipsbourg. Il alla ensuite camper contre Landau[1], [se couvrant du ruisseau qui y passe]. Pendant qu'il étoit dans ce camp, il reçut la nouvelle de la journée de Seneffe, et en fit des réjouissances avec son armée.

Les Impériaux, sous la conduite du comte de Souches[2], les Espagnols, commandés par M. de Monterey, et les Hollandois, par le prince d'Orange, avoient assemblé aux environs de Louvain une armée de plus de quarante mille hommes et menaçoient d'entrer en France. L'exécution de ce projet n'étoit pas facile, Monsieur le Prince pouvant leur opposer une armée de trente mille hommes, avec laquelle il les observoit soigneusement. Ils changèrent donc de dessein et résolurent de le prévenir lui-même en formant le siège de quelques places. Ils quittèrent leur camp de Seneffe, le 20 août, pour le placer entre Binche et Marimont[3]. Les Impériaux avoient l'avant-garde, les Hollandois formoient la bataille, et les Espagnols l'arrière-garde, qui étoit fermée par quatre mille chevaux détachés des trois corps et commandés par le prince de Vaudémont[4]. Monsieur le Prince alla reconnoître

---

1. Vol. Guerre 412.
2. Louis Rattwit, comte de Souches, était originaire de la Rochelle ; après avoir servi en Suède, il était entré dans l'armée impériale et était devenu maréchal de camp général en 1664. Il mourut en 1682, étant membre du conseil de guerre de Vienne.
3. Binche, dans le Hainaut, entre Mons et Charleroy, était le chef-lieu d'une prévôté importante ; Marimont, maison de plaisance bâtie par la reine de Hongrie sœur de Charles-Quint, n'était qu'à une lieue et demie de Binche.
4. Sur la bataille de Seneffe, on peut voir les *Mémoires de la Fare*, p. 274-276 ; ceux *de Villars*, t. I, p. 18-23 ; la *Gazette*,

leur marche, [dès qu'il en fut averti, fit prendre les armes et résolut d'attaquer leur arrière-garde. Il se mit à la tête des troupes, suivi du reste de l'armée], et pourvut à la sûreté de son camp[1]. Il joignit l'arrière-garde ennemie près de Seneffe. A la première charge, la cavalerie commandée par le prince de Vaudémont plia : elle ne se rallia qu'au débouché d'un défilé, où elle s'épaula de quelques bataillons hollandois qui vinrent la secourir; mais Monsieur le Prince s'empara aussitôt du défilé et fit charger une seconde fois par les gardes du corps, par quelques escadrons de cavalerie légère et par quelques bataillons. Les ennemis furent rompus; on en fit une grande boucherie. Monsieur le Prince, continuant sa pointe, rencontra un second défilé, qu'il gagna, mais où le combat fut beaucoup plus rude qu'il n'avoit été jusque-là. Il battit encore l'ennemi, et eût apparemment poussé plus avant sa victoire, si les Suisses, à qui il commanda de s'emparer d'un troisième défilé, qu'il leur montra, eussent été plus prompts à lui obéir.

Le comte de Souches les prévint avec ses troupes, qu'il ramena sur le bruit du combat, et, faisant tête avec vigueur, occupant des ravines et des terrains favorables, il s'y maintint si bien pendant le reste du jour, qu'il fut impossible à Monsieur le Prince de l'en

---

p. 907-923, les correspondances que renferment les volumes Guerre 400 et 403, et le récit de Mgr le duc d'Aumale dans le tome VII de son *Histoire des princes de Condé*. Notre auteur n'y assistait pas; il était alors, avec son père, à l'armée de Turenne.

1. Il était campé à Piéton, commanderie de l'ordre de Malte, à quatorze kilomètres ouest de Charleroy.

chasser, quoiqu'il les fît charger plusieurs fois, et mit en œuvre l'art de la guerre qu'il possédoit à un degré si éminent[1].

Le combat avoit duré douze heures; les deux partis étoient beaucoup affoiblis, fort las et fatigués, [et les deux armées étoient en bataille l'une devant l'autre à s'observer], lorsque, sur les dix heures du soir, les François crurent que le combat alloit recommencer. Les ennemis firent feu sur eux de toute leur ligne, et les surprirent si fort, qu'ils se renversèrent les uns sur les autres. Les ténèbres de la nuit augmentoient le désordre, et Monsieur le Prince, ne pouvant l'apaiser, et craignant des suites funestes, ordonna que toute l'armée retournât dans le premier camp; mais ce feu des ennemis n'étoit que pour favoriser leur retraite, car ils avoient déjà renvoyé par les derrières toute leur seconde ligne et leur réserve. La première, voulant se retirer sans être pressée, employa ce stratagème, qui lui réussit parfaitement; car toute cette armée ne fut plus inquiétée dans sa marche, et alla camper au lieu où elle avoit résolu d'aller avant le combat.

Les ennemis perdirent environ douze mille hommes, dont un tiers demeura sur le champ de bataille; les autres furent blessés ou faits prisonniers. Parmi eux, il y avoit un duc d'Holstein[2], les princes de Salm[3] et

1. Rousset (*Histoire de Louvois*, t. II, p. 42-52) a vivement critiqué l'opiniâtreté de Monsieur le Prince.
2. Joachim-Ernest II, de la branche de Redswich, était général de la cavalerie espagnole aux Pays-Bas; il devint plus tard amiral d'Ostende et chevalier de la Toison d'or.
3. Charles-Théodore-Othon, prince de Salm, qui avait épousé

de Nassau[1], le comte de Mérode[2], plusieurs officiers principaux et beaucoup de subalternes. On prit cent sept étendards ou drapeaux, trois pièces de canon, deux petits mortiers, plusieurs pontons, et plus de trois mille chariots de bagage, dont on brûla la plus grande partie. Les Hollandois y perdirent aussi deux cent mille écus destinés au payement des troupes. [Les François y perdirent sept à huit mille hommes, dont une moitié resta sur le champ de bataille, et l'autre fut blessée.] Le chevalier de Fourilles[3] et le marquis de Rochefort, lieutenants généraux, furent blessés; le premier en perdit la vie. M. du Montal, maréchal de camp[4], plusieurs officiers principaux et subalternes furent aussi tués ou blessés. On perdit quatre ou cinq étendards. Ce fut ainsi que se passa la journée de Seneffe, glorieuse à la nation et à Monsieur le Prince, qui s'y montra le même qu'il avoit paru à la bataille de Rocroy, à celles de Nordlingue, de Fribourg, d'Arras, de Dunkerque et de Saint-Antoine. Celle-ci auroit été plus glorieuse pour lui, s'il eût pu s'emparer du

en 1671 une princesse palatine, sœur aînée de la duchesse d'Enghien, belle-fille du grand Condé.

1. Georges-Frédéric de Nassau-Siegen, gouverneur de Berg-op-Zoom et mestre de camp de la cavalerie hollandaise. Il reçut une grave blessure, et en mourut peu après.

2. Maximilien, comte de Mérode, avait un régiment d'infanterie wallonne au service d'Espagne; il mourut en mars 1675.

3. Ci-dessus, p. 78. Voyez les *Mémoires de Gourville*, t. II, p. 78, sur ses derniers moments et sur son admiration pour le Grand Condé. Il avait été pour Louvois un précieux auxiliaire dans l'œuvre de la réforme de la cavalerie.

4. M. du Montal fut gravement blessé d'un coup de mousquet à la jambe.

troisième défilé, ou s'il se fût contenté d'avoir emporté les deux premiers, d'avoir défait une partie considérable de l'armée et pris tout le bagage.

Peu de jours après cette action, Monsieur le Prince alla camper vers Maubeuge, et les ennemis vers Quiévrain. Ils y rafraîchirent leur armée et réparèrent le dérangement causé par le combat précédent. Ayant ensuite été renforcés par quelques nouvelles troupes qui leur arrivèrent, ils assiégèrent Audenarde[1]. Monsieur le Prince les suivit aussitôt, ramassant les troupes des garnisons dont il grossit son armée, et marcha par Tournay et le pont d'Espierres[2] pour leur faire lever le siège. Il y avoit huit jours que la tranchée étoit ouverte, quand Monsieur le Prince se trouva sur eux. Le prince d'Orange ne voulut pas lever le siège, mais tenter un second combat. M. de Souches, loin d'être de cet avis, commença par faire retirer vers Gand les troupes impériales, et le prince d'Orange fut contraint de le suivre[3]. Heureusement pour lui qu'il survint au point du jour un gros brouillard, qui cacha sa retraite ; car Monsieur le Prince n'auroit pas manqué de battre au moins son arrière-garde, dont la perte de toute l'armée se seroit peut-être ensuivie [à cause de la dis-

---

1. La tranchée fut ouverte le 16 septembre ; auparavant, le marquis de Ranes avait pu se jeter dans la place, avec deux cents cavaliers, pour suppléer le gouverneur, très âgé.

2. Espierres, sur l'Escaut, à deux lieues et demie au sud de Courtray.

3. Le 23 septembre. Les Allemands repassèrent dans le Palatinat ; l'armée espagnole se sépara, et le prince d'Orange alla au siège de Grave. Les lettres relatives au débloquement d'Audenarde sont dans les volumes 400 et 401 du Dépôt de la guerre.

sension des chefs]. Le prince d'Orange ne put pardonner au comte de Souches le tour qu'il prétendoit qu'il lui avoit joué. Il lui imputa tout le mauvais succès de cette campagne, quoiqu'il eût sauvé l'armée hollandoise à Seneffe ; il fit de grandes plaintes de ce général, et, soit que l'Empereur les crût fondées, ou bien qu'il voulût donner cette satisfaction au prince d'Orange, il rappela bientôt M. de Souches, et ne lui donna plus d'emploi depuis.

Après cette retraite, les Allemands entrèrent dans leurs quartiers d'hiver, et le prince d'Orange mena les troupes hollandoises achever le siège de Grave, que M. de Rabenhaupt avoit commencé depuis plus de deux mois [et qui se tiroit en lenteur par la bonne défense de ceux de dedans. Quoique ce siège se réchauffât par l'arrivée du prince d'Orange, qui le poussa avec vigueur, M. de Chamilly, qui défendoit la place avec toute sorte de bonne conduite et de valeur, ne l'auroit pas rendue si tôt, quoiqu'il n'attendît aucun secours, sans un ordre qu'il reçut de la cour de le faire sous des conditions honorables : ce qui fut exécuté[1]].

Entre plusieurs actions mémorables qui se firent durant ce siège, celle de M. de Melin, brigadier de cavalerie[2], ne doit pas être oubliée. Il s'agissoit de

---

1. Grave, ville forte sur la Meuse, que nous avons vu prendre par Turenne en 1672, était assiégée depuis le mois de juillet et défendue par Noël Bouton, marquis de Chamilly, alors brigadier, qui se distingua par sa valeur et son opiniâtreté. En quatre-vingt-treize jours de tranchée, les assiégeants perdirent douze mille hommes, et la ville ne se rendit, le 26 octobre, que sur l'ordre formel du roi. (Vol. Guerre 399-401.)

2. N. de Melin était à la tête d'un régiment de cavalerie depuis 1658.

fournir à cette place des secours en argent et d'en tirer les otages hollandois qui y avoient été conduits pour sûreté du payement de deux millions dus pour reste de contribution ou de rachat des villes abandonnées. Ce brigadier entreprit de faire ces deux choses en même temps. Il partit de Maëstricht avec six cents chevaux et dix mille pistoles. Arrivé près de Grave sans être découvert, il traversa le camp des ennemis en plein jour et se jeta à bride abattue dans la place. Après qu'il y eut fait repaître, il en sortit avec les otages et ses troupes, et revint à Maëstricht sans avoir fait aucune perte considérable[1]. La prise de cette ville finit la campagne de Flandre.

[Parlons un peu de ce qui se passa sur mer. La paix que les États d'Hollande avoient conclue avec l'Angleterre les rendit maîtres de la mer, et, n'ayant plus cette armée à combattre, ils partagèrent la leur en deux corps. Le premier, sous M. de Ruyter, fit voile vers les îles de la Martinique, à dessein d'en chasser les François; mais il y fut si bien reçu, qu'il fut obligé de faire rembarquer ceux qu'il avoit fait descendre à terre, et y perdit beaucoup de monde.]

[M. Tromp, avec l'autre corps, vint faire une descente à Belle-Isle, où il ne fit rien. De là il passa dans l'île de Noirmoutier, où il séjourna quinze jours ou trois semaines, et, voyant qu'il ne pouvoit rien entreprendre sur les côtes voisines, parce qu'elles étoient trop bien gardées, il rembarqua son monde, après avoir fait enlever le bétail et rançonner les habitants de l'île de Noirmoutier. Puis cette armée alla passer

---

1. Voyez l'*Histoire militaire*, p. 389.

le détroit, et vint à Barcelone offrir de faire descendre quinze cents hommes pour joindre à l'armée des Espagnols. Ceux-ci les en remercièrent, et proposèrent de les faire passer en Sicile, où les troubles commençoient. M. Tromp s'en excusa sur ce qu'il n'en avoit point d'ordre de ses maîtres, et ramena son armée en Hollande.]

[Il est certain que les Espagnols avoient grand besoin de troupes en Sicile, où ordinairement ils n'en tenoient guère, quoiqu'ils gouvernassent ce peuple assez tyranniquement, lequel, s'en lassant à la fin, voulut profiter de la conjoncture des temps, et se révolta contre les Espagnols[1].]

La première sédition arriva à Messine. Quelques-uns de la principale noblesse du pays se mirent à la tête du peuple, prirent les armes, et vinrent à la maison du gouverneur[2] dans le dessein de s'assurer de sa personne; mais il eut le temps de se sauver dans un des forts[3]. Les Messinois l'y assiégèrent. Ayant ainsi levé le masque, ils députèrent des principaux de leur noblesse pour venir en France demander du secours à Louis XIV, offrant de mettre leur ville et leur pays sous sa domination, [en assurant que tout ce royaume suivroit leur exemple et chasseroit les Espagnols sitôt qu'il apprendroit que Sa Majesté le prenoit sous sa

---

1. Cette révolte fut amenée par l'excès des impôts, et surtout par les pillages effrontés des gouverneurs espagnols. La cause déterminante en fut l'exécution à mort de l'auteur d'un libelle contre le gouverneur.

2. Don Diego de Soria.

3. Le fort San-Salvador, à l'entrée du port (ci-après, p. 161).

protection]. L'offre fut acceptée, et le Roi leur envoya quelques vaisseaux commandés par M. de Valbelle, chef d'escadre[1], avec quinze cents hommes, qui débarquèrent à Messine, attaquèrent le château de San-Salvador, et le prirent[2]. Après cela, M. de Valbelle vint rendre compte au Roi des affaires de ce royaume. Sur son rapport, Louis XIV y envoya un secours de troupes plus considérable, sous les ordres de M. de Vallavoire, lieutenant général[3]. Il espéroit, par ce moyen, faire une puissante diversion des forces d'Espagne et obliger cette couronne à de grandes compensations lorsqu'on feroit la paix[4].

Les hostilités avoient commencé contre elle en Catalogne dès l'année précédente, et le Roi y avoit envoyé M. Le Bret, maréchal de camp, avec quelques troupes, qui avoient eu du désavantage au Boulou[5]; M. Le Bret y fut même blessé. Mais, cette année, le Roi donna ce commandement à M. de Schönberg[6],

1. Jean-Baptiste, chevalier de Valbelle, capitaine de vaisseau en 1666, chef d'escadre en 1673; il mourut le 17 avril 1681.
2. Les Espagnols, désespérant d'être secourus, se rendirent par capitulation.
3. François-Auguste de Vallavoire, pour lequel la seigneurie de Vaulx fut érigée en marquisat en 1652 sous le nom de Vallavoire, était lieutenant général depuis 1655; il eut ensuite le gouvernement de Sisteron.
4. Cette expédition de Messine et l'occupation d'une partie de la Sicile par les Français ont fait l'objet d'une étude de M. Engelhardt, dans la *Revue d'histoire diplomatique*, année 1900; on trouvera des documents dans les volumes Guerre 463 et 464, et aux archives de la Marine, reg. B² 27 et B⁴ 7 et 8.
5. Petite ville sur le Tech.
6. Frédéric-Armand, comte de Schönberg, Allemand passé au service de France en 1650, était lieutenant général depuis

lieutenant général, qui eut en tête le duc de Saint-Germain, vice-roi du pays[1], avec une armée de treize à quatorze mille hommes. Le général espagnol se mit le premier en campagne et prit le château de Bellegarde avant que les François fussent en état de le secourir[2]. Dès que leur armée fut assemblée, elle alla camper à Céret, ensuite à Saint-Jean-de-Pages[3], où il y avoit un poste que les ennemis attaquoient avec un détachement de leur armée. Ce détachement se retira à l'approche de l'armée du Roi, et rejoignit la sienne, qui étoit campée tout proche.

Dans cette situation, les deux armées se retranchèrent et se canonnèrent pendant trois jours. Sept ou huit jours après, le baile ou maire de Céret vint sur les onze heures du soir donner avis à M. de Schönberg que les ennemis se retiroient en Catalogne. On le questionna beaucoup sur cet avis, qui parut suspect; mais il certifia si positivement son rapport, que M. de Schönberg se mit en état d'en profiter au cas qu'il se trouvât véritable. Il ordonna à toute l'armée d'être en bataille au point du jour, à la tête de son camp.

1655 et devint maréchal de France en 1675; après la révocation de l'édit de Nantes, il émigra en Portugal, puis en Brandebourg, enfin en Angleterre, avec Guillaume d'Orange, et fut tué à la bataille de la Boyne (1690).

1. François Tuttavilla, duc de San-Germano et grand d'Espagne, avait été vice-roi de Valence, de Navarre et de Sardaigne avant de passer en Catalogne (1669); il fut fait conseiller d'État en 1678, et mourut l'année suivante.

2. *Histoire militaire*, p. 410. Ce fort fermait le col de Pertuis, sur la route de Perpignan à Figuères.

3. Ou Saint-Jean-Pla-de-Cors, petite commune du canton de Céret.

Dès qu'on vit assez clair pour distinguer les objets, on aperçut des mulets chargés de bagages [au haut du col de Pertuis], faisant tête du côté de Catalogne. Aussitôt M. Le Bret, qui étoit à la tête des troupes, crut que les ennemis se retiroient effectivement, et, sans consulter davantage ni avertir le général[1], il prit une partie de la cavalerie, qu'il harangua militairement, et passa avec elle une petite rivière qui séparoit les deux armées, dans l'intention de battre l'arrière-garde des ennemis et de ne partager avec personne la gloire de cette action. Les Espagnols, pour l'engager de plus en plus, lui laissèrent passer encore un défilé au delà de la rivière; mais, comme il voulut s'étendre, il trouva des ravins farcis de toute l'infanterie espagnole, qui le reçut à grands coups de mousquet et le mit entièrement en désordre. En même temps leur cavalerie chargea celle de M. Le Bret, déjà fort ébranlée, et la mit en fuite. M. de Schönberg, entendant ce grand feu de sa tente, où il étoit encore, monta vite à cheval. Ayant appris ce qui se passoit, il fit marcher toute son infanterie et le reste de sa cavalerie pour dégager M. Le Bret; mais, dès que les milices du Languedoc, qui composoient la plus grande partie de son infanterie, eurent entendu les premiers coups de mousquet, une terreur panique les prit et les fit fuir jusqu'à Perpignan. Leur exemple fut suivi par la plus grande partie de l'armée, presque toute composée de troupes de nouvelles levées. M. de Schönberg, voyant que le mal étoit si grand qu'il n'y avoit plus de remède, fit

---

1. M. Le Bret, mécontent de ne plus commander en chef, vouloit avoir l'honneur d'un combat heureux.

sonner la retraite, et, rassemblant près de lui ce qui restoit de plus braves gens, il les tint ferme et revint dans son camp, [à la tête duquel il les mit en bataille sur le plus grand front qu'il fut possible, et avec une aussi bonne contenance que si toute son armée y avoit été, quoique les deux tiers fussent en fuite[1]. Le duc de Saint-Germain, qui avoit eu affaire à lui en Portugal, fut trompé par le stratagème, si toutefois on peut lui donner ce nom, et, se contentant de l'avantage qu'il venoit de remporter, il fit retirer ses troupes dans leur camp]. M. de Schönberg, après avoir rassemblé les fuyards, resta six semaines dans ce camp, pendant lesquelles ses milices furent attaquées d'un flux de sang. Il le quitta au bout de ce temps pour se rendre à Elne. Les ennemis voulurent tâter son arrière-garde, qui avoit déjà passé un ruisseau; mais, trouvant les ravines et les défilés garnis d'infanterie, ils s'en retournèrent sans rien entreprendre. Peu de jours après, sur les nouvelles de la révolte de Messine, ils partirent pour la Catalogne. M. de Schönberg mena son armée se rafraîchir en Cerdagne, d'où elle ne se retira que pour aller prendre les quartiers d'hiver.

Du côté de l'Allemagne, la campagne reprit vigueur au commencement de septembre. L'armée ennemie étoit d'environ quarante mille hommes et devoit encore, en peu de jours, être fortifiée par l'électeur de Brandebourg, qui y amena vingt à vingt-cinq mille hommes de ses troupes. Avec cette armée prodigieuse

---

1. Ce combat, qui porte le nom du petit village de Morillas, fut livré le 19 juin (*Histoire militaire*, p. 411-412; vol. Guerre 415).

en comparaison de celle de M. de Turenne, formée seulement de vingt à vingt-deux mille hommes, les alliés ne se promettoient pas moins que de conquérir l'Alsace [et d'en chasser M. de Turenne; mais si ce projet étoit beau, il n'étoit pas si facile à exécuter]. Dès le commencement, ils eurent entre eux plusieurs difficultés sur la manière de faire agir leur armée. L'électeur palatin, à qui l'honneur du commandement en fut déféré tant qu'elle resta dans ses États, souhaitoit qu'on assiégeât Philipsbourg, qui l'incommodoit fort. Les autres opinoient qu'il falloit attendre l'arrivée de l'électeur de Brandebourg, et que, la saison étant trop avancée pour ce siège, [dont même les matériaux leur manquoient], il falloit songer à chasser de l'Alsace M. de Turenne et sa petite armée, pour prendre des quartiers d'hiver dans cette province. Ils ajoutoient qu'il falloit d'abord se rendre maître de Brisach, [dont la garnison étoit foible, et que les François ne pouvoient plus soutenir; mais, pour en venir à bout, il y avoit deux choses à faire] : passer le Rhin près de Mayence, et repousser M. de Turenne pour entrer dans la Basse-Alsace. Ils convenoient que ce projet souffriroit des difficultés, parce que cet habile général leur disputeroit le terrain et qu'il prendroit de si bons postes, qu'il seroit dangereux de l'attaquer; mais ils représentoient aussi qu'ils se couvriroient de honte de ne le point faire avec une armée si supérieure. On observoit, d'un autre côté, que, si l'on venoit à repousser M. de Turenne et à pénétrer dans la Basse-Alsace, on trouveroit le pays si ruiné et si mangé par ses troupes, qu'on n'y pourroit subsister qu'en envoyant des convois, que la garnison de Philipsbourg ne manqueroit pas de couper, ou du moins de fort incommoder. Ainsi, le meilleur et le plus sûr parti qu'il y avoit à prendre étoit de négocier secrètement avec les habitants de Strasbourg pour avoir leur pont du Rhin et des vivres, et qu'alors, en passant ce fleuve, on se trouveroit au milieu des deux Alsaces et l'on se rendroit maître de la haute, sans que M. de Turenne pût l'empêcher. [Cependant il n'y avoit point d'inconvénient à passer le Rhin vers Mayence et à s'approcher de Spire, pour tâcher d'obliger M. de Turenne de faire quelque mouvement dont ils pussent profiter, ou tout au moins lui donner beaucoup d'inquiétude.]

Les ennemis commencèrent d'agir en conséquence. Ils passèrent le Rhin vers Mayence et s'avancèrent du côté de Spire. M. de Turenne, qui prévoyoit mieux qu'eux tout ce qu'ils pouvoient faire, commença à leur chicaner le terrain, et tint l'œil à tout. Après qu'il eut fait consommer par son armée les vivres et les fourrages des environs de Landau, il se retira un peu en arrière et la campa près du village de Winden[1], se couvrant du ruisseau. Comme ce poste étoit bon [et le travers du terrain, depuis les montagnes jusqu'au Rhin, moins étendu qu'au camp précédent, et par conséquent plus avantageux à occuper], M. de Turenne résolut d'y tenir ferme et de combattre les ennemis, en cas qu'ils l'y vinssent attaquer; mais ils se contentèrent de le tenir fort alerte, et envoyèrent souvent en avant des têtes d'armée, pour épier sa contenance et

---

1. Sur le Nunerbach, à deux lieues et demie au sud de Landau.

tâcher de l'ébranler. Sur tout cela, M. de Turenne demeuroit ferme comme un rocher et mettoit son armée en bataille dès le point du jour, pour leur témoigner qu'il les attendroit de pied ferme. Ils se lassèrent enfin de leur manœuvre et firent remonter un pont de bateaux, qu'ils dressèrent derrière leur camp. M. de Turenne jugea qu'ils se préparoient à repasser bientôt le Rhin et à longer de l'autre côté vers le pont de Strasbourg. Ainsi il résolut de faire charger leur arrière-garde, quand ils repasseroient le Rhin, et de les prévenir au delà du défilé de Graben[1], par lequel ils étoient forcés de passer. Il envoya ordre à M. Colbert de Maulévrier, qui commandoit dans Philipsbourg, de rétablir incessamment son pont de bateaux et de tenir des partis continuels sur les ennemis, afin d'être averti du moment qu'ils passeroient le Rhin, et d'en donner le signal par six coups de canon qu'il feroit tirer de sa place. En même temps, un détachement de sa garnison devoit s'emparer du château et du défilé de Graben. Après ces dispositions, M. de Turenne détacha le baron de Montclar[2], qui commandoit la cavalerie, avec deux mille chevaux et six cents dragons, et le fit avancer au défilé de Pelick[3]. Il avoit ordre d'en partir aussitôt qu'il auroit entendu le signal de Philipsbourg, pour aller attaquer l'arrière-

1. Bourg du grand-duché de Bade, à quelques kilomètres au sud de Philipsbourg, qui était le point d'intersection de plusieurs routes importantes.
2. Joseph de Pons de Guimera, baron de Montclar (1625-1690), était maréchal de camp ; il devint lieutenant général en 1677 et mestre de camp général de la cavalerie légère en 1679.
3. Entre Landau et Philipsbourg.

garde des ennemis au passage du Rhin; il devoit ensuite aller promptement passer ce fleuve sur le pont de Philipsbourg, afin de se rendre à Graben et de soutenir ce poste, en attendant M. de Turenne, qui suivoit avec toute son armée. Mais, comme il arrive que les entreprises les mieux concertées manquent souvent par la faute des causes secondes, il arriva que M. de Maulévrier ne fut averti que fort tard, par ses partis, du passage des ennemis, et que, quand M. de Montclar voulut tomber sur eux, ils avoient déjà passé le fleuve, et le pont étoit déjà à moitié démoli. Il se mit aussitôt en devoir d'exécuter l'autre partie de son ordre; mais il apprit, en arrivant à Philipsbourg, que M. de Maulévrier n'avoit pu occuper le poste de Graben, parce que les ennemis l'y avoient devancé et y tenoient déjà un corps de dix à douze mille hommes. Cette affaire manquée, M. de Turenne rappela le baron de Montclar et prit des mesures pour empêcher que les ennemis ne passassent sur le pont de Strasbourg. Il envoya donc en toute diligence le marquis de Vaubrun, lieutenant général[1], avec douze cents chevaux, cinq cents dragons et deux mille cinq cents fantassins choisis et montés sur des bidets, pour se rendre maître du fort de l'Étoile, qui tenoit le bout du pont de Strasbourg[2] du côté de la ville, et

1. Nicolas II Bautru, mestre de camp général des carabins (1658), maréchal de camp (1667), puis lieutenant général (1674), avait eu diverses missions diplomatiques en Allemagne. Nous le verrons périr au combat d'Altenheim (1675).

2. Le pont de Strasbourg, ou plutôt de Kehl, traversait le Rhin sur plusieurs îles, dans chacune desquelles on avait bâti des forts ou des redoutes.

où il n'y avoit qu'une méchante garnison d'environ trente hommes. M. de Turenne suivit ce détachement avec toute l'armée.

M. de Vaubrun arriva devant le fort assez à temps pour l'emporter (il n'étoit pas revêtu); mais il en perdit trop à délibérer sur la manière de l'attaquer. Le fossé parut profond à ceux qui allèrent de sa part le reconnoître; ils rapportèrent qu'il étoit partagé par une bonne palissade, dont les pointes paroissoient à fleur d'eau. Il jugea donc qu'il ne pourroit l'emporter d'emblée, et que, pendant cet intervalle, ceux de Strasbourg, sortant de leur ville, et les Impériaux, arrivant de l'autre côté par le pont, lui feroient honteusement abandonner l'entreprise avant que M. de Turenne pût arriver pour le soutenir. Cette dernière supposition fut véritable; mais la diligence auroit mis à couvert de l'autre. Quoi qu'il en soit, il manqua ce coup de partie, pour lequel il falloit sacrifier du monde sans perdre un temps si précieux en réflexions.

Quatre mille chevaux des Impériaux arrivèrent; leurs dragons se jetèrent dans le fort, et en écartèrent les François à coups de fusils. Pendant que cette cavalerie passoit le pont et se mettoit en bataille sous la protection du fort à mesure qu'elle arrivoit, ceux de Strasbourg sortirent et tirèrent leurs canons sur les François. Quand M. de Turenne parut sur les neuf heures du matin, il trouva cette affaire importante manquée et les troupes de M. de Vaubrun retirées[1]. Il

1. *Gazette*, p. 1046. C'est le 26 septembre que Turenne apprit que les ennemis avaient passé à Graben; il marcha aussitôt sur Strasbourg par l'Alsace et arriva le 29 à Wantzenau

campa son armée près du village de la Wantzenau[1], à une lieue au-dessous de Strasbourg ; il y reçut un renfort de quatre à cinq mille hommes. Après cela, il ne songea plus qu'à combattre les ennemis dès qu'ils auroient passé le Rhin et s'étendroient dans l'Alsace. Cela ne tarda guère d'arriver. Il apprit que, après avoir passé le Rhin, et sans attendre que M. de Brandebourg les eût joints, ils traversoient la rivière d'Ill et marchoient sur Molsheim, se couvrant de la rivière de Brusch. Il leva son camp de la Wantzenau et marcha droit au village de Holzheim[2], le long duquel coule la Brusch. Cette rivière, venant de Molsheim, se divise en deux bras et forme une île en cet endroit ; se rejoignant ensuite au-dessous, elle va se jeter dans l'Ill au-dessus et contre Strasbourg.

Pendant la marche de l'armée françoise, les partis que M. de Turenne avoit envoyés prendre langue des ennemis lui rapportèrent qu'ils étoient déjà campés, en trois corps séparés, vers le village d'Ensheim[3], de l'autre côté de la Brusch. Il remarqua, d'une hauteur, la situation de ces camps, et conclut que, en usant de diligence, il pourroit passer les deux bras de la Brusch avant que les ennemis eussent le temps de se rassembler. Ainsi toute l'armée s'ébranla incontinent et passa le premier bras, où il y avoit peu d'eau. Comme le défilé, pour arriver à l'autre bras, étoit long et difficile, elle ne put parvenir toute sur le bord

(vol. Guerre 414 ; général de Grimoard, *Lettres et Mémoires de Turenne*, t. II, p. 583-590).

1. Entre Bischweiler et Strasbourg.
2. Au sud et à peu de distance de Strasbourg.
3. A mi-chemin entre Strasbourg et Molsheim.

qu'il ne fût deux heures de nuit. M. de Turenne se contenta donc, pour cette journée, de mettre ses troupes en bataille à mesure qu'elles arrivoient, dans un terrain fort serré, ayant la rivière devant elles; mais il fit passer sur le pont d'Holzheim, que les ennemis n'avoient pas rompu, une partie considérable de son infanterie, qui entra dans le village et s'y assura le mieux qu'elle put.

On demeura en cet état toute la nuit, qui se passa tranquillement, quoiqu'on ne fût qu'à un quart de lieue des ennemis. Dès le point du jour[1], l'armée traversa la rivière et se mit en bataille, l'artillerie à la tête, et, en cet ordre, elle marcha aux ennemis, par une pluie cruelle qui dura tout le jour. Après cinq ou six cents pas de marche, M. de Turenne s'aperçut que la gauche des ennemis, qui l'attendoient en bataille, débordoit de beaucoup la droite de son armée : il lui fit faire à droite et marcher en colonne jusqu'à ce qu'elle eût gagné la hauteur de leur front, qui ne laissoit pas de déborder toujours à cause de leur supériorité en nombre[2]. Alors on fit à gauche, et l'armée se trouva en front parallèle à celle des ennemis. Leur gauche occupoit un bois, dont le flanc exté-

1. C'est le 4 octobre que fut livrée la bataille d'Ensheim. Outre la relation de Turenne, dans le recueil Grimoard, t. II, p. 592-598, et le récit de la *Gazette*, p. 1074-1078 et 1109, et Extraordinaires 120 et 123, on peut voir celui de l'*Histoire militaire*, t. I, p. 400-402, et les détails donnés par Pellisson (*Œuvres*, t. II, p. 183 et suiv.); tous s'accordent avec notre auteur. Les volumes Guerre 401, 413 et 414 contiennent les correspondances et les relations de divers officiers.

2. Ils avaient trente-un escadrons et treize bataillons de plus que Turenne (*Histoire de Louvois*, p. 86-90).

rieur étoit bordé par la rivière de Brusch ; le village d'Ensheim étoit à peu près dans leur centre, et leur armée formoit une espèce de demi-cercle. Leur droite s'étendoit vers le village de Geispitzen[1], qu'ils laissèrent un peu derrière eux, et toute cette armée occupoit un terrain ferme et avantageux, au lieu que l'armée de France étoit dans un lieu bas et rempli de terres labourées, qui devinrent très fâcheuses et impraticables à force d'être fréquentées et détrempées par la pluie continuelle.

M. de Turenne, qui faisoit peu de cas de l'infanterie ennemie et en estimoit la cavalerie, qui étoit bien plus nombreuse que la sienne, après avoir reconnu leurs dispositions, et voyant qu'il ne pouvoit pas être pris en flanc, résolut d'engager un combat d'infanterie, [dont il espéra tout l'avantage à cause de la valeur de la sienne, en laquelle il se confioit fort]. Il prit ses dragons et toute son infanterie de la droite, soutenue de la cavalerie de la même aile, et fit attaquer vigoureusement le bois que les Impériaux tenoient par leur gauche. Il se fit là de belles charges d'infanterie. A la première, les ennemis plièrent ; mais, étant à propos, ils reprirent poste et en essuyèrent d'autres, sans que l'avantage se déclarât d'aucun côté. Enfin, après un combat de six heures, les ennemis furent entièrement chassés du bois, et on leur prit dix pièces de canon. M. de Turenne les fit suivre jusques au village d'Ensheim, où ils se retirèrent. Il voulut le faire tâter ; mais, comme ils y avoient de l'infanterie fraîche, et que celle de M. de Turenne étoit fort fatiguée, il lui

---

1. Ou Geispalzheim, sur l'Ergers, au sud d'Ensheim.

ordonna de revenir dans le bois qu'elle avoit gagné, et elle s'y maintint le reste de la journée.

Il ne s'étoit encore rien passé à l'autre aile des deux armées, lorsque, sur la fin du combat de l'infanterie, les affaires pensèrent y devenir fort sérieuses. M. de Turenne, qui n'avoit voulu rien engager par sa gauche, ne l'avoit pas fait avancer sur l'ennemi, qui s'étoit toujours tenu dans son premier poste, éloigné de plus d'une grande portée de mousquet de la gauche des François. Les Impériaux, s'étant aperçus que M. de Turenne l'avoit un peu dégarnie, aussi bien que le centre de sa ligne, pour fournir à l'attaque de la droite, voulurent profiter de ce vide, et concertèrent d'attaquer en même temps la gauche et le centre; mais il arriva heureusement que M. de Caprara, qui devoit charger avec quinze escadrons, ne considérant pas que le duc de Lorraine, qui conduisoit la droite des Impériaux, avoit plus de chemin à faire que lui pour arriver sur les François, et même une espèce de défilé à passer, chargea avant qu'il fût en état d'en faire autant. Il renversa tout ce qui se trouva devant lui, [poussant un peu trop chaudement entre les deux lignes jusques à la hauteur de la gauche], et certainement l'armée françoise auroit couru risque d'être battue, si M. de Lorraine avoit pu charger en même temps; mais, comme il étoit encore loin, le comte de Lorge, qui commandoit la gauche de l'armée de France, eut le temps de charger en tête et en flanc M. de Caprara, et le battit si bien, qu'il eut beaucoup de peine à se sauver avec les débris de ses escadrons, qui pâtirent fort. M. de Lorraine arriva en même temps à une portée de carabine de la gauche des François, [qui étoit couverte en cet endroit par un chemin bordé de haies, où on jeta quelques détachements d'infanterie, et fermée par un petit bois où on avoit posté un régiment de dragons. Dans cette situation, M. de Lorraine, jugeant d'autant plus l'entreprise difficile que M. de Caprara s'étoit déjà retiré après avoir été battu, songea à en faire autant, de peur d'un pareil accident]. On le laissa aller, après lui avoir tué trois ou quatre cents cavaliers ou chevaux à coups de canon.

Il étoit environ quatre heures après midi, et, comme la nuit approchoit, et que le combat, joint au mauvais temps, avoit beaucoup affoibli les escadrons et les bataillons, les deux armées se préparèrent à la retraite, et la firent à l'entrée de la nuit.

Le champ de bataille demeura aux morts et aux mourants, qui furent en grand nombre dans les deux partis[1]. Les François repassèrent la Brusch et vinrent camper à Marleheim[2]. Les Impériaux passèrent la rivière d'Ill à Grabenstadt[3] et furent joints par les troupes de Brandebourg et d'Hanovre, au nombre de plus de vingt-cinq mille hommes: de sorte que l'armée impériale, peu de jours après le combat, étoit de soixante mille hommes, et celle des François de dix-sept à dix-huit mille seulement.

---

1. Il dira plus loin qu'il y eut six mille tués et un plus grand nombre de blessés.
2. A huit kilomètres ouest de Strasbourg.
3. A six kilomètres sud de la même ville.

Tel fut le succès de la journée d'Ensheim, encore appelée du nom de Saint-François, parce que le combat se donna en ce jour[1]. Il eût été plus décisif, si la droite des Impériaux avoit chargé la gauche des François en même temps que M. de Caprara avoit mis leur centre en désordre.

Entre les troupes ennemies, celles de Brunswick acquirent le plus de gloire : leur fermeté et leur valeur empêcha leur infanterie d'être taillée en pièces. A l'égard des troupes françoises, on ne peut donner la préférence aux unes sans faire tort aux autres. La perte fut à peu près égale, et il en coûta la vie à près de six mille hommes; il y eut un plus grand nombre de blessés.

MM. le marquis de Listenois[2], de Clère[3], Bandeville[4], Cornas[5], Saldagne[6] et plusieurs autres officiers furent tués, et MM. le comte d'Auvergne[7], le marquis de

---

1. Le 4 octobre, fête de saint François-d'Assise.
2. Claude-Paul de Bauffremont, qui avait eu une commission pour lever en août-septembre 1673 un régiment d'infanterie et un autre de dragons.
3. Charles de Martel, comte de Clère, commandait depuis 1672 le régiment Royal-Marine.
4. Louis Sevin, marquis de Bandeville, colonel d'un régiment d'infanterie depuis 1671, mourut, le 3 novembre 1674, des blessures qu'il avait reçues à Ensheim.
5. Il avait un régiment de cavalerie depuis la fin de l'année 1672.
6. N. de Silva-Mendoza, comte de Saldanha, Espagnol au service de France et de même maison que le duc de l'Infantado, avait le rang de colonel d'infanterie, mais sans régiment.
7. Frédéric-Maurice de la Tour-d'Auvergne (1642-1707), neveu de Turenne, était tout nouveau maréchal de camp; il reçut une balle dans la jambe.

Boufflers[1], Hamilton[2], Saissac[3] et quantité d'autres officiers furent blessés.

M. de Turenne demeura quelques jours campé à Marlcheim, sans y faire faire aucun travail; mais, dès qu'il eut appris que les troupes de Brandebourg et d'Hanovre avoient joint les ennemis, il fit faire plusieurs redans à la tête de son camp, élever des batteries, couvrir ses flancs par de bonnes redoutes, et, craignant que les ennemis n'attaquassent Brisach, il n'oublia rien pour les détourner de cette entreprise et les attirer à lui, résolu qu'il étoit de leur disputer le terrain jusques à ce qu'il pût agir contre eux à force ouverte et qu'il eût reçu de Flandres, où la campagne étoit sur ses fins, les secours qu'on lui avoit promis. En attendant, le Roi lui envoya le maréchal de Créquy avec trois mille gentilshommes du ban qui avoit été convoqué. Ce secours le joignit au camp de Marlcheim, et, quoiqu'il fût en soi peu considérable par son utilité, il ne laissa pas d'en imposer aux ennemis par la réputation de valeur que la noblesse françoise s'étoit conservée[4].

1. Louis-François, marquis de Boufflers (1644-1711), avait alors un régiment de dragons; c'est lui qui parvint, en 1693, au grade de maréchal de France, et s'illustra par la défense de Lille en 1708.

2. Georges Hamilton, comte d'Abercorn, commandait un régiment anglais levé en 1671; il sera tué, en 1676, auprès de Saverne.

3. Louis de Guilhem de Castelnau de Clermont-Lodève (1631-1705), marquis de Saissac, combattait comme volontaire dans l'armée de Turenne; à la suite d'une affaire de jeu, il avait dû, en 1671, se défaire de sa charge de maître de la garde-robe.

4. Ce sont les mêmes termes dont se sert le marquis de Quincy dans son *Histoire militaire;* mais il dit six mille gentilshommes

M. de Turenne campoit à Marleheim, sur des hauteurs, et avoit appuyé sa droite à la petite ville de Dachstein[1], laissant derrière ses lignes Wasselonne[2], où il avoit placé un petit poste d'infanterie. Sa gauche touchoit le pied de la montagne du Kokesberg et tenoit ce défilé par de bonnes redoutes. Le terrain qu'il avoit devant lui étoit une campagne fort découverte, fermée du côté droit par un bon ruisseau.

En cette situation, le 17 octobre, sur le midi, la tête des Impériaux parut dans la plaine, à une demi-lieue du camp. Le maréchal de Créquy alla les reconnoitre avec quelques escadrons, pendant que M. de Turenne faisoit travailler à ses retranchements. Enfin les ennemis se campèrent en potence dans la plaine, [et il sembla, en cela, qu'ils firent une très grande faute]; car, s'ils s'étoient rangés en un front parallèle à M. de Turenne, ils l'auroient peut-être obligé de combattre avec des forces inégales, ou de se retirer avec perte, au lieu que, dans la situation qu'ils prirent, ils lui laissèrent toutes sortes de facilités de se retirer.

[*Retraite de Marleheim.* — Il n'y manqua pas dès que la nuit fut venue, après avoir fait allumer quan-

---

de l'arrière-ban, et non trois mille, comme notre auteur, et insiste sur leur manque de discipline et de cohésion. Sur le même sujet, Camille Rousset (*Louvois*, t. II, p. 94-100) a publié des fragments de lettres des intendants et du maréchal de Créquy, qui se plaignirent fort de cette noblesse. Le volume 414 du Dépôt de la guerre contient les documents relatifs à la levée de l'arrière-ban, à son rassemblement à Attigny, et à son arrivée à l'armée de Turenne.

1. Sur la Brusch, à une lieue nord-est de Molsheim.
2. Gros bourg sur la Mossig, au pied des montagnes.

tité de feux à la tête de son camp pour tromper les ennemis. Sa droite se retira par la vallée ou gorge de Wasselonne, et sa gauche, avec l'artillerie, par le défilé du Kokesberg; il n'y avoit point de gros bagages. Les deux parties se rejoignirent le lendemain matin, dès le point du jour, sur une hauteur fort découverte, en deçà des montagnes du Kokesberg. Toute l'armée se tint en bataille plus d'une bonne heure, étant couverte d'un ruisseau qu'elle avoit passé; et cependant on faisoit des passages sur un second qu'il falloit encore traverser. Pendant ce temps-là, la tête des armées de l'ennemi parut sur les hauteurs du Kokesberg et s'y mit en bataille, et M. de Turenne demeuroit ferme; mais, quand les passages qu'il avoit commandés furent achevés, il mena l'armée passer le second ruisseau, et la remit en bataille au delà, dans un terrain qui se trouva favorable. Les ennemis se vinrent poster sur celui que M. de Turenne venoit de quitter, et on fut un espace de temps à se regarder les uns les autres, sans qu'il y eût autre chose que quelques coups de pistolet tirés par des volontaires de part et d'autre.]

[Après cela, M. de Turenne continua sa marche à Dettweiler[1], où il se campa, après avoir passé la rivière sans aucun empêchement de la part des ennemis, qui ne le suivirent plus, et campèrent sur les hauteurs du Kokesberg, étendant leur droite vers le village de Brumpt[2].]

Ils firent un détachement de ce camp pour aller

1. Sur la Zorn.
2. Ou Brumat, sur la Zorn, en amont de Dettweiler.

assiéger dans Wasselonne le chevalier de Roncières[1], capitaine au régiment de Champagne, que M. de Turenne y avoit laissé avec cent hommes de pied, à dessein d'amuser l'ennemi. Cet officier fit bravement et tint quatre ou cinq jours, quoiqu'il fût battu par dix ou douze pièces de canon, qui firent brèche dès la première journée. Pendant le séjour de M. de Turenne à Dettweiler, il s'occupa à faire fortifier Saverne, qui n'en est éloigné que d'une lieue et demie; il rappela même ses gros bagages, crainte qu'ils n'invitassent les Allemands d'y aller, [car ce poste ne valoit rien, quelque travail qu'on y pût faire. M. de Turenne, quoiqu'il ne le témoignât pas, étoit dans de grandes inquiétudes que leur armée n'y marchât. Elle pouvoit le faire facilement, quoique prêtant le flanc à M. de Turenne, parce qu'elle auroit été couverte par la rivière de Dettweiler : ainsi ce général se tenoit fort alerte là-dessus, et, de peur que les ennemis ne lui dérobassent une marche, et qu'il ne fût embarrassé par ses gros bagages, tous les soirs ils étoient prêts à marcher, de même que toute l'armée. Il faisoit d'ailleurs si bonne contenance, qu'il ne fit pas remuer une pelletée de terre devant lui, quoique les ennemis fussent les deux tiers plus forts, et seulement à deux petites lieues.]

Il arriva à ce camp environ trente escadrons qui venoient de Flandres[2], et qui étoient suivis par d'autres et un gros corps d'infanterie. M. de Turenne renvoya

---

1. Est-ce Hector de Guiry, sieur de la Roncière, qui devint plus tard lieutenant général du pays d'Aunis ?
2. Sous la conduite du comte de Sault; sur ces renforts, voyez le vol. 414 du Dépôt de la guerre.

alors la noblesse, qui ne lui étoit guère utile, et fort à charge à cause de la rareté des fourrages, qu'il falloit aller chercher très loin. Le maréchal de Créquy s'en retourna aussi, et perdit ses bagages, qui marchoient avec peu de précaution dans les montagnes de Saverne, où ils furent enlevés par un parti ennemi qui s'y étoit glissé.

Les Impériaux, avertis des secours qui arrivoient de jour en jour à M. de Turenne, et les croyant encore plus considérables, quittèrent la Basse-Alsace pour se jeter dans la Haute, où ils comptoient prendre leurs quartiers d'hiver, [et, en attendant, se campèrent à Geispitzen, espérant que M. de Turenne passeroit bientôt les montagnes pour aller prendre les siens, les premiers jours de novembre étant arrivés]. M. de Turenne, qui avoit son plan formé, demeura tout le reste du mois de novembre dans son camp à Dettweiler, et n'en partit qu'au commencement de décembre pour aller à Ingweiler[1], près des montagnes, où il séjourna environ quinze jours. Il fit rester en Lorraine les autres troupes qui lui arrivoient de Flandres et se saisit du château et du passage de la Petite-Pierre[2]. Les Impériaux crurent alors qu'il leur abandonnoit l'Alsace [et que son armée s'alloit séparer. Ainsi ils décampèrent de Geispitzen, pour prendre leurs quartiers d'hiver dans la Haute-Alsace], depuis Dachstein, qu'ils munirent d'une garnison, jusques à Ferrette et Altkirch[3], dans le voisinage des Suisses. L'électeur de

1. Sur la Moder, au nord de Saverne.
2. Ou Lützelstein, forteresse importante qui commandait un défilé des montagnes.
3. Ferrette, en allemand Pfirt, entre Bâle et Porrentruy;

Brandebourg établit son quartier général à Colmar et envoya sommer Brisach de se rendre ; au refus qu'en fit celui qui y commandoit, il fit battre la place, le Rhin entre deux, par quelques pièces de canon.

Les affaires étoient en tel état, quand M. de Turenne, bien informé de toutes choses, passa, à la tête de son armée, par le défilé de la Petite-Pierre, les montagnes qui séparent l'Alsace de la Lorraine, et, dans l'appréhension que les ennemis ne vinssent assiéger Belfort, dont les fortifications n'étoient pas achevées et où il y avoit peu de monde, [et qu'ainsi ils ne lui ôtassent cette entrée dans la Haute-Alsace], il y envoya un corps de troupes, dont il assura la marche, [en donnant ordre au marquis de Bourlémont, colonel du régiment de Picardie[1], d'aller occuper avec six cents hommes la tête de deçà du défilé de Sainte-Marie-aux-Mines, où étoit le quartier du vieux duc de Lorraine. M. de Bourlémont s'acquitta de sa commission ; mais, s'étant avancé un peu plus avant qu'il ne lui avoit été ordonné, il fut attaqué et fait prisonnier[2]. Cependant le détachement arriva heureusement à Belfort.]

M. de Turenne le suivit de près [avec toute l'armée, qui étoit alors de quarante mille hommes, et prit sa marche par Remiremont, où le duc de Lorraine avoit jeté trois ou quatre cents hommes, qui se retirèrent

---

Altkirch, gros bourg au croisement des routes de Belfort à Bâle et de Mulhouse à Ferrette.

1. Henri d'Anglure, comte de Bourlémont, commandait ce régiment depuis 1673 ; il obtint le grade de brigadier en 1676.

2. Le 22 décembre : Grimoard, *Lettres et Mémoires de Turenne*, t. II, p. 622-623.

à l'approche de M. de Turenne. De là, il continua sa marche avec beaucoup de vitesse et entra dans la Haute-Alsace par Thann et Belfort], les derniers jours de décembre[1].

Combat de Mulhausen[2]. — L'électeur de Brandebourg, en étant informé, ne songea qu'à lever ses quartiers et les rassembler dans la plaine de Colmar, où il avoit assigné le rendez-vous. Mais la diligence ne fut pas égale de part et d'autre; car M. de Turenne, entrant brusquement dans le pays, poussa en avant une tête d'armée, qui aperçut près de Mulhausen, au delà d'une petite rivière, un corps d'environ trois mille chevaux des ennemis, qui venoient de leurs quartiers pour se rendre à Colmar. Quoique les bords de cette rivière fussent hauts et difficiles, et les gués rompus, les troupes de M. de Turenne s'y jetèrent avec impétuosité, et, s'étant reformées au delà, elles chargèrent les ennemis et les mirent en déroute; il y en eut beaucoup de tués, et on leur prit deux paires de timbales, quinze ou seize étendards; mais ils emmenèrent prisonnier M. de Montauban, maréchal de camp[3], qui s'étoit trop engagé.

Le régiment d'infanterie de Portia, qui marchoit de conserve avec cette cavalerie, eut le temps de se réfu-

1. Turenne remonta le long des Vosges, reprit Remiremont, dont le duc de Lorraine s'était emparé, et rassembla son armée sous Belfort. Il en partit, le 29 décembre, avec toutes ses forces, pour marcher sur Mulhouse et Colmar.

2. Le 30 décembre (*Histoire militaire*, p. 405-406; *Gazette* de 1675, p. 24 et 31-32; recueil Grimoard, p. 625-627; vol. Guerre 414).

3. René de la Tour du Pin-Montauban, qui devint lieutenant général en 1677 et mourut en 1687.

gier dans le château de Brunstatt[1], qui se trouva près de là. M. de Turenne le fit investir sur l'heure ; mais, comme il ne se voulut pas rendre sans canon, il fallut y en mener. Aussitôt qu'il fut en batterie, ceux de dedans battirent la chamade et se rendirent prisonniers de guerre. Ils étoient environ quinze cents hommes, avec beaucoup d'équipages[2].

Cette expédition n'étoit pas finie, que M. de Turenne poursuivit sa marche vers Colmar, et, à mesure que l'armée avançoit, elle rencontroit grand nombre de traîneurs des quartiers qui fuyoient devant elle. On se contentoit de les désarmer, parce que leur nombre étoit trop grand, et qu'on ne s'en pouvoit charger sans beaucoup d'embarras.

Combat de Turckheim. — Le matin du 5 janvier[3], les François se trouvèrent en présence des ennemis. Leur armée avoit devant elle une petite rivière, qui, dérivant des montagnes près de la petite ville de Turckheim[4], formoit devant son front de bandière une presqu'île, et alloit se perdre dans la rivière d'Ill, près de Colmar. Sa gauche avoisinoit cette ville, et l'autre s'étendoit le long de la plaine, ayant la rivière devant dans tout le front. En arrivant, M. de Turenne fit mine de marcher droit à elle ; puis, se dérobant par

---

1. Village sur l'Ill, au sud de Mulhouse.

2. L'*Histoire militaire* dit huit cents soldats seulement.

3. L'auteur anticipe sur l'année 1675, parce que le combat de Turckheim termina la campagne de l'année 1674.

4. Gros bourg sur la Fecht, à six kilomètres ouest de Colmar. Voyez *Gazette*, p. 32-34 ; *Histoire militaire*, p. 406-407 ; vol. 458 du Dépôt de la guerre ; relation de Turenne, dans le recueil Grimoard, p. 629-632.

sa gauche, il remonta la rivière et s'approcha de Turckheim, dont il se saisit, [et, par là, devint maître du passage de cette rivière. L'armée se trouva alors de beaucoup déborder le flanc droit de l'ennemi].

Dans le terrain que l'armée françoise occupoit, elle avoit à dos les montagnes qui séparent la Haute-Alsace de la Vosge, et se trouvoit en bataille sur un glacis planté de vignes qui tombe en pente jusqu'à Turckheim, [que l'armée tenoit par sa gauche, et aux prairies qui bordoient la rivière].

[Lorsque les ennemis s'aperçurent que l'armée couloit le long de son flanc], ils voulurent se saisir de cette petite ville, dont ils n'avoient pas connu l'importance; mais il n'étoit plus temps. Ils se réduisirent à poster le canon et un corps d'infanterie qu'ils y menoient pour occuper quelques passages sur la rivière, à un demi-quart de lieue au-dessous de Turckheim. M. de Turenne avoit déjà fait placer vis-à-vis deux bataillons, contre lesquels les ennemis engagèrent une grosse escarmouche. Comme ils étoient supérieurs, les bataillons françois furent obligés de quitter la prairie et de se retirer dans les vignes, d'où le feu s'entretenoit plus foiblement. M. de Turenne y envoya d'autres bataillons, qui croisoient leur feu sur l'ennemi, et devinrent supérieurs; mais il ne voulut pas y mettre du canon, jugeant que les Impériaux seroient contraints de se retirer sans qu'il fût besoin d'engager un plus grand combat. Cependant les bataillons françois, s'impatientant de seulement escarmoucher et d'être toujours exposés au canon de l'ennemi, qui faisoit grand feu, sortirent des vignes sur le déclin du jour, rentrèrent dans la prairie, et s'avancèrent sur le bord de la rivière, où le combat recommença. Les ennemis le soutinrent d'abord avec fermeté; mais, quelques-uns des bataillons françois s'étant élancés dans la rivière pour en venir aux mains, les Impériaux abandonnèrent le terrain et se retirèrent en désordre. M. de Turenne ne voulut pas qu'on les poursuivît, et ordonna à ses bataillons de repasser la rivière et de garder seulement la rive qui étoit du côté de son armée.

Ce combat coûta la vie à environ mille hommes de part et d'autre; mais il y en eut une grande quantité de blessés : du côté des François, MM. Foucault, lieutenant général[1], de Moucy, brigadier d'infanterie et colonel du régiment de la Reine-Infanterie[2], furent tués; plusieurs subalternes eurent aussi la même destinée.

L'action étant finie avec le jour, M. de Turenne ordonna à quatre cents grenadiers de couler derrière Turckheim de montagnes en montagnes, et d'y allumer une multitude de feux, pour faire croire aux ennemis que toute l'armée se portoit dans leurs derrières et les alloit couper. Ce stratagème réussit parfaitement et acheva de persuader à M. l'électeur de Brandebourg qu'il falloit abandonner la partie et faire retraite. Ainsi, il fit marcher toute son armée pendant la nuit vers Schelestadt, [une partie en deçà, et l'autre au delà de la rivière d'Ill]. Quelques-uns des officiers généraux de M. de Turenne vinrent lui apprendre cette

1. Ci-dessus, p. 93.
2. Armand-François Le Bouteiller de Senlis, marquis de Moucy, était colonel du régiment de la Reine depuis juin 1662; fait brigadier en 1673, il avait épousé la sœur du premier président de Harlay.

nouvelle, et lui conseillèrent de tomber sur les ennemis, [qu'il étoit facile de défaire dans le désordre où ils étoient, et leurs forces divisées par une assez grande rivière]; mais ce sage général, qui préféroit les intérêts de son maître et ceux de l'État à sa gloire particulière, n'en voulut rien faire, et leur répondit à peu près en ces termes : « Messieurs, je crois comme vous que nous les battrions aisément; mais je m'en donnerai bien de garde : car, à moins de les tuer tous, je leur donnerois Strasbourg, qui leur ouvriroit ses portes pour les recueillir, et les bourgmestres, qui leur ont livré leur pont malgré leur neutralité, leur abandonneroient encore leur ville pour se mettre à couvert du juste ressentiment du Roi, qui ne pourroit plus tenir de troupes en quartier d'hiver en Alsace, dont les Impériaux se rendroient les maîtres au moyen de Strasbourg, après avoir perdu la bataille. Pressons seulement ces gens-ci de poursuivre leur chemin et de repasser le Rhin. Afin d'empêcher que ceux de Strasbourg n'en reçoivent aucun dans leur ville, je vais leur écrire que le Roi, étant bien informé que c'étoit par contrainte, et non par bonne volonté, qu'ils avoient donné leur pont aux Impériaux, bien loin de leur en savoir mauvais gré, est prêt à continuer la neutralité avec eux, et que je leur en donne parole. » Les officiers n'eurent rien à répliquer et admirèrent la prudence de ce grand homme. Il envoya seulement un corps de cavalerie après les ennemis, pour les hâter d'aller, [et il s'avança avec toute l'armée à Guémur[1], où il se campa; mais, avant d'y marcher, il

---

1. A mi-chemin entre Colmar et Schelestadt.

envoya contre Ruffach, où il étoit resté un régiment de dragons de Brandebourg, un détachement de canon et de troupes, qui prirent ce régiment à discrétion].

La lettre de M. de Turenne fit son effet sur l'esprit des bourgmestres de Strasbourg[1]. Ils ne voulurent plus recevoir dans leur ville aucunes troupes impériales[2], et toute cette armée repassa le Rhin pour se retirer en Allemagne, après avoir été affoiblie de près de moitié par la perte de ceux qui avoient été tués, pris, dissipés, ou bien morts de maladie. Ces troupes oublièrent, en se retirant, la garnison qu'elle avoit mise à Dachstein, et M. de Turenne y envoya M. de Vaubrun, lieutenant général, avec un gros détachement. Cette garnison, après une légère résistance, se rendit prisonnière de guerre; elle étoit de quinze cents hommes[3]. L'armée entra en quartiers d'hiver, et M. de Turenne revint en France[4].

1. Cette lettre existe encore aux archives de Strasbourg sous la cote AA 1305 ; voyez le recueil Grimoard, p. 650-653.

2. Le récit de l'*Histoire militaire* (p. 407-408) sur la conduite des Strasbourgeois est conforme à celui de notre auteur.

3. La tranchée fut ouverte le 25 janvier, et la place se rendit le 29 (*Gazette*, p. 93-94).

4. La lettre que Louis XIV écrivit le 26 janvier à l'archevêque de Paris (Arch. nat., registre O^1 19, fol. 8), pour lui demander de faire chanter un *Te Deum*, à l'occasion de la victoire de Turckheim, contient ce résumé de la campagne : « Les nouveaux avantages que mes armées, commandées par mon cousin de Turenne, ont remportés sur mes ennemis, qui avoient rassemblé toutes les forces d'Allemagne pour venir fondre sur lui, les ayant soutenues l'espace de six semaines entières dans la Basse-Alsace, et ensuite passé les montagnes, et, par une marche de vingt journées, repris et occupé les

Pendant toute cette campagne, et plus fortement pendant l'hiver, la cabale des alliés avoit fait tout son possible en Angleterre pour engager cette couronne à déclarer la guerre à la France. La nation y étoit assez disposée; mais le roi, qui manioit ces esprits difficiles avec dextérité, s'y étoit fortement opposé, [et, pour éluder les puissantes sollicitations qu'on lui faisoit là-dessus, à présent que les Suédois venoient de se déclarer en faisant une invasion dans le pays de l'électeur de Brandebourg, et que les succès de la campagne dernière n'avoient pas été avantageux pour les alliés], il ne cessa d'offrir sa médiation pour la paix générale jusques à ce qu'elle fût acceptée en France, à Vienne, à Madrid et à la Haye, malgré toute l'opposition du prince d'Orange, auquel cette médiation étoit fort suspecte, et qui vouloit encore tenter la fortune en continuant la guerre. Il s'y prit de tant de manières, tantôt en faisant naître des difficultés sur le lieu du congrès, tantôt sur la forme des passeports, qu'il s'écoula bien du temps avant que cette négociation pût avoir quelque effet.

Cependant on se prépara à commencer la campagne de bonne heure. Les alliés eurent une puissante armée en Flandres, sous le prince d'Orange, une

entrées de la Haute-Alsace, où il les auroit combattus et forcés dans le passage de deux rivières avec tant d'avantage qu'il auroit pris un nombre considérable de drapeaux et d'étendards, fait trois mille prisonniers, et enfin les auroit contraints d'abandonner le blocus de ma ville de Brisach, qu'ils avoient commencé, de repasser le Rhin et de se retirer ainsi de tous les pays qui sont en deçà de ce fleuve, tous ces grands succès m'obligeant à rendre à Dieu des actions de grâce publiques, » etc.

seconde[1] de vingt à vingt-cinq mille hommes, composée des troupes de Brunswick et du duc de Lorraine, et une troisième sur le Rhin, de vingt-cinq à trente mille hommes, commandée par M. de Montecuculli ; outre tous ces préparatifs, il y eut encore des armées en Catalogne et en Sicile, dont je parlerai en son lieu.

1675. — *Campagne de Flandres.* — Le Roi se mit des premiers en campagne, ayant sous ses ordres Monsieur le Prince, avec une puissante armée. Il assiégea Limbourg, et le prit avant que le prince d'Orange fût en état de s'y opposer[2]. Ce siège étant fini, le Roi revint en France, fit démolir Limbourg, et les deux armées repassèrent en Flandres, où elles s'observèrent, sans rien entreprendre l'une sur l'autre pendant le reste de la campagne.

Le maréchal de Créquy, qui commandoit la seconde armée, se saisit d'Huy, de Dinant[3], brûla Givet, puis s'en alla sur la Moselle s'opposer à l'armée des alliés qui avoit assiégé Trèves. Cette ville se défendoit vigoureusement, quoique le gouverneur[4] se fût tué en tombant de cheval, par l'effroi d'un coup de canon[5]. [Cet accident fit hâter le maréchal de Cré-

1. Dans le Hainaut et le Luxembourg.
2. C'est le marquis de Rochefort qui investit la place dès le 9 juin 1675 ; la tranchée fut ouverte le 14, et la ville capitula le 22.
3. Prise de Dinant, 29 mai ; prise d'Huy, 6 juin (*Histoire militaire*, p. 432).
4. Pierre Renaud, sieur des Landes, qui se faisoit appeler le comte de Vignory depuis qu'il avoit acheté cette terre aux Clermont d'Amboise.
5. L'animal, heurté par une des chaînes du pont-levis, fut

quy de s'approcher de cette ville, afin d'y mieux pourvoir.] Il vint camper avec quinze mille hommes au village de Tawern[1], qui n'en est qu'à deux lieues. Il avoit la Moselle à sa gauche, sa droite étoit appuyée contre des montagnes chargées de grands bois impraticables, et il avoit devant lui la rivière de Sarre, éloignée d'une demi-lieue, et sur laquelle il y avoit un pont de pierre[2], qu'il fit garder.

[*Bataille de Tawern, autrement de Consarbrück à cause du pont de ce nom près duquel elle se donna.*] — Les confédérés se persuadèrent qu'ils ne prendroient pas Trèves à moins de débusquer le maréchal. Quoique bien informés de la bonté du poste qu'il occupoit, ils ne laissèrent pas de marcher à lui avec la meilleure partie de leur armée, laissant l'autre pour continuer le siège. Ils arrivèrent sur la Sarre dans un temps où M. de Créquy ne les attendoit pas; car la meilleure partie de sa cavalerie étoit au fourrage, et cet accident lui fit perdre du temps. Les ennemis se saisirent d'abord du pont de la Sarre, et n'y trouvèrent pas grande résistance. Ils y firent ensuite passer leur infanterie tandis que leur cavalerie prenoit par des gués. Le maréchal de Créquy ne s'opposa à rien de tout cela, dans la confiance où il étoit de les battre; ensuite il marcha à eux, les chargea, et rompit, avec sa droite, qu'il mena lui-même, toute leur aile gauche; [mais il n'en arriva pas de même à celle des François].

jeté, avec son cavalier, dans le fossé, qui était à sec, et M. de Vignory resta sur le coup.

1. Au nord de Sarrebourg, sur un petit affluent de la Moselle.

2. Au hameau de Consarbrück, qui donna son nom à la bataille racontée ci-après.

Les ennemis avoient fait passer la Moselle à une partie de leur cavalerie par des gués qu'il y avoit là. Elle prit cette gauche en flanc pendant qu'elle étoit chargée en tête. Les ennemis la renversèrent absolument et la mirent en fuite. Ce désordre se communiqua à la droite, qui avoit battu les ennemis, dans le temps qu'elle se rallioit. Le maréchal ne la put retenir : toute son armée se débanda et prit la fuite, à la réserve de quelques bataillons, qui se retirèrent en meilleur ordre, ayant gagné le bois[1]. Dans cette extrémité, le maréchal prit le chemin de Trèves, et s'y jeta, lui quatrième[2]. Il perdit son canon et tout son bagage, ses officiers généraux furent tués ou pris, et l'on perdit bien du monde. Ce fut une véritable déroute.

Les ennemis, après cette victoire, revinrent à leur siège, et M. de Créquy se défendit pendant quelques jours en désespéré ; mais quelques esprits séditieux, ennuyés de la longueur du siège, semèrent le bruit parmi la garnison que le maréchal, se croyant perdu à la cour après ce qui lui venoit d'arriver, vouloit s'y raccommoder à leurs dépens, en les sacrifiant à ses intérêts ; qu'ainsi il ne devoit plus être question de défendre une place ouverte de tous côtés, où ils pouvoient être forcés à tous moments, puisqu'ils n'avoient aucun secours à attendre ; que le Roi, qui étoit sans doute bien informé de la valeur et de la constance avec laquelle ils avoient défendu une aussi mauvaise place, à présent hors de toute espérance de

---

1. Bataille du 11 août (*Histoire militaire*, p. 451-453 ; *Gazette*, p. 635-636 ; *Histoire de Louvois*, p. 175-178 ; vol. 460 du Dépôt de la guerre).
2. Il gagna d'abord Sarrebourg, puis Trèves.

salut, ne manqueroit pas de leur savoir gré de ne point s'ensevelir sous les ruines d'un désespéré. Ce discours fit tant d'impression, que la garnison conclut qu'il falloit obliger le maréchal à capituler. M. de Créquy, étant informé de ce qui se passoit, accourut à la brèche, et, comme dans ce temps-là il étoit fier et hautain, il maltraita fort un officier qu'il soupçonnoit de cette menée. L'officier voulut mettre l'épée à la main contre lui. Le désordre augmenta, et les autres officiers qui étoient présents firent battre la chamade, envoyèrent et reçurent des otages pour capituler. Le traité fut bientôt arrêté; car les ennemis, voulant profiter de ce désordre, leur accordèrent ce qu'ils voulurent, [et en usèrent comme on a coutume de faire avec des séditieux[1]]. Ils portèrent leur capitulation au maréchal de Créquy, qui ne voulut ni la voir ni la signer, et qui se retira dans une église, où les ennemis le firent prisonnier de guerre quand ils furent entrés dans la ville[2]. Ils l'envoyèrent à Coblenz, d'où il sortit peu de temps après, moyennant la rançon stipulée par le cartel.

La garnison de Trèves ne tarda pas à être punie de sa sédition. Dès que les Allemands entrèrent dans la ville, ils la pillèrent et dépouillèrent sans miséricorde, malgré la capitulation. Quand elle fut arrivée dans des villes de France, on balança si on feroit décimer les soldats : un officier eut la tête coupée, par

1. C'est le 5 septembre que Trèves se rendit.
2. Il essaya d'abord de se défendre dans l'église, qu'il avait fait retrancher, avec l'aide de quelques soldats fidèles; mais, accablé par le nombre, il rendit son épée au duc de Zell (*Histoire de Louvois*, p. 179).

ordre du conseil de guerre; d'autres furent dégradés des armes et de noblesse, quelques-uns restèrent longtemps en prison, et d'autres prirent la fuite[1]. Cette aventure fournit une belle leçon aux généraux et aux subalternes.

Après la victoire et la prise de Trèves, les ennemis ne surent pas profiter de leurs avantages; car rien ne pouvoit les empêcher de venir brusquement à Verdun, qui ne valoit rien, et même de le prendre. Ainsi, ils seroient entrés en France, ce qu'ils désiroient depuis longtemps; mais le bonheur voulut qu'on ne suivit point l'avis du vieux duc de Lorraine, qui, peu de temps après, mourut de maladie à Birkenfeld[2]. Les autres princes crurent avoir fait assez de battre l'armée de France et de prendre Trèves; ils voulurent aller faire rafraîchir leurs troupes, en attendant le temps du quartier d'hiver. Voyons présentement ce qui se passa sur le Rhin pendant cette campagne.

Campagne d'Allemagne. — M. de Turenne assembla son armée aux environs de Strasbourg le 25 juin[3]. Elle étoit composée de vingt-cinq mille hommes et de trente-quatre pièces de canon de campagne. Sur les avis qu'il eut que les ennemis menaçoient Philips-

---

1. M. de Boisjourdan, capitaine au régiment de la Marine, fut décapité comme chef du complot (*Gazette*, p. 690 et 758); les autres officiers tirèrent au billet, et ceux qui ne furent pas exécutés furent cassés (*Histoire militaire*, p. 454).

2. Charles IV mourut le 17 septembre, dans sa soixante-douzième année.

3. Cette date est fausse, il faut lire : 15 ou 20 mai; voyez l'*Histoire de Louvois*, t. II, p. 153-157, les correspondances du volume 433 du Dépôt de la guerre et les lettres des 16, 21 et 24 juin, publiées dans le recueil Grimoard, p. 665-667.

bourg, il s'avança avec une tête d'armée jusqu'à Landau, qui n'étoit pas encore fortifié ; mais, ayant pénétré que leur véritable dessein étoit de passer le Rhin sur le pont de Strasbourg, vers lequel ils faisoient marcher trois mille chevaux sous les ordres de M. de Brandebourg-Bareith[1], il rebroussa chemin et vint joindre son armée[2].

Le meilleur moyen qu'il trouva pour contenir les ennemis au delà du Rhin fut de passer lui-même ce fleuve et de s'avancer à la hauteur de Strasbourg. Pour cela, il fit dresser un pont vis-à-vis du village d'Altenheim[3]. Toute l'armée y passa avec tant de diligence[4], que M. de Bareith, [avec ses trois mille chevaux, qu'il avoit campés proche du fort de Kehl], se vit au moment d'être surpris, et eut bien de la peine à regagner son armée.

M. de Turenne fit camper la sienne le long de la rivière de Kinzig[5], sur laquelle il fit faire des ponts. Il appuya sa droite à de grands bois, qui traversoient

1. Christian-Ernest, margrave de Brandebourg-Bareith (1644-1712), avait déjà servi en Hongrie contre les Turcs en 1664 ; il avait été fait major général des troupes impériales en 1673 et maréchal de camp général au commencement de 1675.

2. La question de la neutralité absolue de Strasbourg et du refus du passage sur le pont de Kehl pour l'armée impériale était une des préoccupations de Turenne ; on trouvera sur ce sujet, à l'Appendice, une lettre de M. Frémont d'Ablancourt, résident du roi à Strasbourg.

3. A deux lieues au sud de Strasbourg, sur la rive droite du Rhin.

4. Le 7 juin (lettres de Turenne et de M. de Vaubrun, vol. Guerre 459, n°s 22 et 23).

5. Petite rivière qui, sortie de la Forêt-Noire, va se jeter dans le Rhin à Kehl.

en écharpe, jusqu'à Lichtenau[1], le terrain qui se trouve depuis le Rhin jusques aux montagnes de Würtemberg, et qui contient un espace d'environ trois lieues en travers, coupé de plusieurs ruisseaux; sa gauche tiroit sur le fort de Kehl. Comme il se préparoit à passer la Kinzig pour aller chercher les ennemis, dont l'armée étoit de vingt-six à trente mille hommes, ils s'avancèrent par l'autre côté du bois que j'ai dit qui traversoit le terrain, et parurent encore près d'Offenbourg[2], qu'ils tenoient, et ils passèrent la Kinzig. Ils envoyèrent le long de cette rivière un parti de cinq ou six cents chevaux reconnoître M. de Turenne. Ce parti chargea les gardes de l'armée vigoureusement; M. de Montgeorges, brigadier de cavalerie[3], fut tué en cette occasion; c'étoit un très galant homme et un bon officier.

Les Impériaux se campèrent, ayant leur droite près d'Offenbourg et leur gauche tirant sur l'abbaye de Schutter[4], leur front couvert par le bois et un petit ruisseau, les montagnes à dos : en sorte que, dans cette situation, M. de Turenne ne pouvoit aller à eux, et

---

1. A trois lieues au nord de Strasbourg, sur un petit affluent du Rhin.
2. A la sortie des montagnes, à trois lieues au sud-est de Strasbourg.
3. François Gaulmyn, chevalier de Montgeorges, avait eu une compagnie de chevau-légers en 1650, et, en 1668, une commission pour lever un régiment de cavalerie ; il était brigadier depuis le 12 mars 1675. Dans le combat, il eut la cuisse cassée d'un coup de feu, et mourut peu après (vol. Guerre 459, n° 113).
4. Abbaye de bénédictins, à trois kilomètres à l'ouest du bourg de Lahr.

qu'ils lui donnoient une inquiétude égale du côté du pont de Strasbourg et du côté d'Altenheim, par où il tiroit tous ses vivres, et qui étoit à cinq lieues de lui; mais il sut remédier à cet inconvénient par cette conduite admirable que tout le monde lui a connue, [et il entreprit de pourvoir à l'un et à l'autre sans presque remuer son camp]. Pour en venir à bout, il mit un poste d'infanterie dans le château de Willstedt[1], de l'autre côté de la Kinzig, près de sa gauche, et étendit sa droite jusqu'à la rivière de Schutter[2], près d'Altenheim : ce qui ne put s'exécuter sans qu'il se trouvât de grands vides et de longs intervalles. Les troupes étoient disposées par quartiers sur le front de bandière, avec beaucoup de communications, et elles furent presque toujours en bataille, prêtes à se porter de droite ou de gauche selon les mouvements des ennemis. Ceux-ci, voyant leur dessein échoué, [et que M. de Turenne, quoique avec beaucoup de peine et de difficulté, faisoit faire des passages pour aller à eux], décampèrent, repassèrent la Kinzig près Offenbourg et allèrent camper à Windschäg[3], où ils se couvrirent de la rivière qui y coule et des bois qui aboutissent en cet endroit contre le Rhin et y forment une barrière impénétrable.

M. de Turenne passa aussi cette rivière après eux; et, comme il ne put traverser les bois pour tomber sur leur arrière-garde, et qu'il ne vouloit leur laisser aucun moyen de tomber sur le pont de Strasbourg, il mar-

---

1. Sur la Kinzig, entre Offenbourg et Kehl.
2. Petit affluent du Rhin, dont la vallée se trouvait entre Altenheim et Offenbourg.
3. A quelques kilomètres au nord d'Offenbourg.

cha le long du Rhin, le laissant à gauche et les bois à droite, jusques à ce qu'il fut arrivé près de Lichtenau. Les ennemis s'y étoient campés, ayant devant eux la rivière de Renchen[1], sur laquelle il y avoit un pont, et les bois dont nous venons de parler. Il y avoit au travers de ce bois un grand chemin assez large, qui conduisoit au pont. M. de Turenne y fit entrer de l'infanterie, soutenue de quelque cavalerie, espérant de se rendre maître du pont; mais il le trouva si bien gardé, qu'il n'y eut pas moyen de réussir. Cette tentative occasionna une assez grosse escarmouche, où il y eut du monde de tué[2].

M. de Turenne, ayant retiré ses troupes, fit camper son armée dans une petite plaine en deçà du bois, sa gauche appuyée contre un bras du Rhin, et sa droite se prolongeant en demi-cercle suivant la figure du bois qu'elle avoit devant elle. Le quartier général fut au village de Buschen[3], qui se trouva derrière les lignes.

Les deux armées demeurèrent près d'un mois dans leur camp, et si voisines l'une de l'autre, qu'on s'entendoit parler, sans pourtant se voir, à cause du bois qui déroboit la vue. Elles partagèrent également le vilain temps; car il ne cessa de pleuvoir. Celle de M. de Turenne souffrit d'ailleurs beaucoup par la disette de fourrages et par la difficulté des convois, moins à cause de l'éloignement des lieux d'où ils

---

1. Ou Renchenbach, qui se jette dans le Rhin en aval de la Kinzig.
2. Le 30 juin (vol. Guerre 450, n°s 104 et 106).
3. Entre Lichtenau et Kehl.

venoient, car les mesures étoient bien prises, que par rapport aux vilains chemins.

Pendant ce séjour, M. de Turenne, qui n'avoit pu joindre les ennemis, par l'obstacle du bois et de la rivière qui les couvroient, s'appliquoit sans relâche à surmonter cet obstacle. Il fit percer obliquement un grand chemin devant sa droite, au travers du bois, qui duroit une lieue, et il parvint, par cette route, sur le bord de la rivière qui passe à Renchen, à une lieue et demie du camp des ennemis. Il fit faire des ponts sur cette rivière et de bonnes redoutes pour les garder; et, au delà, on prolongea le chemin dans le bois jusques au terrain découvert, qui se trouvoit borné, du côté des ennemis, par la continuité des bois qui sailloient en retour et alloient tomber à un marais[1].

Quand cet ouvrage fut à peu près dans la perfection, M. de Turenne fit retrancher la tête de son camp, depuis la gauche, appuyée au bras du Rhin, jusques à l'entrée du chemin qui avoit été percé au travers du bois, du côté de sa droite. Il manda au chevalier du Plessis[2], maréchal de camp, qu'il avoit laissé au pont d'Altenheim avec six bataillons et deux régiments de cavalerie pour l'escorte des convois, de le venir joindre, et, lorsqu'il fut arrivé à deux petites lieues

---

1. Tous ces détails et ceux qui vont suivre sont particuliers à notre auteur, témoin oculaire de ce qu'il raconte; aucun historien ne parle de ces bois, ni du chemin percé au travers; aucune des lettres conservées au Dépôt de la guerre n'en fait même mention.

2. César-Auguste de Choiseul, chevalier puis comte du Plessis-Praslin, maréchal de camp en 1669, lieutenant général en 1677, duc de Choiseul en 1684.

de son camp, il lui envoya ordre de traverser le bois par un chemin qu'il trouveroit à cette hauteur, et de s'aller camper au delà du village, où il seroit couvert d'un défilé et d'un ruisseau.

Jusque-là, M. de Montecuculli crut que ce camp, avec le chemin que M. de Turenne avoit fait ouvrir dans le bois pour y communiquer, n'étoit ainsi disposé qu'à dessein de se pourvoir de fourrages, [dont il savoit qu'il avoit faute, et que les retranchements qu'il avoit fait faire à la tête de son camp étoient seulement une précaution prise pour le mieux assurer quand l'armée seroit au fourrage]. Il se prépara donc à soutenir cette petite guerre, et, pour débuter, il entreprit d'enlever le camp du chevalier du Plessis : il en donna la commission au nouveau duc de Lorraine[1], servant alors sous ses ordres, et qui devoit attaquer ce camp en tête, pendant que M. de Caprara, qui eut ordre de partir d'Offenbourg, où il étoit resté avec un corps de cavalerie, le chargeoit par le derrière. M. de Turenne, toujours bien averti de ce qui se tramoit chez l'ennemi, se trouva au camp du chevalier du Plessis, avec la meilleure partie de l'armée, six heures avant qu'il fût attaqué. Il étoit minuit passé quand M. de Lorraine fit charger les gardes du camp[2]. Il trouva plus de résistance qu'il n'avoit pensé.

---

1. Charles-Léopold-Nicolas (1643-1690), qui prit le nom de Charles V. Il s'était distingué en Hongrie et avait combattu à Seneffe, où il commandait la cavalerie impériale. Il passa toute sa vie hors de ses États, dont Louis XIV conserva la possession jusqu'en 1698.

2. C'est le chevalier de Boufflers qui, envoyé en reconnaissance avec des dragons, se heurta au corps du duc de Lor-

L'armée françoise, qui étoit sous les armes prête à marcher, s'avança où l'on entendoit le feu. Il y eut là quelques charges, en l'une desquelles M. de Vaubrun, lieutenant général, fut blessé au pied. Le jour qui survint termina le combat ; car le duc de Lorraine, convaincu que la partie n'étoit pas égale, se retira au plus vite par un bois. M. de Caprara, qui s'étoit aperçu le premier que presque toute l'armée françoise étoit là, et qui peut-être en avoit été averti, partit à toute bride et regagna Offenbourg.

M. de Turenne, ayant à passer le même bois par où M. de Lorraine venoit de se retirer, songea à ne s'y point engager sans avoir pris toutes ses précautions. Il pouvoit trouver à une lieue au delà, au débouché, toute l'armée ennemie, qui, avertie de sa marche, se seroit avancée pour soutenir M. de Lorraine. Il avoit même laissé le comte de Lorge dans son camp retranché, avec le reste de l'armée et du canon[1], pour tenir ce poste en cas qu'il fût contraint de s'y retirer [par la situation avantageuse où il pourroit trouver l'armée ennemie], ou plus probablement pour lui barrer toujours le chemin du pont de Strasbourg. Enfin, après avoir réfléchi un moment, il s'enfonça dans le bois, à la tête de l'armée, dans l'ordre de marche que je vais décrire à cause de sa singularité : les gardes de l'armée, un régiment de dragons, deux escadrons

---

raine (*Histoire de Louvois*, p. 158 ; lettre de M. de Vaubrun du 7 juillet, dans le volume 459 du Dépôt de la guerre, n° 151).

1. L'artillerie de l'armée ne se composait que de trente pièces de petit canon de différents calibres (vol. Guerre 458, n° 289).

de cavalerie, deux pièces de canon et des munitions, deux bataillons, deux escadrons de cavalerie, deux pièces de canon et des munitions, deux bataillons; ensuite, tout le reste de l'armée, dans l'ordre de marche ordinaire. Ce même ordre fut observé dans les marches qui suivirent jusqu'à la mort de M. de Turenne.

Après le passage du bois, on entra dans un terrain découvert, et l'armée se mit en bataille, quoiqu'on ne vît paroître aucunes troupes ennemies. On demeura toute la nuit dans cette situation et le lendemain[1], la droite étant près de grands bois [et ayant derrière elle le débouché du chemin que M. de Turenne avoit ci-devant fait percer dans le bois], au moyen duquel on communiquoit facilement avec les troupes qui étoient restées au camp retranché de Buschen, sous les ordres du comte de Lorge. La gauche étoit appuyée aux bois qu'on avoit passés pour venir occuper ce terrain; celui que l'armée avoit devant elle étoit découvert, avec le village de Gammelshausen[2] à une demi-lieue en avant. M. de Turenne ordonna qu'on mît un poste d'infanterie dans l'église de ce village; le major général oublia cet ordre, et les ennemis y postèrent le lendemain matin deux cents hommes de pied, escortés de mille à douze cents chevaux. On voit par là que les moindres omissions à la guerre sont de grande conséquence.

M. de Turenne, ayant appris que les ennemis occupoient Gammelshausen, envoya des détachements

---

1. Ainsi que le lendemain.
2. Ou plutôt Gamshurst.

d'infanterie pour les en chasser; mais, comme on vint lui dire qu'il paroissoit encore un corps de cavalerie sur le flanc du village, il fit marcher le régiment de dragons de la Reine[1], douze ou quinze escadrons, huit bataillons et du canon, et y alla lui-même au galop. Il fit d'abord attaquer le cimetière par les troupes qui arrivèrent les premières, et ceux du dedans y tinrent ferme jusques à l'arrivée des dragons, du corps d'infanterie et du canon, qui commença de les battre. Alors ils abandonnèrent le cimetière et se jetèrent dans l'église, où on les força. La plus grande partie furent tués ou pris. La cavalerie ennemie se retira, voyant l'église forcée, et celle de France, qui s'avançoit pour la charger, eut ordre de s'arrêter, M. de Turenne ne jugeant pas à propos de rien entreprendre davantage. Le chevalier d'Hocquincourt, colonel des dragons[2], fut tué en cette occasion, deux capitaines de son régiment, un capitaine d'infanterie, et quarante ou cinquante dragons ou soldats[3].

M. de Turenne s'avança avec quelques escadrons jusques au village de Saasbach[4]. Les ennemis y avoient

1. Ce régiment, levé en septembre 1673, ne reçut le nom de la Reine qu'en septembre 1675; il portait alors le nom de son colonel le chevalier d'Hocquincourt (ci-après).
2. Gabriel de Monchy, fils cadet du maréchal d'Hocquincourt, avait depuis septembre 1673 le régiment de dragons qui prit plus tard le nom de la Reine; il fut tué le 24 juillet, n'ayant que trente-deux ans.
3. La lettre qui rend compte de ce combat, datée du 25 juillet, est la dernière que Turenne écrivit à Louvois; elle a été publiée dans le recueil Grimoard, p. 685-687; voir aussi celle de M. de Vaubrun, du 26 (vol. Guerre 459, n° 229).
4. A une demi-lieue au nord d'Achern.

un poste d'infanterie dans l'église. Il fit sommer celui qui y commandoit de se rendre; cet officier refusa d'acquiescer à cette sommation, et on ne put le contraindre, parce que le poste étoit fort bon, et que M. de Turenne n'avoit mené avec lui ni infanterie ni canon. Ainsi il s'en revint à son camp, résolu de faire marcher l'armée le lendemain à Saasbach, par où il prétendoit tomber sur l'armée des ennemis.

Il se mit à la tête de son avant-garde, après avoir envoyé ordre au comte de Lorge de quitter le camp retranché de Buschen et de le venir joindre avec toutes ses troupes et son canon, et il marcha droit à Saasbach, où il arriva sur les cinq heures du matin. Il fit prendre aussitôt des postes dans les maisons voisines de l'église, qui ne pouvoit être forcée parce qu'elle étoit enveloppée de murailles hautes et épaisses, flanquées aux angles par de vieilles tours, et qu'elle avoit devant elle un fossé plein de bourbe et de joncs, d'où couloit un petit ruisseau : ce qui fit juger qu'il y avoit eu là autrefois un château. Ce ruisseau tomboit à gauche dans un grand marais, et, sur la droite, il y avoit un ravin impraticable en plusieurs endroits, qui continuoit jusqu'à la chaîne des montagnes dont est bordé le pays de Würtemberg. Le terrain de l'autre côté de Saasbach, que l'armée impériale occupoit, étoit fermé à sa droite par le marais et par un petit bois planté sur une grande hauteur, qui tomboit en pente assez rude; à gauche, tout le terrain où cette armée se mit en bataille conservoit sa hauteur et tomboit en glacis plus ou moins droit jusqu'au ravin. Le canon des François battoit l'enveloppe de l'église de fort près, et étoit bien servi; mais il n'y faisoit point d'effet, parce qu'elle étoit trop épaisse pour son calibre. M. de Turenne, qui le remarqua bientôt, jugea que cette affaire seroit de longue haleine, et envoya ordre de diminuer le feu.

Quelques troupes ennemies parurent bientôt sur les hauteurs contre Saasbach, et jetèrent de l'infanterie dans l'église. On voyoit encore d'autres troupes s'avancer. M. de Turenne passa alors aux batteries où j'étois, et m'ordonna de ne plus faire tirer. Il me fit l'honneur de me dire qu'il ne doutoit pas que toute l'armée ennemie ne s'approchât, quoiqu'il eût pensé d'abord que le poste de Saasbach et les premières troupes qui avoient paru n'avoient été envoyées que pour favoriser le retour des troupes de M. de Caprara, qui avoit été contraint de revenir d'Offenbourg par les montagnes, le chemin d'en bas lui étant barré par l'armée. On voyoit effectivement descendre des troupes qui menoient leurs chevaux pied à terre, parce que le chemin étoit fort rude et difficile, et couvert d'une petite gorge et du ravin. A mesure qu'elles descendoient, il en arrivoit de nouvelles du camp ennemi, et elles se mettoient en bataille pour favoriser leur jonction avec celles que M. de Caprara conduisoit[1].

M. de Turenne, que je suivois, me dit alors : « Je mettrai ma gauche le plus près de Saasbach que je pourrai, et ma droite tirant vers les montagnes. Allez-vous-en le long de ce front reconnoître les endroits propres à bien poster votre artillerie, et vous y mènerez votre père aussitôt qu'il sera arrivé, afin qu'il juge s'ils sont convenables, et qu'il fasse conduire le

---

1. *Gazette*, p. 578-580; *Histoire militaire*, p. 443-445.

canon; car, dans peu, cette affaire-ci pourra devenir très sérieuse. » J'allai m'acquitter de ma commission le mieux qu'il me fut possible; et, quand mon père fut arrivé, je le conduisis aux endroits que j'avois reconnus, et on y posta le canon.

Cependant, à mesure que les troupes françoises arrivoient, elles se mettoient en bataille. La droite fut postée sur le haut d'un coteau et appuyée à un petit bois taillis tombant au ravin qui séparoit les deux armées, et laissant derrière lui un espace découvert d'environ deux portées de mousquet, qui dérivoit des montagnes en escarpement, de manière qu'on pouvoit bien y faire couler quelques troupes, mais des corps entiers n'auroient pu y marcher qu'avec beaucoup de difficulté, à cause du talus et de l'inégalité du terrain. Le côté intérieur de ce petit bois étoit bordé par un chemin de charroi, qui tomboit en pente au ravin, sur le bord extérieur duquel il y avoit quelques maisons et une tuilerie; en longeant de gauche, le coteau continuoit en baissant et alloit périr sur le bord du marais de Saasbach. La cavalerie fut mise en bataille sur ce coteau, et l'infanterie fut postée devant elle, dans un fond, à la gauche de Saasbach, dont elle étoit couverte par une autre hauteur qui régnoit tout le long du front de bandière jusques à la droite appuyée au petit bois, ayant plus de largeur dans le centre et périssant au ravin. Le canon fut posté sur cette hauteur, de laquelle il voyoit parfaitement les lignes des ennemis.

Ils commençoient à tirer avec deux petites pièces de campagne, lorsque je proposai à mon père de leur imposer silence par une décharge de tout notre canon.

Il y consentit, et on s'y préparoit lorsque le comte de Roye, maréchal de camp, aperçut ce mouvement et vint prier mon père de le faire cesser, parce que notre cavalerie étoit fort en vue et que le feu ne manqueroit pas d'attirer sur elle tout celui de l'ennemi. Mon père, qui ne pouvoit deviner le malheur qui en devoit arriver, sur cet avis empêcha de tirer, et nous demeurâmes à rien faire, sinon que nous observâmes les mouvements des ennemis, qui nous parurent confus et embarrassés. On voyoit même, un peu loin derrière eux, une colonne de bagages et quelques troupes qui enfiloient un chemin à travers les montagnes pour gagner le Würtemberg : ce qui donnoit à juger probablement qu'ils songeoient plutôt à se retirer qu'à combattre.

Après avoir bayé un espace de temps, je voulus profiter du loisir qui nous restoit en me rendant près de M. de Turenne, pour m'instruire par les ordres que je lui verrois donner et les mouvements qu'il feroit faire dans une conjoncture si importante. Je le trouvai contre Saasbach, à la tête de son infanterie, assis au pied d'un arbre, sur lequel il avoit fait monter un vieux soldat, pour mieux découvrir ce que les ennemis faisoient de ce côté-là.

Dès que M. de Turenne me vit, il me demanda d'où je venois, et s'il n'y avoit rien de nouveau. Je lui répondis que je venois de la droite, et que l'on voyoit venir vers icelle une colonne d'infanterie des ennemis, avec quelques escadrons sur son flanc; que, à en juger par la manière dont elle avoit la tête tournée, il y avoit beaucoup d'apparence que son dessein étoit de venir occuper le bord du ravin devant la droite, une tuilerie, et quelques maisons et vergers qui étoient en cet endroit. Sur ma réponse, il m'ordonna de m'en retourner et d'avertir le comte de Roye, et les autres officiers généraux que je trouverois, du lieu où je l'avois laissé; qu'il y attendroit le reste de la seconde ligne, et que son neveu de Lorge arrivât avec ses troupes; que cependant ils l'avertissent, chacun à leur égard, de tout ce qui se passeroit.

Je m'acquittai de cet ordre, et je trouvai que le comte de Roye, qui avoit remarqué la marche de la colonne dont j'ai parlé et avoit fait le même jugement que moi, en avoit fait donner avis à M. de Turenne par feu mon frère, qui lui servoit d'aide de camp[1]. Il ne fut pas plutôt de retour, que le comte de Roye renvoya M. le duc d'Elbeuf[2] à M. de Turenne, pour le supplier de lui donner de l'infanterie afin qu'il pût se saisir du ravin et de la tuilerie avant que les ennemis y pussent arriver. Il ajoutoit qu'il croyoit même la présence de M. de Turenne nécessaire de ce côté-là, afin que, ayant considéré cette marche, il donnât les ordres qu'il jugeroit à propos.

M. de Turenne lui envoya les deux bataillons de la Vieille-Marine pour les poster à la tuilerie, et, comme si ce grand homme avoit eu un pressentiment de la perte irréparable que la France et l'armée devoient faire, il lui manda qu'il resteroit où il étoit, à moins qu'il ne survînt quelque événement plus considérable.

1. Les généalogies des Mormès qui se trouvent au Cabinet des titres ne parlent pas de ce frère cadet de notre auteur; nous le verrons mourir en 1677 au siège de Lichtenberg.
2. Charles de Lorraine (1620-1692); il servait comme volontaire.

Mort de M. de Turenne, le 27 juillet 1675. — Le comte de Roye, non content de cela, lui renvoya pour la troisième fois le comte d'Hamilton, brigadier[1], qui lui représenta de sa part la nécessité qu'il y avoit qu'il se donnât la peine de venir à la droite donner ses ordres. Alors M. de Turenne demanda son cheval et gagna au petit galop la droite, le long d'un fond, par lequel on le mena afin qu'il fût à couvert de ces deux petites pièces de canon qui tiroient sans cesse. En chemin faisant, il aperçut mon père sur la hauteur, et, comme il l'honoroit de sa confiance, il poussa à sa rencontre et s'arrêta, l'ayant joint, pour lui demander ce que c'étoit que cette colonne pour laquelle on le faisoit venir. Mon père la lui montroit, quand malheureusement les [bataillons de la Marine se trouvèrent à cette hauteur, mais plus avant : les] deux petites pièces tirèrent dessus ; un des coups échappa et, passant premièrement sur la croupe de mon cheval, emporta le bras gauche de mon père[2], le haut du col du cheval de mon frère et frappa M. de Turenne au côté gauche. Il fit encore une vingtaine de pas sur son cheval et tomba mort. Ainsi finit ce grand homme, qui n'aura peut-être jamais son pareil, et je puis assurer que toutes les particularités que je viens de rapporter sont justes et véritables ; tous ceux qui en ont écrit ne les ont pu savoir comme moi[3].

1. Ci-dessus, p. 176.
2. L'édition de 1766 disait : « Passant sur la croupe du cheval de mon père, lui emporta le bras gauche. »
3. Le 27 juillet. Voyez la *Gazette*, p. 582 et 616, et les *Lettres de M*^{me} *de Sévigné*, t. III, p. 534-538, et t. IV, p. 1-5 et 10. On trouvera à l'Appendice quelques lettres relatives à

Un spectacle aussi tragique me pénétra d'une affliction et d'une douleur si vive, que j'éprouve encore aujourd'hui qu'il est plus facile de la ressentir que de la bien exprimer. Je ne savois auquel courir du général ou de mon père. La nature en décida; je me jetai à mon père, et je lui cherchois un reste de vie, que je craignois de ne lui plus trouver, lorsqu'il m'adressa ces paroles, que toute la France trouva si belles, qu'elle compara le cœur qui les avoit dictées à ceux des anciens et véritables Romains, et je crois que la mémoire s'en conservera longtemps :

« Ah! mon fils, s'écria-t-il, ce n'est pas moi qu'il faut pleurer; c'est la mort de ce grand homme. Vous allez, apparemment, perdre un père; mais votre patrie ni vous ne retrouverez jamais un pareil général. » En achevant ces mots, les larmes lui tomboient des yeux[1].

« Que vas-tu devenir, pauvre armée? » ajouta-t-il; puis, en se remettant tout d'un coup : « Allez, mon fils, laissez-moi. Je deviendrai ce qu'il plaira à Dieu; remontez à cheval, je vous le commande. Le temps presse; allez faire votre devoir; et je ne désire plus de vie qu'autant qu'il m'en faudra pour apprendre que vous vous en serez bien acquitté. »

cet événement, d'après les registres du Dépôt de la guerre. Le marquis de Quincy, dans son *Histoire militaire*, dit que Saint-Hilaire portait un manteau rouge et que cette couleur fut cause de la mort du maréchal, parce que les ennemis la prirent comme point de mire. Un passage des *Mémoires du chevalier de Quincy* (t. II, p. 42) prouve que les canonniers visaient habituellement les habits rouges.

1. Mme de Sévigné (t. IV, p. 33-34) donne un texte presque identique, et elle fait, comme notre auteur, une comparaison avec la magnanimité romaine.

Quelque instance que je fisse pour demeurer auprès de lui jusqu'à ce qu'il fût venu un chirurgien et qu'on l'eût emporté, il ne le voulut jamais permettre; il fallut obéir et le laisser entre les bras de mon jeune frère. Je courus aux batteries faire tirer, afin de venger la perte irréparable qui venoit de se faire, et la mienne particulière.

Des officiers ennemis que je vis peu après m'assurèrent que le canonnier qui avoit fait le coup fut tué le même jour[1] par un des nôtres. Nous entendîmes de grands cris sur la hauteur où étoit la droite des ennemis, et nous vîmes un officier tomber d'un de nos coups de canon. Il y accourut bien du monde. On le releva aussitôt; mais il ne fut point blessé : il n'y eut que son cheval qui eut la tête emportée. Nous sûmes que c'étoit M. de Montecuculli qui l'avoit échappé si belle[2].

On ne peut imaginer qu'imparfaitement le trouble et la consternation d'une armée qui perd, en présence de l'ennemi, un général en qui elle a une si grande confiance et qu'elle chérit, honore et respecte également. Le premier mouvement de tout le monde, dès que cette déplorable mort fut connue, étoit d'aller venger sa perte en donnant le combat, quelque péril qu'il y eût à entreprendre de surmonter les difficultés qui s'y opposoient. [Puis, une consternation générale s'empara de tous les cœurs, une tristesse universelle se répandit sur les visages; la douleur régnoit partout. Chacun, comme s'il fût devenu stupide, tomboit dans

---

1. Le 2 août seulement, d'après une lettre de M. Frémont d'Ablancourt (vol. Guerre 460, n° 20).
2. Ces détails ne semblent pas confirmés par ailleurs.

l'inaction, dans le temps qu'il falloit le plus agir.] On ne pouvoit passer devant un rang d'officiers ou de soldats, qu'on ne vît couler des larmes, tant celui qui les causoit étoit universellement regretté. Les deux lieutenants généraux[1], peu d'accord entre eux, étoient incertains et embarrassés[2] : l'un vouloit combattre, pendant que l'autre, plus prudent, le contenoit; et ce ne fut qu'après une grande contention qu'on convint de ne rien entreprendre du reste du jour.

Cependant, les ennemis furent bientôt avertis de la mort de M. de Turenne par un dragon du régiment du Roi qui déserta pour leur en porter la nouvelle[3]. On sut que M. de Montecuculli ne put contenir la joie qu'il ressentit d'être délivré d'un si redoutable ennemi, et qu'il en donna sur-le-champ des marques trop publiques; mais il répara cette faute dans la lettre qu'il écrivit à l'Empereur à ce sujet, car, après l'avoir félicité sur cet événement, il ajouta qu'il ne pouvoit pourtant s'empêcher de regretter un homme qui avoit tant fait d'honneur à l'homme.

Dès que cette mort fut répandue dans l'armée

---

1. MM. de Lorge et de Vaubrun.
2. Il y eut contestation entre les deux lieutenants généraux pour savoir qui commanderait. M. de Lorge était le plus ancien, et il était aussi de jour : les autres officiers décidèrent en sa faveur, « heureusement pour l'armée, » disent les *Mémoires du comte de R[ochefort]*, p. 393. L'ancienneté de M. de Vaubrun ne remontait qu'au 13 février 1674, tandis que celle de M. de Lorge datait du 15 avril 1672.
3. M. de Vaubrun dira, dans sa lettre du 30 juillet (ci-après, Appendice), que ce fut le chirurgien d'un régiment de dragons qui, ayant vu l'événement, alla aussitôt en porter la nouvelle aux ennemis.

ennemie, on n'entendit que cris de joie parmi eux et que concerts de trompettes et timbales, qui faisoient le panégyrique du défunt. On s'attendoit alors que cette armée viendroit brusquement attaquer la nôtre ; mais M. de Montecuculli, qui ne vouloit rien commettre au hasard, attendoit l'occasion d'un coup sûr pendant la retraite qu'il jugeoit que nous serions obligés de faire bientôt devant lui. Ainsi tout le reste du jour se passa à se canonner de part et d'autre. Sur le soir, notre infanterie fit des retranchements devant elle, aux avenues de Saasbach et de la tuilerie, et l'on dressa des batteries de canon devant tout le front de bandière. Nos généraux, dont l'ardeur se trouva un peu ralentie, tinrent, sur le soir, un conseil de guerre, dans lequel ils convinrent de ne point attaquer l'ennemi, mais de demeurer ferme dans le poste qu'on occupoit, jusqu'à ce que le courrier qu'on avoit dépêché à la cour fût de retour et eût apporté des ordres[1]. Le lendemain et le jour suivant, on continua à se canonner ; mais nos généraux ne purent attendre plus longtemps le retour du courrier, car notre armée manquoit de vivres, et ils ne pouvoient arriver à temps, parce qu'ils venoient de trop loin, joint à cela que les fourrages, qui ne se pouvoient faire que près du camp, à cause de la situation où l'on se trouvoit, étoient rares et difficiles, à cause que les housards couloient au delà du petit bois de la droite, le long du talus des montagnes, et venoient prendre impunément dans les derrières ceux qui alloient grappiller quelques four-

---

1. Chacun des lieutenants généraux avait envoyé un aide de camp au ministre.

rages. Ces considérations, et celle de la grande fatigue qu'on supportoit depuis longtemps, obligèrent d'anticiper la retraite, et l'on y trouva moins de danger qu'à exposer l'armée à périr de faim et de disette[1].

L'ordre en fut donné pour l'entrée de la nuit, et l'infanterie, ayant laissé des mèches allumées sur le parapet des retranchements, se mit en marche, étant favorisée dès le commencement par un grand orage qui survint. Des torrents d'eau tombèrent des montagnes voisines dans le ravin qui séparoit les deux camps, et le rendirent impraticable pendant plus de quatre heures : l'armée eut le temps de faire son chemin et d'enfiler un grand bois, qu'elle eut même traversé au point du jour, malgré le désordre et la confusion où l'orage et la marche de nuit l'avoient mise, et principalement l'infanterie. Le retour du jour et une petite halte qu'on fit dans une campagne au delà du bois raccommodèrent tout, et, le chaos étant débrouillé, l'armée se reforma et reprit sa marche pour gagner le camp de Buschen par le chemin que M. de Turenne avoit fait percer au travers du bois. L'arrière-garde étoit à la hauteur des redoutes qu'on avoit faites sur le ruisseau, quand elle vit paroître un corps de cavalerie et de dragons ennemis qui venoient tomber sur elle. Aussitôt l'infanterie borda le bois, pendant que quelques escadrons se mirent dans le travers du chemin, pour tenir ferme tandis que les troupes qui étoient derrière eux achèveroient de passer le ruisseau. Les ennemis vinrent les charger; mais,

---

1. On tint un conseil de guerre, où la retraite fut décidée (*Histoire militaire*, p. 447; *Gazette*, p. 617).

comme ils n'étoient pas soutenus par leur armée, qui étoit éloignée, et que l'infanterie qui bordoit le bois faisoit un grand feu sur eux, leur charge fut légère et peu avantageuse. Ils perdirent du monde, et on leur prit quelques officiers. Ce désavantage rabattit leur ardeur, et l'arrière-garde passa le ruisseau à la faveur des redoutes, et de là entra dans le camp, où toute l'armée espéroit prendre quelque repos, au moins le reste du jour et la nuit suivante. Mais il en arriva tout autrement; car on eut aussitôt avis que l'armée ennemie marchoit, par l'autre côté du bois, droit à Willstedt, sur la Kinzig, où nous n'avions que deux cents hommes. Par là on fut certain que le dessein de M. de Montecuculli étoit de se placer entre notre armée et notre pont d'Altenheim, pour nous couper nos vivres et notre retraite, et nous mettre dans la nécessité de périr sans combattre.

Cette désagréable nouvelle troubla le repos qu'on commençoit à prendre avec tant de besoin. Les généraux, par le conseil de M. Jacquier, général des vivres[1], envoyèrent vite à Willstedt une brigade de cavalerie et de dragons, qu'ils firent suivre par une d'infanterie, pour aller occuper le poste de Willstedt, jusqu'à ce que l'armée, qui se mit sur-le-champ en marche, y pût arriver. Il est certain que M. Jacquier

1. François Jacquier, d'abord commissaire des guerres en 1649, eut, à partir de 1650, le titre de commissaire général des vivres, qu'il conserva jusqu'à sa mort, avril 1684. Colbert l'employa aussi pour les approvisionnements de la marine. C'était « un homme connu de tout le monde et qui s'étoit acquis l'estime et l'affection de M. de Turenne » (*Mémoires de Saint-Simon*, éd. Boislisle, t. VI, p. 328).

rendit un service signalé ; car autrement toute l'armée étoit perdue. L'avant-garde des ennemis étoit déjà arrivée devant Willstedt et sommoit de se rendre le sieur de Saint-Martin, qui commandoit les deux cents hommes de ce méchant poste. Il ne pouvoit y tenir deux heures sans y être forcé, quand M. de Bulonde, brigadier de cavalerie[1], y arriva avec sa brigade. Ce secours changea les affaires, et, l'infanterie venant peu de temps après, il n'y eut plus à craindre pour Willstedt, que les ennemis commencèrent à battre à coups de canon.

Il y a bien de l'apparence que M. de Montecuculli comptoit sur un coup sûr ; car, sans s'arrêter à Willstedt, il auroit été passer la Kinzig à Offenbourg, dont il étoit le maître, et, coulant après à couvert du bois dont j'ai parlé ci-devant, il seroit venu à l'abbaye de Schutter, où il auroit traversé la petite rivière de Schutter, qu'il auroit mise devant lui, faisant tête à notre armée, et auroit eu derrière lui notre pont sur le Rhin, dont il se seroit rendu maître sans combat, aussi bien que de nos vivres.

Quoi qu'il en soit, il s'amusa à Willstedt, et bien nous en prit ; car notre armée eut le temps d'y arriver et de lui faire tête. Elle repassa la Kinzig entre cette petite ville et le fort de Kehl. Tournant ensuite à gauche, elle vint se mettre en bataille, sa droite sur le

1. Vivien Labbé de Bulonde avait un régiment de cavalerie depuis 1667 et venait d'être fait brigadier ; il devint maréchal de camp en 1681 et lieutenant général en 1688. En 1691, il fut envoyé en prison à Pignerol pendant quelques mois, pour avoir levé précipitamment et sans motif sérieux le siège de Coni, en abandonnant l'artillerie et les blessés. Un auteur moderne a voulu voir en lui le célèbre Masque de fer.

bord de la prairie de Willstedt, ayant la rivière devant elle; l'aile gauche, que le duc de Lesdiguières, maréchal de camp[1], commandoit, resta néanmoins de l'autre côté de la Kinzig plus de six heures, séparée des ennemis seulement par un bois, où elle fut fort en danger, et cela par l'ordre de M. de Vaubrun, qui vouloit suivre encore les errements de M. de Turenne et ôter le pont de Strasbourg aux ennemis, sans considérer qu'il n'en devoit plus être question, et que, depuis ce temps-là, les affaires avoient bien changé de face[2].

Le duc de Lesdiguières s'impatientoit fort de la situation où il étoit. Il envoyoit aides de camp sur aides de camp solliciter M. de Lorge de lui faire repasser la Kinzig. A la fin, il lui envoya cet ordre tant désiré, et il vint reprendre son poste dans la ligne, puis il joignit la généralité[3], qui tenoit tout à cheval, à la tête de l'armée, une espèce de conseil de guerre.

Le duc de Lesdiguières, fier au possible, et outré contre M. de Vaubrun, créature de M. de Louvois, lequel n'étoit pas de ses amis, se mit en tête qu'il l'avoit voulu sacrifier en le laissant sans nécessité, avec l'aile qu'il commandoit, si longtemps exposé à la

---

1. François-Emmanuel de Bonne de Créquy n'était encore que comte de Sault; il ne devint duc de Lesdiguières qu'en 1677. Maréchal de camp en 1674, il mourut en 1681, à trente-six ans.

2. Tous les contemporains s'accordent pour reconnaître le peu de capacité militaire de M. de Vaubrun, qui n'était parvenu à son grade que par la faveur de Louvois, comme va le dire notre auteur.

3. Les officiers généraux.

merci de l'ennemi, dont il n'auroit pu se tirer avec honneur, s'il avoit été attaqué ainsi que vraisemblablement il le devoit être, étant si proche de lui et séparé de notre armée par la rivière, qui ne se pouvoit passer en cet endroit que sur des ponts. Il s'emporta donc fort contre lui devant tout le monde, et cela auroit peut-être été plus loin, si le marquis de Boufflers, en ce temps-là brigadier de dragons, ne fût entré dans le cercle qu'on faisoit et n'eût représenté vivement combien cette querelle étoit hors de saison dans ces circonstances, et que la grande question d'à présent étoit de prendre vite un bon parti et de concourir unanimement au bien du service.

Cette sage remontrance coupa court au démêlé, et M. de Vaubrun, qui commençoit à répliquer sur le même ton, se courba sur le col de son cheval et se tut[1]. Alors on délibéra sur le parti qu'on prendroit, et M. de Vaubrun, qui, sans contredit, étoit un très brave homme, proposa de mener l'armée au travers de Willstedt, qu'on occupoit toujours[2], et d'aller combattre celle des ennemis, soutenant qu'il étoit plus avantageux de le faire, quelque difficulté qui s'y rencontrât, que d'abandonner le pont de Strasbourg aux Impériaux. En l'état où étoient les choses, personne ne fut de son avis; on résolut, au contraire, de se retirer au camp d'Altenheim, dans la crainte que les ennemis n'y coulassent par Offenbourg et qu'on n'y pût arriver avant eux.

1. M. de Lesdiguières quitta le service l'année suivante.
2. C'était alors le chevalier de Novion, colonel du régiment de Bretagne, qui commandait dans cette petite place.

On commença donc sur les deux heures après-midi à retirer les troupes qui étoient dans Willstedt; on envoya les gros bagages passer le Rhin au pont d'Altenheim, et, sur le soir, toute l'armée se mit en marche pour aller camper à Altenheim. [Avant d'y arriver, il y avoit cinq grandes lieues à faire par des chemins et un temps très fâcheux.] Ainsi on marcha toute la nuit. Sur le point du jour, la tête de l'armée passa la petite rivière de Schutter, et, après une course d'un quart de lieue, elle se campa près du village d'Altenheim, qui se trouvoit derrière les lignes. La droite s'étendoit dans la plaine; la gauche fut appuyée contre un grand bois de haute futaie, qui coupoit en lisière la plaine d'Altenheim et laissoit derrière, jusques au Rhin, un terrain découvert d'une bonne portée de mousquet. Notre pont sur le Rhin étoit en cette coulée, et à demi-quart de lieue de la partie du bois contre lequel j'ai déjà dit que la gauche étoit appuyée.

La lisière de ce bois se prolongeoit en avant jusques à un pont de pierre sur la Schutter, par lequel marchoit la colonne d'infanterie; celle de la droite de cavalerie passa la Schutter sur des ponts au-dessus, et la colonne gauche sur un pont de pierre derrière le bois, qu'il falloit qu'elle traversât pour entrer dans le camp, en quittant le chemin qui, de ce pont, conduisoit droit à celui que nous avions sur le Rhin.

Combat d'Altenheim. — Les Impériaux, qui avoient suivi la marche de l'armée dès qu'ils en furent avertis, parurent, vers les neuf heures du matin, à l'arrière-garde de la colonne d'infanterie qui alloit par le grand chemin, au travers d'un bois, pour arriver au pont de pierre sur la Schutter; et aussitôt ils commencèrent à escarmoucher[1]. Leur infanterie, arrivant aussi dans le bois, attaqua la brigade de Champagne, qui soutint la charge de l'ennemi avec une valeur admirable, et fit tant de résistance, qu'elle donna le temps à la plus grande partie de l'armée, déjà campée, de revenir et de prendre les armes. D'un autre côté, les Impériaux attaquèrent avec tant de succès l'arrière-garde de la colonne gauche, qu'ils la culbutèrent et passèrent la Schutter après elle. Le désordre devint fort grand. M. de Vaubrun, qui voulut y remédier, fut tué, ce qui l'augmenta encore[2]; et il y a bien de l'apparence que, si les ennemis avoient saisi ce moment pour porter toute leur armée de ce côté-là, ils se seroient avancés jusques à notre pont, car rien ne pouvoit plus les arrêter, ils s'en seroient rendus les maîtres, et toute l'armée étoit perdue. Mais le bonheur voulut qu'ils se contentèrent d'occuper le terrain qu'ils avoient gagné, sans s'avancer davantage, attendant apparemment le succès du combat d'infanterie qui étoit aux prises, et qui devint un des plus grands que l'on ait vus. Les bataillons françois coururent de

1. Sur le combat d'Altenheim (1er août) on peut voir la *Gazette*, p. 617-621, les *Mémoires de Feuquière*, t. III, p. 225-241, l'*Histoire militaire*, p. 447-448, le commentaire des *Mémoires de Saint-Simon*, éd. Boislisle, t. X, p. 331-332, et une lettre non signée, du 2 août : ci-après, Appendice.

2. M. de Vaubrun avait fait une grave faute en envoyant de l'autre côté du Rhin, à l'insu de M. de Lorge, toute la seconde ligne de l'armée : ci-après, p. 221. Lui-même se trouvait à l'arrière-garde et soutint très bravement l'attaque. Blessé d'abord d'une balle au pied, il chargea néanmoins, avec la jambe posée sur l'arçon de sa selle, et fut percé de plusieurs coups de feu. (*Lettres historiques de Pellisson*, t. II, p. 402.)

vitesse au pont de pierre pour dégager la brigade de Champagne. Se postant d'eux-mêmes, ils le bordèrent de droite et de gauche, et firent un si grand feu, qu'ils donnèrent à cette brigade le moyen de gagner le pont de pierre et de le passer. Les ennemis s'y jetèrent après eux ; quelques-uns de leurs bataillons passèrent la Schutter, puis d'autres, et de la cavalerie qui avoit trouvé des passages plus haut.

Les affaires étoient en cet état, lorsque le comte de Lorge arriva au champ de bataille avec tout le canon et le reste de l'armée. Alors le combat recommença avec plus de vivacité ; les piques furent plusieurs fois baissées les unes contre les autres, et jamais canon ne tira de si près et ne fut mieux servi ; je le puis dire, car c'est la vérité[1]. Les ennemis, en cet endroit, furent repoussés au delà de la Schutter, et le comte de Lorge étendit son infanterie dans le bois, ayant cette petite rivière devant elle. On retrancha le pont, et M. de Lorge, retirant de derrière elle sa gauche de cavalerie, la mena par un détour au travers du bois pour se mettre en bataille dans le terrain entre le bois et le Rhin. Il fit charger aussitôt lui-même la ligne des ennemis qui se trouvoit devant elle, et lui fit perdre un peu de terrain ; mais, comme le point décisif étoit de lui faire promptement repasser la Schutter, le comte de Lorge envoya chercher toute la première ligne de sa droite de cavalerie, avec une partie de la seconde, qui n'avoit pas encore combattu, et, les ayant promptement jointes à ce qu'il avoit pu rallier de la

---

1. Depuis la blessure de M. de Saint-Hilaire, c'était son fils, notre auteur, qui commandait l'artillerie.

gauche, il les remena à la charge avec tant de succès, que les ennemis furent entièrement rompus, et poursuivis, l'épée dans les reins, au delà de la Schutter.

Alors leur confusion devint si grande, qu'ils se culbutèrent sur l'infanterie, qui étoit en bataille dans un terrain fort serré, et la rompirent si bien, qu'elle auroit pu être défaite, si le comte de Lorge avoit eu des troupes fraîches pour soutenir celles qui chargeoient, ou s'il avoit eu les deux brigades de cavalerie et celle d'infanterie que M. de Vaubrun avoit envoyées à son insu, au delà du Rhin, à la garde des bagages, sur la présupposition que les ennemis, étant les maîtres du pont de Strasbourg, ne manqueroient pas d'y faire passer promptement des troupes pour tomber sur ces bagages. Il eût été plus à propos qu'il eût préalablement songé au salut de l'armée, qui décidoit de tout, et que ces deux lieutenants généraux, qui la commandoient conjointement, se fussent mieux concertés; car, en ce temps-là, il n'étoit pas décidé que le plus ancien commandât[1].

Le comte de Lorge, voyant donc que les ennemis se rallioient, et qu'ils pourroient bien le battre à leur tour, fit retirer ses troupes en bon ordre. Elles ramenèrent avec elles deux pièces de canon de l'ennemi; elles lui en auroient pris davantage, si on avoit trouvé les attelages, qui s'étoient enfuis. Les troupes, ayant repassé la Schutter, se mirent en bataille, ayant cette rivière devant elles, la gauche vers le Rhin, et la droite

1. C'est le jour même de la bataille (1er août) que Louis XIV signa le règlement qui décidait que, en cas de mort ou d'absence du général en chef, le plus ancien lieutenant général prenait de droit le commandement.

se communiquant avec l'infanterie qui étoit dans le bois et qui avoit aussi la rivière devant elle. Puis M. de Lorge envoya sa droite de cavalerie occuper son premier poste. Alors le combat cessa; il n'y eut plus que le feu du canon qui continua de part et d'autre. Pendant le reste de cette journée et les deux jours qui suivirent, les armées étant toujours en bataille et bordant la petite rivière chacune de leur côté, on y éleva des parapets et des batteries, et on se trouva si près les uns des autres, que, en plusieurs endroits du front de bandière, il n'y avoit que la largeur du ruisseau qui séparât les postes et les batteries.

Entre les principaux officiers, outre M. de Vaubrun, le comte de la Motte[1] et Catheux[2], brigadiers, tués, les ducs de Vendôme[3], de la Ferté[4], le comte de Roye blessés[5], on perdit plusieurs autres officiers, et surtout la plus grande partie de ceux du régiment de Champagne, à la valeur duquel on dut le salut de l'ar-

---

1. Pierre de Jarzé, comte de la Motte, commandait le régiment de la Marine depuis 1673 et n'était brigadier que depuis quelques mois.

2. Henri Gouffier, seigneur de Catheux en Beauvaisis, était mestre de camp d'un régiment de cavalerie levé par lui dès 1655.

3. Louis-Joseph de Vendôme (1654-1712) était comme volontaire à l'armée; il ne fut maréchal de camp qu'en 1678 et lieutenant général dix ans plus tard; c'est le futur vainqueur de Villaviciosa. Il reçut une blessure à la cuisse.

4. Henri-François de Senneterre (1657-1703) avait un régiment de cavalerie; il ne fut duc qu'en 1678, sur la démission de son père.

5. Sans compter M. de Lorge, qui eut une légère blessure et un cheval tué sous lui.

mée¹. Il y eut d'ailleurs environ trois mille hommes hors de combat². Les ennemis n'en perdirent pas moins; je crois même davantage, car le canon en tua beaucoup.

Le courrier du comte de Lorge, étant revenu de la cour, où l'on étoit fort inquiet de l'armée, apporta l'ordre de lui faire repasser le Rhin. Comme cette retraite n'étoit pas sans péril, on fit, à la tête du pont, de grands retranchements capables de tenir la plus grande partie de l'armée [et où l'on pût faire ferme, en cas qu'on y fût attaqué, ainsi qu'il y avoit beaucoup d'apparence]. L'armée se mit en marche à l'entrée de la nuit et entra dans les retranchements, d'où elle filoit à mesure pour passer le pont, et, le lendemain, elle se trouva toute au delà du Rhin, le pont rompu et les bateaux en sûreté, sans que les ennemis y missent aucun empêchement³.

Le duc de Duras, frère aîné du comte de Lorge, arriva en ce camp pour prendre le commandement de l'armée⁴, en attendant l'arrivée de Monsieur le Prince,

---

1. Le lieutenant-colonel de Bréval et seize capitaines tombèrent sur le champ de bataille.
2. Toute l'Europe admira la conduite du comte de Lorge dans ces circonstances, et l'on prêta au grand Condé des paroles très élogieuses, que plusieurs contemporains ont rapportées, et notamment Saint-Simon, gendre du comte (*Mémoires*, éd. Boislisle, t. X, p. 382).
3. C'est dans la nuit du 3 au 4 août que l'armée repassa le Rhin. On trouve dans le volume 460 du Dépôt de la guerre, nᵒˢ 25 et 27-30, diverses lettres qui rendent compte de ce passage. M. de Lorge n'écrivit point à la cour avant le 5 août (nº 35), et il en fut réprimandé par le ministre (nº 38).
4. Le 6 août.

qui vint peu de jours après de Flandres, ayant laissé l'armée qu'il y commandoit à M. de Luxembourg, qu'on fit maréchal de France ainsi que MM. de Duras, de Schönberg, de la Feuillade, de Navailles, d'Estrades, de Vivonne et de Rochefort[1]. Le comte de Lorge ne le fut que six mois après[2], quoiqu'il eût vaillamment servi au combat d'Altenheim et que, par son ancienneté de lieutenant général[3], il fût en droit d'espérer le même honneur; aussi fut-il sur le point de quitter le service[4].

M. de Duras ne fut pas si tôt arrivé à l'armée, qu'il eut avis que celle des Impériaux avoit passé le Rhin sur le pont de Strasbourg et qu'elle vouloit s'avancer dans la Haute-Alsace. Il décampa sur-le-champ et se vint poster près de Benfeld[5], où les ennemis se montrèrent aussitôt pour l'amuser en tête pendant qu'ils couloient par son flanc gauche, à couvert d'un grand bois, dans le dessein de se venir poster dans ses derrières et lui couper ses vivres. M. de Duras reconnut bientôt cette manœuvre : il marcha en arrière et vint camper à Chatenois[6], où il appuya sa gauche, prolongeant sa droite jusqu'à Schelestadt, qui, en ce temps-là,

---

1. Promotion du 30 juillet. C'est ce qu'on appela la « monnaie » de Turenne.

2. Le 21 février 1676.

3. Il était de la même promotion que M. de Rochefort, mais moins ancien que tous les autres. On sait que Mme de Rochefort passait pour la maîtresse de Louvois, et notre auteur en parlera ci-après, p. 238.

4. Voir les *Mémoires de Saint-Simon*, éd. Boislisle, t. X, p. 334-337, et le commentaire qui y est joint.

5. Sur l'Ill, entre Schelestadt et Strasbourg.

6. A peu de distance à l'ouest de Schelestadt.

étoit démoli[1]. Sa situation fit arrêter les Impériaux, et M. de Montecuculli changea de mesures : il fit retourner son armée sur ses pas, et, s'étant muni de gros canon à Strasbourg, il s'en alla assiéger Haguenau, méchante place où commandoit M. Mathieu de Castelas, colonel du régiment de la Marine[2].

Cependant Monsieur le Prince arriva à l'armée[3] et résolut de marcher au secours d'Haguenau, après avoir blâmé M. de Duras de s'être retiré à Châtenois et un peu dénigré l'armée, qui ne pouvoit pas être en bon état après le combat et les fatigues qu'elle avoit souffertes. Cela déplut à plusieurs, et les autres jugèrent que c'étoit une précaution qu'il prenoit pour se mettre à couvert en cas que les événements ne fussent pas conformes au désir extrême qu'il avoit de soutenir la grande réputation qu'il s'étoit acquise[4].

Le lendemain de son arrivée, il fit marcher l'armée pour aller secourir Haguenau[5] et vint camper à Ben-

1. Vol. Guerre 460, n° 133.
2. André Mathieu de Castelas, né vers 1618, n'était que lieutenant-colonel du régiment de la Marine; il eut ce régiment en récompense de sa défense de Haguenau, à la place de M. de la Motte, tué à Altenheim, et devint maréchal de camp en 1684.
3. Le duc d'Enghien arriva le 18 août à Châtenois, et son père le lendemain (vol. Guerre 460, n°s 149 et 152, deux longues lettres du père et du fils sur l'état de l'armée et sur leur première impression).
4. M. le duc d'Aumale (*Histoire des princes de Condé*, t. VII, p. 638) ne parle pas de blâme à M. de Duras.
5. Le général Susane (*Histoire de l'infanterie*, t. III, p. 13) cite ce mot de M. de Castelas en réponse à un message de Condé, qui l'engageait à se défendre vigoureusement : « Tant que Mathieu sera Mathieu, Haguenau sera au Roi. »

feld, ensuite à Holsheim, sur la petite rivière de Brusch, qu'il ne passa point; car M. de Montecuculli, ayant été averti de cette marche, leva le siège d'Haguenau et parut de l'autre côté de la Brusch, vis-à-vis du camp de Monsieur le Prince. Il fit aussitôt pousser vivement les gardes que nous y avions, et donna lieu de croire qu'il vouloit passer la rivière pour combattre Monsieur le Prince, qui mit son armée en bataille et couvrit son flanc droit de quelques retranchements, parce que l'ennemi, qui se rendit brusquement maître de quelques châteaux, pouvoit passer la rivière et tomber sur ce flanc. Mais ce n'étoit pas là son dessein; il vouloit seulement canonner le quartier et le camp de Monsieur le Prince, et, pendant cette attaque, faire couler son armée par sa droite pour gagner le bas des montagnes qui séparent l'Alsace de la Lorraine, et venir occuper les derrières de Monsieur le Prince par l'autre côté des bois qui coupent le terrain. Monsieur le Prince, qui s'en aperçut bientôt, fit marcher toute la nuit son armée sur Benfeld. Les Cravates lui prirent quelques bagages qui s'étoient amusés dans des villages le long de la route, et, sur les nouvelles qu'il eut que les Impériaux s'avançoient toujours le long du pied des montagnes, il mena l'armée reprendre le poste de Châtenois, où il la fit retrancher. Ainsi la manœuvre précédente de M. de Duras fut pleinement justifiée[1].

1. C'est le 29 août que l'armée revint à Châtenois. M. le duc d'Aumale fait remarquer que Condé était mal secondé : sur ses trois lieutenants, l'un, M. de Duras, était malade, l'autre, M. de Lorge, mécontent, et le troisième était La Feuillade, cervelle creuse et plus courtisan que soldat.

M. de Montecuculli s'arrêta, [voyant ce poste pris, qui lui barroit le chemin, et, ne jugeant pas à propos de combattre], il fit subsister son armée plus de deux mois dans le pays, le long des montagnes jusqu'à Saverne, tirant ses vivres des petites villes qui y sont situées et de Strasbourg. Pour Monsieur le Prince, il demeura campé à Châtenois tout le reste de la campagne, non sans de grandes incommodités, à cause de la disette des fourrages, qu'il falloit aller chercher fort loin. Il ne se passa plus rien entre les deux armées, sinon quelques rencontres aux fourrages, dans lesquelles les Impériaux eurent toujours du pire. Mais, vers la mi-octobre, M. de Montecuculli, qui étoit venu camper vers Molsheim, détacha le prince Hermann de Baden[1], avec un corps de troupes, pour assiéger Saverne, qu'on ne pouvoit secourir. Sur le point que l'on comptoit cette place perdue, aussi bien que Haguenau [et que les Impériaux hiverneroient dans la Basse-Alsace et mettroient au moins la Lorraine à contribution], on fut bien surpris d'apprendre que M. de Montecuculli, ayant reçu un courrier de Vienne, avoit fait lever le siège de Saverne[2] et ramenoit l'armée impériale repasser le Rhin à Strasbourg pour la faire hiverner en Allemagne.

Cette nouvelle, agréable aux François, déplut fort à toute la confédération; elle s'imagina que le Conseil de l'Empereur ne marchoit pas de bon pied[3]. Les avis

1. Né en 1628 et d'abord chanoine de Cologne, il prit ensuite le métier des armes, devint maréchal de camp général des armées de l'Empereur, président du Conseil de guerre, et mourut en 1691.
2. Le siège, commencé le 11 septembre, fut levé le 14.
3. La retraite de Montecuculli au delà du Rhin fut déter-

qui vinrent d'Espagne en Hollande ne furent pas plus agréables; car Don Jean d'Autriche[1], de qui les alliés avoient grande opinion, avoit été nommé par le Conseil d'Espagne pour aller en Sicile tâcher d'y faire changer la face des affaires. Son voyage, dit-on, fut rompu par une intrigue de cour. Le roi d'Espagne, qui entroit en majorité, lui donna l'administration des affaires; mais il ne se maintint pas plus de quinze jours en ce poste : le crédit de la reine mère le supplanta, et il fut relégué à Saragosse[2]. Cette retraite fit évanouir les espérances que les alliés avoient conçues de son bon gouvernement et du rétablissement des affaires d'Espagne et de Sicile, où le maréchal de Vivonne, nouveau vice-roi de la part de la France, continuoit ses progrès. A son arrivée, il se rendit maître, non seulement des postes que les Espagnols continuoient de tenir aux environs de Messine, mais encore d'Agouste[3].

Malgré tous ces avantages, la France inclinoit à la paix, parce qu'ils étoient contrebalancés par la perte

minée par la mort du duc de Lorraine, qui amena la dislocation de l'armée qu'il commandait, et qui était composée des contingents d'une fidélité douteuse fournis par les princes allemands (Duc d'Aumale, *Histoire des princes de Condé*, t. VII, p. 652-653).

1. Le second don Juan, bâtard de Philippe IV, né en 1629 et mort en 1679.

2. « Les histoires sont pleines des orages qui agitèrent le gouvernement de la reine mère de Charles II et de ses démêlés avec don Juan d'Autriche, » a dit Saint-Simon (*Mémoires*, t. IX, p. 141).

3. Agosta, petit port situé entre Catane et Syracuse. Attaquée le 17 août, la ville se rendit le 23 (*Histoire militaire*, p. 462).

que les Suédois faisoient de leurs places en Poméranie, où le Danemark et l'électeur de Brandebourg prenoient le dessus. Il y avoit d'ailleurs, en Guyenne et en Bretagne, quelques soulèvements causés par la levée des nouveaux impôts[1]. Le peuple étoit surchargé pour la continuation de la guerre, qui consommoit encore beaucoup d'hommes, et il étoit même à craindre que le roi d'Angleterre ne fût contraint d'entrer dans la ligue, si sa médiation, qui avoit été acceptée des deux partis, n'avoit lieu bientôt. Toutes ces considérations adoucirent un peu les esprits de part et d'autre et les préparèrent à envoyer à Nimègue des plénipotentiaires; [et, les ambassadeurs médiateurs d'Angleterre étant arrivés en Hollande, ils y firent entendre pour préliminaires que la France se pourroit tenir, à l'égard de l'Espagne, au traité d'Aix-la-Chapelle, gardant au surplus le comté de Bourgogne. Les Espagnols, au contraire, prétendoient qu'on en revînt à celui des Pyrénées, et déclaroient qu'ils aimoient mieux perdre le reste de la Flandre que de céder le comté de Bourgogne. Ils ajoutoient, à l'égard des Pays-Bas, que l'Angleterre et la Hollande étoient intéressées autant que l'Espagne à leur conservation et à faire en sorte, par la paix ou par la guerre, qu'ils eussent d'autres frontières que celles qui leur avoient été laissées par le traité d'Aix-la-Chapelle.]

[Le prince d'Orange, auquel les médiateurs s'étoient adressés, leur répondit qu'il croyoit bien que les Espagnols, quelque fâchés qu'ils parussent, se tien-

---

[1]. Il est étonnant que, à cette occasion, notre auteur ne parle pas de la conspiration du chevalier de Rohan et de La Tréaumont.

droient à ce traité, pourvu qu'on y ajoutât la restitution d'Ath, Charleroy et Audenarde, pour faire une frontière de ce côté, mais qu'il étoit sûr que l'Empereur ni le roi d'Espagne ne consentiroient jamais que la France gardât la Franche-Comté, à moins qu'ils ne fussent réduits à la dernière extrémité, ce qui ne paroissoit pas à craindre; mais que, pour lui, il y consentiroit volontiers, pourvu qu'elle donnât en échange aux Espagnols Tournay, Courtray, Lille et Douay, avec toutes leurs dépendances, parce que, à ce moyen, les Pays-Bas auroient une bonne frontière de ce côté, ayant de l'autre Ath, Charleroy et Audenarde, et qu'ils seroient en sûreté, ce qui étoit le principal intérêt et le but de la Hollande en cette paix; que, quelque plan qu'il y eût à proposer, il prioit que ce fût au congrès, parce que le nombre des différentes prétentions des princes engagés en cette guerre s'étoit tellement accru, qu'il n'étoit pas possible de proposer quelque chose sur la paix en aucun autre endroit, déclarant au surplus qu'il ne consentiroit jamais d'entrer en aucun traité particulier, de quelque manière que ce pût être.]

On ne songea donc plus qu'à former l'assemblée à Nimègue; mais il survint deux difficultés, qui furent sur le point de l'empêcher entièrement : l'une fut au sujet des passeports, et l'autre à celui du cardinal de Fürstenberg. La France demandoit qu'il fût élargi[1] avant qu'elle envoyât ses ambassadeurs au congrès, et l'Empereur n'y vouloit pas consentir. On trouva enfin un expédient, qui fut que l'évêque de Strasbourg,

1. On a vu ci-dessus (p. 129) qu'il avait été enlevé par les Impériaux, contrairement au droit des gens.

son frère[1], présenteroit au Roi une requête en forme, par laquelle il le supplieroit qu'aucun intérêt particulier ne retardât un traité de paix d'une si grande conséquence à la chrétienté ; après cela, cette difficulté fut levée.

Sur l'autre, le Roi s'expliqua que, dans ses passeports aux ministres du duc de Lorraine, il ne pouvoit donner à ce prince le titre de frère, ni de duc, parce que le duché lui appartenoit en propre, en vertu du traité passé entre lui et le dernier duc en 1662[2]. Cette prétention surprit tous les ministres des alliés, et celui de Lorraine leur fit un discours à ce sujet, tendant à leur persuader que ce traité étoit invalide, parce que le dernier duc n'avoit pu disposer de son duché, si la loi salique avoit lieu en Lorraine, et que, si elle n'y avoit pas lieu et que les femmes eussent droit à la succession, ce duc lui-même, de son vivant, n'avoit eu aucun droit à ce duché, puisqu'il appartenoit à celui d'aujourd'hui, même du vivant de son oncle. Il ajouta encore qu'il étoit invalide parce que la France n'avoit pas exécuté la seule condition sous laquelle le vieux duc avoit fait ce traité, qui étoit que cette famille auroit, en France, le rang des princes du sang, et que, le parlement de Paris ayant refusé de l'enregistrer avec cette clause, le duc avoit déclaré aussitôt qu'il étoit nul : ce qui avoit été si bien reconnu par la France, que, par un autre traité conclu à Marsal, en 1663, entre le Roi et le duc, il étoit porté expressément qu'il jouiroit de toute la Lorraine, de

---

1. François-Égon (ci-dessus, p. 80).
2. Saint-Hilaire a parlé plus haut, p. 37-39, des divers traités faits par le duc de Lorraine Charles IV avec la France.

ses villes, terres et seigneuries, à l'exception de Marsal, en la même manière qu'il en avoit joui en conséquence du traité de 1661, comme en effet il étoit arrivé jusques à l'invasion de 1670.

Les ministres des alliés refusèrent de se rendre au lieu du congrès jusqu'à ce que le Roi eût accordé à ceux de Lorraine des passeports en la forme ordinaire. Ce point fut débattu pendant trois mois, et l'on crut le congrès rompu. A la fin, le Roi se relâcha sur les pressantes instances de celui d'Angleterre[1]; les passeports furent expédiés en la forme qu'on les demandoit, et tous les princes furent sollicités d'envoyer incessamment leurs ministres à Nimègue.

Avant de passer outre, je crois qu'il convient de dire dans quelle situation se trouvoient les esprits de ceux qui devoient composer ce congrès.

Il y avoit un but général dans les Conseils des deux parties : les François tâchoient de rompre la grande union des alliés en faisant des avances à plusieurs d'entre eux; les confédérés faisoient tous leurs efforts pour la conserver; le roi d'Angleterre étoit soupçonné de partialité pour la France; les ministres de la maison d'Autriche étoient chagrins, comme le sont ordinairement ceux qui perdent; le prince d'Orange et les Allemands espéroient que leurs armées auroient, la campagne suivante, de meilleurs succès; les Espagnols comptoient, en leur particulier, sur l'intérêt que l'Angleterre et la Hollande avoient en leur conservation et sur la part que le parlement britannique

---

1. L'édition de 1766 portait : « Du ministre d'Angleterre; » la leçon des manuscrits, que nous adoptons, indique plutôt qu'il s'agit du roi d'Angleterre.

avoit témoigné de prendre à leurs affaires pendant sa dernière assemblée. Effectivement, il avoit témoigné tant d'animosité contre la France et contre le roi d'Angleterre et son Conseil, que le roi avoit été obligé de le proroger afin que, durant ce temps, les esprits trop échauffés eussent le loisir de se calmer, et que les résolutions qui avoient été projetées ne fussent pas mises en forme.

A l'égard des Suédois, ils souhaitoient fort la paix; le Danemark et le Brandebourg, au contraire, vouloient continuer la guerre et prétendoient dépouiller les Suédois de tous les États qu'ils possédoient en Allemagne, parce que les Suédois étoient les plus foibles et que la France ne pouvoit les secourir de troupes et de tout l'argent dont ils avoient besoin. Les États-Généraux des Provinces-Unies ne souhaitoient que de sortir avec honneur d'une guerre qui diminuoit leur commerce et les épuisoit d'argent; mais ils n'osoient la finir que de concert avec leurs alliés, ne se fiant ni à la France ni à l'Angleterre, pour s'appuyer sur l'une ou sur l'autre, s'ils faisoient ainsi la paix.

Tous ces intérêts n'étoient pas aisés à accorder et faisoient encore que les princes ne se hâtoient pas d'envoyer leurs ministres à Nimègue, ni de faire échanger leurs passeports. Les ministres de France furent longtemps à attendre à Charleville, où ils s'étoient avancés, et la campagne commença et finit avant qu'il y eût rien de déterminé là-dessus.

Année 1676. — Cette campagne s'ouvrit sur mer du côté de la Sicile. Le fameux M. de Ruyter, amiral des Hollandois, y avoit mené vingt vaisseaux de guerre au secours des Espagnols. Les François allèrent au-devant de lui et le joignirent à la hauteur de Lipari, où le combat s'engagea le 7 janvier 1676 et finit avec un avantage égal[1].

Les deux armées se rencontrèrent une seconde fois le 21 avril suivant, et le combat recommença au point du jour[2]. M. de Ruyter y fut tué d'un coup de canon[3], après avoir fait tout ce qui se pouvoit attendre d'un homme de son expérience, de sa valeur et de sa réputation. Après sa mort, cette armée se trouva en désordre et fit retraite à Palerme, ayant perdu quelques vaisseaux. M. du Quesne[4] commandoit l'armée de France, et M. d'Alméras, chef d'escadre[5], fut tué en cette action; il étoit fort galant homme et fort estimé[6].

1. La nouvelle n'en arriva en France que plus d'un mois après (*Gazette*, p. 105-106; *Histoire militaire*, p. 501-502; Jal, *Abraham Du Quesne*, t. II, p. 194-202).

2. *Gazette*, p. 400 (23 mai), 405-406, 417-418, 424, avec une relation détaillée dans un Extraordinaire; *Histoire militaire*, p. 504-505; *Abraham Du Quesne*, p. 215-231.

3. Il ne fut que blessé grièvement à la jambe. Transporté à Syracuse, il y mourut le 29 avril.

4. Abraham du Quesne (1610-1688) avait commencé fort jeune sa carrière maritime sous l'archevêque Sourdis, puis était entré au service de la Suède; revenu en France en 1647, il fut fait chef d'escadre, et lieutenant général en 1669, mais ne put parvenir au grade de vice-amiral, à cause de l'inimitié de Seignelay, et aussi parce qu'il était protestant.

5. Guillaume d'Alméras, d'une famille provençale, avait été fait capitaine de vaisseau en 1645 et chef d'escadre en 1660, avec ancienneté remontant à 1650).

6. Son dossier aux Archives de la marine, carton C⁷ 4, d'ail-

Un mois après ce combat, l'armée françoise, poursuivant sa pointe, parut devant le port de Palerme et attaqua la flotte hollandoise, qui s'y étoit retirée; elle fut entièrement défaite, et la plupart des vaisseaux brûlés[1]. Les Espagnols ne furent pas plus heureux sur terre; car le maréchal de Vivonne leur prit Taormine, la Mole, Sainte-Placide et la Scalette[2].

Du côté de Flandres, le Roi les visita[3] en personne, à la tête de cinquante mille hommes, et prit Condé en trois jours[4]. De là, il vint camper entre Douay et Valenciennes, d'où il envoya Monsieur, son frère, assiéger Bouchain[5]. Le prince d'Orange se mit en campagne, avec une armée de plus de quarante mille hommes, pour s'opposer à ces progrès, et vint se mettre en bataille sous Valenciennes, en deçà de l'Escaut, et présenta la bataille au Roi, qui vouloit l'accepter; mais il en fut empêché par le maréchal de

---

leurs très incomplet, contient un bref relevé autographe de sa carrière jusque vers 1665.

1. Le 2 juin, sous la conduite du maréchal de Vivonne; six ou sept vaisseaux hollandais furent incendiés par les brûlots français et se jetèrent à la côte dans le fond même du port, de sorte que l'explosion de leurs poudres causa à la ville même de nombreux dégâts (*Gazette*, p. 489-490, 502 et 508; *Abraham Du Quesne*, p. 239-245).

2. Molea, Santa-Placida et la Scaletta-Zanglea sont de petits postes ou ports de mer de la province de Messine.

3. Visita les Espagnols.

4. La place fut investie par les maréchaux de Créquy et d'Humières. Le Roi y arriva le 21 avril, et la tranchée fut ouverte la nuit même. La ville capitula le 26. La *Gazette* publia à cette occasion un Extraordinaire.

5. Monsieur investit Bouchain le 2 mai avec vingt bataillons et quarante escadrons (*Histoire militaire*, p. 479).

Schönberg, gagné par le ministre. Il lui représenta qu'il falloit prendre Bouchain. La vérité est qu'on ne voulut pas exposer la personne du Roi[1]; cependant ç'auroit été un beau trait pour sa gloire. Sur cela, le prince d'Orange se retira; Bouchain fut pris, et le Roi revint en France, laissant son armée au maréchal de Schönberg.

Siège d'Aire et secours de Maëstricht. — Quelque temps après, le prince d'Orange, s'étant fortifié de quelques troupes d'Allemagne, vint assiéger Maëstricht. Dès qu'on l'y sut attaché, le marquis de Louvois se rendit en Flandres, et, s'étant joint au maréchal d'Humières, il composa une armée, avec laquelle il alla assiéger Aire et le fort de Linck. On peut bien juger qu'il ne manqua rien pour ces sièges et que chacun s'y employa de toutes ses forces, puisque le ministre, dispensateur des grâces, en avoit fait son affaire; aussi furent-ils promptement terminés[2]. Cependant Maëstricht étoit vivement attaqué, et défendu de même par M. de Calvo, maréchal de

---

1. Saint-Simon (*Mémoires*, éd. Boislisle, t. X, p. 340-344) a raconté en détail ce conseil de guerre tenu par le Roi et les généraux à la cense d'Urtebise, « le cul sur la selle, » et il a donné le beau rôle à son beau-père le maréchal de Lorge. On voit que notre auteur ne parle nullement de cette intervention, quoique les *Mémoires de La Fare* (p. 284) et ceux *de l'abbé de Choisy* (t. I, p. 30-31) la rapportent dans les mêmes termes que Saint-Simon. Pellisson, témoin oculaire, dit (*Lettres historiques*, t. III, p. 53) que le Roi déféra à l'avis de *tous* les officiers généraux, et le marquis de Quincy, dans son *Histoire militaire* (p. 478), raconte que M. de Lorge fut d'avis de ne pas combattre, d'accord en cela avec les maréchaux de Créquy et de Schönberg.

2. Aire se rendit le 31 juillet, et le fort de Linck, près Saint-Omer, le 9 août (*Histoire de Louvois*, t. II, p. 233-241).

camp¹, qui y commandoit; mais, le prince d'Orange ayant été blessé, et le Rhingrave², qui conduisoit les attaques, y ayant péri, le siège se ralentit, et M. de Schönberg eut le temps de mener une armée au secours de cette place. Le prince d'Orange, qui n'avoit pas reçu toutes les troupes qu'il attendoit d'Allemagne et dont l'armée étoit fort diminuée, leva le siège à l'arrivée de celles de France³. Le maréchal, qui avoit des ordres précis de ne pas combattre⁴, le laissa retirer sans le charger, quoiqu'il l'eût pu faire avec avantage et sans rien risquer. On le blâma de s'être si fort attaché à la lettre. Je ne sais ce que le Roi en pensa; car il n'en témoigna rien⁵. Ces exploits finirent la campagne en Flandres.

Campagne d'Allemagne. — Parlons de ce qui se passa du côté d'Allemagne, où il se fit quelques

---

1. Jean-Sauveur-François de Calvo (1617-1690) était maréchal de camp depuis l'année précédente; sa belle défense lui fit obtenir le grade de lieutenant général et le gouvernement de la ville d'Aire nouvellement conquise.

2. Charles-Florent (ci-dessus, p. 50) était général de l'infanterie hollandaise; il fut blessé très grièvement, mais ne mourut que le 4 septembre.

3. Sur le siège de Maëstricht et sa délivrance, on peut voir la *Gazette*, p. 529-635, *passim*, l'*Histoire militaire*, p. 482-486, et l'*Histoire de Louvois*, p. 241-248. La ville avait été investie le 7 juillet et le siège fut levé le 27 août.

4. Lettre de Louvois du 31 juillet, citée par M. Rousset, p. 241.

5. Notre auteur ne parle pas des savantes manœuvres du maréchal de Schönberg et de sa belle retraite devant le prince d'Orange, qui tenta par trois fois de couper son retour. Tous les contemporains et historiens militaires les ont admirées, même l'envieux Feuquière (*Mémoires*, t. II, p. 315).

mouvements dès le commencement de l'année [1].

On fut averti, pendant l'hiver, que les Impériaux faisoient des préparatifs pour un siège en Allemagne, et on ne douta plus que ce ne fût pour Philipsbourg, dès qu'on eut appris qu'ils établissoient un poste à Germersheim, petite ville du Palatinat, qui en est voisine. Pour les empêcher de s'y fortifier, le maréchal de Rochefort, gouverneur de Lorraine, [on l'appeloit le maréchal de la Gaîne à cause que sa femme étoit des amies du ministre [2],] eut ordre sur-le-champ d'assembler des troupes et de marcher vers ce poste pour les en chasser de gré ou de force. Il entra donc en Alsace; mais, à son arrivée à Landau, il apprit que les Impériaux avoient abandonné Germersheim : il le fit démolir et revint à Nancy. Deux ou trois mois après, il reçut un ordre de conduire à Philipsbourg, qui étoit de plus en plus menacé, un convoi de munitions de guerre et de bouche; ainsi, il entra une seconde fois en Alsace avec le convoi, auquel il fit prendre le chemin de Pfaffenhofen. Les Impériaux, dont les quartiers étoient aux environs de Mayence, eurent bientôt avis de la marche de ce convoi, qui étoit escorté par six ou sept mille hommes; mais,

1. Cette année comme la précédente, Saint-Hilaire servait à l'armée d'Allemagne. Son récit va donc avoir toute la valeur de celui d'un témoin oculaire, très bien informé par sa situation de commandant de l'artillerie.

2. Sur les relations de Mme de Rochefort avec le ministre, voyez les *Mémoires de Feuquière*, t. I, p. 119; ceux *de Saint-Simon*, éd. Boislisle, t. I, p. 85; l'*Histoire de Louvois*, t. IV, p. 566-569; *les Cours galantes*, par M. Desnoiresterres, t. I, p. 137-138; les *Lettres de Mme de Sévigné*, t. IV, p. 43, sur « la belle Madelonne, » etc.

comme ils ne l'apprirent qu'un peu tard, ils ne crurent pas se pouvoir assembler assez tôt pour aller à sa rencontre. A ce défaut, ils résolurent de tendre un panneau au maréchal, de qui ils n'avoient pas grande opinion, dans lequel il donna vilainement : ce fut d'envoyer un parti au-devant de lui et d'ordonner à celui qui le commandoit de laisser prendre cinq ou six cavaliers par les gens du maréchal, à qui les prisonniers devoient rapporter qu'on les avoit détachés de l'avant-garde des Impériaux, qui venoient à lui au nombre de douze à quinze mille hommes, pour enlever son convoi. Le maréchal, sans s'enquérir plus particulièrement de la vérité du fait, tourna bride et regagna Nancy en grande hâte avec son convoi et ses troupes[1]. Sa retraite réveilla les Impériaux, qui, de peur d'une seconde tentative qui pourroit mieux réussir, vinrent assiéger et prendre le petit fort situé en deçà du Rhin à la tête du pont de Philipsbourg ; par ce moyen, ils ôtèrent toute communication avec cette place. Le maréchal de Rochefort eut tant de chagrin d'avoir été attrapé si grossièrement, qu'il en tomba malade et en mourut de regret[2].

Toute l'armée impériale ne tarda pas à se mettre en campagne sous le prince Charles, duc de Lorraine, et

1. Ni la *Gazette* ni l'*Histoire militaire* ne parlent de cette faute du maréchal de Rochefort. Le vol. 507 du Dépôt de la guerre (n°s 69, 75, 80, 81, 84, 85, 89, 93, 96, 98, 101, 102, 105, 109) contient les lettres échangées entre le ministre et le maréchal au sujet de ces convois à envoyer à Philipsbourg. On trouvera à l'Appendice les passages les plus importants de la lettre du 11 avril, dans laquelle Rochefort excuse sa retraite.
2. Le 22 mai 1676, à Nancy.

elle marcha à M. de Luxembourg, qui commandoit celle de France et qui, [après l'avoir assemblée aux environs de Schelestadt,] étoit venu camper dans une petite plaine entre les montagnes du Kokesberg et Saverne. Le maréchal mit sa gauche à couvert d'un petit ruisseau; il avoit devant lui une espèce de marais traversé d'un autre ruisseau, qui régnoit le long du pied des hauteurs du Kokesberg et s'étendoit en demi-cercle jusques dans le voisinage des montagnes qui bordent la Lorraine, en sorte que les avenues de son camp étoient fort difficiles. Derrière lui étoit un bon ruisseau qui dérive des montagnes près Saverne. L'armée impériale parut sur les hauteurs du village de Brumpt, distant d'une lieue et demie du camp, dans le temps que la droite de celle de M. de Luxembourg fourrageoit de ce côté-là sous une bonne escorte, qui n'empêcha pas néanmoins que les fourrageurs ne fussent poussés, et quelques-uns pris. Il s'engagea une grosse escarmouche; le piquet marcha pour délivrer l'escorte du fourrage, puis des escadrons, des bataillons, et même du canon[1].

Tout cela marcha sur le flanc gauche de l'armée et passa imprudemment le ruisseau qui le couvroit; mais M. de Luxembourg, y ayant fait réflexion, renvoya l'infanterie et le canon en deçà du ruisseau et fit sa retraite avec sa cavalerie sans être plus inquiété par l'armée ennemie, qui longea par les hauteurs,

---

1. Toute cette campagne de M. de Luxembourg a été racontée, d'après les correspondances du Dépôt de la guerre, par le comte P. de Ségur, dans *le Maréchal de Luxembourg et le prince d'Orange*, p. 367 et suivantes.

d'où elle descendit ensuite pour se venir mettre en bataille de l'autre côté du marais, vis-à-vis du front de bandière de l'armée françoise, autant que la situation du terrain pouvoit le permettre. Alors M. de Luxembourg, qui ne craignit plus rien pour son flanc gauche, retira les troupes et le canon, qui jusque-là avoient bordé le ruisseau et protégé sa retraite; ensuite il les fit rentrer dans les lignes[1].

Le reste du jour et le lendemain se passèrent à se regarder et à tirer quelques coups de canon. Le jour d'après, l'armée impériale se mit en marche et tourna tête du côté de Saverne dans l'intention de couper l'armée. M. de Luxembourg connut alors la faute qu'il avoit faite de n'avoir pas commandé quantité de ponts sur la petite rivière située derrière son camp, qui n'étoit point guéable, et qu'il se trouvoit obligé de passer promptement crainte d'être coupé; mais, comme il n'étoit plus temps, il fit faire à droite à toute l'armée et la fit marcher en bataille, côtoyant l'ennemi pour aller traverser la rivière par des gués près de sa source. Heureusement il fallut que l'armée impériale prit un grand détour à cause des marais; cela donna temps à M. de Luxembourg de passer la rivière et de se mettre en bataille au delà. Cependant il ne put si bien faire, que la queue de son arrière-garde ne fût chargée au passage de la rivière par un corps de cavalerie que M. de Lorraine avoit poussé devant lui; mais, comme elle trouva l'arrière-garde sur le bord du gué que l'armée bordoit, il n'y eut pas grand mal.

1. Vol. Guerre 508, n° 114, longue lettre du maréchal de Luxembourg racontant les mouvements effectués par les deux armées du 3 au 7 juin.

M. d'Hamilton, maréchal de camp, et quelques autres y furent tués[1]. Certainement, si l'avant-garde de M. de Lorraine avoit été plus diligente, notre arrière-garde auroit fort pâti, s'il n'étoit arrivé mieux ; car le désordre commençoit, et l'armée de l'ennemi s'avançoit à grands pas.

Cependant on se mit en état de les bien recevoir : on releva promptement les gués, et l'on travailla à des retranchements le long de la rivière. On se canonna de part et d'autre le reste de la journée, mais avec plus d'avantage pour l'ennemi, parce que le terrain qu'il occupoit dominoit. Dès que la nuit fut venue, M. de Luxembourg ordonna de marcher en arrière ; son infanterie alla à Saverne, qui n'étoit qu'à un quart de lieue : une partie se posta dans le chemin couvert, tandis que l'autre passa au travers et que l'artillerie et la cavalerie filoient le long du glacis pour passer la rivière de Saverne au gué du moulin. Toute l'armée alla camper ensuite dans la plaine de Saint-Jean-des-Choux[2], le cul contre la montagne, sa droite à Saverne, sa gauche se prolongeant le long de la plaine, et devant elle la rivière de Saverne[3]. Dans cette situation, on se retrancha ; et, l'ennemi s'étant approché, il

---

1. P. de Ségur, *le Maréchal de Luxembourg*, p. 368-370. Le maréchal écrivait : « Deux petites troupes, de cinquante hommes chacune, furent pressées et culbutées dans le défilé ; mais l'infanterie, qui étoit postée de l'autre côté, fit un grand feu sur les ennemis,... et, comme il est ordinaire en pareilles rencontres qu'une dernière troupe soit pressée de près, je ne me soucierois pas de ce qui est arrivé à ces deux-ci, sans que le pauvre M. d'Hamilton y a été tué » (vol. Guerre 508, n° 114).

2. Arrondissement et canton de Saverne.

3. La Zorn.

canonna le camp trois jours entiers, et on lui répondit le mieux qu'il fut possible.

Pendant ce temps, le chevalier du Plessis arriva avec dix bataillons de renfort et deux régiments de cavalerie [1] : il fut posté sur le flanc droit de Saverne, la rivière devant lui, afin de couvrir le grand chemin qui va de Saverne en Lorraine à travers les montagnes. Mais cette précaution fut inutile; car M. de Lorraine décampa et s'en alla passer le Rhin sur le pont de Strasbourg, puis le repassa sur un pont qu'il avoit fait dresser contre Lauterbourg et alla former le siège de Philipsbourg. M. de Luxembourg ne quittoit point pour cela son camp de Saint-Jean-des-Choux, et ce séjour ne fut point approuvé [2]; on prétendit qu'il auroit dû s'avancer sur Philipsbourg pendant que les Impériaux étoient au delà du Rhin, qu'ils n'auroient pu repasser devant lui, et qu'ainsi il leur eût été impossible de former la circonvallation de la place, et facile à M. de Luxembourg de reprendre le fort du pont de cette ville, que les ennemis n'auroient jamais pu assié-

---

1. Le 8 juin.
2. Voyez ce que dit M. de Ségur, p. 372-373; il semble que le manque de vivres, et aussi les recommandations de Louvois de ne rien hasarder, furent les causes de son inaction. Les lettres du maréchal des 12 et 13 juin (vol. Guerre 508, n°s 123 et 127) énumèrent les difficultés du secours de Philipsbourg. Le ministre lui écrivait le 16 (n° 134) : « Je ne vous célerai point que S. M. a vu avec quelque surprise que, lui ayant mandé, il n'y a que huit ou dix jours, que, si elle vous envoyoit les troupes que vous avez présentement, vous croiriez fort possible de secourir Philipsbourg, ou du moins d'y faire périr l'armée des ennemis,... vous soyez présentement d'un sentiment différent. »

ger. Quoi qu'il en soit, il s'occupa pendant ce temps-là à pousser ses vivres dans Haguenau, et y alla camper avec toute l'armée, qui fut encore fortifiée de quelques troupes. De là il s'avança à Soultz[1], à Wissembourg, Billigheim[2] et Landau, faisant tirer tous les soirs six coups de canon pour avertir ceux de Philipsbourg que l'armée venoit à leur secours.

Enfin M. de Luxembourg parvint à une lieue des ennemis avec la plus belle armée que les François eussent encore eue en Allemagne. Elle étoit de quarante-cinq mille hommes effectifs et avoit quarante pièces de canon. Il la mit en bataille sur sept lignes, le terrain ne lui permettant pas de s'étendre davantage, et, en cet ordre, il marcha aux ennemis.

Ils étoient campés derrière un grand bois, qu'on fut fort étonné de trouver, quoiqu'il n'eût pas crû en une nuit; il régnoit depuis le Rhin, qu'ils avoient à leur gauche, jusques au ruisseau de Spirebach, qui étoit sur leur droite, et n'étoit traversé que d'un seul grand chemin à passer un escadron de front, au bout duquel ils avoient fait plusieurs retranchements qui se soutenoient les uns les autres. Le bois avoit tout au plus un quart de lieue de profondeur et étoit fort fourré. Il est vrai qu'il s'éclaircissoit en approchant du Rhin; mais on y trouvoit un marais impraticable à une armée.

On connut alors l'impossibilité de secourir Philipsbourg de vive force[3]. On se réduisit à y faire passer

---

1. A mi-chemin entre Haguenau et Wissembourg.
2. Entre Wissembourg et Landau.
3. Le maréchal, dans une longue lettre du 12 août (vol.

du monde par des bateaux qu'on avoit préparés, tandis qu'on amuseroit les ennemis par la disposition d'une fausse attaque et par certaines machines flottantes garnies de matières combustibles, au moyen desquelles on prétendoit brûler le pont de communication qu'ils avoient sur le Rhin.

Laubanie[1], major du régiment de la Ferté, qui avoit été en garnison dans la place, et qui disoit en savoir parfaitement toutes les avenues, fut choisi par préférence à beaucoup d'autres d'un plus grand caractère pour commander six cents hommes triés sur toute l'infanterie, qu'on vouloit jeter dans la place; et, comme on appréhendoit qu'elle ne manquât de poudre, sans considérer que ce que ces hommes en pourroient porter étoit peu de chose, et les embarrasseroit beaucoup s'ils étoient attaqués en chemin, on leur en donna à chacun dix à douze livres à mettre dans leurs havresacs. L'embarquement se fit contre Germersheim, mais un peu trop tard; la nuit les surprit sur le Rhin; et, quand ils furent débarqués au delà, l'obscurité les empêcha de bien prendre leur chemin, et la plupart se perdirent. Laubanie arriva néanmoins sur le bord du marais de Philipsbourg à une demi-heure du jour. Il n'avoit plus qu'un pas à faire pour s'y jeter, lorsqu'il aperçut, à quelque distance de lui, sur le bord du marais, une garde de dra-

Guerre 508, n° 284), expose pourquoi il renonce à secourir Philipsbourg.

1. Yrieix de Magontier de Laubanie (1641-1706) parvint dans la suite au grade de lieutenant général (1702); il eut le gouvernement de Mons, puis celui de Landau, où il s'illustra par son héroïque défense lors du siège de 1704.

gons ennemis. Cela le fit tâtonner, et, croyant être découvert, il se retira vers ses bateaux et repassa le Rhin avec toute sa troupe, excepté un sergent du régiment de Picardie et dix soldats qui, étant plus hardis que les autres, se jetèrent dans le marais et entrèrent dans la place[1]. Les machines flottantes ne réussirent pas mieux.

Après ces vaines tentatives, on abandonna le secours de Philipsbourg. L'armée retourna sur ses pas à travers la Basse-Alsace, et alla passer le Rhin sur un pont de bateaux qu'on fit à deux lieues au-dessous de Brisach. Elle entra dans la plaine de Weil[2], où elle subsista abondamment jusques à la reddition de Philipsbourg[3].

Comme cette plaine avoisine Fribourg, M. de Lorraine y envoya vite un corps de troupes par les montagnes, afin de faire perdre aux François l'envie qu'ils pourroient avoir d'en faire le siège. Il arriva que, un jour que le baron de Montclar, maréchal de camp, faisoit faire un fourrage, une partie de ce corps lui tomba dessus et le poussa si vertement, qu'il eut bien de la peine à faire retraite et perdit beaucoup de fourrageurs.

Philipsbourg tint encore un mois depuis qu'on l'eut abandonné, et le siège auroit pu même durer davan-

---

1. Il n'est pas question de cette tentative dans les correspondances de la *Gazette;* voyez la lettre de M. de Luxembourg du 12 août (n° 284) et celle de M. de Laubanie lui-même (n° 289).

2. Entre le Rhin et Fribourg.

3. Ci-après, p. 247.

tage par la bonne défense de M. du Fay[1], qui en étoit gouverneur, s'il avoit eu plus de poudre : cette nécessité lui fit rendre la place[2]. Après que M. de Lorraine y eut donné ses ordres, il marcha droit à M. de Luxembourg, qui ne l'attendit pas, et repassa le Rhin, puis l'alla incontinent passer une seconde fois sur les ponts de Brisach, pour venir camper à demi-lieue de cette ville, dans la gorge qui est entre cette ville et Fribourg. Sur les nouvelles qu'il eut que M. de Lorraine marchoit encore à lui pour l'attaquer, il fit retrancher son camp, le quitta sitôt que l'ennemi parut, et alla l'asseoir sur les glacis de cette place, qu'il avoit derrière lui ; son front de bandière étoit couvert du ruisseau, et des redoutes sur ses bords, qui environnoient la place.

M. de Lorraine n'y vint pas chercher M. de Luxembourg, comme on le peut bien croire ; mais, au lieu de cela, il fit couler son armée le long des montagnes dont cette gorge est bordée, et la mena camper près

1. Charles du Fay, lieutenant-colonel du régiment d'Harcourt, puis commandant à Courtray (1668), n'était que lieutenant de roi à Philipsbourg depuis 1673. Fait maréchal de camp en octobre 1676, en récompense de sa belle défense, il obtint en 1682 le gouvernement de Fribourg, et mourut en juin 1693.
2. Philipsbourg capitula le 9 septembre. C'est le prince Frédéric de Bade-Dourlach qui avait été chargé de la conduite du siège avec son parent le prince Hermann de Bade, tandis que le duc de Lorraine commandait l'armée de couverture. Sur ce siège, on peut voir les *Lettres historiques* de Pellisson, t. III, p. 154-155, les *Mémoires de Chavagnac*, p. 390, l'*Histoire militaire* de Quincy, t. I, p. 491-497, les correspondances de la *Gazette*, et les lettres et relations qui se trouvent dans les vol. 508 et 509 du Dépôt de la guerre ; les articles de la capitulation sont dans ce dernier registre, n° 20.

de Neubourg, au-dessus de Brisach, où il séjourna environ trois semaines. M. de Luxembourg repassa le Rhin à Brisach, vint se poster vers Mulhausen et y demeura le même temps; et, les Impériaux ayant décampé pour aller du côté de Bâle, M. de Luxembourg établit son camp où est aujourd'hui la place d'Huningue[1]. Les deux armées achevèrent là leur campagne[2]; et celle de France, en se retirant, s'empara du pays et de la ville de Montbéliard en la manière suivante.

On imputa au prince de Montbéliard[3], dont l'esprit étoit très foible[4] et la femme folle avérée[5], d'avoir traité avec les Impériaux pour recevoir leurs troupes dans son petit État; et, sous ce prétexte, M. de Luxembourg se présenta devant sa ville, la fit investir de fort près, et, en même temps, envoya dire à ce prince que le Roi, n'étant pas content de sa conduite, et par conséquent ayant sujet de s'en assurer, lui avoit commandé de mettre garnison dans sa ville et autres lieux

---

1. La ville forte d'Huningue, d'abord simple redoute en maçonnerie sur la rive gauche du Rhin, à une demi-lieue nord-ouest de Bâle, fut bâtie par Vauban après la paix de Nimègue, pour tenir les Bâlois en respect; on établit vis-à-vis un pont de bois sur le Rhin.

2. *Histoire militaire*, p. 497-498.

3. Georges de Würtemberg (1626-1699) avait succédé à son frère aîné en 1662 comme prince de Montbéliard. Mademoiselle parle de lui dans ses *Mémoires*, t. IV, p. 341.

4. Il composa divers écrits théologiques sans valeur et le *Dialogue du ménage d'un seigneur*, tableau scandaleux de sa vie conjugale (Arch. nat., K 1764-1765).

5. Il avait épousé en mars 1648 Anne de Coligny, petite-fille de l'amiral, qui mourut en janvier 1680, et dont la tête était en effet dérangée.

de son pays; qu'il lui seroit cependant libre d'y demeurer et d'en percevoir les revenus. Sur cela, le prince assembla son Conseil; pendant quelques heures il y eut plusieurs pourparlers et allées et venues. M. de Luxembourg pressant fort, le prince de Montbéliard le vint trouver lui-même et le rencontra lorsqu'il se promenoit à pied dans un petit pré, contre la porte du pont de la ville. Il descendit de cheval et l'aborda. Après les premières civilités, dont M. de Luxembourg ne fut pas avare, il lui demanda avec empressement des nouvelles de sa femme, qui étoit sa parente[1], puis vint au fait, lui témoignant en termes très tendres le déplaisir qu'il avoit d'être chargé de cette commission. Il l'assura en même temps qu'il ne perdroit aucune occasion de lui rendre ses très humbles services, pourvu qu'il ne lui en ôtât pas l'occasion en refusant de remettre volontairement son pays entre les mains du Roi, qui donneroit ordre qu'on le ménageât, et ne manqueroit point de le lui rendre aussitôt que la paix seroit faite. Il ajouta à cela mille belles paroles [et promesses, qui ne lui coûtoient guère, et qu'il oublioit aussi facilement[2]]. Le prince, l'en ayant remercié de son mieux, lui demanda de propo-

1. Il y avait eu au XVIe siècle une alliance entre Gaspard Ier de Coligny et une sœur du connétable de Montmorency; mais, plus récemment, le frère de Mme de Montbéliard, Gaspard de Coligny, duc de Châtillon, avait épousé Élisabeth-Angélique de Montmorency, propre sœur du maréchal de Luxembourg.

2. « Sa réputation n'est pas trop bien établie du côté de la probité, des vertus morales et chrétiennes, de la bonne foi, de la franchise, du désintéressement... Tout lui devient licite pour parvenir à son but » (*Relation de Spanheim*, éd. Bourgeois, p. 534).

ser encore la chose à son Conseil, et que dans une heure il lui rendroit réponse. M. de Luxembourg lui répondit qu'il y consentoit de tout son cœur, en le comblant d'honnêtetés. Sur cela, M. de Montbéliard prit congé de lui, et M. de Luxembourg le reconduisit jusques à son cheval, sur lequel M. de Montbéliard ne voulut pas monter en sa présence. M. de Luxembourg en prit occasion pour le reconduire à la porte de la ville, faisant signe à environ deux cents officiers que nous étions là de le suivre, de même qu'à quelques compagnies de grenadiers. La garde qui étoit à la porte du pont n'osa branler, et M. de Luxembourg, passant avec son cortège, en reconduisant toujours le prince et en lui faisant force civilités, arriva à la porte de la ville qui étoit à l'autre bout du pont, dont on se rendit maître. Alors on laissa aller le prince, qui se retira dans son château, d'où sa famille et lui sortirent le lendemain, avec un passeport de M. de Luxembourg pour se retirer à Bâle[1]. Ainsi la ville de Montbéliard fut prise à force de compliments. On y trouva un arsenal bien garni pour un petit prince, et on y mit une bonne garnison, et des troupes en quartier d'hiver dans tout le pays[2].

1. Il se retira à Bâle le 20 novembre (*Gazette*, p. 868).
2. La *Gazette* ne raconte pas tout ce détail. Elle dit seulement (p. 829) que le maréchal envoya le comte de Maulévrier-Colbert, avec trois mille hommes, « pour faire savoir au prince et à la ville que le Roi vouloit bien les prendre sous sa protection, et qu'il désiroit leur donner une garnison françoise pour les défendre de l'insulte des troupes impériales. » Voyez aussi l'*Histoire de Louvois*, t. II, p. 269, et le vol. Guerre 509, n° 175 (lettre de Louvois prescrivant l'occupation de la ville, 28 octobre), n° 250 (lettre de l'intendant de la Grange), n° 249

[Pour ce qui est de la Catalogne, il s'y passa peu de chose cette campagne; car on détacha réciproquement des armées plusieurs troupes qui passèrent en Sicile. L'action la plus considérable qui arriva fut l'enlèvement d'un terce que les Espagnols avoient mis dans Figuières, et qu'ils en retirèrent pour le mettre dans Roses : dans le temps que l'armée de France passa le col de Perthus[1], un parti détaché de cette armée atteignit ce régiment dans sa marche et lui fit mettre armes bas sans tirer un seul coup.]

1677. — L'avantage que les Impériaux avoient eu la campagne précédente par la prise de Philipsbourg[2] donnoit à la maison d'Autriche de bonnes espérances pour celle qui devoit suivre : aussi ne se pressoit-elle point d'envoyer ses ambassadeurs à Nimègue. Elle les faisoit partir les uns après les autres, afin de gagner du temps, croyant que le parlement d'Angleterre forceroit enfin le roi à déclarer la guerre à la France, si cette couronne ne se résolvoit pas à conclure la paix sur le pied du traité des Pyrénées, auquel on s'obstinoit à la réduire ; mais les Hollandois n'étoient pas de cet avis : peut-être pénétroient-ils mieux les affaires d'Angleterre. Il est du moins certain que la dépense immense qu'ils faisoient en cette guerre, dont ils soutenoient tout le poids, jointe au peu d'assistance qu'ils

(texte de la capitulation accordée à la ville). On trouvera à l'Appendice le compte rendu que M. de Luxembourg adressa au ministre.

1. Ce col, qui met en communication les vallées de Figuères et du Boulou, tire son nom du village du Perthus.

2. Ci-dessus, p. 238-247.

tiroient des Espagnols et au mauvais succès de leurs armes, leur faisoit témoigner ouvertement l'envie qu'ils avoient de faire la paix. Ils déclarèrent donc aux princes leurs alliés qu'ils concluroient un traité particulier, duquel ils jetèrent alors les fondements, si tous les ambassadeurs ne se trouvoient au lieu du congrès dans le mois de février suivant.

[Le prince d'Orange, qui connoissoit parfaitement le peu de fonds qu'il devoit faire sur le secours des armes des puissances confédérées, l'état des Provinces-Unies, la disposition des affaires et des esprits, commença, dis-je, de le craindre, et s'adressa au roi d'Angleterre, près duquel il fit tous les efforts possibles pour l'engager d'obtenir de la France des conditions plus avantageuses que celles qui avoient été ci-devant proposées, afin que les Pays-Bas demeurassent plus en sûreté et que lui et ceux de son parti pussent faire la paix avec honneur. Sur cette ouverture, le roi d'Angleterre demanda un mémoire. Son ambassadeur en Hollande fut prié de lui écrire et de proposer le traité d'Aix-la-Chapelle[1]; que, du surplus, on donneroit à la France Aire et Saint-Omer, en échange d'Ath et Charleroy; que l'Empereur feroit raser Philipsbourg, et les François Maëstricht, et qu'ainsi cette guerre passeroit comme un tourbillon, après avoir menacé et causé fort peu de remuement dans le monde. La réponse du roi d'Angleterre ne fut point précise; elle contenoit plutôt des remarques sur les propositions, auxquelles il ajouta qu'il croyoit que

---

1. Voyez les articles 3 et 4 de ce traité dans H. Vast, *les Grands traités du règne de Louis XIV*, t. II, p. 17-18.

la France pourroit rendre Ath, Charleroy, Condé et Bouchain en échange d'Aire, Saint-Omer et Cambray, mais qu'il ne croyoit pas qu'elle rendît jamais la Franche-Comté, et que, si la paix se faisoit sur ce pied, il offroit de faire une ligue défensive avec tous les alliés afin que les Pays-Bas fussent en sûreté. Cette réponse ne fut pas du goût du prince d'Orange, qui en conclut qu'il valoit mieux continuer la guerre jusques à l'extrémité, puisque le roi d'Angleterre vouloit laisser perdre la Flandre, et que, quand elle seroit perdue, les Hollandois aviseroient à leurs affaires, mais que, en attendant, il falloit se préparer à faire une bonne campagne, dont les événements changeroient la face des affaires de part ou d'autre.]

Le Roi, qui n'avoit point d'autre attention que de bien faire les siennes, partit dès le mois de février pour se rendre en Flandres, où il avoit fait faire dans ses places un prodigieux amas de vivres et de fourrages, pour faire subsister ses troupes en campagne, même au milieu de l'hiver, ce qui facilitoit beaucoup ses entreprises; car ses ennemis, qui n'avoient ni l'argent ni la commodité, ne pouvoient tenir leurs armées prêtes d'aussi bonne heure, et il prenoit toujours deux ou trois places avant qu'ils fussent en état de s'y opposer. Saint-Ghislain avoit déjà été pris par le maréchal d'Humières au commencement de l'hiver. Au printemps, le Roi vint en personne, à la tête d'une armée de cinquante mille hommes, assiéger Valenciennes. Le marquis de Richebourg, de la maison de Melun-Espinoy[1], commandoit dans cette place,

1. François-Philippe de Melun, général au service d'Es-

qui étoit bien fortifiée; il y avoit pour garnison trois mille hommes, tant Espagnols qu'Italiens et Wallons, avec huit cents chevaux, outre une nombreuse bourgeoisie portant les armes, et qui, par un privilège particulier, avoit le droit de défendre seule le dedans de la ville, peut-être par la raison qu'elle s'en étoit bien acquittée dans le temps que les François, sous le maréchal de la Ferté, furent obligés d'en lever le siège[1].

Siège et prise de Valenciennes[2]. — La tranchée fut ouverte le 9 de mars, et, le 16 au soir, on fut en état d'attaquer l'ouvrage couronné du Mont-d'Anzin[3] et les deux contre-gardes, ce qui fut pourtant différé jusques au lendemain à neuf heures du matin.

Dès que le signal fut donné, toutes les troupes commandées pour l'attaque sortirent en même temps des lignes parallèles et entrèrent dans les ouvrages attaqués, où ils trouvèrent fort peu de résistance; car les ennemis furent surpris. La plupart de leurs officiers n'étoient pas même à leur poste; le rempart se trouvoit sans gardes, les bourgeois, qui y avoient passé la nuit, étant allés se reposer dans leurs maisons.

pagne, avait défendu Lille contre les Français en 1667 et avait reçu en récompense la Toison d'or et le gouvernement de Valenciennes; il mourut le 7 février 1690.

1. En 1656.
2. Sur ce siège, on peut voir le *Mercure* de mars et d'avril; les *Œuvres de Louis XIV*, t. V, p. 561-563; les *Lettres de Pellisson*, t. III, p. 157-173; l'Extraordinaire 27 de la *Gazette;* un journal contemporain publié par L. Cellier; *Vauban*, par G. Michel, p. 114-119; l'*Histoire de Louvois*, p. 283-290, etc. Les correspondances sont dans les vol. 531 et 544 du Dépôt de la guerre.
3. Qui défendait la porte dite d'Anzin, en avant de la citadelle.

On tua d'abord quelque monde dans les ouvrages, et on en prit beaucoup; le reste tâcha de se sauver dans la ville. Ils furent suivis de si près par les plus échauffés des attaquants, qu'ils n'eurent pas le temps de fermer la porte. On y entra pêle-mêle; on gagna non seulement cette porte, mais aussi le rempart du dessus. Il eût été fort à propos de s'y retrancher; car il n'y avoit pas encore deux cents François dans la place, tous soldats débandés ou officiers qui n'avoient que leurs épées; mais il n'y avoit point de travailleurs, et l'on ne savoit pas encore au dehors ce qui se passoit au dedans. A la fin, à force de crier, on se fit entendre, ce qui donna lieu à un autre inconvénient : tout le monde vouloit entrer à la fois, et, comme on n'avoit pu baisser la bascule de l'avancée, il n'y avoit qu'un petit guichet d'ouvert à moitié, couvert de corps morts; la presse y étoit si grande qu'on ne pouvoit entrer. Cependant, le baron de Lumbres[1], qui commandoit alors dans la ville, parce que le marquis de Richebourg avoit été blessé, se présenta à la tête d'un escadron, à cent pas de la porte, sur le bord d'un petit pont, qu'il entreprit de passer pour nous venir charger. Heureusement il se trouva quelques mousquetaires, qui firent leur décharge si à propos, qu'ils tuèrent les premiers chevaux de l'escadron. Le pont, qui étoit étroit, en fut embarrassé, de sorte que cette cavalerie ne put plus passer. Pendant ce temps il entroit toujours du monde dans la ville. Alors on

1. Ce personnage est-il Antoine de Fiennes, baron de Lumbres, qui remplit plusieurs missions diplomatiques pour le compte de la France, à Trèves en 1635, à Liège en 1646, enfin en Pologne de 1656 à 1661?

s'étendit sur le rempart, et l'on courut s'emparer d'un cavalier où quelques bourgeois étoient revenus, pendant que d'autres, au-dessous d'eux, garnissoient le rempart, où ils ne firent pas grand séjour. Comme on trouva du canon sur le cavalier, on le tira contre eux : ce qui les ébranla si fort, qu'ils jetèrent leurs armes et se sauvèrent dans la ville. L'escadron qui s'étoit tenu sur le bord du pont se retira de même, et les bourgeois battirent la chamade[1]. Cela arrêta tout ; car, la troupe de ceux qui étoient entrés n'étant pas encore fort grosse, on craignoit de s'engager trop avant. Dans le même moment, on parvint à abattre la bascule, et les troupes réglées commencèrent d'entrer dans la ville. Les volontaires descendirent du rempart et se jetèrent dans icelle, et environ deux cents que nous étions courûmes à la place d'armes pour nous en rendre maîtres. Nous y trouvâmes la cavalerie ennemie en bataille ; nous la sommâmes de mettre les armes bas et pied à terre, autrement point de quartier. Ils ne se le firent pas dire deux fois : chacun de nous s'approcha d'eux et prit qui il voulut. Le baron de Lumbre m'échut entre les mains, et, comme j'appris que c'étoit lui qui commandoit dans Valenciennes, je le conduisis au Roi, que je trouvai hors de la ville, près de l'attaque.

Quoiqu'on puisse dire que cette ville fut prise d'assaut, il s'y commit peu de désordre, par le bon ordre qu'on y apporta. Il n'y eut de maisons pillées que celles qui se trouvèrent plus près de la porte par où l'on entra, et tout fut apaisé en très peu de temps. Le

1. Voyez le récit de ce fait d'armes dans l'*Histoire de Louvois*, t. II, p. 287-288.

marquis de Bourlémont, colonel du régiment de Picardie, fut tué à ce siège; on le regretta beaucoup, car c'étoit un très brave et honnête gentilhomme. Du reste, on perdit peu de monde à ce siège.

Après que le Roi eut pourvu à sa nouvelle conquête, dont il donna le gouvernement à M. de Magalotti, lieutenant général[1], il vint assiéger Cambray avec trente mille hommes et donna les autres vingt mille à Monsieur, son frère, pour assiéger Saint-Omer.

Siège et prise de Cambray et de Saint-Omer. — La ville de Cambray ne tint que quatre jours; mais la citadelle fit une assez belle défense, vu le temps[2]. Pour ce qui est de Monsieur, qui étoit arrivé devant Saint-Omer, il tâta d'abord cette place, parce que le Roi avoit avis que le prince d'Orange assembloit une armée pour tâcher de la sauver; mais, la prise de Cambray l'ayant mis en état de soutenir Monsieur, il lui envoya ordre de faire ouvrir la tranchée du côté de la porte qui regarde le Boulonnois[3]. Elle commençoit d'approcher la place, quand Monsieur fut averti que le prince d'Orange venoit à lui : il leva aussitôt sa tranchée et transporta son attaque du côté du Fort-

1. Bardo de Bardi, comte de Magalotti (1629-1705), avait longtemps servi aux gardes françaises; il possédait le régiment Royal-Italien depuis 1671 et avait été fait lieutenant général en 1676. M. Henri Tausin lui a consacré récemment une *Notice historique* très complète (Paris, 1903, in-4°).

2. *Gazette,* p. 250, 279-280, 295-296; *Mercure* de mai; *Histoire de Louvois,* p. 290-293 et 301-302; *Lettres de Pellisson,* t. III, p. 197-199, 214 et 295; Dépôt de la guerre, vol. 544 et 545.

3. Voyez le *Mercure* de juin, p. 95-203, et l'étude spéciale que M. de Lauwereyns de Roosendaele a consacrée à ce siège.

aux-Vaches, qu'on avoit déjà pris, afin qu'elle pût être couverte par la situation qu'il vouloit donner à son armée en allant au-devant des ennemis. Monsieur, ayant laissé ce qu'il falloit d'infanterie pour garder ses nouvelles tranchées et quelque cavalerie qui devoit la soutenir et s'opposer aux sorties que l'ennemi pourroit faire, partit à la tête de son armée et marcha du côté de Cassel. Dix mille hommes, détachés de celle du Roi et commandés par M. de Luxembourg, le joignirent en chemin et à point nommé; car le combat commença quelques heures après, et les forces devinrent égales.

Bataille de Cassel. — Les deux armées se rencontrèrent à une lieue en deçà de Cassel[1]. La droite des ennemis attaqua la gauche de notre armée, que M. de Luxembourg commandoit, et voulut s'emparer de l'abbaye de Peene[2]. Il y eut là un combat fort disputé; mais, la droite, que le maréchal d'Humières conduisoit, s'étant étendue, elle prit la gauche des ennemis en flanc et la culbuta de manière qu'elle ne put se rallier. L'infanterie, se voyant abandonnée de sa gauche de cavalerie, jeta ses armes et s'enfuit, sans qu'il fût au pouvoir du prince d'Orange de la retenir;

1. Le 11 avril 1677. Voyez le *Mercure* d'avril et de mai; la *Gazette*, p. 311-324; les *Lettres historiques de Pellisson*, t. II, p. 230-240; la *Correspondance de Bussy-Rabutin*, t. III, p. 242-246; *Guillaume III*, par le comte de Lort-Sérignan, p. 248-256; les *Mémoires de Saint-Simon*, éd. Boislisle, t. VIII, p. 338, etc. Il y a un plan de la bataille dans l'*Histoire militaire* de Quincy, et les correspondances et les relations sont dans le vol. 545 du Dépôt de la guerre.
2. Prieuré d'Augustins, sur la commune actuelle de Nord-Peene.

il fut même emporté par les fuyards assez loin. Voyant alors l'impossibilité de rétablir le combat, il fit, avec son aile droite de cavalerie, une retraite qui parut belle, mais qui fut facile, parce que Monsieur, qui fit fort bien en ce combat, ne voulut pas qu'on poursuivît l'ennemi et lui fît un pont d'or, disant qu'il vouloit prendre Saint-Omer à coup sûr et ne pas se mettre au hasard de faire ressembler cette journée à celle de Seneffe[1]; paroles et conduite très sages, mais qui ne laissoient pas d'être mortifiantes pour Monsieur le Prince, qui s'étoit déjà retiré à Chantilly, ne pouvant plus supporter les hauteurs de M. de Louvois, qui, de son côté, fut ravi d'être défait d'un homme pour lequel il étoit obligé d'avoir des égards et qui le contraignoit.

Prise de Saint-Omer et de la citadelle de Cambray. — Monsieur revint, après sa victoire, achever le siège de Saint-Omer, qui dura encore huit jours[2]. Il en sortit environ trois mille hommes sous le prince de Robecque[3], qui en avoit été gouverneur. Ce siège et la bataille coûtèrent trois mille hommes au Roi, qui se rendit maître, à pareil jour que Saint-Omer, de la citadelle de Cambray. Elle ne laissa pas que de coûter du monde : on y perdit M. le marquis de Renel, de la maison de Clermont d'Amboise, lieutenant général et mestre de camp général de la cavalerie légère[4]. Ce

---

1. Ci-dessus, p. 153-157.
2. Saint-Omer se rendit le 22 avril.
3. Eugène de Montmorency, prince de Robecque, chevalier de la Toison d'or, mort en janvier 1683.
4. Louis III de Clermont d'Amboise, marquis de Renel, avait eu la charge de mestre de camp général de la cavalerie

gentilhomme touchoit de fort près au bâton de maréchal de France et s'en seroit fort bien servi. Après ces conquêtes et cette victoire, le Roi renvoya ses troupes en quartiers de rafraîchissement, vint visiter Saint-Omer et Dunkerque, et retourna à Versailles avec Monsieur.

Vers la fin du mois de juillet suivant, le prince d'Orange, malgré ses disgrâces, crut être en état d'assiéger Charleroy [et de reprendre en cela le projet qu'il avoit concerté, l'hiver précédent, avec le Conseil de l'Empereur]. Ainsi, il arriva devant Charleroy avec une armée de quarante mille hommes, et en forma le siège[1].

Sur cette nouvelle, M. de Louvois vint en poste joindre M. de Luxembourg, qui commandoit l'armée du Roi en Flandres[2]. On tira promptement des garnisons le plus grand nombre de troupes que l'on put, et l'armée, en étant fortifiée, marcha au secours de Charleroy, dont elle fit lever le siège sans coup férir[3]. Cela étant fait, il ne se passa plus rien le reste de la

en 1674 et le grade de lieutenant général en 1676 ; il fut tué d'un coup de canon le 11 avril, jour même de la victoire de Cassel.

1. La place fut investie le 6 août (*Histoire de Louvois*, p. 333-342; P. de Ségur, *le Maréchal de Luxembourg et le prince d'Orange*, p. 449-454).

2. La venue du ministre à l'armée avait pour cause l'obligation de concilier la rivalité des maréchaux de Luxembourg et de Créquy, l'armée de ce dernier devant joindre celle de Flandre, si, comme cela était probable, le duc de Lorraine s'unissait avec Guillaume d'Orange.

3. Le prince d'Orange décampa le 14 août, après huit jours de siège.

campagne en Flandres. Parlons un peu des affaires d'Allemagne.

Campagne d'Allemagne[1]. — Le prince Charles de Lorraine se mit de bonne heure en campagne avec une armée de quarante mille hommes et, ayant passé le Rhin à Mayence, vint, par Creuznach et Kaiserslautern, sur la rivière de Sarre, attaquer le château de Sarrebrück, que les François avoient un peu fortifié et où ils avoient une garnison de six ou sept cents hommes. Cette affaire l'occupa sept ou huit jours, pendant lesquels le maréchal de Créquy, qui commandoit l'armée de France, de vingt-cinq à trente mille hommes, s'avança sur la rivière de Nied, dans le pays Messin; mais, ayant appris que M. de Lorraine, après la prise de Sarrebrück, tournoit tête du côté de Marsal, il alla camper entre cette ville et celle de Vic, mettant la rivière de Seille, qui n'est guéable qu'en certains endroits, entre lui et l'ennemi. Quelques jours se passèrent en cette situation[2], au bout desquels les ennemis décampèrent, la tête tournée vers le maréchal de Créquy, qui, se doutant que c'étoit une feinte, envoya son aile gauche d'infanterie et du canon, sous le comte de Roye, se poster au gué de la Seille, devant la petite ville de Nomény[3], pour leur empêcher le passage de la

---

[1]. Le vol. 562 du Dépôt de la guerre renferme deux mémoires historiques rédigés d'après les pièces officielles et racontant toute cette campagne du maréchal de Créquy, uniquement composée de marches, de contremarches et de manœuvres sans combat; voyez aussi l'*Histoire de Louvois*, t. II, p. 322-327.

[2]. Les correspondances relatives aux mouvements de l'armée sur la Seille et sur la Moselle sont dans les vol. 558 et 559 du Dépôt de la guerre.

[3]. Ch.-l. de cant. de l'arr. actuel de Nancy.

rivière et se donner le temps d'arriver avec le reste de l'armée, ou bien rejoindre, selon que l'ennemi se porteroit. Le lendemain, à deux heures de jour, le comte de Roye vit la tête de l'armée de M. de Lorraine qui descendoit la côte de Delme[1] et s'avançoit sur Nomény; il envoya à toutes jambes en donner avis au maréchal et, en attendant, se prépara à bien défendre le passage. Peu après, on vit distinctement toutes leurs colonnes, dont on put inférer que c'étoit toute l'armée. Le comte de Roye envoya aussitôt un second courrier au maréchal, qui le trouva en marche pour le venir joindre avec le reste de l'armée, étant déjà bien informé d'ailleurs de la marche de l'ennemi, qui s'avança toujours sans s'arrêter à Nomény et vint passer la Seille à une lieue de là, au château d'Aulnois[2]. Toute notre armée longea au plus tôt et se vint camper sur les hauteurs du Pont-à-Mousson, qui étoit un très bon poste; elle avoit cette ville derrière sa droite et la Moselle derrière ses lignes, n'étant qu'à une lieue de celles des Impériaux, dont on voyoit tout le camp. On fut plusieurs jours à attendre le parti qu'ils prendroient, et l'armée se tenoit toujours prête à marcher dès qu'on verroit leurs tentes détendues. A la fin, le maréchal de Créquy, s'impatientant, voulut faire une tentative sur eux, après avoir reçu cinq ou six mille hommes de renfort et un bon détachement des gardes du corps de Sa Majesté. Un soir, il fit prendre les armes à toute l'armée, excepté la droite, qu'il laissa au camp. Il la mena

1. Dans la Lorraine allemande, district de Château-Sàlins.
2. En amont de Nomény, près de la frontière allemande actuelle.

ensuite au bord de la Seille, sur laquelle il ordonna de jeter des ponts, puis fit semblant de passer la rivière, rompit ses ponts, et revint au camp. Il en repartit le lendemain à l'entrée de la nuit, et, au point du jour, il se trouva à une demi-lieue du camp des ennemis. Il se mit en bataille, sur une petite hauteur, dans un terrain assez étendu, sa gauche étant couverte par la Seille et le village de Morville[1], et sa droite par de grands bois, qui se prolongeoient de hauteurs en hauteurs jusqu'à celles qui sont près du Pont-à-Mousson.

L'ennemi, averti de cette marche, s'ébranla de son camp pour venir occuper le même terrain dont le maréchal venoit de s'emparer. Les premières troupes qui parurent ne laissèrent pas de s'avancer dans cette intention, parce que le terrain n'étoit pas encore entièrement rempli; mais M. de Créquy y fit promptement passer quelques escadrons, qui continrent l'ennemi et l'obligèrent à se retirer sur la tête de son armée, qui arrivoit. Elle fut contrainte par le terrain de se mettre en bataille sur un petit front et dans une situation désavantageuse. Le maréchal fut bien tenté d'en profiter : il auroit vraisemblablement réussi, et il faut croire que, puisqu'il ne le fit pas, il avoit des ordres précis de ne point engager une affaire générale, dont la perte auroit été celle de toute la Lorraine. Ce qui est certain, c'est que M. de Lorraine exposa fort son armée à être battue. Cette journée se passa en canonnade, dont les Impériaux furent très maltraités; car, comme ils étoient en bataille dans un espace fort res-

1. Sur la Seille, à deux lieues en aval de Nomény.

serré, les coups qui manquoient les premiers attrapoient les autres. La nuit venue, M. de Lorraine songea à se tirer du péril auquel il s'étoit exposé; il décampa à la sourdine pour se retirer dans son vieux camp, et y arriva en bon ordre, sans que son arrière-garde pût être chargée.

La manœuvre que le maréchal de Créquy venoit de faire donna à penser qu'il s'étoit avancé sur l'ennemi dans l'intention seulement de l'obliger à quitter la Lorraine, où, quoiqu'on eût pourvu à tout, son séjour ne laissoit pas de donner de l'inquiétude. [Effectivement cela lui réussit; car, comme il avoit fait jeter des ponts sur la Seille, derrière la gauche de son armée, les convois de vivres, que les ennemis étoient contraints, par le bon ordre qu'on avoit mis dans le plat pays, de tirer de Trèves, éloigné d'eux de vingt lieues, ne pouvoient leur arriver qu'avec un grand péril,] étant nécessités de passer le long du flanc de l'armée du maréchal, toujours prête à tomber sur eux par le moyen de ses ponts. Cette difficulté, jointe à tout ce qu'avoient souffert les Impériaux de l'éloignement de leurs vivres, obligea M. de Lorraine à leur faire repasser la Seille et à marcher pour les en rapprocher. En faisant chemin, la tête de son armée tomba sur les redoutes qui couvroient les ponts de cette rivière, que le maréchal de Créquy n'avoit pas encore rompus. Il y eut à ce sujet une grosse escarmouche, dont le canon se mêla. Cependant les ponts furent rompus, et l'armée impériale continua sa marche du côté de Metz. Le maréchal alla, ce jour-là même, camper vis-à-vis d'eux, la Seille entre les deux camps. Le lendemain, les Impériaux continuèrent leur route, vinrent passer près de Metz, où ils tirèrent quelques coups de canon, et se campèrent depuis le château d'Ennery[1] jusques vers Metz, ayant la Moselle en tête. Le maréchal de Créquy passa aussitôt la rivière sur les ponts de Metz et se campa vis-à-vis, depuis le village d'Hagondange[2] et un peu au-dessus jusques près du château de Ladonchamps[3], faisant aussi face à la rivière. De là, il envoya quelques troupes à M. de la Haye, lieutenant général[4], qui commandoit à Thionville, avec ordre de tenter d'enlever les convois des ennemis, qui venoient toujours de Trèves. M. de la Haye se mit en campagne et tomba sur un de ces convois, qui fut fort endommagé; mais le pauvre M. de la Haye y perdit la vie[5].

Les Impériaux demeurèrent environ trois semaines dans leur même camp, où ils furent fort harcelés par les paysans du pays Messin, qui tuoient ceux qui s'en écartoient et prenoient quantité de chevaux au décamper. Les Impériaux, ayant rencontré des barrières partout, allèrent traverser la Moselle sur des ponts

---

1. A trois lieues au nord de Metz, à peu de distance de la rive droite de la Moselle.
2. A quatorze kilomètres au nord de Metz, sur la rive gauche de la rivière.
3. Dépendant de la commune actuelle de Woippy.
4. Jacob Blanquet de la Haye, d'abord capitaine de cavalerie, eut un régiment en 1661 et une commission de lieutenant général en janvier 1670, pour commander les troupes envoyées aux îles d'Amérique. Il y resta jusqu'en 1675, et, au retour, fut affecté à l'armée du maréchal de Créquy.
5. Le 30 juin 1677. Il reçut un coup de mousquet au travers du corps et mourut quelques instants plus tard (lettres du chevalier Perrin et de M. de Givry, vol. Guerre 558, n°s 204 et 209).

qu'ils dressèrent auprès de Trèves, au village de Renich[1]. Dès que le maréchal de Créquy les vit bien en marche, il retourna à Metz passer la Moselle pour tâcher d'atteindre leur arrière-garde. Son avant-garde surprit, en effet, quelques bagages qui s'étoient trouvés dans de mauvais chemins, et le comte de Maulévrier, qui la commandoit, se trouvant amorcé par ce succès, lui fit passer imprudemment un long défilé au travers d'un grand bois, au sortir duquel il aperçut quelques escadrons ennemis et un reste d'infanterie au bout d'une plaine. Il voulut les aller charger, et, ayant fait mettre pied à terre aux dragons de la Reine[2] au bord du bois, il leur ordonna d'avancer dans cette plaine, ainsi qu'à sa cavalerie. En même temps, une partie de l'armée ennemie revint sur ses pas secourir son arrière-garde. M. de Maulévrier se vit obligé de se retirer plus promptement qu'il n'auroit voulu. Son régiment de dragons, qui ne pouvoit aller si vite, fut un peu endommagé et eut bien de la peine à regagner le bois et ses chevaux. M. de Créquy arriva dans ces circonstances, et, ne jugeant pas à propos de pousser cette affaire, il dégagea M. de Maulévrier et vint camper à l'abbaye de Freistroff[3], où il séjourna le lendemain[4].

1. Sur la rive droite de la Moselle, presque au confluent de la Sarre.
2. Ci-dessus, p. 202. Ce régiment avait alors pour colonel Jacques-René de Brisay, comte de Denonville.
3. Abbaye de l'ordre de Cîteaux, dans le diocèse de Metz, sur le bord de la Nied et près du village de Bouzonville.
4. Cet engagement eut lieu le 11 juillet (relation du maréchal de Créquy, 12 juillet, vol. Guerre 559, n° 32 *bis*).

Ayant ensuite appris que les Impériaux passoient la Moselle, il la vint aussi passer à Thionville, pour prendre les devants, et alla camper au château de Bassompierre[1], qui étoit un méchant poste. Les ennemis vinrent l'y chercher deux jours après; mais, comme ils arrivèrent tard, et qu'ils avoient un ruisseau à franchir, il n'y eut que quelques légères escarmouches, et, dès que la nuit fut venue, le maréchal décampa à la sourdine pour se poster à Gondrecourt[2]. Le troisième jour, M. de Lorraine fit paroître dès le matin, à la vue du camp, une tête d'armée, qui devoit ensuite faire son arrière-garde, pendant que son armée marchoit par derrière pour gagner les devants sur le maréchal de Créquy, comme il le fit en effet, et venir vers l'abbaye de Châtillon[3]. Le maréchal, ayant bientôt reconnu ce manège, suivit incontinent leur marche, un petit ruisseau entre-deux, que les Impériaux passèrent à la fin du jour, en sorte que les deux armées se trouvèrent le soir fort près l'une de l'autre, sans que rien les séparât. Le maréchal fit travailler toute la nuit à des retranchements à la tête de son camp; il y eut de fréquentes escarmouches aux gardes.

Le surlendemain, les Impériaux quittèrent leur camp et marchèrent, au travers des plaines de Marville[4], droit à Mouzon-sur-Meuse, et, l'ayant occupé, leur

---

1. Lorraine, cant. d'Audun-le-Roman, comm. de Boulange. C'était la terre patrimoniale du maréchal de Bassompierre.
2. Meurthe-et-Moselle, arr. de Briey, cant. de Conflans.
3. Auj. Châtillon-l'Abbaye, Meuse, cant. de Spincourt.
4. Ce village est situé à mi-chemin entre Longuyon et Montmédy.

armée se campa sur les hauteurs qui l'environnent ; celle de France vint au village d'Inor[1], qui est aussi sur la Meuse. Il n'y a qu'une lieue et demie de ce village à Mouzon ; le commencement du chemin qui y conduit est un défilé en montant, bordé à gauche jusqu'à la Meuse de plantages de vignes escarpés, et à droite par de grands bois. Au bout du défilé, on trouve une grande hauteur, le long de laquelle il y a quelques buttes plus élevées ; ce terrain s'étend une demi-lieue en travers et est séparé des hauteurs de Mouzon par un grand fond qui règne tout le long de ce front, dont la droite se rétrécit et est terminée jusques dans le fond par le même bois dont j'ai parlé, et qui la ferme. La gauche de ce terrain est bornée par la Meuse et le village de Saint-Remy[2], qui est sur le bord.

Le maréchal de Créquy, ayant bien reconnu ce terrain et la situation du camp ennemi, jugea à propos de le faire occuper par une partie de ses troupes, afin de le tenir en respect, tandis qu'avec le corps de son armée il demeureroit à Inor, où il couvroit Stenay et étoit à portée, en cas de besoin, de soutenir ce qu'il avoit posté de monde au delà du défilé, ou de passer la Meuse, tant aux gués qui se trouvoient vis-à-vis de son camp, que sur les ponts qu'il avoit fait construire, en cas que les Impériaux, en tout ou en partie, voulussent s'engager dans la Champagne. Il assura son poste avancé par de bons retranchements, laissant toutefois à sa cavalerie le moyen de se mouvoir et de

---

1. A huit kilomètres au nord de Stenay.
2. Auj. ferme à peu de distance du village d'Autréville.

se porter en avant, s'il en étoit nécessaire. Les troupes de ce poste avancé passoient les jours et les nuits sous les armes, et étoient relevées tous les matins par d'autres qui venoient du camp. M. de Créquy étoit tellement prêt à tout événement, que les Impériaux n'osèrent jamais rien entreprendre sur son armée ni sur la Champagne ; mais il ne put garantir cette province de la peur : non seulement les habitants du plat pays abandonnoient leurs demeures, mais aussi ceux des villes, qui, ne s'y croyant pas en sûreté, en transportèrent leurs effets. L'alarme devint si grande, que, quoique le maréchal eût répondu à la cour de tous les événements, il en reçut ordre de pourvoir à Stenay et de passer, sans tarder davantage, en Champagne avec l'armée, afin de rassurer cette province. Il obéit, quoiqu'à regret, s'étant flatté que, en tenant les ennemis de si près, ils ne lui échapperoient pas impunément. Il passa la Meuse sur ses ponts et mena camper son armée en Champagne, vis-à-vis de Mouzon, de sorte que, dans cette position, il garantissoit absolument cette province de toutes courses de l'ennemi. Il ne fut pas en cette peine ; car M. de Lorraine, qui ne s'étoit avancé à Mouzon, où son armée souffrit beaucoup par la disette et les maladies, que pour faciliter au prince d'Orange la prise de Charleroy, ayant appris que ce siège étoit levé, décampa de devant Mouzon, pour se rendre à Carignan, dans le temps que M. de Créquy arrivoit de l'autre côté de la Meuse, vis-à-vis de la même ville de Mouzon.

Le maréchal auroit bien voulu charger leur arrière-garde au passage de la rivière du Chiers ; mais, comme les ennemis, avant que de se retirer, avoient achevé de rompre le pont et le gué de Mouzon, il lui fut impossible d'accomplir son désir ; il n'y eut que quelques volontaires, qui n'allèrent pas loin et escarmouchèrent foiblement avec ceux des ennemis.

Cette occasion ayant manqué au maréchal de Créquy, il en chercha une autre, et, venant en grande hâte passer la Meuse à Sedan et camper à Bazeilles et à la Moncelle[1], sur le chemin de Carignan ; mais les ennemis se tinrent fort sur leurs gardes et décampèrent de Carignan, prenant la route de Luxembourg, pour se retirer en Alsace. Il leur laissa poursuivre leur chemin et reprit celui de Metz avec toute l'armée. De là il entra en Alsace par les défilés de la Petite-Pierre et par Saverne, et, s'avançant vers le Rhin, il le passa sur un pont de bateaux qu'il avoit fait dresser au village de Rheinau[2].

Pour l'intelligence de ceci, il faut remarquer que, dans l'intention de seconder le projet que M. de Lorraine avoit de venir sur la Meuse, le duc de Saxe-Eisenach[3] avoit prétendu faire une diversion du côté de la Haute-Alsace, en passant le Rhin où est aujourd'hui la forteresse d'Huningue[4], avec une armée de dix à douze mille hommes. Le baron de Montclar, qui commandoit dans la province[5], assembla un petit corps

---

1. Bazeilles est à cinq kilomètres au sud de Sedan, et la Moncelle est situé un peu à l'est sur un petit affluent de la Meuse.
2. A huit lieues au sud de Strasbourg.
3. Jean-Georges de Saxe, tige de la branche d'Eisenach, général des armées impériales, mort en 1686.
4. Ci-dessus, p. 248.
5. Ci-dessus, p. 167.

pour lui faire tête; mais, n'étant pas assez fort, il n'avoit pu le contraindre à repasser le Rhin, et ces deux petites armées étoient demeurées à se harceler mutuellement.

Les affaires étoient en cet état, quand le maréchal de Créquy entra en Alsace. Aussitôt M. d'Eisenach repassa le Rhin, non sans quelque dommage que lui causa le baron de Montclar, et, s'étant défait de son infanterie, qu'il jeta dans les montagnes de Fribourg, il marcha avec sa cavalerie, en descendant le long des bords du Rhin, pour joindre, par Philipsbourg, l'armée impériale dans la Basse-Alsace.

Défaite du duc de Saxe-Eisenach. — Il arrivoit près de Strasbourg, sur la Kinzig, lorsque l'avant-garde du maréchal de Créquy, qui n'avoit passé le Rhin qu'à dessein de le couper, lui tomba dessus. Il se retira au fort de Kehl, qui lui ouvrit ses portes; mais, auparavant, ses troupes furent bien battues[1]. M. d'Eisenach se réfugia dans l'île, au milieu du Rhin, dont il ne put sortir; car ceux de Strasbourg, voyant que les affaires des Impériaux bastoient mal, pour se raccommoder avec la France, ne voulurent pas lui laisser passer l'autre partie de leur pont ni lui fournir des fourrages; ainsi il fut contraint de recourir à la merci du maréchal de Créquy et de lui demander un passeport pour se retirer avec les débris de ses troupes : on le lui accorda à condition que ni lui ni elles ne serviroient plus contre la France pendant cette guerre[2].

1. Le 21 septembre : *Histoire de Louvois*, p. 352; vol. Guerre 560, n° 92, lettre de M. d'Escures.
2. Les conditions ne furent pas si dures : le maréchal autorisa M. de Saxe-Eisenach à se retirer à Rastadt avec ses

Après cette expédition, le maréchal de Créquy, ayant reçu avis que les Impériaux étoient arrivés dans la Basse-Alsace et vouloient marcher en deçà, repassa le Rhin sur son pont, qu'il rompit ensuite, et fit un détachement de troupes et de canon, sous les ordres de M. de Ranes[1], lieutenant général, pour passer en Lorraine et reprendre le château de Sarrebrück. Le lendemain, il marcha avec le reste de l'armée, que les troupes de M. de Montclar avoient jointe ; il vint camper sur les hauteurs du Kokesberg, qui étoit un des meilleurs postes qu'il pût prendre pour attendre les ennemis, et il fit revenir M. de Ranes et son détachement.

Les Impériaux arrivèrent à une lieue de là, le soir du même jour. Le lendemain, les généraux Schultz et Harang[2], après avoir bien dîné, s'avisèrent, à l'insu de M. de Lorraine, de venir, avec dix-sept escadrons, reconnoître notre armée et pousser nos gardes de la droite, que le maréchal de Créquy fit soutenir à propos. Il s'engagea là un fort beau combat de cavalerie, où les Impériaux chargèrent vertement ; mais, comme

---

troupes et lui donna, le 24 septembre, un sauf-conduit dont la copie est au vol. 560 du Dépôt de la guerre, n° 100. Cette condescendance étonna toute l'armée (lettre de M. de Givry, n° 118). M. de Créquy exposa les raisons de sa conduite à Louvois dans une lettre du 24 septembre, n° 99) ; nous n'avons pas la réponse du ministre.

1. Nicolas d'Argouges, marquis de Ranes, colonel général des dragons depuis 1669, avait été fait lieutenant général en cette même année 1677 ; il sera tué, le 16 juillet 1678, auprès d'Offenbourg.

2. L'*Allgemeine deutsche Biographie* ne parle pas de ces deux généraux.

ils ne furent pas soutenus, il leur fallut quitter la partie et se retirer plus vite qu'ils n'étoient venus[1]; Harang fut blessé et pris, et le comte de Nassau-Sarrebrück fut tué[2].

Les deux armées demeurèrent dans la même situation pendant environ quinze jours. M. de Lorraine, comptant la campagne finie parce que la saison étoit fort avancée, reprit le chemin de Philipsbourg pour y repasser le Rhin et mettre ses troupes en quartiers d'hiver; mais le maréchal de Créquy lui gardoit une besogne à laquelle il ne s'attendoit pas, et s'étoit mis en tête, dès le camp d'Inor, ainsi que je l'ai su depuis de quelques-uns de ses confidents, de lui enlever Fribourg avant la fin de la campagne[3]. Pour mieux couvrir son dessein, il renvoya une seconde fois M. de Ranes et son détachement en Lorraine et mena son armée dans des quartiers de fourrages, aux environs de Colmar, pendant qu'à Brisach on préparoit, avec le plus de secret et de diligence qu'il étoit possible, les matériaux nécessaires à l'entreprise. Ensuite il

---

1. C'est le 7 octobre qu'eut lieu ce petit combat, qui resta indécis (*Gazette*, p. 797-799); le soir même, M. de Créquy adressa une relation au ministre (vol. Guerre 560, n°s 157 et 158).

2. Gustave-Adolphe de Nassau-Sarrebrück, général-major et maréchal de bataille des troupes impériales, mourut le 9 octobre, dans le camp français où il était prisonnier, des suites de blessures reçues dans le combat du 7.

3. Le Roi aurait voulu qu'il fît le siège de Charlemont (lettre de Louvois du 11 octobre, dans le vol. Guerre 560, n° 171). M. de Créquy ayant soumis au ministre l'idée du siège de Fribourg, elle fut immédiatement adoptée (*Ibidem*, n°s 238, 239 et 243).

fit revenir M. de Ranes et ses troupes de Lorraine, et, ayant passé brusquement le Rhin à Brisach, il vint assiéger Fribourg.

Siège et prise de Fribourg. — Cette place fut attaquée vivement, et se défendit mal, quoiqu'elle fût assez bonne et bien pourvue; car elle se rendit avant que M. de Lorraine pût avoir fait la moitié du chemin pour venir à son secours, quoiqu'il marchât fort vite[1]. Cette nouvelle l'arrêta tout court, et, quelques jours après, ayant appris que le maréchal de Créquy, après avoir pourvu sa conquête, repassoit le Rhin pour faire entrer son armée en quartiers d'hiver, il y mena aussi la sienne; mais le maréchal, avant que de quitter l'armée, en détacha une troisième fois M. de Ranes, qui alla prendre le château de Sarrebrück et y fit prisonniers de guerre cinq ou six cents Impériaux, qui ne se défendirent que foiblement[2]. Ainsi finit, aux derniers jours de décembre, la belle campagne du maréchal de Créquy, pendant laquelle on peut dire qu'il ne fit aucune fausse démarche, qu'il ne perdit

1. Investie le 9 novembre par M. de Montclar, Fribourg se rendit le 16. Il y a une relation du siège dans le *Mercure* du mois, p. 215-242, et le volume 361 du Dépôt de la guerre renferme les correspondances et les relations (voyez notamment les n°s 35, 36, 39, 43-46, 48, 52, 54, 57, 58, 60 et 61). Le maréchal ayant fait hisser du canon à force de bras sur un rocher qui dominait les châteaux, le colonel qui commandait dans la place ne crut pas pouvoir résister et se rendit (*Mémoires du marquis de Sourches*, t. I, p. 32-33, notes).

2. La garnison, composée de quatre-vingts soldats, se rendit le 15 décembre; on trouva dans la place beaucoup d'artillerie et de munitions (vol. Guerre 561, n°s 111, 127, 128, 133, 136 et 138, lettres de MM. de Créquy, de Ranes et de Givry).

jamais les ennemis de vue, ayant toujours la main levée prête à frapper et ne perdant aucune occasion de prendre ses avantages et d'en profiter[1].

Campagne de Catalogne. — La guerre fut plus vive en Catalogne que l'année précédente. Le maréchal de Navailles, qui y commandoit l'armée de France et qui devoit assiéger Roses, que les galères investirent par mer, se mit de bonne heure en campagne. Ayant passé les Pyrénées, il se saisit de Figuières et poussa le comte de Monterey, général de l'armée espagnole, sous Girone. Ce général, s'étant ensuite fortifié des troupes d'Espagne destinées à passer en Sicile, de quelques autres survenues d'Aragon et de la noblesse du pays, en composa une armée plus forte que celle du maréchal et marcha à lui[2]. Ces deux armées se rencontrèrent près de Saint-Pierre-Pescador[3] et ne se purent joindre, parce qu'il y avoit un défilé entre elles et un grand ravin. Chacun voulut s'en saisir, et ce fut le sujet d'une grosse escarmouche, qui ne décida de rien[4], en sorte que le défilé fut coupé de part et d'autre par un retranchement. Les deux armées restèrent en cet état pendant quelque temps[5] ; mais, les maladies ayant accueilli et beaucoup diminué celle de

1. Sur cette campagne du maréchal de Créquy, outre l'appréciation du marquis de Feuquière (*Mémoires*, t. II, p. 92-93), on peut voir une relation dans le ms. fr. 11237 et une autre dans celui de la bibliothèque de l'Arsenal n° 4598.
2. Navailles, se voyant inférieur, voulut rentrer en France par le col de Banyuls et décampa le 1er juin des environs de Figuières.
3. Village près Figuières.
4. Le 4 juin.
5. Un mois, du 4 juin au 3 juillet.

France, le maréchal voulut la ramener en Roussillon. Il fit partir ses bagages à l'entrée de la nuit et les suivit avec son armée[1].

Les Espagnols, s'en étant aperçus, prirent les armes et jetèrent leurs dragons à l'avance dans le défilé. Ils eurent d'abord quelque avantage sur le régiment d'infanterie de Sault, qui occupoit encore le retranchement; mais, ayant été soutenu à propos par celui de cavalerie de la Rablière[2], ils rechassèrent les ennemis au delà du défilé. Les Espagnols attendirent, pour charger une seconde fois les François, qu'ils quittassent le retranchement afin de joindre la queue de l'armée, qui alla, le même jour, camper à Castellon[3]; [mais ces deux régiments se retirèrent en si bon ordre, celui de cavalerie faisant l'arrière-garde, que le tout se passa en escarmouche]. M. de Navailles, étant arrivé à Castellon, envoya quelque infanterie et ses miquelets pour se saisir du col de Banyuls. Ce détachement trouva les miquelets d'Espagne qui arrivoient; il y eut un petit combat entre eux, et les François demeurèrent maîtres du passage. L'armée prit ce chemin à l'entrée de la nuit et passa un défilé; les Espagnols, qui la suivoient, s'y présentèrent aussitôt et chargèrent, avec leurs dragons et cinq cents gentilshommes, le régiment de cavalerie de Gassion, qui gardoit le passage, dont s'étant rendus les maîtres, toute leur armée suivit et se mit en bataille.

1. C'est le 3 juillet au soir que les bagages partirent; l'armée suivit le 4 à deux heures du matin.
2. Levé en 1652, ce régiment avait pour mestre de camp, depuis 1657, François de Bruc de la Rablière.
3. Castellon-de-Ampurias, entre Figuières et Roses.

Combat de Masarach ou de Castellon. — M. de Navailles en fit autant de son côté : il occupa le cimetière et le château de Masarach[1]; toutes ses troupes furent postées avantageusement, et, dans cette situation, il attendit les ennemis, qui vinrent aussitôt à la charge. Le grand feu de notre infanterie et du canon les ébranla avant qu'ils pussent arriver, et leur première ligne fut rompue dès qu'elle en vint aux mains. Pendant qu'elle se rallioit, la seconde prit sa place, et M. de Monterey, jugeant que le succès dépendoit du poste de Masarach, fit faire les derniers efforts pour l'emporter, mais inutilement. On lui tua bien du monde, et il fut contraint de faire retraite[2]. Le maréchal le laissa aller, et se tint en bataille dans son même poste pendant le reste du jour et la nuit suivante. Le lendemain au matin, il continua sa retraite et passa le col en si bon ordre, que son arrière-garde ne put être chargée par un gros détachement que M. de Monterey envoya après lui. Les ennemis suivirent M. de Navailles en Roussillon; mais il mit si bon ordre à tout et y pourvut si sagement, que leur armée fut obligée de retourner en Catalogne sans avoir pu rien faire en Roussillon. La campagne finit, et Roses ne fut point prise[3].

1. A douze kilomètres de Figuières.
2. C'est à Espolla, village à cinq kilomètres au nord de Masarach, que se donna le combat le plus opiniâtre. La *Gazette* en publia le récit dans un Extraordinaire, et il y en a une relation détaillée, avec la liste des officiers tués et blessés, dans le volume 563 du Dépôt de la guerre, n°s 103 et 104.
3. Roses n'avait été assiégée que par mer, et encore les galères françaises s'étaient contentées de bloquer le port.

Sicile. — Les affaires de Sicile commencèrent de traîner en longueur pendant cette campagne, et il ne se passa rien digne d'être rapporté; mais le Roi poursuivoit vivement les Hollandois par mer et par terre, afin de les réduire au point où il vouloit.

Affaire de Tabago. — Le comte d'Estrées, vice-amiral de France, attaqua une de leurs flottes dans le port de Tabago, brûla leurs vaisseaux[1], s'empara de l'île et du fort de Gorée, qu'il ruina[2], et leur causa un dommage estimé quinze à seize millions.

Affaires du Nord. — Du côté du Nord, les deux rois[3], à la tête de leurs armées, se livrèrent deux batailles, dont celui de Suède eut l'honneur et l'avantage[4]. Le fruit qu'il en tira fut de reprendre sur les Danois la ville de Helsingborg[5]; mais il perdit l'île de Rügen[6] et la ville de Stettin[7], dans la Poméranie, que

---

1. C'est dans le courant de mai 1677 que le comte d'Estrées s'empara de l'île de Tabago, une des petites Antilles (*Mercure* de juillet, p. 36-64; *Lettres historiques de Pellisson*, t. III, p. 279-280; *Gazette*, p. 480-481).

2. Cette île de la côte d'Afrique, voisine du Sénégal, fut prise dans le courant de novembre, et la Compagnie des Indes y installa aussitôt des comptoirs à la place de ceux que les Hollandais y possédaient.

3. De Suède et de Danemark.

4. Bataille de Landscroon, 13 juillet 1677; bataille d'Oddewalt, 7 septembre.

5. Port de Suède sur le Sund, vis-à-vis de la ville de Cronenbourg.

6. C'est en septembre que les Brandebourgeois occupèrent toute l'île.

7. Stettin fut investie le 6 juillet et ne se rendit que le 24 décembre par capitulation; elle ne fut pas prise d'assaut comme va le dire notre auteur.

l'armée de l'électeur de Brandebourg emporta d'assaut.

Pendant l'hiver qui suivit cette campagne, il survint un événement auquel on ne s'attendoit pas, et qui a été la source de bien d'autres, ainsi qu'on le verra dans la suite. Le prince d'Orange passa en Angleterre et y conclut son mariage, en peu de jours, avec la princesse Marie, fille aînée du duc d'York, frère du roi d'Angleterre[1]. [Celui-ci crut apparemment par là apaiser les murmures de son peuple et de son parlement, qui, secondé de son aversion naturelle, crioit hautement guerre contre la France. Le prince d'Orange espéroit d'y déterminer le roi au moyen de son mariage et secondé des suffrages de la nation; mais il en arriva tout autrement, car le roi d'Angleterre, qui aimoit la vie tranquille et les plaisirs, désiroit la paix, et ses liaisons secrètes avec la France, qui l'entretenoient dans ses intérêts, exigeoient qu'il la lui procurât avec ses avantages. Aussi son but principal étoit de sauver les apparences et de gagner du temps.] Cependant, le prince d'Orange le pressoit de se déclarer. Tout ce qu'il en put obtenir fut le rappel des troupes qu'il avoit au service de la France, et de convenir avec lui d'un nouveau plan de paix, qu'il promettoit de faire accepter à la France par un envoyé exprès trois jours après qu'il lui auroit été proposé, sinon de lui déclarer la guerre, et de conclure sur-le-champ avec la Hollande un traité d'alliance, pour avoir lieu en cas que la France refusât le plan proposé.

1. Marie Stuart (1662-1695), fille du futur Jacques II et d'Anne Hyde, sa première femme, épousa Guillaume d'Orange le 15 novembre 1677. Elle fut couronnée reine avec son mari, à la place de son père détrôné, le 21 avril 1689.

Milord Feversham[1] partit d'Angleterre pour le porter au Roi. On lui demandoit la restitution de la Lorraine dans l'état que le dernier duc l'avoit possédée, ainsi que les places que les armes de France avoient soumises pendant la présente guerre de la dépendance de l'Empereur et de l'Empire. Pour ce qui concernoit l'Espagne, on lui rendroit la Sicile, Ath, Charleroy, Audenarde, Courtray, Tournay, Condé, Valenciennes, Saint-Ghislain, Binche, avec toutes leurs dépendances. Entre la France et la Hollande, il devoit y avoir une mutuelle restitution de ce qu'elles avoient occupé l'une sur l'autre pendant la présente guerre.

1678. — Voilà ce qui parut de cette négociation aux yeux du public; mais il est vraisemblable que Milord Feversham, François de nation, de la maison de Duras, étoit chargé de quelque chose de plus secret et de plus agréable; car, autrement, il se seroit dispensé de venir en France. On ne lui donna point de réponse positive, et on lui témoigna seulement qu'on espéroit que son maître ne voudroit pas rompre pour une place ou deux; que ses propositions étoient bien dures, principalement à l'égard de Tournay, dont les fortifications avoient tant coûté d'argent[2]; que pourtant la paix seroit toujours au pouvoir du roi d'An-

1. Louis de Durfort, passé en Angleterre et naturalisé dans ce pays, était devenu comte de Feversham en 1676 par son mariage avec l'héritière. Favori et capitaine des gardes de Jacques II, on croit qu'il fut d'intelligence avec le prince d'Orange lors de la révolution de 1688. Il ne mourut qu'en 1709.

2. Il y a une description de ces fortifications dans le *Dictionnaire géographique* de Bruzen de la Martinière.

gleterre, et que le Roi alloit envoyer ordre à son ambassadeur à Londres[1] d'entrer en traité avec Sa Majesté elle-même.

Cependant le prince d'Orange fut obligé de repasser en Hollande pour les affaires qui l'y appeloient[2]. Après son départ, l'ambassadeur de France adoucit un peu les esprits de quelques-uns[3], en déclarant au roi d'Angleterre qu'il avoit l'ordre de tout céder, excepté Tournay, et même de se relâcher sur ce point pour un équivalent, si l'on y insistoit absolument. La négociation ne roula donc plus que sur ce point. Cependant elle traîna en longueur, et en messages et réponses, par deux raisons : l'une, que le roi d'Angleterre étoit bien aise de laisser couler le temps, afin de laisser au Roi celui de faire ses affaires ; l'autre, que le prince d'Orange espéroit plus que jamais que le parti qu'il avoit en Angleterre, et qui s'étoit fort accru depuis son mariage, forceroit enfin le roi à déclarer la guerre à la France. En effet les mécontentements du peuple éclatèrent plus que jamais sur le bruit de la paix qui se négocioit avec la France. Pour empêcher qu'ils n'eussent des suites fâcheuses, le roi fut obligé de faire assembler le Parlement avant terme[4], et il

---

1. C'était Paul Barrillon d'Amoncourt, tout récemment arrivé à Londres.

2. L'entrée en campagne des troupes françaises.

3. Il sut aussi corrompre certains membres de la Chambre des communes, qui firent avorter les projets belliqueux de leurs collègues (Lingard, *Histoire d'Angleterre : Règne de Charles II*, chap. v).

4. Le Parlement, ajourné au 15 avril 1678, fut convoqué pour le 4 janvier.

déclara, dans la première séance, qu'il étoit résolu d'entrer en guerre[1].

Quoique ces démarches subites parussent suspectes au Parlement, qui pénétra qu'elles cachoient quelque mystère, il ne laissa pas de se servir de l'occasion pour faire lever des troupes et accorder les subsides nécessaires au roi, qui écoutoit[2] volontiers les difficultés qui pouvoient reculer la rupture. Cependant on tâchoit adroitement, de la part de la France, de faire naître des soupçons parmi les républicains de Hollande, particulièrement à Amsterdam, sur certaines mesures qu'on disoit avoir été prises entre le roi d'Angleterre et le prince d'Orange dans le temps de son mariage, et qui tendoient, disoit-on, à une entière subversion de la liberté des Provinces-Unies. On ajoutoit que, par ce mariage, le roi, son oncle, et le duc d'York, son beau-père, l'avoient entièrement attiré dans leurs intérêts et dans leurs sentiments touchant la religion. Ces discours s'insinuèrent facilement et servirent de fondement au traité de paix particulier qui se conclut la même année entre la France et la Hollande.

Prise de Gand et d'Ypres. — Dans ces dispositions, le Roi crut qu'il falloit, par quelque coup important, presser cette république de conclure. Dans ce dessein,

---

1. Charles II annonça qu'il allait conclure une alliance offensive et défensive avec la Hollande (elle fut signée le 28 janvier) et demanda des subsides pour lever des troupes et armer des vaisseaux (Lingard, *loc. cit.;* Du Mont, *Corps diplomatique,* t. VII, 1re partie, p. 341).

2. Ainsi au manuscrit et dans l'édition de 1766.

il partit de Saint-Germain à la mi-février[1] et prit le chemin de Metz, d'où il se rabattit brusquement[2], avec l'armée qui hivernoit en Flandres, sur la ville de Gand, qu'il prit en trois jours[3]. Cette expédition achevée, il assiégea Ypres, qui ne tint guère plus longtemps[4], et revint ensuite à Saint-Germain. Pour calmer un peu les Anglois, il fit publier un manifeste, par lequel il exposoit que, pour témoigner l'estime qu'il faisoit de la médiation du roi d'Angleterre et de ses bons offices pour la conclusion de la paix, dont il étoit très reconnoissant, il protestoit de rendre toutes les conquêtes qu'il avoit faites et celles qu'il feroit pendant cette année, afin que ses ministres pussent avec plus de facilité concilier toutes les difficultés qui pourroient retarder la paix, à quoi il contribueroit

1. Le 7 février, avec la Reine et toute la cour, afin de masquer ses projets. « Un voyage tranquille devient tout à coup une expédition redoutable à ses ennemis. Gand tombe avant qu'on pense à le munir. Louis y vient par de longs détours, et la Reine, qui l'accompagne au cœur de l'hiver, joint au plaisir de le suivre celui de servir secrètement à ses desseins » (Bossuet, *Oraison funèbre de Marie-Thérèse*).

2. Il quitta la Reine à Stenay le 3 mars.

3. La ville fut investie le 2 mars ; le Roi y arriva le 4, la tranchée fut ouverte dans la nuit du 5 au 6, malgré les inondations, et la ville capitula le 9 ; le gouverneur, Don Francisco de Pardo, se retira dans la citadelle, qu'il rendit le 12 mars (*Gazette*, Extr. 24 et 25 ; *Mercure* de mars, p. 262-332, et d'avril, p. 155-172 ; *Œuvres de Louis XIV*, t. IV, p. 146-155 ; Arch. nat., M 641, n° 6, instruction secrète de Louvois à M. d'Humières, 4 février 1678 ; journal du siège, publié par le comte de Nettancourt dans *l'Investigateur*, 1881, p. 261-282, d'après les manuscrits du maréchal de Bezons, etc.).

4. Investie le 15 mars, Ypres, où commandait le marquis de Conflans-Watteville, capitula le 25.

toujours de son côté, principalement à cause de la gloire qui reviendroit à l'Angleterre d'avoir terminé la guerre[1].

La nation angloise, loin de goûter ces raisons, redoubla ses instances pour la guerre et obligea le roi de faire passer dans les Pays-Bas espagnols quinze à seize mille hommes de nouvelles levées, qui étoient déjà sur pied. On inféra de là que le roi d'Angleterre en viendroit bientôt à une rupture déclarée.

Abandon et retraite de Messine et de Sicile. — Cela obligea Sa Majesté d'abandonner la Sicile, qui lui coûtoit beaucoup, et le Roi fit revenir ses troupes, afin de pouvoir les employer plus utilement ailleurs. Le duc de la Feuillade fut envoyé à Messine à la place du maréchal de Vivonne, qui avoit été rappelé[2], et, dès que ce nouveau vice-roi y fut arrivé[3], il prit secrètement les mesures les plus justes pour faire sûrement sa retraite. Il fit embarquer toutes ses troupes, sous prétexte de les employer à une expédition maritime qu'il avoit méditée. L'embarquement étant achevé sans que les Messinois se doutassent de rien, M. de la Feuillade fit assembler le sénat et lui communiqua les ordres qu'il avoit de quitter la Sicile et de ramener les troupes du Roi en France, offrant de sa part aux Siciliens qui voudroient y passer avec lui retraite et protection ; mais il ajouta qu'il ne les pouvoit attendre que vingt-quatre heures[4]. Jamais gens ne furent plus

1. La *Gazette* donna ce manifeste dans un Extraordinaire.
2. M. de Vivonne demandait depuis longtemps à revenir pour raisons de santé.
3. Il débarqua à Messine le 20 février 1678.
4. Sur l'évacuation de Messine, on peut voir la *Gazette*,

surpris et affligés; car, en demeurant, ils étoient exposés à toute la vengeance des Espagnols, qui, jusqu'alors, n'avoient pardonné à personne en pareil cas, et, en partant aussi brusquement, ils ne pouvoient mettre ordre à leurs affaires ni emporter que la moindre partie de leurs effets. Cependant, considérant qu'il n'y avoit point de temps à perdre, chacun se détermina : ceux qui se sentirent les plus coupables de la révolte s'embarquèrent avec leurs familles sur les vaisseaux françois, et il en passa environ sept mille[1], auxquels le Roi a fait longtemps donner subsistance[2]. Les principaux d'entre eux eurent des pen-

---

p. 236, 352 et 373; Jal, *Abraham Du Quesne*, t. II, p. 311 et suiv.; *Histoire de Louvois*, t. II, p. 463-476. Une lettre de La Feuillade au ministre, datée du 16 mars, jour du départ des Français, est dans le ms. Nouv. acq. fr. 4385, p. 179-182. Le volume B⁴ 8 des archives de la Marine contient les relations et les correspondances adressées à Seignelay par M. de la Feuillade et les intendants; on en trouvera quelques fragments dans l'Appendice du présent volume.

1. Environ quatre cent cinquante familles : voyez la *Gazette*, p. 605, 635, 689, 753, etc. Un état des Messinois venus en France fut envoyé le 29 mai au ministre par M. d'Oppède, intendant de la flotte à Toulon (reg. Marine B⁴ 8, fol. 95); mais cet état ne se trouve plus joint à la lettre d'envoi.

2. Au contraire, écrivant le 8 juin à M. d'Oppède, Colbert disait : « Il est difficile de remédier aux bruits qui ont persuadé les Messinois que le Roi les vouloit entretenir; ... il faut que leur propre misère les persuade, joint que, la paix se faisant, ils auront une entière liberté de retourner à Messine; » et il engageait l'intendant à favoriser autant que possible leur rentrée en Italie (P. Clément, *Lettres de Colbert*, t. III, 1ʳᵉ partie, 2ᵉ section, p. 110). Dans les négociations du traité de Nimègue, la France demanda qu'on leur accordât une

sions de Sa Majesté, dont jouissent encore ceux qui restent aujourd'hui[1]. Les Espagnols rentrèrent dans Messine au départ des François, et, contre leur coutume, ils accordèrent une amnistie générale, dont il n'y eut d'exceptés que ceux qui passèrent en France et quelques malheureux qu'une tempête soudainement élevée pendant le trajet fit échouer le long des côtes dépendant de cette monarchie[2].

Siège et prise de Puigcerda. — Les troupes françoises qui venoient de Sicile, ayant débarqué en Provence, passèrent en Catalogne, où elles se joignirent à celles que le maréchal de Navailles y commandoit. Par ce secours, ce général se vit en état d'entreprendre sur l'ennemi, et assiégea Puigcerda, en Cerdagne[3]. Cette place fut vaillamment défendue par Don Sanche de Mirande, qui en étoit gouverneur[4].

amnistie complète et la permission de retourner chez eux; l'Espagne refusa, et consentit seulement à soumettre ce point à l'arbitrage des Hollandais. Par la suite, une partie d'entre eux se retira à Rome (*Mémoires de Sourches*, t. VII, p. 62-63).

1. Les principales de ces familles étaient celles des Averne, des Caffaro et des Fornari, qui se firent naturaliser françaises; elles jouirent en effet de pensions plus ou moins importantes pendant tout le règne de Louis XIV et occupèrent des charges dans la marine et dans l'armée (*Mémoires de Sourches*, t. VII, p. 374, et IX, p. 245; reg. O¹ 46, fol. 128 et 134; *Mémoires de Saint-Simon*, éd. Boislisle, t. II, p. 148-149).

2. La *Gazette* (p. 521, 573, 633, 689, 753) relate différents traits de la vengeance des Espagnols.

3. M. de Navailles arriva devant la ville le 28 avril, et la tranchée fut ouverte le 1ᵉʳ mai (*Histoire militaire*, p. 613-616).

4. Il avait eu le gouvernement de cette place en 1674; il obtint celui de Malaga en récompense de sa belle défense, passa à Messine en 1679, devint général de l'artillerie en 1684 et capitaine général de la Navarre en mars 1689.

M. de Monterey, vice-roi de Catalogne, s'avança avec son armée à dessein de la secourir. M. de Navailles laissa dans les lignes les troupes nécessaires pour continuer le siège, et marcha au-devant de lui avec tout le reste, résolu de les combattre au passage des montagnes, en cas qu'ils osassent l'entreprendre malgré toutes les difficultés qu'il y avoit à surmonter. Cela n'empêcha pas M. de Monterey de le tenter par plusieurs escarmouches, qui ne lui réussirent pas. Ainsi jugeant que le projet étoit trop hasardeux, il ramena son armée en Catalogne. Cette retraite n'empêcha pas Don Sanche de Mirande de disputer le terrain pied à pied et de défendre sa place jusqu'à la dernière extrémité, avec tout l'art et toute la valeur possible, aux dépens de presque toute sa garnison et d'un grand nombre de ses ennemis. A la fin ce brave homme fut contraint de se rendre, les François s'étant logés pour la seconde fois sur les bastions et étant sur le point de l'emporter de vive force[1]. La place fut rasée, et l'armée qui l'avoit prise passa en Catalogne, où elle subsista tranquillement jusqu'à la paix aux dépens des Espagnols.

Campagne d'Allemagne. — Du côté de l'Allemagne, le maréchal de Créquy, qui commandoit l'armée de France, voulut s'affranchir du soin de veiller à la conservation de l'Alsace en allant attaquer les Impériaux au delà du Rhin, quoique son armée ne fût pas si forte que la leur. Il avoit aussi formé le dessein de prendre le fort de Kehl et de brûler ensuite le pont de

---

[1]. La place capitula le 28 mai; le volume 611 du Dépôt de la guerre renferme les lettres de M. de Navailles et de M. Le Bret relatives à ce siège.

Strasbourg, afin de l'ôter une bonne fois aux ennemis, qui tenoient toutes leurs forces aux environs. Toute l'attention de M. de Créquy fut donc de les en éloigner, et, pour en venir à bout, après avoir passé le Rhin vers Brisach, il remonta le long de ce fleuve, tirant sur les Villes forestières[1] de la domination de l'empereur, et fit occuper quelques petits postes dans le voisinage[2]. Cette manœuvre produisit l'effet que le maréchal en avoit espéré. Dès que M. de Lorraine, qui commandoit l'armée impériale, eut appris que celle de France tournoit tête de ce côté-là, il envoya à la hâte un corps de six à sept mille hommes se retrancher à l'entrée du pont de Rheinfels, pour le garder et se jeter dans la ville. Ensuite il marcha par derrière les montagnes à l'appui de ce détachement; mais il ne put arriver assez tôt pour le sauver; car le maréchal, qui savoit profiter de tous les instants, alla l'attaquer brusquement dans ses retranchements à peine ébauchés, et les emporta après un petit combat, qui coûta cher aux Impériaux. On en tua beaucoup, plusieurs se noyèrent dans le Rhin, le reste se sauva dans la ville, et peu s'en fallut que les François n'y entrassent pêle-mêle avec les fuyards[3]. M. de Ranes,

1. On appelait ainsi les quatre villes de Waldshut et Seckingen sur la rive droite du Rhin, Rheinfeld et Laufenbourg sur la rive gauche, entre Bâle et Schaffouse; elles appartenaient au cercle de Souabe.
2. M. de Créquy passa le Rhin à Brisach le 24 mai, vint camper le 1er juin près de Fribourg, remonta le 8 à Langendenzlingen, pour y rester jusqu'au 27, marcha alors vers Neubourg, puis revint sur Bâle et Huningue.
3. Ce combat eut lieu le 6 juillet (*Gazette*, p. 641-643; vol. Guerre 608, nos 29 à 34, 47, 48 et 52).

colonel général des dragons et lieutenant général, fut tué dans cette action[1]; c'étoit un très galant homme, et le Roi perdit beaucoup en sa personne.

Le maréchal de Créquy, ayant ainsi défait le détachement des Impériaux, fit entièrement brûler le pont de Rheinfels[2], en jeta un autre de bateaux sur le Rhin et fit tous les semblants de vouloir assiéger cette ville, afin d'engager M. de Lorraine à marcher plus avant; mais ce général se contint, et le maréchal de Créquy, jugeant qu'il en avoit assez fait pour se procurer les moyens de tomber sur le fort de Kehl avant que l'armée impériale y pût être de retour, à cause du grand détour qu'elle étoit nécessitée de prendre, décampa des environs de Rheinfels, après avoir rompu son pont, et redescendit sur Brisach pour continuer sa marche à Kehl[3].

M. de Lorraine, connoissant ce dessein et le voulant traverser, se mit à la tête de six ou sept mille chevaux et, descendant hâtivement par la gorge de Gegenbach[4], vint se poster sur le ruisseau qui coule en deçà, pour y attendre le reste de son armée et opposer en cet endroit une barrière à celle de France; mais le maréchal de Créquy, qui étoit la vigilance

---

1. C'est une erreur : M. de Ranes ne fut tué que le 15 juillet, dans une reconnaissance, près d'Offenbourg (*Gazette*, p. 682).

2. La *Gazette* dit que ce furent les habitants qui brûlèrent leur pont pour empêcher les Français de le passer; en réalité, il fut détruit par l'artillerie française (lettres du maréchal de Créquy des 12 et 15 juillet : vol. Guerre 608, n°s 65 et 80).

3. Vol. Guerre 608, n° 95, lettre de M. d'Escures, du 19 juillet.

4. Village sur la Kinzig, en amont d'Offenbourg; le ruisseau est un petit affluent du Rhin.

même, n'avoit garde de lui laisser ce loisir : il arriva presque en même temps à l'autre bord du ruisseau de Gegenbach. Quand M. de Lorraine vit son projet déconcerté par cette diligence, [il envoya ordre au reste de son armée de ne plus poursuivre le chemin de Gegenbach et d'aller descendre les montagnes près d'Offenbourg], où il prit aussi le parti de se retirer par le plus court chemin avec sa cavalerie; mais il ne put si bien ménager sa retraite que son arrière-garde ne fût un peu entamée, et qu'il n'y perdît bien du monde, et même des étendards[1].

Après cette action, le maréchal de Créquy continua de marcher à Kehl en diligence[2]. En assiégeant ce fort, il profita du temps que lui donnoit le détour auquel il avoit forcé l'armée impériale. Comme il n'en avoit point lui-même à perdre, les attaques ne furent guère précautionnées, [quoique ce fort fût assez bon, à la réserve qu'il n'étoit pas revêtu, et qu'il y eût dedans sept à huit cents hommes, qui pouvoient être facilement rafraîchis par ceux de Strasbourg]. Le maréchal se contenta de faire hâtivement une espèce de tranchée, qui fut poussée avec tant de diligence, que, le lendemain, il fit attaquer le fort, qui fut pris d'assaut incontinent[3]. On brûla aussitôt le pont du

---

1. Ce combat eut lieu le 23 juillet; on en peut voir les relations dans les lettres du maréchal de Créquy et des principaux officiers (vol. Guerre 608, n°s 114, 116, 118, 119 et 120).

2. Kehl appartenait aux Strasbourgeois, qui refusèrent de le mettre entre les mains des Français.

3. M. de Montclar, envoyé en avant, avait commencé la tranchée le 25 juillet; l'assaut fut donné le 28 (vol. Guerre 608, n°s 127-130).

Rhin[1], jusqu'au fort de l'Ile[2]. Kehl fut rasé, et le maréchal revint passer le Rhin à Altenheim sur un pont de bateaux[3]. De là, il mena son armée droit à Strasbourg, qui eut belle peur et en fut quitte pour la perte du fort de l'Étoile et celui du Péage[4]; [mais, à ce moyen, ceux de Strasbourg ne purent plus faire redresser leur pont].

Le maréchal descendit ensuite le long du Rhin, afin d'empêcher les ennemis d'y jeter aucun pont, et, peu après, il envoya un détachement de son armée, sous M. de la Frézelière[5], commandant de l'artillerie, s'emparer du château de Lichtenberg[6], dans lequel trois ou quatre cents Impériaux s'étoient postés avec quelques paysans[7]. Mon frère fut tué à ce siège; c'étoit un jeune homme qui promettoit, et il s'étoit

1. C'est le 7 août que cette destruction fut opérée (vol. Guerre 608, n° 158, lettre du maréchal de Créquy).
2. Il y a une description et une appréciation de la valeur de ces forts du Rhin dans une lettre du maréchal de Créquy du 14 août (*ibidem*, n° 190).
3. Le 8 août (vol. Guerre 608, n°s 164 et 165, lettres de MM. Charuel et Bazin).
4. Le fort du Péage ou du Rhin, attaqué le 7 août, se rendit le 11 et fut démoli (ci-après). Il y a, dans le volume 608 du Dépôt de la guerre, plusieurs lettres du Magistrat de Strasbourg au maréchal au sujet de la prise des forts et de la destruction du pont de Kehl.
5. François Frezeau, marquis de la Frezelière (1623-1702), maréchal de camp en 1677, venait d'obtenir la charge de lieutenant général de l'artillerie de France; il devint lieutenant général des armées en 1688. Le lieutenant Sautai a donné une bonne notice historique sur cet officier.
6. Ce château, bâti sur un rocher escarpé qui domine le Rhin, appartenait à la princesse de Hanau.
7. M. de Créquy fit miner le château, qui se rendit le

distingué particulièrement en cette campagne par des actions fermes et de bonne volonté[1]. Je puis dire qu'il fut fort regretté.

Après cette expédition, l'armée du Roi remonta sur le Rhin, pour tirer sur Brisach. En passant, le maréchal de Créquy ramena les garnisons qu'il avoit mises aux forts de l'Étoile et du Péage, qu'il fit raser, et on ne tarda plus guère de part et d'autre à entrer en quartiers d'hiver.

Les confédérés avoient aussi assemblé dans la Basse-Allemagne une armée de seize à dix-huit mille hommes; le maréchal de Schönberg fut envoyé pour s'y opposer et forma un corps de dix à douze mille hommes, tant des troupes qu'il amena de France que de celles qu'il tira de la garnison de Maëstricht. Après avoir voltigé aux environs d'Aix-la-Chapelle, il alla camper au village d'Urmond, sur la Meuse[2], où il tint un pont de bateaux. Il fit faire aussi de bons retranchements à la tête de son camp, qui, sans cela, eût été très

15 octobre (*Gazette*, p. 859-860 et 871; *Histoire militaire*, p. 611; vol. Guerre 609).

1. L'intendant Bazin écrit le 15 octobre (vol. Guerre 609, n° 32) : « Le château de Lichtenberg se défend toujours bien... Il y a beaucoup d'officiers qui y sont tués ou blessés;... Saint-Hilaire, commissaire d'artillerie, y reçut un coup de canon qui lui emporte les chairs du bras et lui coule tout du long du côté. » Et le maréchal de Créquy, le même jour (n° 34) : « Hier, en visitant un endroit mal reconnu, MM. de Saint-Hilaire et de Tracy, qui étoient avec moi, furent blessés d'un coup de fauconneau, le premier assez considérablement et l'autre légèrement. » Le jeune Saint-Hilaire mourut quelques jours plus tard.

2. Sur la rive droite du fleuve, entre Maëstricht et Maseijck.

mauvais, à cause de sa situation, et bien lui en prit ; car les ennemis l'y vinrent attaquer et furent arrêtés par ses retranchements, devant lesquels ils se mirent en bataille à demi-portée de canon, pendant deux fois vingt-quatre heures, sans oser rien entreprendre. Puis ils se retirèrent vers le Rhin, après avoir détaché M. Chauvet, l'un de leurs généraux[1], qui, avec quatre ou cinq mille chevaux, alla joindre le prince d'Orange en Flandres.

M. de Schönberg, n'ayant plus d'ennemis en tête, revint à Maëstricht, où il fit rentrer la garnison, et y reçut un courrier de la cour qui lui apportoit l'ordre de passer à Stenay, sur la Meuse, avec son état-major et un régiment de dragons, et d'envoyer toutes ses autres troupes à M. de Luxembourg, en Flandres.

Surprise de Lewe. — Peu de temps après que M. de Schönberg fut parti de Maëstricht, M. de Calvo, qui y commandoit, forma sur la ville de Lewe[2] une entreprise qui réussit fort heureusement. Il en chargea M. de la Bretesche, colonel de dragons[3], qui sortit un

1. Jérémie Chauvet, d'abord capitaine de cavalerie au service de l'électeur palatin, passa vers 1660 à celui des princes de Brunswick, eut le grade de général-major en 1675, devint maréchal de camp général en 1693 et mourut en 1699, à quatre-vingt-dix ans.

2. Lewe, Lewen ou Leaw, dans le Brabant, à quatre kilomètres de Louvain, sur les frontières du pays de Liège, était défendue par une ceinture de marais.

3. Esprit de Jousseaume, marquis de la Bretesche (1638-1706), avait un régiment de dragons depuis 1675 ; il parvint en 1693 au grade de lieutenant général. Saint-Simon (*Mémoires*, éd. Boislisle, t. II, p. 172-174) raconte une autre expédition dont la Bretesche fut chargé en 1694 et dont il se tira à son honneur.

soir de cette ville avec six ou sept cents hommes choisis et quelques bateaux de paille enveloppés de toile cirée, qu'il avoit fait préparer pour passer le fossé; mais ils lui furent inutiles; car, étant arrivé sur le bord du fossé de la citadelle de Lewe vers le minuit sans être découvert, ses gens trouvèrent une lame de terre qui, en traversant le fossé, servoit à retenir les eaux, et qui leur donna un passage plus sûr et plus aisé. De là ils montèrent sur le rempart, qui étoit bas, et entrèrent dans la citadelle, où ils ne trouvèrent que trente hommes, qui ne firent aucune résistance. Il y avoit dans la ville un régiment de Cravates démonté, qui prit les armes et vint se poster dans l'avenue de la ville à la citadelle. M. de la Bretesche fit tirer dessus quelques coups de canon, et faisoit encore escarmoucher contre eux, quand M. de Calvo, qui étoit aussi sorti de Maëstricht, arriva avec un corps de cavalerie et de dragons. Alors les Cravates abandonnèrent leur poste et se retirèrent dans une église. Les troupes entrèrent dans la ville, et les Cravates se rendirent prisonniers de guerre[1]. M. de la Bretesche en eut le gouvernement, [et le méritoit bien; car c'est un fort honnête homme, plein de valeur et de bonne conduite[2]], qui fut, peu de temps après, pourvu de celui

---

1. Cette escalade se passa dans la nuit du 3 au 4 mai (*Histoire militaire*, p. 588-589; *Gazette*, p. 424 et 426-427). Le gouverneur, Don Jérôme Hernandez, se rendit avec sa garnison. Les jours suivants, le prince d'Orange prépara une expédition pour reprendre la place; mais il ne donna pas suite à son projet. On trouve dans le volume 598 du Dépôt de la guerre (n°s 28, 29, 34, 41, 43 et 44) les lettres de M. de Calvo et diverses pièces relatives à la prise de la ville.

2. « Partisan distingué, qui avoit acquis une capacité éten-

de Hombourg[1], fait maréchal de camp, ensuite lieutenant général, et il a très bien servi le Roi en cette qualité, dans son armée d'Allemagne.

Campagne de Flandres. — La campagne se continuoit en Flandres par le blocus de Mons. M. de Luxembourg, qui commandoit l'armée, voltigeoit tout autour pour empêcher le prince d'Orange d'y introduire aucun secours[2], et ce prince, de son côté, tâchoit de lui faire prendre le change, en lui donnant jalousie sur quelques-unes de nos places ; mais ce fut inutilement.

Le Nord. — Du côté du Nord, les Suédois reprirent sur les Danois, au commencement de la campagne, l'île de Rügen et Christianstadt[3] ; mais les affaires changèrent bientôt de face ; car les Danois et les Brandebourgeois regagnèrent non seulement ce qu'ils venoient de perdre, mais enlevèrent encore aux Suédois les villes d'Helsingborg, le Bohus, Stralsund, Dammgarten et Greifswald[4].

Les dernières conquêtes que le Roi avoit faites en Flandres, et surtout la prise de Gand, déterminèrent

due, et en qui le maréchal de Lorge se fioit fort » (*Saint-Simon*, éd. Boislisle, t. II, p. 173).

1. Hombourg, dans le duché de Deux-Ponts, sera pris par les Français en 1679, et deviendra même le siège d'une intendance frontière jusqu'en 1698.

2. M. du Montal intercepta, dans le courant d'avril, un important convoi que le prince d'Orange y envoyait.

3. En Scanie, à deux milles de la mer. Cette ville avait été bâtie en 1600 par Christian IV, roi de Danemark.

4. Les trois dernières villes sont situées dans la Poméranie ; le Bohus est une petite province de Norvège, sur le Skager-Rack, dont la ville principale est Marstrand.

les Hollandois à mettre ordre à leurs affaires particulières par une bonne paix, d'autant plus que leurs alliés ne se pressoient pas d'y concourir, se flattant toujours que l'Angleterre se déclareroit en leur faveur, et qu'alors les affaires changeroient de face. On reprit donc si vivement les négociations à Nimègue entre les ministres de France et de Hollande, que toutes les difficultés furent bientôt aplanies, jusque-là que M. Van Beverningk[1], un des plénipotentiaires des États-Généraux, alla lui-même trouver le Roi[2] et convint avec lui des conditions de la paix et d'une cessation d'armes pour six semaines, afin de donner temps aux Allemands et aux Espagnols de se résoudre; mais elle n'eut point lieu, à cause du contretemps qui survint, et dont je parlerai bientôt.

On rendoit en Flandres, aux Espagnols, Gand, Audenarde, Courtray, Ath, Charleroy et Binche, avec leurs dépendances. Le Roi témoigna même tant d'égards pour les Hollandois, qu'il déclara que, quand même les Espagnols n'accepteroient pas la paix, il prendroit soin qu'on laissât en Flandres la barrière qu'ils jugeoient nécessaire pour leur sûreté, et que, la paix étant faite entre les deux États, il seroit toujours

1. Jérôme Van Beverningk, né en 1614, fut d'abord bourgmestre de Tergau, sa ville natale, puis député de Hollande aux États généraux (1651), ambassadeur en Angleterre (1653) et trésorier général des Provinces-Unies de 1654 à 1665; plénipotentiaire hollandais pour le traité d'Aix-la-Chapelle, il eut une mission en Espagne en 1671, fut élu en 1673 curateur de l'académie de Leyde, et, après les négociations de Nimègue, il se retira de la vie publique jusqu'à sa mort, en 1690.

2. Au camp de Deynse, dans les premiers jours de juin (*Histoire de Louvois*, p. 503-504).

prêt à entrer avec eux dans les engagements qu'ils croiroient propres à conserver à jamais leur repos et leur liberté.

Cette déclaration, qui devint publique[1], acheva de confirmer les soupçons qu'on avoit donnés aux Hollandois contre le prince d'Orange. Ses ennemis surent s'en prévaloir et entraînèrent le peuple à vouloir la paix à toute force. Les oppositions que fit le prince d'Orange, à moins qu'elle ne devînt générale et que tous les confédérés ne fussent contents, ne servirent qu'à le rendre plus suspect, [tellement que l'inclination et les cris du peuple pour la paix se répandirent dans la province d'Hollande, d'où ils passèrent subitement dans toutes les autres de cet État].

Cependant le roi d'Angleterre paroissoit assez indifférent pour la paix, afin de complaire à son peuple, qui souhaitoit fort d'entrer en guerre. L'Espagne étoit forcée, par ses mauvais succès, sa foiblesse, et par l'abandon dont elle étoit menacée de la part des Hollandois, de témoigner quelque inclination pour la paix[2]. Mais l'Empereur, le roi de Danemark et les autres alliés y demeuroient si opposés, qu'ils en vinrent à de sanglants reproches contre la république de Hollande, et les publièrent dans leurs déclarations, qui contenoient en substance tout ce qu'ils avoient perdu ou hasardé pendant cette guerre, com-

---

1. Le Roi eut même soin de la faire imprimer et répandre dans les Pays-Bas.
2. Les correspondances de la *Gazette* racontent des émeutes qui eurent lieu à Bruxelles, pendant lesquelles la populace pilla plusieurs maisons de membres du conseil des Pays-Bas qui étaient hostiles à la paix.

mencée uniquement, disoient-ils, pour la conservation des Provinces-Unies. Ils ajoutoient qu'ils ne refusoient pas d'entrer en traité avec la France et de faire la paix à des conditions sûres et raisonnables, mais qu'ils aimoient mieux tout risquer que d'accepter celles qu'on leur proposoit et de souffrir qu'on leur imposât des lois comme à des vaincus. Ils insistoient principalement touchant la Lorraine, que la France ne vouloit rendre à son prince qu'en échangeant Nancy avec Toul et en se conservant en toute souveraineté des chemins au travers de ce duché, [qui en aliéneroient la meilleure partie et le rendroient un État imaginaire[1]].

Cet orage, excité par les alliés, n'émut guère les Hollandois, qui continuèrent de travailler à leur traité particulier, ne s'attachant pour leurs intérêts propres qu'à ceux de l'Espagne, que la nécessité contraignoit; mais il survint un incident qui faillit renverser tout l'ouvrage [et engager l'Angleterre, de manière que la guerre se seroit renouvelée avec plus d'animosité et d'égalité qu'auparavant].

La France s'étoit bien obligée, dans le projet de traité, de rendre aux Espagnols les six villes que j'ai nommées[2]; mais elle n'avoit pas marqué précisément le temps de cette restitution, et, comme on voulut la faire expliquer, elle déclara qu'elle n'entendoit la faire que quand la Suède auroit été satisfaite sur ce qui avoit été pris sur elle pendant cette guerre.

L'Espagne et la Hollande, au contraire, comptoient

1. Voyez la longue note donnée sur ce sujet par M. de Boislisle dans son édition des *Mémoires de Saint-Simon*, t. II, p. 4.
2. Ci-dessus, p. 296.

que cette restitution se feroit aussitôt après l'échange des ratifications, quand même les autres alliés n'accepteroient pas la paix. Cette contestation arrêta tout court la signature du traité, et les Hollandois en informèrent le roi d'Angleterre par un exprès, qui eut ordre de presser le monarque de se déclarer sur un point dont dépendoit le repos de la chrétienté et la sûreté de la Flandre en particulier, à laquelle l'Angleterre étoit si intéressée.

Sur cette nouvelle, le roi de la Grande-Bretagne et son Conseil parurent déterminés à entrer en guerre. Le roi conclut avec tous les alliés un traité[1], par lequel il s'engageoit de fournir sur mer, contre la France, un tiers plus de vaisseaux qu'eux, et sur terre un tiers moins de troupes que la Hollande, en cas que la France, devant le 10 août suivant, ne se relâchât pas absolument sur le temps de la restitution des six villes, et il envoya ordre à ses troupes débarquées en Flandres de joindre l'armée du prince d'Orange. On compta alors la paix absolument rompue; car les Hollandois refusèrent d'entrer dans de nouvelles négociations sur cet article, quoique Louis XIV offrît de s'avancer à Saint-Quentin ou à Gand pour en traiter en personne avec de nouveaux députés, qu'il demanda.

[On crut d'ailleurs qu'il ne se relâcheroit jamais sur la satisfaction de la Suède, et que l'Angleterre étoit absolument embarquée, quoique les plus éclairés n'en fussent pas persuadés. Aussi ne se trompoient-ils pas]; car, presque dans le même temps, il

---

1. Ce traité fut signé le 26 juillet (*Corps diplomatique*, t. VII, 1re partie, p. 348).

arriva d'Angleterre à Nimègue, aux ambassadeurs médiateurs de cette couronne, un paquet de dépêches, dont le contenu fut divulgué à dessein par celui qui l'apporta, avant même de leur remettre. Elles contenoient un ordre précis à ces ambassadeurs de faire les derniers efforts pour porter les ministres de Suède à déclarer à ceux de France qu'ils consentiroient non seulement que le Roi fît évacuer les six villes, mais même que, pour le bien commun de la chrétienté, il oubliât, quant à présent, les intérêts de leur couronne, afin que cette paix ne fût point différée, sous la promesse que la France, dès que la paix seroit signée, feroit les derniers efforts pour obtenir à la Suède la restitution de tout ce qu'elle avoit perdu. Ces instances, publiées avec tant d'affectation, servirent à manifester à toute la Hollande qu'elle ne devoit faire aucun fonds sur l'alliance conclue avec le roi d'Angleterre, et c'étoit là le but principal de cette dépêche. Cependant il n'y eut encore rien de déterminé sur le point contesté. Enfin le 10 août arriva, jour fameux qui devoit décider ou de la paix ou de la continuation de la guerre. M. Boreel, député d'Amsterdam[1], fut dès le grand matin chez MM. le maréchal d'Estrades, d'Avaux[2] et Colbert de Croissy[3], plénipotentiaires de

1. Jacques Boreel, sénateur et bourgmestre d'Amsterdam, avait eu une mission en Moscovie en 1665; il mourut le 19 mars 1691, grand bailli de Putten.
2. Jean-Antoine de Mesmes, comte d'Avaux (1640-1709), avait déjà été envoyé comme ambassadeur à Venise en 1672; il le fut plus tard en Hollande (1679) et en Suède (1692).
3. Charles Colbert, marquis de Croissy (1625-1696), frère du ministre, devint secrétaire d'État des affaires étrangères en 1679, lors de la disgrâce de Pomponne.

France, et eut quelque conférence avec eux. Incontinent après son départ, les trois ambassadeurs allèrent chez ceux de Hollande et leur déclarèrent qu'ils avoient reçu ordre de Sa Majesté de se relâcher sur la Suède, d'acquiescer à l'évacuation des six villes et de signer la paix. Cette déclaration, à laquelle les plénipotentiaires ne s'attendoient pas, les surprit, et ceux d'entre eux qui étoient les moins bien disposés voulurent contester sur quelques articles; mais M. Van Beverningk aplanit toutes les difficultés, et le traité fut mis au net avec toute la diligence possible.

Les ambassadeurs de France allèrent ensuite chez ceux d'Angleterre pour leur communiquer cette importante nouvelle et leur offrir de signer le traité chez eux, afin qu'ils y eussent la part qui étoit due à la médiation d'Angleterre. Ceux de Hollande y vinrent aussi pour le même sujet; mais, de plus, M. Van Beverningk se plaignit fort des incertitudes et des contretemps de l'Angleterre. Les ministres de cette couronne s'excusèrent de paroître dans le traité, sur ce que leurs instructions portoient seulement de procurer une paix générale et ne leur permettoient pas d'assister à la conclusion de ce traité particulier, qui ne laissa pas d'être signé à Nimègue, le même jour, entre onze heures et minuit, par les plénipotentiaires de France et ceux des États-Généraux des Provinces-Unies.

Traité de paix entre la France et la Hollande signé à Nimègue. — Il contenoit dans ses principaux articles, outre la restitution stipulée pour l'Espagne, celle de Maëstricht et de ses dépendances en faveur des Hollandois. Les autres regardoient le commerce, et les intérêts du prince d'Orange en ce qui concernoit sa principauté et les terres qu'il possédoit en France[1].

Combat de Saint-Denis[2]. — Quoique toutes les apparences soient, et, je puis même dire, qu'il soit certain que ce prince eut avis de la paix au plus tard le surlendemain qu'elle fut signée, il ne laissa pas que d'engager un combat le 14 août avec l'armée du Roi, commandée par M. de Luxembourg, espérant, s'il lui réussissoit, que cette paix n'auroit point lieu, [ou autrement de témoigner aux alliés que, cette paix s'étant faite malgré lui, il avoit fait tout ce qui étoit en son pouvoir pour la rompre[3]].

M. de Luxembourg campoit sur la bruyère de Casteau[4], sa droite vers l'abbaye de Saint-Denis[5], où il

---

1. Le texte du traité avec la Hollande se trouve dans le *Corps diplomatique* de Du Mont, t. VII, 1re partie, p. 350-355, avec les protestations de l'électeur de Brandebourg et du roi de Danemark. M. Henri Vast, dans ses *Grands traités du règne de Louis XIV* (t. II, p. 22-142), en a donné une nouvelle édition d'après les originaux du Dépôt des Affaires étrangères; il y a joint un exposé des négociations et une bibliographie étendue.

2. Sur cette bataille, on peut voir la relation de l'*Histoire militaire*, p. 590-595, celle de la *Gazette*, p. 747-748 et 757-758, l'*Histoire de Louvois*, p. 516-528, et surtout le récit de M. de Ségur dans le *Maréchal de Luxembourg et le prince d'Orange*, p. 492-538, avec une bonne carte du terrain.

3. C'est exactement ce que dit le mémoire inédit de Chamlay cité par M. de Ségur, p. 494. Il semble bien établi que Guillaume d'Orange connaissait la signature de la paix lorsqu'il livra la bataille (*ibidem*, p. 495-500).

4. Cette localité et celles dont les noms vont suivre sont situées dans la région nord-est de la banlieue de Mons, dans un rayon d'une à deux lieues.

5. Saint-Denis-en-Brocqueroye, abbaye de bénédictins fondée en 1081 par une comtesse de Hainaut.

s'étoit logé, et sa gauche aux marais. Il avoit derrière lui les bois de Mons et de Glin, qu'il couvroit, aussi bien que Nimy, où il avoit des quartiers qui servoient au blocus de Mons, et il se trouvoit à portée du poste d'Obourg et des ponts qu'il avoit fait faire pour passer la rivière de Haine, en cas qu'il en fût besoin.

Le front de l'armée étoit couvert par un grand fond escarpé des deux côtés en précipices, et ce double escarpement étoit encore planté de bois sur sa droite. Il se trouvoit aussi dans ce fond un ruisseau qui formoit un étang près de l'abbaye ; plus haut, où le bois finissoit, étoit un petit pont et un moulin sur le ruisseau ; plus haut encore il y avoit un grand chemin assez difficile qui descendoit de la bruyère où étoit le camp dans le fond, et remontoit la plaine de Thieusies. C'est ce qu'on appelle le défilé du Casteau, à cause de ce village, qui est situé sur le penchant de la hauteur, du côté de la bruyère [1].

M. de Luxembourg, qui savoit que la paix étoit signée, ne se tenoit plus guère sur ses gardes et ne s'attendoit pas à donner ce jour-là un combat qui pouvoit changer la face des affaires. Il dînoit tranquillement dans l'abbaye [2], lorsqu'on vint lui dire que l'ar-

---

1. L'exactitude de tous ces détails topographiques se vérifie facilement sur la carte reproduite dans l'ouvrage de M. de Ségur.
2. Ce détail, quoique les chansonniers du Pont-Neuf s'en soient emparés, semble inexact. M. de Ségur s'est efforcé d'établir que le maréchal de Luxembourg ne fut pas surpris au sens absolu du mot; mais il ne s'attendait pas à être attaqué, et il en résulta un certain désordre au début du combat : c'est ce qui ressort des divers récits. Il faut se rappeler que notre auteur n'était point présent à cette bataille; il servait alors en Allemagne.

mée des ennemis paroissoit dans la plaine de Thieusies et qu'elle marchoit à lui. Il crut d'abord que cela ne pouvoit pas être, et ne laissa pas que d'envoyer ordre à une brigade d'infanterie qui couvroit son quartier du côté de Thieusies de décamper promptement et de venir repasser le défilé près de l'abbaye, afin de rejoindre l'armée, à laquelle il donna ordre de prendre les armes.

Quoique cette brigade fît diligence de suivre son ordre, elle ne laissa pas d'être atteinte par les ennemis, dans le fond près de l'abbaye, et poussée jusqu'à mi-côte le long du chemin qui venoit du camp à l'abbaye; mais M. de Luxembourg, arrivant fort à propos avec un corps d'infanterie, dégagea cette brigade, et il se donna en cet endroit un grand combat, où il y eut bien du monde de tué de part et d'autre. Les ennemis furent rechassés dans le fond, et l'on en fit un grand carnage. Ils voulurent faire encore quelques tentatives de ce côté-là; mais on s'y maintint toujours avec beaucoup d'avantage. Le combat se ralentit et dégénéra en simple escarmouche[1].

On vint dire à M. de Luxembourg que les ennemis s'étendoient du côté du pont d'Obourg, gardé par M. du Montal, qui commandoit le blocus de Mons[2]. Comme il y avoit apparence qu'ils feroient de grands

1. Tout ce récit et celui qui va suivre sont absolument conformes aux deux relations de la bataille que rédigea le maréchal et que M. de Ségur a longuement citées, d'après les volumes 601 et 602 du Dépôt de la guerre.
2. Dès le milieu de mai, le maréchal d'Humières avait insulté les dehors de cette place et pris plusieurs redoutes, et, au commencement de juin, la ville avait été complètement bloquée (*Gazette*, p. 463 et 532).

efforts pour tâcher de dégager cette ville, M. de Luxembourg envoya la seconde ligne sur la Haine, afin qu'elle fût à portée de joindre M. du Montal, s'il étoit nécessaire. Les ennemis, qui ne faisoient qu'une feinte pour faire diversion, se rabattirent sur le défilé du Casteau, poussèrent vivement les François, s'emparèrent de l'église, du château, d'une partie du village et du pont du moulin. Alors M. de Luxembourg fit revenir la seconde ligne en grande diligence, et, dès qu'elle fut arrivée, il fit charger vigoureusement les ennemis, qui perdirent beaucoup du terrain. A cette charge, il en succéda une seconde, qui chassa les ennemis de tout le village et des haies du Casteau. Cette action et la nuit qui survint mirent fin au combat, et M. de Luxembourg se retira en très bon ordre sur Mons, pour empêcher qu'on n'y jetât aucun secours.

Le prince d'Orange se logea à l'abbaye de Saint-Denis. On combattit avec toute la valeur possible de part et d'autre. Entre les ennemis, les Anglois se distinguèrent particulièrement, et les deux généraux firent à l'envi l'un de l'autre tout ce qui se pouvoit attendre de leur valeur et de leur capacité : l'un vouloit effacer la honte et le reproche d'avoir été surpris, et l'autre, par un combat décisif, empêcher la ratification de la paix; mais il ne fit qu'un sacrifice à son honneur et à ses alliés, dont sept à huit mille hommes furent les victimes.

Le lendemain du combat, le prince d'Orange envoya dire à M. de Luxembourg qu'il venoit de recevoir avis de la signature de la paix[1] et demanda de s'aboucher

1. Ce fut M. Dijckweldt, député des États-Généraux à l'ar-

le même jour avec lui entre les deux camps[1]. M. de Luxembourg se rendit avec une nombreuse cour au lieu dont on étoit convenu, et, en abordant le prince d'Orange, il le salua très profondément. On remarqua que ce prince, en lui rendant son salut, ne se baissa point, et qu'il ne distingua, parmi les officiers généraux qui avoient accompagné M. de Luxembourg, que M. du Montal, auquel il parla avec de grands témoignages d'estime[2]. Après cette conférence, les armées ne tardèrent pas à se retirer, chacune dans les pays de la dépendance de leurs maîtres ; le blocus de Mons fut levé, et la paix ratifiée. Le prince d'Orange retourna en Hollande et ne prit aucune part dans les traités de paix qui succédèrent.

Traité de paix entre la France et l'Espagne. — Le premier fut celui d'Espagne, dont les États-Généraux étoient médiateurs. On le signa à Nimègue le 17 septembre[3], et par ce traité, outre les six villes et leurs dépendances, les Espagnols eurent encore le duché de Limbourg, dont la capitale fut démolie, la ville de Lewe, Puigcerda et Saint-Ghislain, qui furent aussi rasés. Le roi d'Espagne s'engagea à faire consentir l'évêque de Liège[4] d'abandonner Dinant à la France et

mée, qui vint trouver le maréchal (lettre de Luxembourg à Louvois citée par Rousset, p. 529).

1. Non pas le même jour, mais le 19 août seulement.
2. « Cela se passa, dit Chamlay, avec beaucoup d'honnêteté et de civilité de part et d'autre, et la conversation, qui fut assez courte, roula sur des discours généraux » (*Histoire de Louvois*, p. 532).
3. *Corps diplomatique* de Du Mont, t. VII, 1re partie, p. 365-374 ; H. Vast, *Grands traités*, t. VI, p. 79-99.
4. C'était, depuis 1650, Maximilien-Henri de Bavière, qui était aussi archevêque-électeur de Cologne.

d'en avoir le consentement de l'Empereur (ce qu'il ne put obtenir), sinon de céder Charlemont. Cette place fut en effet livrée au mois d'avril suivant. Le Roi ne laissa pas de garder le château de Dinant par un accord particulier avec le prince de Liège[1].

Traité de paix entre l'Empereur, l'Empire et la France. — L'Espagne et la Hollande étant ainsi séparées du corps de la confédération, les princes de l'Empire en firent autant les uns après les autres et firent leurs traités[2]. Il ne resta plus que l'Empereur, le roi de Danemark et l'électeur de Brandebourg. Le premier ne pouvoit se résoudre à abandonner les dix villes d'Alsace et la protection du duc de Lorraine, qui étoit devenu son beau-frère[3]. Pour aplanir ces difficultés, on convint d'une trêve jusqu'au 15 février suivant, passé lequel temps le Roi déclara qu'il n'accorderoit plus les mêmes conditions. Enfin l'Empereur fut obligé de passer carrière aussi bien que les autres : il garda Philipsbourg, à condition de le remettre, démoli, à l'évêque de Spire[4], auquel il appartenoit; ce qu'il n'exécuta cependant pas. La France eut Fribourg et la souveraineté des dix villes d'Al-

1. Du Mont a donné la déclaration que les ministres de ce prince publièrent, le 2 février 1679, au sujet de la place de Bouillon, que la France conservait aussi.
2. Les ducs de Brunswick-Lunebourg et de Wolfenbüttel et l'évêque d'Osnabrück le 5 février, l'évêque de Münster le 29 mars (*Corps diplomatique*, p. 391-396 et 399-401).
3. Le duc Charles V avait épousé, le 6 février 1678, Marie-Éléonore d'Autriche, fille de l'empereur Ferdinand III et veuve de Michel Wiesnowiecki, roi de Pologne.
4. C'était, depuis 1675, Lothaire-Frédéric de Metternich, qui possédait aussi l'archevêché de Mayence et l'évêché de Worms.

sace. Le duc de Lorraine ayant déclaré qu'il aimoit mieux demeurer dans ses droits que de rentrer dans ses États aux conditions proposées, le traité entre l'Empereur, l'Empire et la France fut signé le 5 février 1679[1], et le Roi demeura en possession de la Lorraine.

Quant au roi de Danemark et à l'électeur de Brandebourg, il leur paroissoit bien dur de se soumettre et de rendre gratuitement à la Suède tout ce que leurs armes avoient conquis sur elle par tant de sang, de peines et de dépenses. Leurs plaintes paroissoient bien fondées, parce que la Suède avoit commencé la guerre contre l'électeur de Brandebourg. Ce prince écrivit au Roi une lettre très honnête et très respectueuse, par laquelle il déduisoit ses raisons, sur lesquelles il le supplioit de faire considération[2]. Il envoya cette lettre par M. de Meinders, un de ses ministres[3], qui la rendit et demanda à la cour d'entrer en quelque négociation. Cela lui fut refusé. Le Roi lui fit répondre que, quand l'électeur son maître auroit rendu à la

1. *Corps diplomatique*, p. 376-382; H. Vast, *Grands traités*, p. 100-116.
2. Notre auteur se trompe d'époque : la lettre en question est celle que l'électeur de Brandebourg avait écrite dans le courant de juin 1678 (*Histoire de Louvois*, p. 553). A la suite du traité avec l'Empereur, il n'y eut qu'une protestation des ambassadeurs de l'électeur à Nimègue, datée du 19 février 1679 (*Corps diplomatique*, p. 385).
3. François von Meinders (1630-1695), d'abord secrétaire du prince de Waldeck, était passé au service de l'électeur de Brandebourg, dont il devint conseiller d'État en 1672; il fut employé dès lors dans toutes les négociations diplomatiques de son maître, qui le nomma ministre d'État en 1682.

Suède tout ce qu'il lui avoit pris, on examineroit alors si ses raisons étoient valables. L'électeur, dont les États étoient éloignés des terres de France, voulut temporiser ; mais le Roi, qui se doutoit de ses intentions, y avoit pourvu en faisant hiverner une grosse armée vers Aix-la-Chapelle et dans l'électorat de Cologne, où elle occupa quelques villes sur le Rhin. Elle passa au renouveau[1] sous le commandement du maréchal de Créquy, qui la mena dans le comté de la Marck, appartenant à l'électeur, où elle vécut à discrétion. Elle alla ensuite sur les bords du Weser pour entrer dans ses autres États. Le général Spaen[2] s'étant présenté de l'autre côté du fleuve avec quelques troupes pour en défendre le passage, le maréchal de Créquy y jeta les siennes, qui le passèrent moitié à gué moitié à la nage[3]. Les troupes électorales furent battues et mises en déroute[4]. Aussitôt après, l'électeur envoya ordre à M. de Meinders d'accorder tout et de se soumettre à la volonté du Roi. Le traité fut signé à Saint-Germain-en-Laye le 29 juin[5], puis celui du

1. C'est-à-dire au printemps.
2. Alexandre de Spaen, originaire du duché de Clèves (1619-1692), d'abord colonel de cavalerie, devint major général en 1658, lieutenant général en 1675, mestre de camp général en 1682 et feld maréchal en 1691.
3. Le 26 juin, près de Minden (vol. Guerre 630).
4. Le 30 juin : *Gazette*, p. 326-328 ; *Histoire militaire*, p. 666.
5. *Corps diplomatique*, p. 408-412 ; H. Vast, *Grands traités*, p. 117-125. Par un traité secret, du 25 octobre suivant, qui a été découvert et publié par M. Vast (p. 126-134), Louis XIV concluait une alliance étroite avec l'électeur, auquel il assurait un subside annuel de cent mille livres ; celui-ci, en retour, s'engageait à favoriser de tout son pouvoir la candidature du

Danemark le 26 septembre suivant[1]. La Suède recouvra tout ce qu'elle avoit perdu pendant cette guerre, qui fut entièrement terminée par la prise des châteaux de Bitche et d'Hombourg[2], situés dans la Lorraine allemande, [qui étoient encore occupés par des garnisons mi-partie de Lorraine et d'Allemands de quelques petits princes, qui les tenoient en engagement des ducs de Lorraine].

Cette guerre, qui dura près de neuf ans, fut ainsi terminée. La France y employa jusques à soixante-dix mille chevaux, dix mille dragons, cent soixante mille hommes de pied, cinquante vaisseaux de ligne et trente-deux galères; la dépense fut immense.

Le parti qui lui fut opposé n'étoit point inférieur en forces; mais elles n'agirent pas avec le même concert et ne furent pas si bien conduites. Il est étonnant néanmoins qu'un État comme celui des Provinces-Unies, dans le temps même qu'il se trouvoit presque entièrement subjugué, ait pu donner le mouvement à un si grand corps, composé de tant de différentes parties, et qu'il ait fait, presque lui seul, toute la dépense. [A cette considération, ses alliés lui peuvent passer quelque chose et ne pas tant lui reprocher de les avoir abandonnés, en faisant une paix particulière, malgré leurs conventions. Quel fonds solide purent-ils faire sur l'Angleterre ou sur la force des armes confé-

---

roi de France au trône impérial, pour le cas où l'Empereur viendrait à décéder sans qu'il y eût un roi des Romains.

1. *Corps diplomatique*, p. 425-430.

2. Hombourg se rendit le 14 septembre au maréchal d'Humières, et Bitche quelques jours plus tard (*Gazette*, p. 470 et 484).

dérées, dont ils firent tant d'épreuves à leur dommage? Pourquoi se tinrent-ils si roides sur la conclusion, ou pourquoi se désunirent-ils? C'est sans doute que cette Puissance supérieure qui régit tout vouloit combler la France d'avantages et de gloire, pour donner à connoître comment elle se gouvernoit dans la prospérité, et c'est ce que j'espère de montrer dans ma seconde partie.]

Fin de la première partie de ces Mémoires.

APPENDICE

I.

L'expédition de Candie[1].

(1669.)

M. de la Croix, intendant de l'armée, à M. de Louvois[2].

2 juillet 1669.

Je vous envoie la relation de la sortie qui fut faite la nuit du 24 au 25 de l'autre mois... Je puis vous assurer, pour l'avoir vu des remparts de la ville, où je fus pendant toute l'action, que j'ai cru la ville secourue pendant plus de deux heures. Dieu en a voulu disposer autrement pour exercer plus longtemps notre patience ; c'est assurément une des choses les plus nécessaires ici, quoiqu'on y ait besoin de quantité d'autres... Les maladies nous accablent...; la plupart des officiers de l'armée sont malades, et presque personne n'a de valets en état de s'en servir. Néanmoins, jusques ici, il n'y a point eu de maladies dangereuses, ce qui me fait espérer que celles-ci ne seront pas de longue durée; il n'y a que M. le duc de Navailles et moi qui ayons tenu jusques ici...

La ville est dans le plus méchant état du monde, et nos troupes et celles des vaisseaux travaillent à achever la

1. Ci-dessus, p. 67-72.
2. Vol. Guerre 238, n° 80.

deuxième retirade; les Vénitiens les payent. On peut dire que nous subsistons par la réputation du secours du Roi et parce que les Turcs paroissent avoir ralenti leur ardeur, particulièrement depuis la dernière sortie. Les Vénitiens sont tellement fatigués, qu'à peine peuvent-ils songer à leurs propres affaires, bien loin de nous pouvoir donner aucune assistance. Ils ont si peu de monde, qu'ils ne relèvent point leurs postes; mais l'on peut dire que ce qu'ils ont est très aguerri. M. le Capitaine général est homme de beaucoup de prudence, grand économe des deniers de la République et fort ingénieux à trouver des expédients pour en recouvrer. Il paye tous les travaux qu'il fait faire par des méreaux que l'on donne pour chaque hottée de terre que porte un soldat, auquel, sur lesdits méreaux, on fournit aux cabarets le pain, le vin, la viande et autres aliments; et comme tous les vivres, et particulièrement ceux des cabarets, payent de très grands droits à M. le Capitaine général, on compte aux cabaretiers pour argent comptant lesdits méreaux, en sorte qu'il est vrai de dire qu'il fait travailler pour rien. Il gouverne ses attaques de son cabinet, et ses ingénieurs, à son imitation, conduisent leurs travaux sur leurs plans et par le rapport d'autrui...

De la Croix.

Relation de ce qui s'est passé à la sortie faite sur le camp des Turcs du côté de la Sablonnière la nuit du 24 au 25 juin 1669, en Candie, [par M. de la Croix[1].]

Les vaisseaux du Roi portant l'armée de Sa Majesté destinée au secours de Candie, sous le commandement de M. le duc de Navailles, mouillèrent à la fosse de la ville

---

1. Vol. Guerre 238, n° 81.

le 19 juin 1669, environ les quatre heures du soir... M. de Navailles prit la résolution d'entrer dès la même nuit dans la ville, pour..., après l'avoir bien considérée, prendre sa résolution touchant le débarquement des troupes...

Le lendemain 20, M. le duc de Navailles ayant considéré toutes choses et ayant trouvé la ville en l'état qui lui avoit été rapporté..., il crut qu'il y alloit de la réputation des armes du Roi de laisser emporter cette place à la vue de son armée sans qu'elle fît aucune tentative pour l'empêcher, et M. l'Amiral se trouvant de même sentiment, le débarquement des troupes fut résolu, et l'on commença à y travailler dès la même nuit; il fut continué les 21, 22, 23 et 24... Le 23, M. l'Amiral ayant entré dans la ville, après qu'il eut visité tous les postes, Messieurs les généraux s'étant tous assemblés chez M. le Capitaine général, où se trouva M. de Saint-André-Montbrun[1], le résultat fut que l'on ne pouvoit sauver la place que par une action générale et qui fût prompte... Toutes ces considérations firent prendre la résolution de les attaquer du côté de la Sablonnière[2] dans leurs retranchements, la nuit du 24 au 25, à la pointe du jour. M. l'Amiral, qui vouloit être de la partie, se chargea de débarquer quinze cents hommes des vaisseaux pour combattre à leur tête, prenant M. Colbert pour maréchal de camp sous lui, et de faire approcher la nuit tous les vaisseaux de guerre à Saint-André, le côté en travers, pour canonner le camp des Turcs de ce côté-là. Les Vénitiens, qui avoient promis quatre à cinq mille hommes, puis trois mille, pour joindre aux nôtres, ayant fait connoître l'impossibilité dans laquelle

---

1. Cet officier était à Candie, comme volontaire, depuis le commencement du siège.
2. La Sabionette.

ils se trouvoient de donner aucunes troupes, prirent sur eux d'inquiéter l'ennemi à Saint-André par de fréquentes décharges, et même de l'occuper par une vigoureuse sortie qu'ils devoient faire à la faveur du canon des vaisseaux.

La nuit du 24, M. l'Amiral ayant mis pied à terre avec les troupes des vaisseaux, il en envoya donner avis à M. le duc de Navailles par M. le baron de Saint-Marc... M. le duc de Navailles représenta à M. le baron de Saint-Marc que M. l'Amiral se commettoit beaucoup pour un homme de sa qualité et de son rang, et le pria avec instance de s'employer à l'en dissuader, lui faisant comprendre de quelle considération et de quelle utilité étoit sa personne au service du Roi, et particulièrement au bien de l'entreprise qu'ils avoient entre leurs mains. Après quoi, voyant que le jour approchoit, il fit sortir ses troupes hors de la ville, au plus grand silence qu'il put, et les disposa suivant l'ordre de bataille qu'il en avoit fait la veille...

Il fit marcher quatre cents hommes détachés de tous les corps, cinquante grenadiers à leur tête, soutenus par trois troupes de cavalerie, le tout commandé par M. le comte de Dampierre. Ce détachement étoit suivi par les régiments des gardes, Saint-Vallier, Lorraine, Bretagne, et quatre escadrons de cavalerie marchant sur les ailes, soutenus par les régiments de Montaigu, Grancey et Jonzac. Le corps de réserve étoit composé des régiments d'Harcourt, Conti, Linières, Rauzan, Montpezat et Vendôme, avec quatre troupes de cavalerie sous la conduite de M. le comte de Choiseul, et fut posté entre les deux camps ennemis pour empêcher les secours qui auroient pu venir de celui de Saint-André, et même de Candie-Nove, à la Sablonnière que l'on vouloit attaquer... Le régiment de Montpeyroux fut mis dans le fort Saint-Dimitri, avec les officiers de l'artillerie, pour favoriser la retraite...

Le corps à la tête duquel étoit M. le duc de Navailles

marcha dans cette disposition en assez grand silence, ainsi qu'il avoit été ordonné, et la marche fut si heureuse, quoique dans un pays inconnu, inégal et très raboteux, que toutes les troupes eurent passé un grand défilé qui étoit entre elles et les ennemis, et se mirent en bataille sur la hauteur du grand chemin de Candie-Nove à leur camp, sans être aucunement découvertes, et, à peine les dernières furent arrivées et rangées sur leurs lignes, que, le jour venant à paroître, l'on commença de pouvoir discerner les objets et s'entre-reconnoître.

Les hommes commandés, qui n'étoient qu'à demi-portée du mousquet des premiers retranchements des ennemis, en furent salués de leur mousqueterie, et pour lors l'on marcha à eux sans plus attendre, et M. le duc de Navailles, voyant deux redoutes à la tête du quartier, les fit attaquer par M. le comte de Dampierre, à la tête des gens détachés, et soutenu par les gardes, qui les emportèrent d'abord, et coupèrent la gorge à ce qu'ils trouvèrent dedans.

Les lignes, qui n'étoient pas loin de ces redoutes, furent emportées de la même vigueur, et on y fit aussitôt entrer les régiments de Saint-Vallier et de Lorraine. Cependant les hommes commandés poussèrent à la queue de la tranchée et aux batteries, et M. de Castelan les suivit à la tête des gardes et se rendit en un moment maître des tranchées, batteries et redoutes, et généralement de tous les travaux des ennemis, lesquels les abandonnèrent ou furent tués dans leurs postes avec beaucoup de carnage, et nos troupes, nonobstant les défenses qui leur avoient été faites, se mirent à butiner et entrer dans les huttes des ennemis, dont ils tuèrent un très grand nombre qu'ils surprirent à moitié éveillés. Jusque-là le succès étoit le plus favorable du monde, quoique les Vénitiens ne fissent aucun effort de leur côté et que les troupes des vaisseaux ne fussent sorties qu'au nombre de trois cents hommes. Ce petit corps de troupes de l'armée de M. de Navailles avoit renversé tout ce qui s'étoit présenté d'ennemis, parmi lesquels l'épouvante étoit si grande, qu'ils se précipitoient et se jetoient à la mer. L'on étoit maître du canon et des batteries; mais les Turcs, dont la plupart s'étoient retirés sur la montagne que nous avions à la droite, ayant considéré le peu de troupes de la gauche..., ils se rallièrent et prirent le parti de nous venir attaquer dans leurs retranchements qu'ils venoient d'abandonner. M. de Navailles, qui s'en aperçut, marcha à eux en personne et les rechassa par deux fois; mais, comme ils se rallient très facilement, et qu'ils reviennent à la charge aussi promptement qu'ils ont fui, il les revit bientôt sur ses bras, et, s'étant mis à la tête de la compagnie de ses gardes et fait suivre de l'escadron de Saint-Estève, lequel fit dans cette occasion tout ce qu'au monde l'on peut s'imaginer..., il les chargea brusquement et les rechassa du terrain qu'ils avoient pris, lequel il occupa.

Dans cette entrefaite, le feu ayant pris dans la batterie qu'occupoient les gardes et dans laquelle il y avoit grande quantité de poudre, de bombes et de grenades, ce fâcheux accident arrêta le cours de notre bonne fortune et rompit le bataillon, une partie des officiers qui le commandoient en ayant été tués ou blessés; et les soldats, s'étant imaginés que c'étoit un fourneau, s'éparpillèrent à droite et à gauche, sans que l'on pût jamais les rallier... Les trois cents hommes de la marine qui les suivoient en prirent tellement l'épouvante, qu'ils se renversèrent dans les travaux de la ville et communiquèrent leur peur au reste des troupes, et donnèrent cœur aux Turcs, lesquels, profitant de ce désordre, revinrent en troupes sur les nôtres avec des cris épouvantables et ébranlèrent les troupes victorieuses devant lesquelles ils venoient de fuir. M. l'Amiral et M. Colbert, ayant fait en vain tout ce qu'ils purent pour rassurer les troupes de la marine et les ramener aux ennemis, voyant que tous leurs efforts étoient vains, se joignirent à nos premiers bataillons, avec cinquante mousquetaires du Roi, et firent avec cette petite troupe des efforts au delà de ce que l'on se peut imaginer, et M. le duc de Navailles chargea pour la troisième fois à la tête d'une troupe de cavalerie et de ce qu'il put rallier, ayant mandé son corps de réserve pour être soutenu et faire de plus grands efforts. Mais le corps de réserve, que commandoit M. le comte de Choiseul, se trouvant attaqué dans le même temps par plusieurs bannières des Turcs, qui venoient de toutes parts, et du camp de Saint-André et de Candie-Nove, au lieu d'exécuter le commandement qui lui fut fait de les charger vigoureusement et de seconder MM. Le Bret et de Choiseul, qui tournèrent aux ennemis et qui y eurent chacun un cheval de tué sous eux, et les autres officiers, dont la plupart furent blessés et tués, se mit honteusement en fuite. Ils achevèrent par leur retraite de dérober la victoire aux nôtres, laquelle ils avoient eue si longtemps entre leurs mains. Les ennemis ne s'opiniâtrèrent pas beaucoup à nous suivre, soit qu'ils craignissent quelque embuscade, soit qu'ils s'estimassent fort heureux de nous voir retirer, après les appréhensions que nous leur avions données, et parurent avoir beaucoup de respect pour nos troupes, même dans leur désordre. Aussi nos généraux, tournant toujours tête à l'ennemi avec ce qu'ils purent rallier, leur ôtoient l'envie de nous suivre. M. l'Amiral y demeura abandonné de toutes ses troupes de marine, et n'ayant pas un seul de ses gens avec lui. M. de Navailles, ayant vu tuer ou blesser tout ce qu'il avoit auprès de lui..., tourna au pas du côté de la ville et fit sa retraite de tout accompagné de quatre ou cinq gentilshommes de sa maison et de MM. d'Argelos et de Tilladet seulement. Les ennemis, qui l'avoient vu tourner tête si souvent, paroissoient n'oser l'approcher, et lui tiroient seulement une grêle de coups de mousquet, dont il eut son cheval blessé en deux endroits et plusieurs coups dans ses armes, et son chirurgien tué dans la contrescarpe de la ville, lequel s'étoit avancé jusque-là pour panser quelque blessé. Cette action, qui avoit été si bien projetée et si bien conduite, et très heureuse dans son commencement, nonobstant tout le désordre et la confusion des troupes sur la fin, pourroit être considérée comme l'une des plus glorieuses qui soit arrivée depuis longtemps, sans la perte de M. l'Amiral et de quantité de personnes de qualité, lesquelles ont été tuées et blessées la plupart dans la retraite, ou voulant rallier leurs soldats, dont on a très peu perdu. Les ennemis, si l'on en croit les avis qui viennent de leur camp, ont perdu plus de quinze cents hommes... L'on peut dire que la place étoit certainement secourue, si les ordres donnés avoient été exécutés, soit de la part de l'armée navale, qui devoit canonner le camp des ennemis à Saint-André, et qui s'excuse sur ce que le vent étoit trop fort et qu'il y avoit à craindre que les vaisseaux ne se brisassent contre les rochers, soit de la part des Vénitiens, lesquels avoient promis de faire une vigoureuse sortie du même côté...; mais, bien loin d'avoir exécuté ce dont on étoit convenu avec eux, ils n'exécutèrent pas même la résolution qui avoit été prise d'envoyer raser les travaux des ennemis et enclouer leur canon, quoiqu'ils vissent de leurs remparts que l'un et l'autre étoient abandonnés pendant plus d'une heure et demie, et que M. le Capitaine général en eût donné ses ordres à un colonel allemand, ainsi qu'il en étoit convenu avec M. le duc de Navailles : en sorte qu'ils n'ont pas profité comme ils pouvoient d'une aussi belle occasion que celle que la fortune leur présentoit, ce qui fait tout le chagrin de M. le duc de Navailles.

APPENDICE. 321

Autre relation de ce qui s'est passé dans la sortie qui s'est faite en Candie par toutes les troupes du Roi, tant de terre que de mer, pour l'attaque du camp de la Sablonnière, le 25 du mois de juin 1669[1].

Le 24 du mois de juin, Mgr le duc de Beaufort ayant été averti de la résolution qui avoit été prise à terre de faire une sortie générale de toutes les troupes françoises à dessein d'enlever le camp de la Sablonnière..., assembla dans l'amiral tous les capitaines de l'armée pour conclure ce débarquement et donner les ordres nécessaires sur ce sujet. On y travailla tout le long du jour, et les chaloupes ne purent commencer à porter le monde au port plus tôt que sur les neuf heures du soir, parce qu'on ne peut entrer sans péril que de nuit dans la ville. A mesure que chaque compagnie y arriva, elle se rendit à la place d'armes... M. Colbert fit filer ce qu'il y avoit de nos gens descendus par la porte Saint-Georges, le long du fort Neuf, pour aller à la demi-lune, qui nous conduisoit à la droite de M. de Navailles et à cinquante pas des ennemis. Comme on fut dans cette demi-lune, on se mit sur le ventre en attendant le jour... Mgr l'Amiral y vint... et s'assit avec tout le monde...

On demeura une heure et demie en cet état, les chefs ne s'appliquant qu'à faire cacher les mèches et à faire faire silence. Trois quarts d'heure devant le jour, on entendit les tambours des Turcs, et cela donna lieu à mondit seigneur d'ordonner par trois fois à quatre ou cinq personnes, du nombre desquels furent MM. d'Ecquetot, de Belle-Isle, major, et chevalier de Villarceaux, de s'avancer sans bruit pour prêter l'oreille et savoir ce que

1. Archives de la Marine, vol. B⁴ 3, fol. 221-222.

c'étoit. Il se reconnut que ce n'étoit que la diane des ennemis, battue par des tambours et des musettes. Comme on fut bien certain de la chose, S. A. demeura encore dans son poste, en attendant le jour et l'attaque de M. de Navailles, qui devoit commencer. Environ un quart d'heure après, tout le monde entendit sur la droite douze ou quinze coups de mousquet tirés à salve. Alors Monseigneur se leva, et toutes les troupes avec lui, commanda aux tambours de battre aux champs, et puis la charge, et franchit le retranchement à la tête du premier bataillon.

Il ne fut pas sitôt dehors, qu'il trouva une grande ravine et un pays fort rude et inégal... Mgr l'Amiral, ne sachant pas le chemin, suivoit la route des troupes qui étoient devant lui, et, marchant toujours, sauta une tranchée des ennemis, qui firent quelques décharges en l'abandonnant; et, comme il montoit la hauteur, on vit un grand feu. Les nôtres crurent que c'étoit un fourneau, et, sur cela, s'arrêtèrent. Mgr l'Amiral, pour les animer, leur dit : « Courage, enfants! Puisqu'ils ont fait jouer un fourneau devant nous, c'est une marque qu'ils s'enfuient. » Il fut vérifié de suite que c'étoit la poudre de la batterie des ennemis, où ils avoient mis le feu en la quittant. Cependant S. A., avec sa troupe, monta sur le haut et vit cette batterie délaissée, et que les nôtres s'en étoient rendus les maîtres. Faute de travailleurs et de ferrements, on n'encloua pas le canon et on ne ruina point les batteries, quoiqu'elles aient été près de trois quarts d'heure en notre possession.

On alla environ trente-cinq pas plus avant jusques au premier rideau des ennemis. Alors les troupes de M. de Navailles se trouvèrent mêlées avec les nôtres, cavalerie et infanterie, et, tout à coup, par l'effet d'une terreur panique, car il paroissoit très peu d'ennemis qui osassent faire ferme, il se fit un désordre si grand, que personne ne se connoissoit. Dans cet état de trouble, Mgr l'Amiral commanda à ses aides de camp de porter l'ordre partout pour rétablir les choses. Ces officiers se mirent en devoir de lui obéir; S. A. même cria « Saint Louis! », mot de ralliement, et dit : « A moi mes enfants! Je suis votre amiral; ralliez-vous près de moi. » Mais la confusion fut telle, qu'il fut impossible d'en venir à bout. Ne pouvant réussir en cet endroit, il se porta en d'autres pour la même chose, et trouva partout le même mal. Ne pouvant encore se résoudre à se retirer, il envoya en divers lieux les officiers qui étoient près de lui, pensant toujours, par son exemple et par ses ordres, remettre le cœur aux fuyards; mais l'épouvante fut si universelle et si extraordinaire, que ses efforts furent vains.

On plia de toutes parts en même temps, et du depuis on n'a point vu Mgr l'Amiral : de sorte qu'il faut qu'il ait été accablé dans cette déroute générale, personne n'ayant jamais pu dire en quel lieu et de quelle manière il a fini ses jours. La compagnie de ses gardes étoit fort éloignée de lui, d'autant que, par l'ordre de bataille, elle avoit été postée sur la gauche par M. Colbert.

Le jour même et le suivant, Mgr le chevalier de Vendôme fit faire toute la perquisition possible pour avoir des nouvelles de Monseigneur son oncle. Il s'adressa d'abord pour cela à M. Morosini, capitaine général des Vénitiens, le priant instamment d'en faire une exacte recherche par ses espions. Trois ou quatre jours se sont écoulés à cela, sans qu'on ait pu rien apprendre par cette voie. Pour se tirer de peine, on a eu recours aux ennemis mêmes : on leur a envoyé une chaloupe avec pavillon blanc, commandée par un lieutenant de l'amiral, appelé le chevalier de Flacourt, avec ordre de prendre langue sur ce sujet avec adresse et précaution. Il a fait trois voyages, toujours sans déclarer le nom de Mgr l'Amiral, et ce qu'il nous a rapporté en dernier lieu a été que, autant qu'il a pu inférer des réponses et déclarations que les Turcs lui ont faites touchant les prisonniers, mondit seigneur ne peut être du nombre : d'où il faut inférer qu'il est demeuré sur le champ de bataille, ce qui est d'ailleurs très vraisemblable, y ayant toute apparence que son grand courage lui aura plutôt fait prendre le parti de mourir en se défendant vaillamment, que de se livrer à de vils ennemis comme ceux-là ; outre que, s'il avoit éprouvé ce dernier sort, les Turcs en auroient fait assurément une démonstration de joie, l'ayant pratiqué en d'autres occasions depuis le siège, moins considérables que celle-là...

Extraits de la relation de M. de Soisigny, aide-major du bataillon de l'amiral[1].

De Candie, le dernier juin 1669.

La désolation où nous sommes tous de la grande perte que nous venons de faire ne me permet pas de continuer ma relation comme je l'avois commencée ; toute notre joie s'en est allée avec notre prince...

Le 25, nous eûmes l'ordre, Banville et moi, de tenir la compagnie prête à descendre au commencement de la nuit. Je fus aussi nommé pour servir d'aide-major au bataillon de l'amiral. Le soir venu, nous nous embarquâmes avec une telle hâte et trouvâmes au port un tel désordre et une telle presse, que, sans nous reconnoître la moitié de ce que nous étions, les aides de camp nous faisoient marcher par détachements à la place, comme si nos gens eussent été aux mains. Nous arrivâmes enfin tous à la place d'armes, pendant que les troupes de M. de Navailles achevoient de défiler dans les dehors...

Là-dessus, on vit arriver Mgr l'Amiral, qui ne put être maître de sa destinée en cette rencontre, quelque instance

1. Archives de la Marine, vol. B⁴ 3, fol. 225-230.

que ses plus confidents lui fissent... L'on fit défiler le corps de la marine tout le long des fossés jusques au plus près des retranchements de la Sablonnière..., et on nous fit faire place du côté de la contrescarpe. M. de Navailles, avec ses troupes..., se mit en bataille sur une hauteur qui conduisoit droit au camp des Turcs. Cette hauteur étoit opposée à l'endroit du fossé où nous étions postés, et, pour passer en bataille jusques à M. de Navailles, quand on auroit entendu battre la charge, il nous falloit précipiter du haut de la contrescarpe jusque dans une profonde ravine qui occupoit l'espace entre M. de Navailles et nous, et la remonter par un chemin escarpé, rude, plein de trous et de fossés, pour, après cela, marcher sur une même ligne avec M. de Navailles aux premiers retranchements des ennemis. Mais, en nous donnant les ordres, on ne nous fit pas la description du terrain tel que nous le trouvâmes, et on nous régla comme si nous eussions eu à passer une plaine. Cependant, par un malheur à qui nous pouvons attribuer la plus grande partie de notre désordre, M. de Navailles fut obligé de donner une demi-heure devant le jour, les bataillons les plus avancés ayant éveillé les ennemis les plus proches.

Ne voulant pas donner le temps de se reconnoître, il donne donc dans le camp des Turcs, qu'il trouve endormis, et passe d'abord les premiers retranchements. Lors, nos tambours, suivant l'ordre qu'ils en avoient, battent la charge de leur côté, sans qu'on se pût encore reconnoître, et, par un malheur inconcevable, nos troupes prennent l'alarme au lieu de la donner. D'abord les détachés sautèrent les retranchements, et, se précipitant du haut de la contrescarpe comme dans un abîme, ils attirèrent après eux tous les bataillons dans le même désordre. Mgr l'Amiral fit faire halte en bas ; quelques misérables Turcs sortirent de leurs trous, qui étoient dans le terrain opposé. La terreur prend sur cette halte les derniers bataillons ; ils prennent pour ennemis les gardes qui occupoient cette hauteur que je vous ai décrite, qui font une décharge générale sur nous et mirent tout en désordre. On eut beau crier : « Ne tire pas! », ils nous passèrent par les armes. Lors, Gravier et moi et quelques officiers, nous mîmes en état d'apaiser le désordre et de rallier notre bataillon épouvanté, pendant que Mgr l'Amiral passe la ravine avec les détachés et grimpe sur le terrain opposé avec ceux qui le peuvent suivre, et se porte à perte d'haleine jusque dans les premiers rangs des troupes, qui commençoient, sur une autre épouvante, à se rabattre les unes sur les autres et à se passer par les armes, comme nous avions fait. Cependant nous avions rallié quelques troupes, lorsque le feu prit à quelques munitions de poudre des Turcs. Cela nous coupa le chemin. L'épouvante reprit tant ceux qui étoient restés sur la contrescarpe que ceux qui étoient en haut sur la hauteur. Les nôtres se refoulèrent jusque dans leur retranchement... Lors, je me trouvai avec trente hommes tant seulement, de plus de mille qui étoient dans la contrescarpe et sur la hauteur où l'on combattoit. Je me ralliai dans deux ou trois régiments, suivant qu'on faisoit face d'un côté et d'autre.

Enfin je me vis seul des nôtres, sans pouvoir percer jusques à Mgr l'Amiral, et il eût été malaisé de le faire dans le désordre. Il y eut seulement quelques soldats de Preuilly, qui se rallièrent à moi, me connoissant; mais, la cavalerie s'étant tout à fait rabattue sur nous, il fallut plier comme les autres. Je tâchai pourtant encore de me rallier dans le corps de nos gens qui, ayant tourné visage, escarmouchoient de la hauteur sur quelque cavalerie turque qui étoit venue de l'autre côté du camp, pendant que le grand visir faisoit filer quatre mille hommes pour nous couper le chemin.

Lors, tout acheva de se rompre. J'ai trouvé M. le chevalier de Vendôme, que M. de Saint-Marc faisoit retirer à la hâte : il eut la bonté, me voyant tout las et abattu, de me faire donner un coup de vin par Séguiran, ce qui me fournit des forces dont j'avois grand besoin; car imaginez-vous que, pour aller aux ennemis, il falloit passer pour le moins une demi-lieue de retranchement. Ce fut dans cette retraite que nous perdîmes de nos plus braves gens, à qui la lassitude ne permit pas de se retirer assez vite.

Ce fut dans la place d'armes que nous commençâmes à demander Mgr l'Amiral. D'abord, on nous dit qu'il étoit rentré de l'autre côté et qu'il s'étoit rabattu sur la droite. On nous dit aussi que le major étoit avec lui, et il étoit vrai qu'il y avoit été longtemps; mais, par l'ordre même de Mgr l'Amiral, il s'étoit occupé à rallier les fuyards, et ne l'avoit plus revu. Gravier avoit été séparé aussi de lui, après l'avoir soutenu longtemps avec M. de Sauvebeuf. Chacun disoit l'avoir vu; mais personne n'en pouvoit donner des nouvelles assurées. Un malheureux cavalier se vanta, seulement le lendemain, qu'il l'avoit vu tout des derniers, même qu'il lui avoit demandé son cheval, mais qu'il ne lui avoit pu offrir que sa croupe, dont il n'avoit jamais pu se servir, et que, voyant les ennemis sur eux, il n'avoit plus songé qu'à se retirer. Jugez de notre consternation...

On a envoyé le chevalier de Flacourt au camp des Turcs pour tâcher de découvrir si Mgr l'Amiral seroit parmi leurs prisonniers; mais, par leur réponse, il y a très grande apparence qu'il ait été tué sur le champ de bataille...

II.

La neutralité de Strasbourg[1].

Lettre de M. Frémont d'Ablancourt au marquis de Saint-Romain, ambassadeur en Suisse[2].

23 de mai 75, à Strasbourg.

Depuis trois jours, Monseigneur, la neutralité de cette ville a reçu de cruelles atteintes. Comme Montecuculli étoit à une heure et demie du pont, et que ses vedettes étoient à Kehl, M. de Turenne s'est avancé de Schelestadt à Benfeld, et de là il vint jusques à la barrière de Gravestadt, qui est à une bonne heure d'ici. Pendant que cela se passoit au dehors, les magistrats, qui avoient employé tout le jour précédent à prendre l'avis des bons bourgeois sur le fait du pont, avoient convoqué les vingt poesles ou métiers pour avoir aussi leurs suffrages. Les Impériaux, pour se les rendre favorables, remplissent la ville de gens de guerre à cheval et de séditieux, qui vont par les maisons, si bien que tous les poesles donnent leur voix à fournir le passage aux troupes de l'Empereur.

1. Ci-dessus, p. 194.
2. Arch. nat., K 1322, n° 93 *bis*. Je dois ce document à une obligeante communication de M. F. Sœhnée. — Le signataire de cette lettre, Nicolas de Frémont d'Ablancourt, était de famille protestante. Turenne, qui avait reconnu ses talents, lui procura les fonctions d'envoyé en Portugal, puis de résident à Strasbourg, où il rendit de grands services, surtout pour amener la réunion de cette ville à la France. Après la révocation de l'édit de Nantes, il se retira en Hollande, et y mourut en novembre 1693 ; il fit paraître divers ouvrages d'histoire, de littérature et de polémique.

Comme M. de Turenne savoit tout cela en gros, il m'envoyoit coup sur coup des courriers pour faire déclarer Messieurs de Strasbourg, qui, se voyant pressés, dirent que M. de Turenne, s'étant trop avancé, leur causoit de grandes alarmes, qu'ils le supplioient de se retirer, et qu'ils satisferoient à la neutralité. Cependant, le lendemain, M. de Montecuculli et tous les officiers généraux de son armée passent en deçà, voient les bords du Rhin et prennent des mesures pour faire un pont au-dessous de l'autre; et, sur cela, Messieurs de Strasbourg prétendent qu'ils ne font rien contre la neutralité, que Montecuculli n'a point demandé leur pont, et qu'il ne s'en servira point. Quand cela seroit vrai, Votre Excellence juge bien de l'échappatoire; et ce que je puis faire, c'est de donner avis de tout et de demeurer ici, quoique ce ne soit pas sans grand danger, jusque-là que des cavaliers impériaux ont poursuivi des courriers jusques au milieu de ma cour et tenoient mon logis comme investi. Cependant je n'ai point encore voulu de gardes, ni qu'on fermât ma porte.

Dans toutes les apparences, l'état des choses ne peut être longtemps sous cette même forme. Montecuculli attend toutes ses troupes, qui sont fort nombreuses : après quoi, dit-on, il viendra fondre tout d'un coup ici. Notre armée, d'un autre côté, est très bonne, et conduite par un général qui sait ce qu'il fait. Si cette ville eût voulu rompre son pont, elle eût empêché l'entière ruine de ce pays, qui va être réduit au point apparemment de ne point faire de moisson.

Si on me laisse la liberté de me retirer par où je voudrai, je crois que je prendrai le chemin de Bâle et de Soleure, quand ce ne seroit que pour avoir l'honneur de vous dire que je suis, avec beaucoup de respect,

Monseigneur,

Votre très humble et très obéissant serviteur,
Frémont d'Ablancourt.

Montecuculli s'est éloigné et a laissé deux mille hommes près de Kehl pour la garde du pont. On vient de m'assurer que les Impériaux n'entreront point par ici en Alsace, et qu'on croit même qu'ils n'y feront point de pont.

III.

La mort de Turenne et ses conséquences[1].

M. de Vaubrun à M. de Louvois[2].

De Nieder-Ackeren, ce 27ᵉ juillet,
à trois heures après midi.

M. de Turenne vient d'être tué d'un coup de canon en mettant ses troupes en bataille devant les ennemis, qui marchèrent hier, comme je vous le mandois, par Biehl, et on les a trouvés en arrivant sur le bord du ruisseau de Saasbach, qui est celui qui sépare les armées, la nôtre ayant marché dès la pointe du jour. Vous voyez bien qu'il ne peut y avoir de blessure qui m'empêche de monter à cheval pour tâcher d'être utile au service de S. M. tant que je vivrai. Je ne vous saurois rien mander de ce que feront les deux armées. Je monte à cheval dans cet instant pour aller trouver M. de Lorge.

Je suis, Monseigneur, absolument à vous.

N. de Bautru de Vaubrun.

---

1. Ci-dessus, p. 208 et suivantes.
2. Vol. Guerre 459, n° 232.

*M. Charuel, intendant en Lorraine et dans les Évêchés,
à M. de Louvois*[1].

A Nancy, le 28 juillet 1675.

M. de Menonville, commissaire des guerres, vient d'arriver en cette ville, lequel... m'a dit que, le 27 de ce mois, à quatre heures du matin, M. de Turenne décampa de Gammelshausen et vint avec son armée à Aere, l'ayant fait défiler avant qu'aucun bagage en partît; il fit passer partie de ladite armée par ledit village d'Ackeren, pour attaquer une église à la portée du canon d'icelui, où les ennemis étoient retranchés dans le cimetière. Les ennemis parurent dans la plaine, et témoignèrent la vouloir défendre par leur armée, qu'ils sembloient vouloir mettre en bataille. M. de Turenne fit cesser l'attaque de l'église, qui n'avoit été que par huit pièces de canon de six et huit livres de balles, sans avoir fait tenter aucune autre entreprise par ses troupes, sinon l'infanterie, qui, étant à couvert, mettoit le feu aux maisons voisines, pour tâcher de brûler ladite église ou incommoder les troupes qui étoient dedans par la fumée. M. de Turenne mit ses troupes en bataille, et, après avoir visité tous les postes, alla pour donner ses ordres à l'artillerie qui étoit sur la droite de son armée. Mondit sieur de Turenne y fut tué d'une volée de canon à travers du corps, par deux pièces que les ennemis avoient mises en batterie pour contrecarrer celles de notre armée qui les incommodoient. M. de Saint-Hilaire père, lieutenant de l'artillerie, a eu le bras gauche emporté de la même volée. Le coup qu'a reçu M. de Turenne a été à travers la capacité de l'estomac. Lorsqu'il reçut ce coup,

1. Vol. Guerre 459, n° 238.

il y avoit peu de monde à l'entour de lui. Ce fut ledit jour 27, à deux heures après-midi, et ledit sieur de Menonville en est parti le même jour à quatre heures après midi, à laquelle heure cette mort n'étoit sue que par les officiers généraux, qui l'avoient cachée autant qu'il s'étoit pu...

CHARUEL.

M. de Vaubrun à M. de Louvois[1].

Au camp de Buschen, ce 30e juillet 1675.

Vous aurez su, par ceux qu'on vous a dépêchés et ceux qui sont partis depuis, comme M. de Turenne avoit été tué d'un coup de canon le samedi à trois heures après midi, les deux armées étant en présence. On a su depuis que M. de Montecuculli en avoit été informé une heure après par un chirurgien dragon qui l'avoit vu, et qui se fut rendre aussitôt. On vous aura fait le détail des postes des armées, dont le nôtre eût été très beau, si M. de Turenne se fût rendu maître de l'église qui est dans un vieux château en deçà de l'eau, qu'il fit canonner sans effet, les ennemis l'ayant soutenu de toute leur infanterie. Et M. de Turenne dit au comte de Roye que ce poste, qu'il trouvoit si avantageux, ne seroit plus de même si elle demeuroit aux ennemis, et il n'étoit plus possible de la prendre quand il a été tué, parce qu'ils y avoient établi leur communication. Nous n'avons pas laissé de demeurer le dimanche et le lundi dans ce même poste, ayant trouvé, M. de Lorge et moi, qu'il importoit de persuader aux ennemis que la mort de M. de Turenne ne faisoit point qu'on en fût moins disposé à en venir à une action, et de faire penser aussi la même chose à toute l'armée de S. M.,

1. Vol. Guerre 459, n° 253.

et il me parut fort, hier matin, que notre contenance avoit fait cet effet, dans un mouvement que firent les ennemis, qui, tout le matin, étendoient d'assez grands corps de troupes à leur droite et à leur gauche; de manière que nous crûmes fort que c'étoit dans le dessein de nous venir attaquer. Et assurément toutes les troupes paroissoient d'une bonne volonté à faire tout espérer; mais, les ennemis étant rentrés dans leur camp, le reste de la journée se passa comme les précédentes, c'est-à-dire en se canonnant beaucoup, chacun de son côté ayant établi des batteries avec assez de travail. Ils en avoient sept ou huit plus que nous en batterie, et nous jetoient des bombes. Cependant, comme nous n'avions fait notre projet que de demeurer-là deux jours après la mort de M. de Turenne, parce qu'il s'y seroit pu trouver de grands inconvénients y demeurant davantage, dès la nuit du dimanche nous fîmes marcher nos bagages, que nous renvoyâmes au poste de Buschen, où étoit resté M. de Bullonde avec sa brigade de cavalerie et deux bataillons, et hier, à la nuit, toute l'armée en partit pour venir aussi à Buschen. Quoique les camps fussent à vue les uns des autres, rien de leur part n'a suivi notre marche. Nous y avons été incommodés d'une aussi grande pluie qu'il en ait fait de l'année.

Vous êtes déjà informé que ce poste où nous sommes est un pays entièrement mangé et où on ne pourroit rester. Je ne crois pas d'ailleurs que ce soit aussi le plus avantageux à occuper, mais plutôt celui de Neuma (?), où est notre pont sur la Kinzig, et où nous avons été déjà campés, partie en deçà, partie au delà de la rivière, pour être à portée de couvrir notre pont d'Altenheim en cas que les ennemis revinssent à Offenbourg, et leur exclure les avenues de Kehl. Voilà ce que je crois que nous aurions de mieux à faire présentement, espérant qu'on retrouveroit encore audit Neuma des pâtures et quelques fourrages pour y faire subsister notre cavalerie pendant cinq ou six jours, pour qu'on reçût dans ce temps-là les ordres de S. M., que je ne crois pas qui puissent être autres que de repasser le Rhin, le pays où il seroit bon de se tenir étant entièrement mangé ; mais je compte que le différer de six ou sept jours est vous donner le temps de prendre des mesures pour se mieux précautionner contre les avantages que M. de Montecuculli pourroit trouver à le passer aussitôt qu'il pourroit aborder Kehl.

Nous n'avons point encore de nouvelles du camp des ennemis, ni si notre marche leur en aura fait changer. M. de Montecuculli m'envoya hier un passeport que je lui avois demandé pour m'en aller à Brisach dès le temps que je fus blessé ; mais je n'ai garde de m'en servir dans une conjoncture comme celle-ci, que je trouve d'une grande considération pour les intérêts de S. M., et j'ai la plus grande joie du monde d'avoir pu me trouver, malgré ma blessure, en état d'agir et de monter à cheval sans que cela l'ait fort empiré, et que j'en aie été quitte pour un peu plus de douleur. M. de Lorge vient d'envoyer M. de Bullonde à Willstedt avec un bataillon, sur l'avis qu'on a eu qu'il y avoit marché des troupes d'Offenbourg. M. le comte de Roye vient de mander qu'il y a deux heures que les ennemis avoient paru sur l'arrière-garde, dont il étoit chargé, et que le major des Cravates avoit été pris.

Vous aurez bien su que M. de Saint-Hilaire le père eut le bras emporté du même coup que M. de Turenne, et que le fils du prince d'Harcourt eut aussi ce jour-là un coup de canon qui lui casse l'épaule, et dont il est fort en danger.

Je suis, Monseigneur, absolument à vous.

N. DE BAUTRU DE VAUBRUN.

M. de Lorge à M. de Louvois[1].

Au camp de Buschen, ce 30 juillet.

Je crois, Monsieur, que vous aurez appris par M. de Boisguyot la mort de M. de Turenne. Nous sommes demeurés deux jours en présence des ennemis, d'où nous nous sommes retirés ici, M. de Vaubrun et tous ces Messieurs les maréchaux de camp ayant trouvé que l'on ne pouvoit pas soutenir le poste où nous étions, à cause de l'église que tenoient les ennemis, laquelle l'on ne pouvoit pas attaquer, étant soutenue de leur armée, et, l'église étant d'elle-même très bonne, où le canon ne faisoit rien du tout, M. de Turenne défendit d'y tirer davantage.

Nous subsisterons autant que nous pourrons de deçà le Rhin en attendant les ordres de S. M. Je vous supplie de la faire ressouvenir de mes intérêts, puisqu'il n'y a personne qui ait plus de zèle que moi pour son service, ni qui soit plus entièrement à vous.

Lorge de Duras.

Les ennemis ont cru faire quelque chose à notre arrière-garde et nous ont suivis avec toute leur aile droite. Ayant joint notre arrière-garde tout près d'une redoute que je faisois garder, ils ont attaqué ce qui restoit à passer. Le comte de Roye commandoit là, et M. de Boufflers y étoit avec les dragons, qui y a fait tout à fait bien. Le comte de Roye y a fait marcher un bataillon d'Hamilton, qui étoit dans la redoute, lequel y a aussi très bien fait. Ils ont chassé les ennemis et ont pris un major de dragons prisonnier.

Je viens de recevoir la lettre que vous écrivez à M. de Turenne du 22e de ce mois, où il n'y a rien à répondre.

1. Vol. Guerre 459, n° 254.

M. de Louvois au marquis de Vaubrun[1].

31 juillet 1675.

Le Roi avoit déjà appris la perte de M. de Turenne, lorsque j'ai reçu votre billet du 27 de ce mois, à trois heures après-midi, et, dans ce moment que je dicte cette lettre, les deux gentilshommes qui sont arrivés de votre part et de celle de M. de Lorge me viennent d'informer de toutes choses. Je les mènerai au Roi dans une heure, c'est-à-dire aussitôt que S. M. sera en état de les voir. J'espère qu'ils seront dépêchés dans la journée.

J'ai appris avec beaucoup de joie le meilleur état de votre santé, et que, quoiqu'elle ne soit pas en bon état, vous n'avez pas laissé d'agir avec beaucoup de soin, et je ne manquerai pas de rendre compte à S. M. de tout ce que vous voulez faire pour conserver l'union avec M. le comte de Lorge, jusques à ce que Monseigneur le Prince ou M. le maréchal de Duras soit arrivé à l'armée.

Le combat d'Altenheim.

(Lettre d'un témoin oculaire[2].)

Du camp près d'Altenheim,
ce 2ᵉ août 1675.

... Le lendemain [1ᵉʳ août], l'armée marcha vers notre pont, et, comme elle étoit occupée à faire ses camps, on vint avertir que les ennemis marchoient au grand trot pour venir nous attaquer. Les dragons furent aussitôt commandés avec deux bataillons de Champagne, La Ferté, Turenne et Hamilton, et toute l'armée se mit sous les

1. Vol. Guerre 459, n° 260.
2. Vol. Guerre 460, n° 12, lettre non signée.

armes. Ces premiers régiments soutinrent pendant deux heures toute l'infanterie des ennemis et essuyèrent le feu de l'artillerie. De seize capitaines de La Ferté, il y en a treize hors de combat. M. le marquis a eu un coup de mousquet dans son casque, qui s'est enfoncé et lui a fait une contusion qui a si fort étonné le cerveau qu'il en étoit presque sourd hier; mais ce n'est rien. Aujourd'hui, notre infanterie a été aux ennemis et les a chargés si vigoureusement, qu'elle a fait plier tout ce qu'elle a rencontré. Si la cavalerie les avoit poussés, on les auroit tous taillés en pièces. Nous avons sept pièces de leur canon, de leurs drapeaux et étendards, et très peu de prisonniers. Ils ont plus de deux mille hommes hors de combat, et on les a obligés à se retirer vers Willstedt en désordre. La plus grande perte que nous ayons faite est celle de M. de Vaubrun, qui a été tué d'un coup de mousquet sur-le-champ, M. le comte de Roye blessé au bras, MM. de Vendôme, de Saint-Loup, de Catheux et de la Mothe blessés, et quantité d'autres officiers. Nous avons plus de six cents hommes hors de combat. Il ne se peut voir action plus vigoureuse. M. de Lorge a donné ses ordres avec un froid qui fait bien voir qu'il est parent de l'incomparable M. de Turenne. Il eut un cheval tué sous lui d'une volée de canon. Si Dieu nous l'eût ôté, tout étoit perdu. L'avantage balança fort au commencement. On ne sait si nous passerons en Alsace. L'on vient de prendre le général-major des ennemis avec deux autres officiers.

Saint-Hilaire à M. de Louvois[1].

[Août 1675.]

Monseigneur,

Depuis le malheureux événement qui est arrivé à mon

1. Vol. Guerre 466, n° 167.

père, nous avons donné, en nous retirant, un second combat aux ennemis, qui a duré trois jours, pendant lequel nous avons perdu beaucoup de chevaux d'artillerie, qui ont été tués des canons des ennemis, et plusieurs autres morts par le manque de fourrage et par le travail continuel, ayant toujours été attelés pendant dix jours que l'action et la retraite ont consommés, de sorte que nous nous voyons avec un grand équipage et fort peu de chevaux, encore fort travaillés, et à la veille de laisser la plus grande partie de notre canon, manquant de tous les secours nécessaires pour l'enlever et pour s'en servir, quoique l'on ait proposé beaucoup de moyens pour cela. Je crois, Monseigneur, qu'il est de mon devoir de vous en informer, afin de me disculper, et pour vous supplier très humblement d'ordonner les officiers d'artillerie et les chevaux nécessaires pour notre secours, vous assurant que, de mon côté, je n'épargnerai ni soins ni vie pour le bien du service du Roi, et pour vous faire connoître que je serai toute ma vie, avec respect,

Votre très humble et très obéissant serviteur,

MORMÈS SAINCT-HILAIRE.

IV.

SECOURS MANQUÉ DE PHILIPSBOURG[1].

(1676.)

Le maréchal de Rochefort à M. de Louvois[2].

4 avril 1676.

Pour exécuter les ordres du Roi, je marchai à Saverne,

---

1. Ci-dessus, p. 238-239.
2. Vol. Guerre 507, n° 111.

le 2 de ce mois, avec M. de la Mothe, dix escadrons des troupes d'Alsace, mille mousquetaires et quatre petites pièces de canon... Ce jour-là, M. de Bissy devoit marcher avec la cavalerie de Lorraine, le bataillon de Languedoc, les trois compagnies du Plessis et les soixante-dix mille pistoles, pour nous joindre le 4 à Wissembourg... Mais, ayant appris que les ennemis se remuoient de l'autre côté du Rhin, je partis d'auprès d'Haguenau à une heure après minuit et marchai en diligence pour gagner Wissembourg. Comme je fus à une heure dudit Wissembourg, un parti, que j'avois envoyé devant moi, m'amena des prisonniers qui m'assurèrent que M. le prince Charles y étoit arrivé avec de la cavalerie et de l'infanterie, et qu'il étoit dans Wissembourg. Un des chevau-légers de M. le prince Charles, ayant été pris, que j'interrogeai, me dit qu'il y avoit cinquante escadrons avec un gros corps d'infanterie et les dragons de l'Empereur; que, la nuit du 2 au 3, l'ordre leur étoit venu de passer sur le pont de bateaux à Lauterbourg; que, depuis onze heures du soir jusques au jour, l'infanterie et les dragons avoient défilé et que la cavalerie avoit passé après; qu'ils étoient marchés à Wissembourg...; que M. de Lorraine étoit entré dans la ville avec de l'infanterie, et avoit mis sa cavalerie en bataille entre Bergzabern et Wissembourg et le reste de son infanterie derrière la rivière de Lauter; qu'il y avoit deux jours que toutes les troupes que l'on avoit mandées séjournoient auprès du pont, en attendant, à ce qu'il m'a assuré, que nous commençassions à marcher; qu'il y a environ quinze jours que l'on avoit commandé toute la cavalerie de l'Empereur et de Lorraine pour marcher à Lauterbourg; qu'ensuite on les contremanda, ayant su que la nôtre avoit été contremandée; que M. le prince Charles avoit fait revenir la sienne, quand nous avions remarché, et qu'il y avoit deux jours qu'ils attendoient notre passage...; qu'outre cela il y a beaucoup d'infanterie, mais qu'il n'en sait pas le nombre au vrai; que tout cela se tient à une heure ou deux près Lauterbourg... M. de Luxembourg, qui étoit à Haguenau, que j'avois prié de me faire savoir des nouvelles, m'envoya donner avis de la marche du prince Charles.

Je crois que S. M. sait que, quand Lauterbourg et Wissembourg seroient tenus et gardés par un corps beaucoup plus petit que celui que je vous marque, il seroit absolument impossible de songer à passer, la montagne se rendant très fâcheuse dès Wissembourg, et les ennemis ayant rompu les ponts dessus et dessous, si bien que je crus qu'il ne se pouvoit faire autre chose avec le corps que j'avois que de venir à Wœrth, d'où j'ai l'honneur de vous écrire, ou de me faire battre sans aucun fruit, ce que je crois que S. M. n'auroit pas trouvé bon. J'envoyai aussitôt un parti à M. de Bissy, qui ne devoit être ce jour-là qu'à six heures de Wissembourg, [avec ordre] de marcher sur les hauteurs de Wœrth par le derrière des montagnes et de ramener avec lui l'argent et le bataillon, n'étant pas praticable que, étant postés comme ils sont entre Wissembourg et Bergzabern, qui n'en est qu'à une heure et demie, et Landau, où il y a une grosse garnison, à deux heures de là, l'argent pût passer sans être pris, etc...

V.

La prise de Montbéliard en 1676[1].

Le maréchal de Luxembourg à M. de Louvois[2].

20 novembre 1676.

... M. de Montbéliard a été fort raisonnable, à quoi

1. Ci-dessus, p. 248-250.
2. Vol. Guerre 509, n° 253.

M. de Ranes n'a pas peu contribué; car, comme ce prince est fort habile, il ne décide sur aucune chose sans l'avoir extrêmement balancée, et souvent, de peur de manquer à le faire, il ne se détermine à rien. Il en auroit usé ainsi en ce rencontre, ne songeant qu'à me remettre d'heure à autre; mais j'y fis entrer M. de Ranes pour lui parler, lequel, voyant qu'il ne pouvoit se résoudre, lui dit qu'il étoit bien fâché que nous ne nous vissions pas, parce que nous aurions accommodé toutes choses ensemble en un quart d'heure et que, faute de cela, tout alloit être perdu, parce qu'il pouvoit voir de l'endroit où ils étoient notre canon et notre infanterie qui s'approchoient. Enfin, il lui persuada que, s'il me faisoit l'honnêteté de me venir parler à sa porte, il pourroit obtenir bien des choses de moi, et même le soulagement du plat pays sur lequel l'armée se trouvoit logée.

Le bon prince y vint et se tint auprès de la bascule, où je m'avançai bien vite, et mis pied à terre, étant bien aise qu'il y fût aussi. Il débuta par des plaintes de ce qu'on le vouloit prendre sans qu'il en eût donné de sujet, et, voyant les officiers généraux et beaucoup d'autres fort près de nous, il leur faisoit signe de la main de se retirer d'une manière tout à fait jolie et délicate, et me disoit, en faisant toujours un petit pas en arrière, qu'il n'étoit pas nécessaire qu'ils avançassent. Il regagna le pont en ne me disant que cela, et me saluoit pour que nous nous séparassions; mais je lui dis qu'il venoit d'entrer en capitulation avec moi et que, dès qu'on avoit fait ce pas-là à la guerre, l'on donnoit toujours une porte. Il me répondit que je pouvois demeurer à celle-là; mais il en restoit deux autres, une à l'autre bout du pont, à un gros fer à cheval qui y est pour entrer dans la ville neuve, et, au delà de celle-là, celle de la vieille ville, qui est séparée des autres par un fossé. Le bon prince me disoit, en marchant au travers de deux haies de sa garnison et de la milice, que j'avançois toujours, et je répondois qu'il falloit bien que j'allasse à la porte qu'il me vouloit donner. Il est vrai que j'étois suivi par quatre compagnies de grenadiers, qui marchoient derrière nous, battant aux champs.

Quand nous fûmes sous le fer à cheval, il me fit la révérence, en me disant qu'il me prioit de ne pas avancer davantage, jusqu'à ce que nous eussions vu si on pourroit s'accommoder, et qu'il n'en auroit pas usé de même avec un autre. Je ne voulus point prendre congé de lui là, lui disant, puisqu'il nous faisoit maîtres de cette porte, que mon devoir m'engageoit de le reconduire jusqu'à la sienne, et par civilité je l'accompagnai fort près, où, me souvenant que je ne lui avois point demandé des nouvelles de Madame la princesse sa femme, je m'avançai jusqu'au dedans de la porte pour en savoir et lui faire faire des compliments. Durant ce temps-là, nos grenadiers y arrivèrent. Je les fis suivre par le bataillon de la Frezelière, qui prenoit tous les postes de derrière, et j'avançai des grenadiers sur la place de la ville et à la porte du château du prince pour lui faire honneur. Son gouverneur de la citadelle partit, fort empressé, au galop pour y remonter. Je jugeai à propos de lui faire mettre pied à terre et de l'entretenir sous la porte, où je demeurai avec lui, et M. de Boufflers monta à la citadelle avec un gentilhomme du prince et une partie du bataillon de la Frezelière. Le gentilhomme du prince me dit qu'il n'avoit pas d'ordre de son maître ; mais je l'assurai que le prince me l'avoit laissé pour l'y envoyer, et, M. de Boufflers lui disant ce qu'il avoit à dire aux officiers, il le dit, et nous y entrâmes.

Étant en l'état que je vous marque, le prince me fit dire que, avant de capituler avec moi, il désiroit que je lui envoyasse un passeport pour sortir avec sa femme et ses enfants. Cela fut accordé sur-le-champ, à condition que, en recevant mon passeport, il me donneroit un ordre pour que son commandant de Blamont rendît le château sous l'obéissance de S. M. Cet échange considérable du passe-port et de l'ordre se fit sur-le-champ, et le prince est allé mener sa famille à Bâle pour quelque temps et doit revenir dans son château. Ce qui me le fait croire encore, c'est que je trouvai sa cuisine toute pleine de vaisselle d'argent...

VI.

La retraite de Messine[1].

(1678.)

Relation adressée à M. de Louvois par M. de la Feuillade[2].

[Cette relation, très longue, entre dans les plus grands détails sur tous les préparatifs du départ; mais elle est très sommaire sur la retraite elle-même. La lettre que le général adressa au Roi par l'entremise de M. de Seignelay, et qu'on trouvera ci-après, présentant plus d'intérêt à cet égard, on ne donnera que le début de la relation, qui indique d'une manière très nette les difficultés de l'entreprise.]

Le Roi, étant résolu de compter plutôt au nombre de ses ennemis encore la couronne d'Angleterre que de faire une paix qui ne répondît pas à la grandeur de ses conquêtes, songea à retirer ses troupes de Sicile.

Cette retraite, en tout temps, n'étoit pas aisée, tant parce qu'elles étoient séparées en plusieurs postes, que parce qu'il n'y avoit pas d'apparence qu'une ville comme Messine, peuplée de plus de quatre-vingt mille personnes, où les bourgeois et les paysans des villages voisins

1. Ci-dessus, p. 284 et suivantes.
2. Vol. Guerre 610, n° 109.

alloient au marché l'escopette sur l'épaule, et, les jours de fête, à la messe dans le même équipage, les laissât embarquer tranquillement, pour être le moment d'après à la discrétion des Espagnols.

Outre cet intérêt qui touchoit les *malvices*, il y avoit encore celui de ceux que l'on nommoit *merles*. Les premiers, quoiqu'à regret, eussent mieux aimé tâché d'affoiblir leur crime et ménager leur pardon par la défaite des François que d'abandonner leur patrie, leurs familles, et venir en France fort incertains de leur fortune. Les derniers eussent volontiers couronné leur fidélité par de secondes Vêpres siciliennes.

Le peuple de Messine est très spirituel, très méfiant, fort glorieux, et surtout bien persuadé que Messine est la capitale du monde. Les deux tiers des bourgeois et de la noblesse ont pour occupation de s'assembler sur la place du Change, deux ou trois fois le jour, pour raisonner sur ce qu'ils savent et sur ce qu'ils imaginent.

Toutes ces circonstances rendoient l'affaire difficile; mais ce qui paroissoit insurmontable, c'étoit la brièveté du temps; car il falloit finir en cinq semaines...

Outre toutes ces oppositions, il s'en présentoit encore une considérable, qui étoit de faire agir chacun comme de concert pour l'embarquement, sans néanmoins se confier à personne, non qu'il n'y eût des sujets capables de garder un secret, mais S. M. crut qu'il ne falloit point faire de confidence, et commanda au duc de la Feuillade de ne s'en ouvrir que quand il ne pourroit plus s'en défendre. Chacun croira aisément qu'il étoit dangereux que les ennemis eussent connoissance du dessein; mais ce qui étoit bizarre, c'est que trois années à Messine avoient donné à la plupart des François ou des maîtresses, ou des amis intimes, ou un mélange d'intérêt par le commerce, ce qui demandoit un redoublement d'application pour les éloigner de la pensée d'une retraite...

La difficulté étoit de rassembler les troupes et de faire goûter aux Messinois qu'on abandonnât ou dégarnît les postes, et de trouver des prétextes pour embarquer la cavalerie, les malades, les bagages de tous les officiers, tous les agrès et vivres destinés pour les vaisseaux et galères et tout ce qui étoit dans des magasins particuliers pour les troupes de terre. On peut juger de la quantité des choses embarquées par les états que M. d'Oppède, intendant, a signés, qui se montent à cinq cent quatre-vingt et tant de mille livres d'agrès, à quatre cent vingt-six mille livres de vivres pour la marine, à deux cent cinquante et tant de mille livres de vivres pour les troupes de terre, sans compter pour près de cinquante mille écus d'argent comptant et pour plus de vingt-cinq mille écus de farine, que l'on a rapportée en France...

M. de la Feuillade au Roi[1].

[18 mars 1678.]

Pour rendre compte à Votre Majesté de ma retraite, je lui dirai que, après avoir fait embarquer la cavalerie, les équipages des officiers généraux et autres, et tout ce qui étoit dans les magasins, tant pour la terre que pour la mer, avoir mis dans les vaisseaux, tant de guerre que de ceux dont je me voulois servir, des vivres pour six semaines et de l'eau, et dans les galères pour cinquante jours, et ne restant plus à Messine que mon seul équipage, ayant envoyé à Auguste des affûts de canon, des bœufs et des mulets, le tout pour le siège de Carlentine, j'ai envoyé, le 2 de ce mois, M. de Montauban à Taormini pour faire sauter les portes, tant de la ville que du château, et envoyé chercher par la marine quatre pièces de canon de 24, que M. de Vivonne y avoit fait porter des vaisseaux.

1. Reg. Marine B⁴ 8, fol. 58, copie.

Le 5, les galères partirent; elles revinrent le 6, repartirent le 7, essuyèrent une tempête où nous les crûmes toutes perdues, et, le 10, nous les revîmes avec beaucoup de joie. Cependant M. de Montauban fit sauter les portes de Taormini, nous renvoya notre canon, et, le 6, se mit en chemin avec les troupes. Il fut suivi pendant une heure par des paysans et quelques soldats de la Motte, qui tuèrent sept ou huit traîneurs, blessèrent un officier et en prirent un autre, que j'échangeai le lendemain, et, en passant, il prit les garnisons de Saint-Alexis, Savoca et la Force, dont j'avois confié les gouvernements à des gentilshommes du pays et à des troupes messinoises, le tout avec la participation du sénat. Et, comme l'Escalette, après Libisso, est la place la plus frontière et la plus importante à l'égard de Messine, ces Messieurs me prièrent de la confier au fils de M. Caffaro, qui est une race sans soupçon à l'égard des Espagnols.

Le 7 au matin, M. de Montauban arriva à Messine, et j'envoyai M. du Casaux à Morton au-devant des troupes, qui entrèrent le 8 dans les casernes, qui sont justement sous le bastion de Don-Blas, d'où l'on peut aller au Salvador sans que qui que ce soit le puisse empêcher. Le bastion de Don-Blas est l'opposé de celui de la porte Royale, tous deux sur la Marine.

La nuit du 7 au 8, je fis embarquer M. de Montauban pour Auguste; je lui donnai quatre vaisseaux de guerre et une quinzaine d'autres pour embarquer notre cavalerie. Le moment devant de s'embarquer, je lui confiai les ordres que j'avois de Votre Majesté, afin qu'il les exécutât à Auguste, lui donnant le temps pour se mettre en état jusques au 19, parce qu'il n'étoit pas question seulement d'embarquer les troupes, mais d'embarquer la cavalerie et l'hôpital, faire faire quelque peu de pain, n'en ayant mis que jusques au 25, à quoi j'avois prévu par de la farine et des boulangers que j'y avois envoyés auparavant avec

M. de Nolan, et même de prendre les canons de fonte et faire crever ceux de fer. Je lui donnai ordre aussi de partir le 19, s'il n'avoit point de mes nouvelles, et d'aller droit en France, parce que c'étoit un signe assuré, si je n'y étois pas le 19, que le vent m'auroit été bon par le nord. Je ne me suis pas trompé dans mes mesures, puisqu'il est aujourd'hui le 18 au matin, et que j'en suis à deux lieues.

Le 9, je fis venir les troupes de Libisso à Messine, à trois cent cinquante hommes près, que j'avois promis à Messieurs du sénat de laisser pendant le temps de mon expédition; mais, au lieu de les faire entrer dans la ville, je les laissai au Salvador-des-Grecs, qui en est à portée du canon de ce côté-là, afin d'être maître absolu du bastion Royal, en cas qu'il fallût tirer l'épée.

Je me préparois pour embarquer, lorsque j'eus nouvelle que Saint-Alexis, Savoca et la Force s'étoient rendus aux ennemis; ce qui m'obligea à envoyer à l'Escalette quatre-vingts hommes, que je pouvois retirer par la Marine comme bon me sembleroit. Comme les Messinois et tous ces postes-là n'étoient pas amis, ils en comptèrent la perte comme autant de pain qui leur revenoit, et crurent que j'avois bon dessein de les conserver, puisque j'envoyois quatre-vingts hommes à l'Escalette, qui est le seul poste par où on peut venir à Messine de ce côté-là, hors de passer un à un par les montagnes.

Après le retour des galères et l'absence de M. de Montauban, il fut public que j'allois en France, parce que je fus obligé d'ôter aux galères sept cents hommes d'infanterie, que j'y avois mis sous prétexte d'une expédition. Aussitôt j'eus des députations du sénat et de la noblesse pour demeurer, et le sénat me fit dire qu'il ne répondoit plus du peuple. Pour réponse, je leur dis que je ne songeois pas à aller en France, mais que, si j'en avois le dessein, je les prierois de me dire comme ils pourroient m'en empêcher, à la manière dont les troupes étoient disposées. Les plus habiles ne doutèrent plus de mon départ, et ne songèrent qu'à mettre à couvert ce qu'ils avoient de meilleur.

Pour moi, cela fait, je ne songeai plus qu'à m'embarquer, et, pour faire le tout avec ordre, je remis à Messieurs du sénat Castellaccio et Gonzague. Le jour après avoir remis ces forts, je leur rendis les bastions de la ville, hors Don-Blas et Porte-Royale, et en même temps je fis marcher toutes les troupes qui étoient dans les casernes sous le Salvador pour s'embarquer, hors deux bataillons et trois cents suisses, que je fis passer de l'autre côté de Porte-Royale, pour garder cette porte pendant que ceux du Salvador s'embarquoient et ceux du Salvador-des-Grecs. Quand ces troupes furent embarquées, je rendis le bastion Don-Blas et les portes, et n'eus plus entre les mains que Matagriffon, qui est dans la ville, la porte et le bastion Royal et la forteresse du Salvador.

Le bruit alors se fortifia que j'allois en France, et, comme il étoit public parmi les François, il le devint parmi les Messinois, mais trop tard. Alors j'envoyai chercher le sénat et lui dis que, lorsque Votre Majesté m'avoit envoyé ici, elle avoit un traité fait avec l'Angleterre et avoit plus d'envie que jamais d'achever la conquête de la Sicile, et que, pour ce sujet, elle avoit ordonné plus de six mille hommes de pied et huit cents chevaux, des vaisseaux, et encore cinq galères, pour passer à la fin de mars, mais que le roi d'Angleterre avoit manqué à Votre Majesté et s'étoit accommodé avec ses ennemis, de manière que, Votre Majesté ayant su que, pour avoir le temps de joindre les Espagnols et les Hollandois avec trente vaisseaux de guerre, il[1] avoit pris prétexte de la guerre d'Alger, elle m'avoit envoyé ses ordres pour embarquer ses troupes,

1. Le roi d'Angleterre.

faire partir ses galères et m'en aller à l'île de Ponza, afin que les ennemis ne pussent pas se mettre entre Messine et les troupes qui venoient ; que, s'ils pouvoient garder leur ville pendant deux mois, les vaisseaux de Votre Majesté étant joints, je reviendrois tenter la fortune d'un combat ; que, si cela ne se pouvoit, ils eussent à prendre leur parti, parce que j'étois résolu de suivre mes ordres.

Après avoir parlé au sénat, j'allois envoyer querir les troupes de Libisso et l'Escalette et retirer celles du Salvador et Matagriffon, lorsque j'appris qu'il y avoit encore dans l'hôtel de ville un portrait de Votre Majesté. Aussitôt, j'envoyai à Messieurs du sénat les prier de me le rendre, ou que je l'irois chercher par force. Ce fut Laxana, que Votre Majesté a vu ambassadeur, qui fut le messager, lequel avoit déjà embarqué sa famille, aussi bien que trente autres familles à qui les François avoient fait confiance. La réponse du sénat fut qu'ils me le rapporteroient, mais qu'ils me prioient de trouver bon que ce fût sans cérémonie, et non tambour battant, comme j'avois fait embarquer celui du palais, ce que je voulus bien.

Une heure après, Laxana revint et me pria, de la part de tout le sénat, de leur donner à tous embarquement, ce que je leur promis. Voyant le sénat dans mes intérêts, je laissai encore les troupes de Libisso, l'Escalette, Matagriffon et Salvador tout le jour, afin de leur donner le temps de s'embarquer, et ne les envoyai chercher que le soir même, que le sénat s'embarqua.

Comme le port de Messine est un port dont on ne sauroit presque sortir, tant à cause des vents qu'à cause des courants, j'avois, le jour d'auparavant, mis mes vaisseaux au large, et il n'y avoit plus que les galères dans le port, que l'on pouvoit faire sortir en une demi-heure de temps.

Comme je ne doutois pas que, le matin, le peuple ne trouvant pas les sénateurs, on pilleroit les maisons, et que tout seroit dans la ville dans la dernière confusion, pour éviter l'inconvénient que quelques-uns malintentionnés iroient au bastion de Porte-Royale et Don-Blas, et qu'ils pourroient tirer sur mes galères, je les fis sortir à minuit et les mis derrière mes vaisseaux pour me remorquer le matin : ce qui se fit après avoir embarqué les troupes de Libisso, de Matagriffon et du Salvador, et avoir envoyé des barques et une tartane à ceux de l'Escalette. Nous n'avons pas été à une portée de canon en mer, que les bourgeois ont pris les armes, et nous les avons entendus tirer les uns contre les autres.

Nos galères sont arrivées le 16 à Auguste, qui est le même jour que nous partîmes de Messine.

Enfin, Sire, je quitte Messine, et je ne l'abandonne pas ; j'ai, dans les vaisseaux de Votre Majesté, plus de deux cents des meilleures familles, qui ne pardonneront jamais aux Espagnols. Si j'avois eu des vaisseaux, et qu'il y eût été du service de Votre Majesté, j'aurois mené Messine à Toulon, puisqu'ils abandonnent femmes, enfants et biens. Il a été nécessaire de ne leur laisser envisager l'embarquement des troupes que quand ils ont été hors d'état de l'empêcher.

En arrivant à Auguste, j'ai trouvé toutes les choses comme je le pouvois souhaiter. J'emporte vingt-six pièces de canon de fonte, dont il y en a neuf de 36. Le vent est bon, et je fais partir dans trois heures tous les bagages, tous les malades et tous les vaisseaux chargés. Je leur donnerai deux frégates d'escorte, et je reste encore ici aujourd'hui et demain, pour donner temps aux galères de faire de l'eau, leur donner des fours et quatre cents sacs de farine ; elles peuvent demeurer trois mois dans une île déserte sans manquer de rien, pourvu qu'elles y trouvent de l'eau. Le vent qu'il fera après-demain décidera de leur route, ou par le sud ou par le nord ; telle qu'elle puisse être, je crois qu'on peut avoir l'esprit en repos.

Relation que le sieur Jean-Baptiste Simonetti, de cette ville, habitant à Messine depuis vingt-trois ans, a faite à Cotolendi, consul de France à Livourne, de la retraite dudit Messine de M. le duc de la Feuillade, avec toutes les forces du Roi, tant de terre que de mer[1].

A Livourne, le 25e mars 1678.

En premier lieu, M. le maréchal commença d'embarquer des troupes, et particulièrement la cavalerie, pour Auguste, sous prétexte de vouloir entreprendre quelque chose de ce côté-là. Et, pour mieux colorer son dessein, il prit à louage dans Messine une quantité considérable de bœufs, chevaux et mulets pour le train de l'artillerie, qu'il paya fort ponctuellement pour un mois d'avance, aussi bien que tous les hommes qui étoient nécessaires pour cela. Après cette expédition, il remit aux Messinois les bastions qu'ils gardoient autrefois, et fit ensuite partir toutes les galères du côté du Ponant, le 11 de ce mois, lesquelles furent obligées de revenir dans le port le 14, à cause d'une grande bourrasque qu'elles trouvèrent vers Stromboli.

Le lendemain 14, M. de la Feuillade donna à dîner à tous les jurats sur une des galères du Roi commandée par M. le chevalier de Janson, et leur dit qu'il seroit bientôt au sénat pour leur communiquer des ordres qu'il avoit reçus de S. M. Sur les quatre heures du soir, il s'y en alla, et, en fort peu de mots, il leur dit que S. M. lui avoit ordonné de retirer toutes ses forces de Sicile pour les faire passer en France, où elle en avoit besoin présentement, et qu'il espéroit de revenir dans deux mois

---

[1]. Reg. Marine B⁴ 8, fol. 70. M. Cotolendi écrivit, le 25 mars, à Louvois pour lui exposer les mêmes faits (vol. Guerre 610, n° 108).

avec de plus grandes, et qu'ils fissent tous leurs efforts pendant ce temps de se maintenir, et que, pour leur en donner les moyens, il leur laissoit trois cents quintaux de poudre et autant à proportion de toutes autres sortes de munitions de guerre, et que, pour ce qui étoit des vivres, quoiqu'ils en eussent encore assez, il ordonnoit à un banquier florentin, appelé Lorenzo Corsini, de leur fournir deux mille huit cents salmées de blé et de farine, avec l'argent pour payer le tout.

Après avoir fait ce discours, il sortit, et s'embarqua avec toute la comitive et les gens qu'il avoit ordonné de le suivre pour se précautionner de tout ce qu'il auroit pu arriver. Et cependant toutes les forteresses royales avoient été évacuées des garnisons, et tous leurs canons encloués, à la réserve du Salvador, qu'on réserva pour l'ultime expédition.

Mais le sénat et tous les peuples furent si surpris de l'annonciation funeste que M. de la Feuillade leur fit, qu'ils ne surent que répondre, et, sans songer à quoi que ce soit, coururent à foule pour s'aller embarquer, et l'on tient pour certain qu'il s'en est embarqué au-dessus de douze mille, tant sur l'armée que sur divers autres bâtiments qu'il y avoit dans le port, qui étoient bien en tout environ cent voiles, dont la plus grande partie de la noblesse est du nombre. Tous les consuls des nations et la plupart des personnes commodes ont été aussi de ce nombre.

Enfin le 16, à dix heures du matin, l'on embarqua les suisses qui étoient au Salvador, et toute l'armée partit pour aller du côté d'Agosta, et, comme l'on avoit miné tous les bastions du Salvador pour les faire sauter en l'air, les Messinois, qui accoururent à lever la poudre, en empêchèrent l'effectuation, à la réserve de celui de Sainte-Barbe, qui fit son effet aussitôt.

Après le départ de toute l'armée, ce qui étoit resté de

noblesse dans la ville, et les bons bourgeois, se mirent ensemble, et, après avoir fait une nouvelle élection des jurats, dont quatre d'iceux sont le marquis de Codagosta, don Giuseppe Stagno, don Francesco Belli et Andrea Lamberto, le susdit marquis de Codagosta et le fils de don Carlo Castelli montèrent à cheval, allant par toutes les rues, criant : « Vive le roi d'Espagne! » et ensuite ils députèrent à Reggio le sieur Domenico Calamata pour traiter avec les Espagnols, dont, le même jour, à cinq heures du soir, l'évêque de ce lieu-là, aussi bien que le comte Barbo, gouverneur, arrivèrent à Messine, avec Calamata, qui les étoit allé prendre. Et, comme l'on avoit fait une autre expédition à Melazzo du vicaire Dini, il amena aussi trois officiers allemands, lesquels tous cinq ensemble promirent au peuple une amnistie générale.

Voilà, jusques à l'heure, que celui qui m'a fait cette relation a demeuré à Messine, et tout ce qu'il en a pu apprendre, en étant parti sur un navire anglois la nuit du 16 au 17. Il est constant que M. le duc de la Feuillade a fait les choses si secrètement et si adroitement, suivant le récit que m'en a fait ce marchand, que, nonobstant le discours public qu'il fit dans le sénat, il y en avoit plusieurs qui ne vouloient pas le croire, et ne se seroient pas embarqués, si des gens plus sensés ne leur eussent fait connoître leurs erreurs...

Extraits des lettres de M. d'Oppède, intendant de l'armée, à M. de Seignelay[1].

16 mars 1678.

... Presque tout ce qu'il y a de gens de qualité [à Messine] s'embarquent avec leurs familles et ce qu'ils peuvent emporter de leurs effets. Leur abattement est si grand,

1. Reg. Marine B⁴ 8, fol. 74-103.

que, bien que cette ville soit présentement sans troupes et sans police, il n'y est encore arrivé aucun désordre; chacun transporte ses effets publiquement et en sûreté. Ceux qu'on soupçonnoit le plus veulent aller en France, soit qu'ils aient le cœur véritablement françois, ou qu'ils appréhendent de se trouver à Messine dans cette révolution. M. de la Feuillade reçoit tous ceux qui veulent s'embarquer. Le nombre en est si grand, dont la plupart partent sans un sol, estimant beaucoup meilleur de mourir de faim en France que de retomber au pouvoir des Espagnols, que, si M. de la Feuillade eut moins bien pris ses mesures pour l'embarquement de ses troupes, il n'eût pas été en son pouvoir de les retirer qu'à coups d'épée... Les jurats se sont embarqués à dix heures du soir et ont demandé des bâtiments pour une partie de ce qui reste dans cette ville; ils en ont fait une peinture qui perce le cœur. Les jurats embarqués, Messine reste sans chefs, chacun demandant les François, et personne ne prenant de justes mesures avec les Espagnols. On n'entend que des gémissements et des cris de : « Vive le roi de France! »...

16 mars 1678.

... Je ferai aujourd'hui le rôle de tous les Messinois qui sont embarqués, pour l'envoyer ou le porter à S. M. La plupart s'embarque sans songer qu'on ne vit pas en France, non plus qu'ailleurs, sans bien, et beaucoup ne connoissent pas les honnêtes moyens d'en gagner.

Rien ne me surprend plus que de voir cette ville, dont le peuple est cruel et emporté, depuis trois jours sans troupes, sans police, sans commandant, et sans désordre, et que ceux qui ont voulu s'embarquer aient emporté leurs meubles publiquement sans avoir été volés et leurs maisons mises au pillage. Rien ne marque mieux la véritable douleur de tout le monde; mais cette tranquillité ne sauroit durer longtemps; la journée de demain ne se passera pas sans de grands désordres. La présence des jurats les arrêtoit. Comme ils ne paroîtront plus, et que le peuple les saura embarqués, il se portera indubitablement à d'étranges violences...

Marseille, 29 mai 1678.

... J'ai vu, par la copie de la lettre de M. Rouillé, les intentions de S. M. sur les Messinois qui sont en France. Nous avons examiné, M. de Grignan, lui et moi, ce qui est contenu dans cette lettre et les moyens dont on se pourroit servir pour porter les Messinois à prendre d'eux-mêmes un des trois partis que S. M. souhaiteroit qu'ils choisissent : ou de s'engager à travailler de leur métier dans les villes du royaume, ou de se retirer dans celles d'Italie, ou de retourner à Messine sur la confiance de l'amnistie donnée par les Espagnols.

Deux nouvelles qui courent nous ont paru des obstacles presque invincibles pour disperser si tôt les Messinois qui sont ici. La première est que les Espagnols font des violences inouïes, sous prétexte de l'exécution des deux déclarations, dont je me donne l'honneur de vous envoyer copie[1], et l'autre, que S. M. a fait un fonds très considérable pour la subsistance des Messinois qui sont en France. Ils attendent les grâces du Roi et appréhendent de retomber sous la domination des Espagnols, qui les ont exceptés de l'amnistie, qu'ils n'observent pas de fort bonne foi, puisqu'ils relèguent ceux qui leur paroissent suspects et saisissent le bien des autres sous prétexte que ce sont des effets appartenant aux François ou aux Messinois qui ont passé en France...

1. Déclarations du vice-roi de Sicile, en date du 31 mai, l'une accordant amnistie, l'autre prescrivant la recherche de tous les biens meubles, bijoux, argent, etc., appartenant aux Français et Messinois absents, et qui ont été dérobés.

J'ai trouvé... tous les Messinois si fort prévenus que S. M. les devoit enrichir par ses bienfaits, qu'ils auroient vendu jusques à leur chemise en attendant les grâces du Roi. Cette nouvelle avoit été mandée de Paris par différentes personnes et confirmée par les Messinois qui en sont revenus. J'ai tâché de les désabuser, leur disant qu'on a lieu de tout attendre de la grandeur et de la bonté du Roi, mais que, ne voyant venir aucuns ordres, je doutois que l'on eût représenté à S. M. la misère de quelques-uns d'entre eux, et, lorsque je parle à ceux qui peuvent prétendre de retourner un jour dans leurs maisons, je leur conseille, comme un homme qui entre dans leurs intérêts, d'aller au plus tôt dans quelque ville neutre, pour faire connoître aux Espagnols, par cette démarche, que leur dessein, lorsqu'ils se sont embarqués, n'a pas été de demeurer en France ni de se soustraire à la domination d'Espagne, mais seulement de se dérober à la fureur du peuple dans l'intervalle du départ des François à l'arrivée des Espagnols. Ils tombent d'accord avec moi que, si ces raisons sont bien représentées, ils obtiendront aisément leur grâce.

Comme j'ai su que quelques-uns étoient déterminés à passer en Italie, je leur ai dit que je leur donnerois un vaisseau pour les porter et que je leur ferois fournir la subsistance. Sur l'assurance que S. M. approuveroit que je leur fisse ce bon traitement quoique je n'en eusse aucun ordre, il y en a plus de cent qui veulent profiter de cette occasion. J'ai déjà frété deux mille livres un navire pour faire ce voyage, du port de près de cinq mille quintaux; il mettra à la voile dans trois ou quatre jours. Quant aux vivres, le sieur de Louvigny les fournira au même prix que sur les galères, et, à l'égard des gens de qualité, comme il les faut nourrir différemment des matelots, je règlerai le prix de la ration sur la valeur des vivres que je leur ordonnerai. L'exemple de ce grand nombre qui s'en va en entraînera indubitablement beaucoup d'autres.

Je me donne l'honneur de vous envoyer un état de tous les Messinois qui sont présentement en France. Il y en a peut-être quelqu'un oublié, parce que je n'ai pas osé demander des mémoires à aucun Messinois, pour ne les confirmer pas dans l'opinion qu'ils ont que le Roi les veuille entretenir. Cet état ne laisse pas d'être assez juste[1].

Si S. M. veut faire du bien à quelques-uns de ceux qui se sont le plus distingués contre les Espagnols, il sera nécessaire d'attendre quatre ou cinq mois, pour donner lieu à tous ceux qui peuvent prendre un parti de le chercher : après quoi, le Roi feroit subsister tout ce qui restera pour une somme médiocre tous les ans, pourvu qu'il donnât de petits bénéfices à quelques-uns, des emplois à d'autres, et qu'il fît recevoir dans des monastères les filles.

Les ouvriers mouroient de faim, parce qu'on ne leur vouloit pas permettre de travailler publiquement dans cette ville. J'ai parlé aux échevins, et je leur ai fait connoître qu'ils feront une chose fort agréable au Roi, s'ils facilitoient à ces misérables les moyens de gagner leur vie. Ils ont sur l'heure donné les mains à tout ce que ces ouvriers ont souhaité; ainsi, s'ils veulent travailler, ils pourront très bien subsister...

Toulon, 4 juillet 1678.

... Je suis très heureux que ce que j'ai fait pour persuader aux Messinois de se retirer en Italie ait plu à S. M., et que vous l'ayez approuvé.

Il court de nouveaux bruits que le Roi faisoit voiturer beaucoup d'argent en cette province pour eux. Ces nou-

1. Il n'est plus joint à la lettre.

velles arrêtèrent ceux qui devoient passer en Italie. Je fis un voyage à Marseille quelques jours après, et je leur insinuai de nouveau de partir. Je les crois à la voile à l'heure qu'il est.

La famille de Carlo Laxana, un des deux ambassadeurs que la ville de Messine avoit eu l'honneur d'envoyer à S. M., est prête à s'embarquer en cette ville. Il me témoigna qu'il étoit en très grande nécessité et qu'il n'avoit pas de quoi s'en aller, s'il n'étoit assisté. Je voulus savoir ses prétentions, que je trouvai extraordinaires. Il me dit même qu'il étoit résolu d'aller se jeter aux pieds du Roi pour lui demander du pain le reste de ces jours, si je ne lui facilitois pas les moyens d'aller à Venise, d'où il espère de tirer des secours de chez lui. Je convins enfin avec lui que je le ferois porter à Livourne sur un vaisseau, et que je lui ferois donner par le consul de la nation françoise soixante louis d'or. On ne peut guère se défaire à meilleur compte d'une famille d'ambassadeur, composée de dix-sept personnes. Je ne lui ai pas voulu donner cet argent en France, de crainte qu'il ne s'en servît pour aller de nouveau importuner S. M.

[Le volume 610 du Dépôt de la guerre ne contient aucun renseignement sur les Messinois venus en France; on y trouvera seulement (n°s 111 à 157 *passim*) de nombreuses lettres des commissaires Lanfant et Joly à M. de Louvois, sur l'arrivée des troupes à Toulon, leur situation, le nombre des malades, l'état du matériel de guerre, etc.]

VII.

Correspondance de Saint-Hilaire.

[Après la paix de Nimègue, Saint-Hilaire fut chargé d'évacuer sur les places françaises de la Meuse l'artillerie et les munitions qui restaient à Maëstricht. Il entretint à cette occasion, avec le ministre de la Guerre, une correspondance qui se prolongea pendant les années 1679 et 1680 : vol. Guerre 579, n°ˢ 354, 432 et 461; — 580, n°ˢ 41, 153, 445 et 461; — 581, n°ˢ 206, 494 et 561; — 601, n° 73; — 617, n° 280; — 618, fol. 35, 124 et 173; — 619, n°ˢ 7, 361 et 395; — 620, n° 503; — 622, n°ˢ 485 et 702; — 623, n° 153; — 624, fol. 10, 497, 514 et 688; — 625, n°ˢ 168, 406 et 457; — 626, p. 102 et 375; — 627, n°ˢ 19, 91, 377 et 591; — 636, n° 105; — 637, n°ˢ 265, 317, 377, 560 et 755; — 638, n°ˢ 29, 83, 377, 403 et 456. On trouvera ci-après trois de ces pièces.]

Saint-Hilaire à M. de Louvois[1].

A Maëstricht, le 7 août 1678.

Monseigneur,

M. l'intendant m'a fait voir une lettre que M. de Nettancourt s'est donné l'honneur de vous écrire, par laquelle il calomnie extrèmement les officiers d'artillerie de cette garnison qui ont été à l'armée de Mgr le maréchal de Schönberg. Je me sens donc obligé, Monseigneur, à justifier leur conduite, et en même temps la mienne, en me donnant l'honneur de vous dire que, s'ils avoient manqué contre le service de S. M. et péché contre leur honneur, vous eussiez appris leur châtiment en même temps que leur crime, puisque je ne souffrirai de ma vie de semblables actions. Je m'étois même flatté, par ma

---

1. Vol. Guerre 601, n° 73.

conduite passée, d'avoir donné des preuves suffisantes de la vérité de mes paroles. Mais permettez-moi, s'il vous plaît, Monseigneur, de vous dire que Mgr de Schönberg, me chargeant de ramener à Maëstricht deux pièces de 24 qui en avoient été tirées, me donna ordre de faire descendre le lendemain un pont de bateaux à Urmont, où il venoit camper ce jour-là. Trois heures avant que je partisse, M. de Beton m'envoya un billet de M. de Calvo, par lequel il demandoit quatre pièces d'artillerie pour descendre avec le pont, avec quelques boulets et outils, de quoi je me suis donné l'honneur de vous rendre compte, sans demander aucuns officiers pour les suivre. Comme je croyois avoir lieu d'espérer d'être chargé de l'exécution de cette artillerie de Maëstricht, je commandai aux officiers nécessaires pour servir ces pièces de suivre. Mais, comme M. de Nettancourt ne put pas être persuadé de me laisser cet emploi, je leur dis, trois jours avant que les ennemis parussent, qu'ils pouvoient s'en retourner, que je restois volontaire, et je crus pouvoir les renvoyer, puisque je n'avois point reçu d'ordre d'en amener, que M. de Nettancourt n'en avoit point demandé, desquels il avoit suffisamment, et que je les avois amené de mon chef. Voilà, Monseigneur, la vérité de la chose, de laquelle un autre homme, plus raisonnable que lui, ne vous auroit point rompu la tête. Pour moi, je tâcherai toujours à bien servir le Roi, et de vous faire connoître, etc.

Mormès Sainct-Hilaire.

M. de Louvois à Saint-Hilaire[1].

A Versailles, le 14 décembre 1678.

J'ai reçu votre lettre du 8ᵉ de ce mois, avec les inventaires qui y étoient joints, lesquels j'ai trouvés en très bon

1. Vol. Guerre 581, n° 206.

ordre. J'essaierai, à votre retour ici, de vous procurer quelque gratification du Roi pour le travail que vous avez fait à l'évacuation de Maëstricht. Mais il ne faut pas que vous partiez de dessus la Meuse qu'après que tout ce qui doit être remonté en France sera arrivé et mis à couvert dans chaque place. Cependant, dès que la rivière sera abaissée, je vous prie de faire retirer les pièces défectueuses que vous dites qui sont sur les bords inondés de la rivière à Mézières, et ensuite de visiter toutes les pièces d'artillerie qui ont été tirées de Maëstricht, pour me faire un mémoire de leur calibre et de l'état auquel elles sont, de celles qui sont défectueuses, et quels sont leurs défauts.

Je vous prie aussi de faire mettre provisoirement à couvert tous les affûts, et, pour cela, vous n'avez qu'à faire tout sortir des lieux où on les peut mettre, sans aucune considération pour qui que ce soit : à quoi vous ne trouverez point de difficulté en faisant voir cette lettre à Messieurs les gouverneurs des places où ils sont, qui leur apprendra que c'est l'intention du Roi.

Expliquez-moi ce que c'est que sept mille neuf cent soixante cinq livres de poudre que je vois, par vos inventaires, qui sont consommées, aussi bien que huit mille de mèche, et à quelle occasion cela a été employé.

Il faut faire convertir en balles du calibre de France tout le plomb qui est en calibre étranger ou en saumon.

Au lieu de mettre en gros dans vos inventaires bombes de tous calibres, il eût été bon que vous eussiez marqué combien il y en a de chacun, et c'est ce que je vous prie de me faire savoir. Cependant vous les ferez décharger, aussi bien que les grenades, et vous me manderez combien il en sera sorti de poudre.

Vous ne m'avez point marqué ce que sont devenus les quarante-trois bateaux qui ont été tirés de Maëstricht avec leurs équipages, non plus que les quarante-sept boîtes à faire salve.

M. de Louvois à Saint-Hilaire[1].

Saint-Germain, 26 décembre 1678.

J'apprends que M. Desmadrys vous a fait remettre six mille livres pour les dépenses que vous avez à faire pour l'artillerie et les munitions de guerre qui sont venues de Maëstricht et de Leaw. Je vous prie de m'envoyer un état de l'emploi de cette somme, laquelle je suis surpris que vous ayez reprise sans m'en mander la nécessité[2].

1. Vol. Guerre 581, n° 494.
2. Saint-Hilaire se justifia; car le ministre lui permit, le 28, de prendre sur cette somme deux mois d'appointements pour lui et pour les deux gardes-magasins et canonniers qu'il avait avec lui.

SOMMAIRE

DU TOME PREMIER.

Avertissement, p. 1-5.

Première partie des Mémoires (1661-1678).

Années 1661-1666. — Gouvernement personnel de Louis XIV; portrait de Colbert, p. 7-10. — Arrestation de Foucquet, 11-13. — Portraits de Le Tellier et de Louvois, 14-16. — Réformes et créations de Louis XIV; affaire du baron de Watteville à Londres, et ses suites, 17-27. — Affaire des Corses à Rome, 27-33. — Expéditions de Hongrie et de Gigeri; traités avec le duc de Lorraine, 33-39. — Mlle de la Vallière maîtresse du Roi; causes de la guerre avec l'Espagne, 40-43.

Années 1667-1669. — Campagne des Pays-Bas; prise de Charleroy, Tournay, Douay et Courtray, p. 43-46. — Prise de Lille; le maréchal de Bellefont en refuse le gouvernement, 46-51. — Ambassade de Van Beuningen en France, 52-53. — Conquête de la Franche-Comté; paix d'Aix-la-Chapelle, 53-61. — Première expédition de Candie, 62-64. — Seconde expédition de Candie; mort du duc de Beaufort, 64-74. — Abdication du roi Casimir de Pologne; ambassade turque en France, 74-76.

Années 1670-1671. — Ambassade de Madame Henriette en Angleterre; sa mort, p. 76-77. — Campagne du maréchal de Créquy en Lorraine, 78-79. — Traité d'alliance avec le roi Charles II d'Angleterre; Mlle de Keroualle, 79-81.

Année 1672. — Situation de la Hollande; la France et l'Angleterre lui déclarent la guerre, p. 81-84. — Portraits de Condé et de Turenne, 84-86. — Prise de Maaseijck, Wesel et Orsoy; passage du Rhin, 86-92. — Prise d'Arnheim, Doesbourg, Zutphen, etc., 92-94. — Articles proposés pour la paix par la France et l'Angleterre, 94-100. — Continuation de la campagne; échec de M. de Rochefort à Muyden; assassinat des frères de Witt; premières mesures du prince d'Orange, 100-103. — Prise de Nimègue et d'Utrecht, 103-104. — Campagne de mer, 104-106. — Campagne de Turenne en Alsace et au delà du Rhin, 106-110. — Siège de Charleroy par le prince d'Orange; pointe du maréchal de Luxembourg en Hollande; échec de Nancré à Aardenbourg, 110-112.

Année 1673. — Campagne de Turenne dans le comté de la Marck et sur le Weser, p. 112-116. — Campagne de mer, 116-118. — Siège de Maëstricht; prise de Trèves; le prince d'Orange reprend Naarden, 118-122. — Campagne de Turenne dans le comté de Nassau et l'évêché de Würtzbourg, 122-124. — Le prince d'Orange prend Bonn; Louis XIV évacue la Hollande, 124-128.

Année 1674. — Nouvelle situation des affaires; enlèvement du prince Guillaume de Fürstenberg, p. 128-129. — État des esprits en Angleterre; mariage du duc d'York; Charles II s'entremet pour la paix, 129-134. — Seconde conquête de la Franche-Comté, 134-136. — Turenne en Alsace; bataille de Sinzheim, 136-145. — Turenne sur le Necker; incendie du Palatinat; Turenne rentre en Alsace; hostilité entre lui et Louvois, 145-153. — Monsieur le Prince bat les Impériaux à Seneffe, 153-158. — Défense de Grave par M. de Chamilly, 158-159. — Campagne de mer; affaires de Sicile et de Catalogne; combat de Morillas, 159-164. — Continuation de la campagne en Alsace; Turenne poursuit les Impériaux, 164-170. — Victoire d'Ensheim, 170-176. — Turenne campé à Marleheim et à Dettweiler; les ennemis dans la Haute-Alsace, 176-180. — Marche de Turenne sur Remiremont et Belfort; combat de Mulhausen, 181-183. — Combat de Turckheim; neutralité de Strasbourg; fin de la campagne, 183-189.

Année 1675. — Campagne de Flandres; bataille de Consar-

SOMMAIRE DU TOME PREMIER.

brück; prise de Trèves, p. 189-193. — Campagne d'Allemagne; Turenne passe le Rhin; manœuvres sur la Kinzig, 193-197. — Camp de Buschen, 197-201. — Turenne marche à Saasbach; préparatifs de bataille, 202-207. — Mort de Turenne; retraite de l'armée française sur Willstedt, 208-214. — Combat de Willstedt, 214-218. — L'armée se retire vers le Rhin; combat d'Altenheim, 218-223. — Le duc de Duras, puis le grand Condé viennent commander l'armée; siège de Haguenau, 223-226. — Retraite de Montecuculli au delà du Rhin, 227-228. — Négociations de Nimègue; difficultés diplomatiques, 228-233.

Année 1676. — Campagne de mer; mort de Ruyter, p. 233-235. — Monsieur assiège Bouchain, et le prince d'Orange Maëstricht, 235-237. — Campagne d'Allemagne; incapacité du maréchal de Rochefort, 237-239. — Manœuvres du maréchal de Luxembourg et du duc de Lorraine, 239-243. — Tentatives inutiles pour secourir Philipsbourg, qui se rend aux Impériaux, 244-248. — Le maréchal de Luxembourg s'empare par surprise de Montbéliard, 248-250.

Année 1677. — Lenteur des négociations de Nimègue, p. 251-253. — Prise de Valenciennes par Louis XIV, 253-257. — Prise de Cambray et de Saint-Omer; bataille de Cassel; le prince d'Orange assiège Charleroy, 257-261. — Campagne d'Allemagne; manœuvres du maréchal de Créquy sur la Seille et la Meuse, 261-270. — Il bat le duc de Saxe-Eisenach à Kehl et marche dans la Basse-Alsace, 270-274. — Prise de Fribourg, 274-275. — Campagne de Catalogne; combat de Masarach, 275-277. — Affaires de Sicile; prise de Tabago et de Gorée; affaires du nord, 278-279. — Le prince d'Orange épouse la fille du duc d'York, 279.

Année 1678. — Ambassade du comte de Feversham en France; suite des négociations, p. 280-282. — Louis XIV s'empare de Gand et d'Ypres, 282-284. — Abandon de Messine et de la Sicile, 284-286. — Prise de Puigcerda en Catalogne, 286-287. — Campagne d'Allemagne; le maréchal de Créquy poursuit les Impériaux et brûle les ponts de Strasbourg, 287-292. — Campagne du maréchal de Schönberg; surprise de Lewe, 292-295. — Campagne de Flandre;

affaires du nord, 295-296. — Négociations de paix; le roi d'Angleterre s'entremet pour la conclusion d'un traité, 296-301. — Traité de Nimègue entre la France et la Hollande, 301-302. — Combat de Saint-Denis, 302-305. — — Traités de paix avec l'Espagne et l'Empire, 306-308. — Paix entre la Suède, le Brandebourg et le Danemark, 308-311.

APPENDICE. — I. L'expédition de Candie en 1669, p. 313. — II. La neutralité de Strasbourg, 328. — III. La mort de Turenne et ses conséquences, 330. — IV. Secours manqué de Philipsbourg en 1676, 338. — V. La prise de Montbéliard en 1676, 340. — VI. La retraite de Messine en 1678, 343. — VII. Correspondance de Saint-Hilaire, 359.

Nogent-le-Rotrou, imprimerie DAUPELEY-GOUVERNEUR.

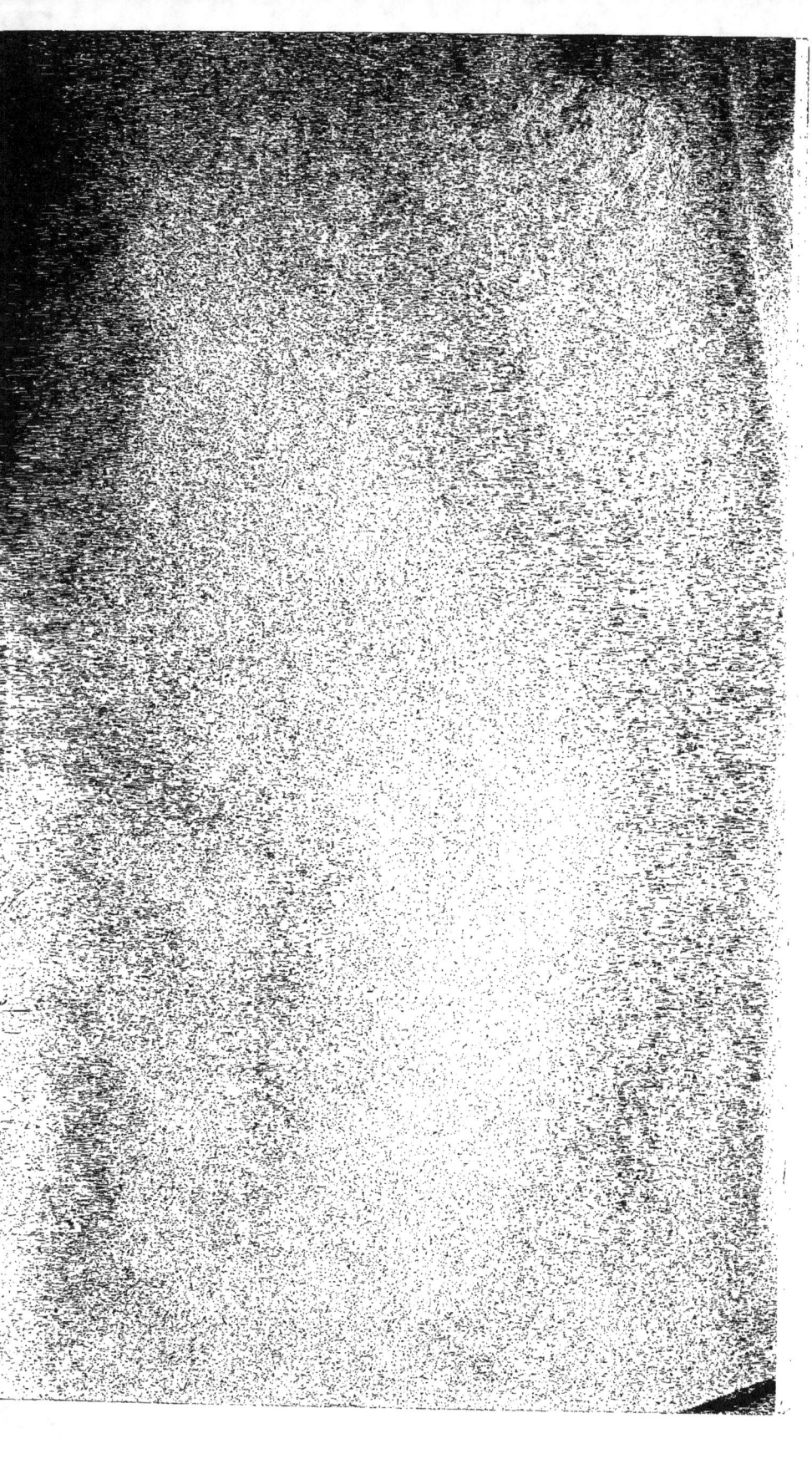

Ouvrages publiés par la SOCIÉTÉ DE L'HISTOIRE DE FRANCE
depuis sa fondation en 1834.

IN-OCTAVO à 9 francs le volume, 7 francs pour les Membres de la Société.

Ouvrages épuisés.

L'YSTOIRE DE LI NORMANT. 1 vol.
LETTRES DE MAZARIN. 1 vol.
VILLEHARDOUIN. 1 vol.
HISTOIRE DES DUCS DE NORMANDIE. 1 vol.
BEAUMANOIR. COUTUMES DE BEAUVOISIS. 2 vol.
MÉMOIRES DE COLIGNY-SALIGNY. 1 vol.
MÉMOIRES ET LETTRES DE MARGUERITE DE VALOIS. 1 vol.
COMPTES DE L'ARGENTERIE DES ROIS DE FRANCE. 1 vol.
MÉMOIRES DE DANIEL DE COSNAC. 2 vol.
JOURNAL D'UN BOURGEOIS DE PARIS SOUS FRANÇOIS Iᵉʳ. 1 vol.
ŒUVRES DE SUGER. 1 vol.
CHRONIQUES DES COMTES D'ANJOU. 1 vol.
LETTRES DE MARGUERITE D'ANGOULÊME. 2 vol.
JOINVILLE. HIST. DE SAINT LOUIS. 1 vol.
CHRONIQUE DE GUILLAUME DE NANGIS. 2 vol.

Ouvrages épuisés en partie.

GRÉGOIRE DE TOURS. HISTOIRE ECCLÉSIAST. DES FRANCS. 4 v.
ŒUVRES D'EGINHARD. 2 vol.
BARBIER. JOURNAL DU RÈGNE DE LOUIS XV. 4 vol.
MÉMOIRES DE PH. DE COMMYNES. 3 vol.
REGISTRES DE L'HÔTEL DE VILLE DE PARIS PENDANT LA FRONDE. 3 vol.
PROCÈS DE JEANNE D'ARC. 5 v.
BIBLIOGRAPHIE DES MAZARINADES. 3 vol.
CHOIX DE MAZARINADES. 2 vol.
HISTOIRE DE CHARLES VII ET DE LOUIS XI, PAR TH. BASIN. 4 vol.
GRÉGOIRE DE TOURS. ŒUVRES DIVERSES. 4 vol.
CHRON. DE MONSTRELET. 6 vol.
CHRON. DE J. DE WAVRIN. 3 vol.
JOURNAL ET MÉMOIRES DU MARQUIS D'ARGENSON. 9 vol.
ŒUVRES DE BRANTÔME. 11 v.
COMMENTAIRES ET MÉMOIRES DE BLAISE DE MONLUC. 5 vol.
MÉM. DE BASSOMPIERRE. 4 vol.

Ouvrages non épuisés.

MÉM. DE PIERRE DE FENIN. 1 v.
ORDERIC VITAL. 5 vol.

CORRESPONDANCE DE MAXIMILIEN ET DE MARGUERITE. 2 v.
RICHER. HISTOIRE DES FRANCS. 2 vol.
LE NAIN DE TILLEMONT. VIE DE SAINT LOUIS. 6 vol.
MÉM. DE MATHIEU MOLÉ. 4 v.
MIRACLES DE S. BENOÎT. 1 vol.
CHRONIQUE DES QUATRE PREMIERS VALOIS. 1 vol.
MÉM. DE BEAUVAIS-NANGIS. 1 v.
CHRONIQUE DE MATHIEU D'ESCOUCHY. 3 vol.
CHOIX DE PIÈCES INÉDITES RELATIVES AU RÈGNE DE CHARLES VI. 2 vol.
COMPTES DE L'HÔTEL DES ROIS DE FRANCE. 1 vol.
ROULEAUX DES MORTS. 1 vol.
MÉM. ET CORRESP. DE Mᵐᵉ DU PLESSIS-MORNAY. 2 vol.
CHRONIQUES DES ÉGLISES D'ANJOU. 1 vol.
INTRODUCTION AUX CHRONIQUES DES COMTES D'ANJOU. 1 vol.
CHRONIQUES DE J. FROISSART. T. I à XI. 13 vol.
CHRONIQUES D'ERNOUL ET DE BERNARD LE TRÉSORIER. 1 v.
ANNALES DE S.-BERTIN ET DE S.-VAAST D'ARRAS. 1 vol.
HISTOIRE DE BÉARN ET DE NAVARRE. 1 vol.
CHRONIQUES DE SAINT-MARTIAL DE LIMOGES. 1 vol.
NOUVEAU RECUEIL DE COMPTES DE L'ARGENTERIE. 1 vol.
CHANSON DE LA CROISADE CONTRE LES ALBIGEOIS. 2 vol.
CHRONIQUE DU DUC LOUIS II DE BOURBON. 1 vol.
CHRONIQUE DE J. LE FÈVRE DE SAINT-RÉMY. 2 vol.
RÉCITS D'UN MÉNESTREL DE REIMS AU XIIIᵉ SIÈCLE. 1 v.
LETTRES D'ANTOINE DE BOURBON ET DE JEANNE D'ALBRET. 1 vol.
MÉM. DE LA HUGUERYE. 3 vol.
ANECDOTES ET APOLOGUES D'ÉTIENNE DE BOURBON. 1 vol.
EXTRAITS DES AUTEURS GRECS CONCERN. LA GÉOGRAPHIE ET L'HIST. DES GAULES. 6 vol.
HISTOIRE DE BAYART. 1 vol.
MÉMOIRES DE N. GOULAS. 3 v.
GESTES DES ÉVÊQUES DE CAMBRAI. 1 vol.
LES ÉTABLISSEMENTS DE SAINT LOUIS. 4 vol.

CHRONIQUE NORMANDE DU XIVᵉ S. 1 vol.
RELATION DE SPANHEIM. 1 vol.
ŒUVRES DE RIGORD ET DE GUILLAUME LE BRETON. 2 v.
MÉM. D'OL. DE LA MARCHE. 4 v.
LETTRES DE LOUIS XI. T. I à VIII.
MÉMOIRES DE VILLARS. T. I à V.
NOTICES ET DOCUMENTS, 1884. 1 v.
JOURNAL DE NIC. DE BAYE. 2 v.
LA RÈGLE DU TEMPLE. 1 vol.
HIST. UNIV. D'AGR. D'AUBIGNÉ. T. I à IX.
LE JOUVENCEL. 2 vol.
CHRONIQUES DE LOUIS XII, PAR JEAN D'AUTON. 4 vol.
CHRONIQUE D'ARTHUR DE RICHEMONT. 1 vol.
CHRONOGRAPHIA REGUM FRANCORUM. 3 vol.
L'HISTOIRE DE GUILLAUME LE MARÉCHAL. 3 vol.
MÉMOIRES DE DU PLESSIS-BESANÇON. 1 vol.
ÉPHÉMÉRIDE DE LA HUGUERYE. 1 vol.
HIST. DE GASTON IV, COMTE DE FOIX. 2 vol.
MÉMOIRES DE GOURVILLE. 2 vol.
JOURNAL DE J. DE ROYE. 2 vol.
CHRONIQUE DE RICHARD LESCOT. 1 vol.
BRANTÔME, SA VIE ET SES ÉCRITS. 1 vol.
JOURNAL DE J. BARRILLON. 2 v.
LETTRES DE CHARLES VIII. T. I à IV.
MÉM. DU CHEV. DE QUINCY. 3 v.
CHRON. DE MOROSINI. 4 vol.
DOCUMENTS SUR L'INQUISITION. 2 vol.
MÉM. DU VICOMTE DE TURENNE. 1 vol.
CHRON. DE PERCEVAL DE CAGNY. 1 vol.
JOURNAL DE J. VALLIER. T. I.
MÉMOIRES DE ST-HILAIRE. T. I.

SOUS PRESSE :

MÉMOIRES DE VILLARS. T. VI.
HIST. UNIV. D'AGR. D'AUBIGNÉ. T. X.
CHRON. DE J. FROISSART. T. XII.
LETTRES DE LOUIS XI. T. IX.
JOURNAL DE J. VALLIER. T. II.
LETTRES DE CHARLES VIII. T. V.
JOURNAL DE FAUQUEMBERGUE. T. I.
CHRON. DE JEAN LE BEL. T. I.

ANNUAIRES, BULLETINS ET ANNUAIRES-BULLETINS (1834-1902),
In-18 et in-8°, à 2 et 5 francs.
(Pour la liste détaillée, voir à la fin de l'Annuaire-Bulletin de chaque année.)

Nogent-le-Rotrou, imprimerie DAUPELEY-GOUVERNEUR.

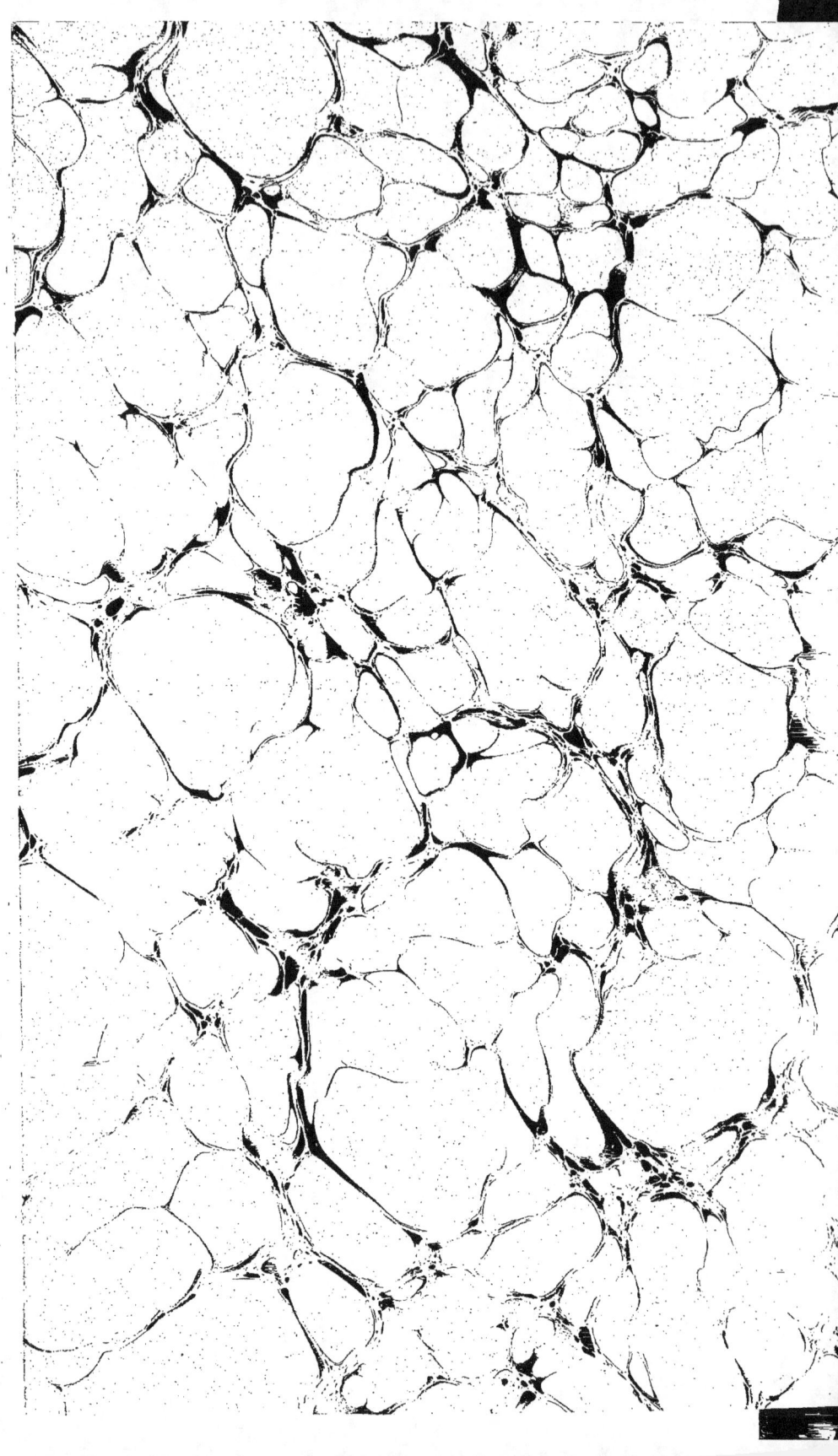

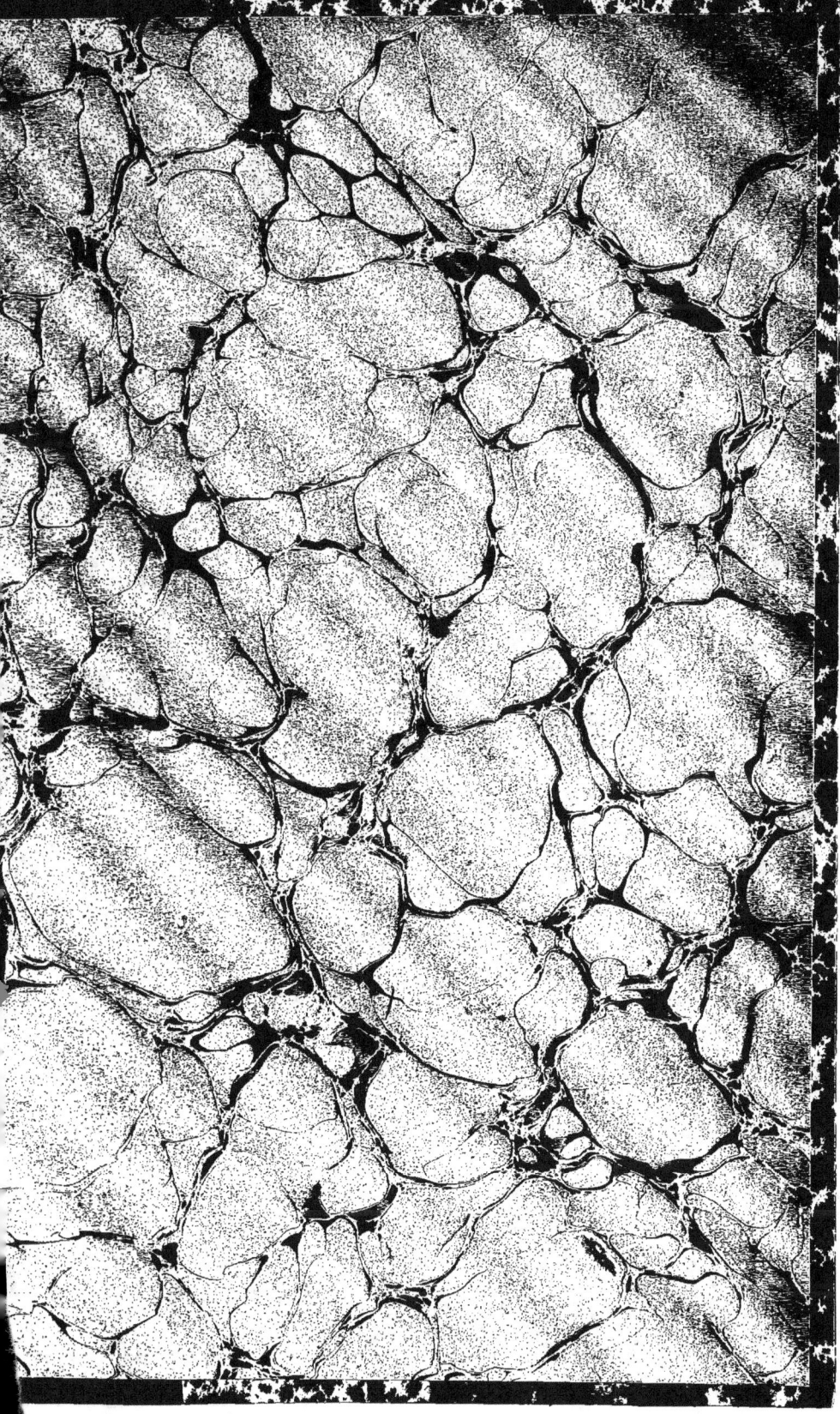

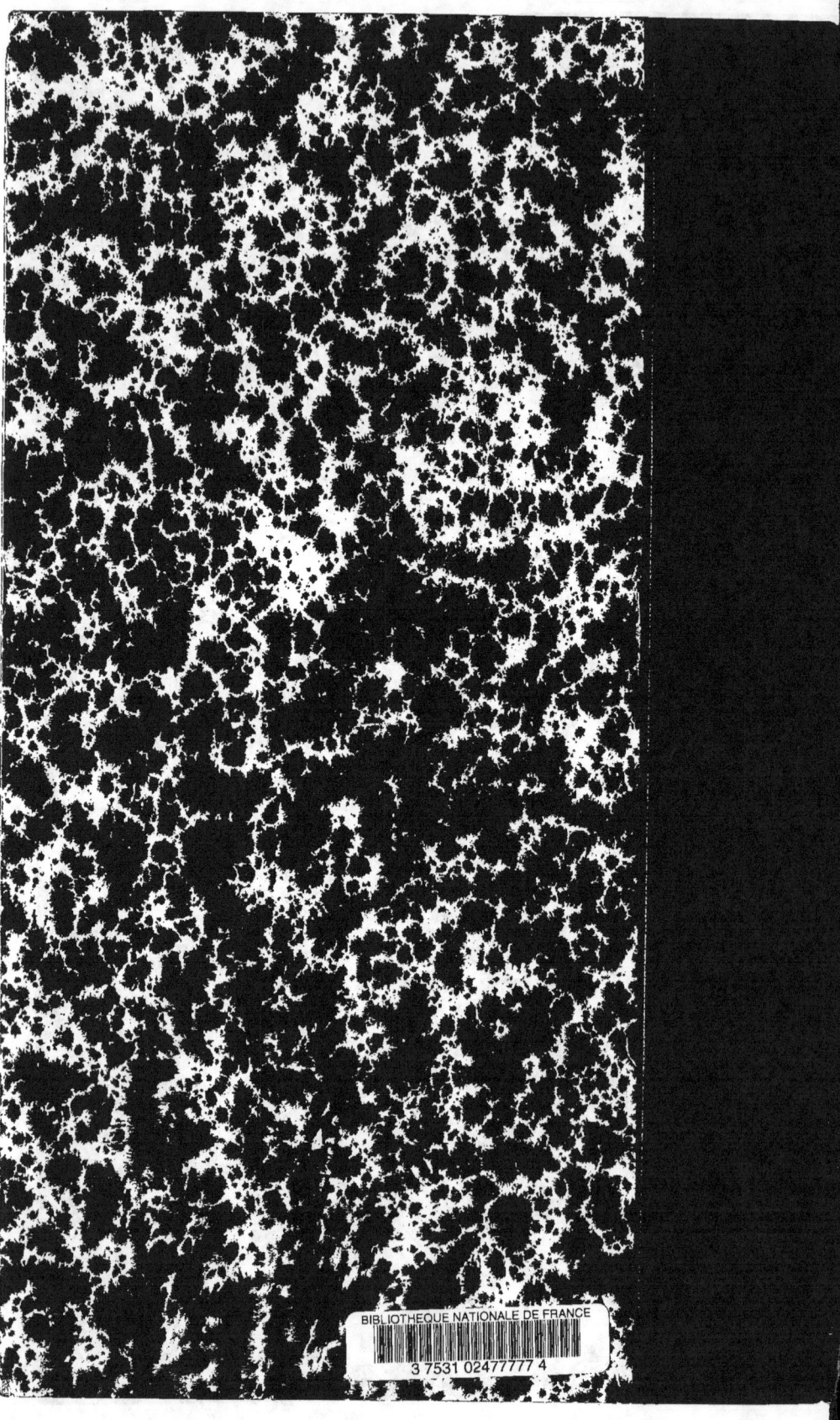